HISTÓRIA
INTRODUÇÃO AO ENSINO E À PRÁTICA

L222h   Lambert, Peter.
           História : introdução ao ensino e à prática / Peter Lambert,
         Phillipp Schofield ; tradução: Roberto Cataldo Costa. – Porto
         Alegre : Penso, 2011.
           352 p. ; 23 cm.

           ISBN 978-85-63899-09-5

           1. História – ensino e prática. I. Schofield, Phillipp.
       II. Título.

                                                                  CDU 9:37.026

Catalogação na publicação: Ana Paula M. Magnus – CRB 10/2052

HISTÓRIA
INTRODUÇÃO AO ENSINO E À PRÁTICA

PETER LAMBERT / PHILLIPP SCHOFIELD / COLS.

Consultoria, tradução e supervisão desta edição:
Roberto Cataldo Costa
Mestre em História pela Universidade Federal do Rio Grande do Sul

2011

Obra originalmente publicada sob o título:
Making History: An introduction to the history and practices of a discipline

ISBN 978-84-415-24255-4

© 2004 selection ande editorial matter Peter Lambert and Phillipp Schofield; individual chapters © the contributors. All rights reserved autorized translation from the English language edition publisched bay Routledge, a member of the Taylor & Francis Group.

Capa: Tatiana Sperhacke - TAT Studio
  Créditos das imagens
  © Paul Souders/Corbis/Latinstock
  © Schutze+Rodemann/Arcaid/Corbis/Latinstock
  ©Sie Productions/Corbis/Corbis (DC)/Latinstock

Preparação do original: Marcelo Viana Soares

Leitura final: Lara Frichenbruder Kengeriski

Editora Sênior - Ciências Humanas: Mônica Ballejo Canto

Editora responsável por esta obra: Carla Rosa Araujo

Editoração eletrônica: VS Digital

Reservados todos os direitos de publicação, em língua portuguesa, à
ARTMED® EDITORA S.A.
Av. Jerônimo de Ornelas, 670 - Santana
90040-340 Porto Alegre RS
Fone (51) 3027-7000 Fax (51) 3027-7070

É proibida a duplicação ou reprodução deste volume, no todo ou em parte, sob quaisquer formas ou por quaisquer meios (eletrônico, mecânico, gravação, fotocópia, distribuição na Web e outros), sem permissão expressa da Editora.

SÃO PAULO
Av. Embaixador Macedo Soares, 10.735 - Pavilhão 5 - Cond. Espace Center
Vila Anastácio 05095-035 São Paulo SP
Fone (11) 3665-1100 Fax (11) 3667-1333

SAC 0800 703-3444

IMPRESSO NO BRASIL
PRINTED IN BRAZIL
Impresso sob demanda na Meta Brasil a pedido de Grupo A Educação.

AUTORES

Peter Lambert leciona História da Europa Moderna na Universidade do País de Gales, Aberystwyth, e tem muitas publicações sobre historiografia alemã. É organizador (com Stefan Berger e Peter Schumann) de *Historikerdialoge*, Gottingen, Vandenhoeck e Ruprecht (2003), uma coletânea de ensaios sobre relações historiográficas anglo-germânicas. Atualmente trabalha em um livro sobre a República de Weimar.

Phillipp Schofield é Professor Titular de História Medieval no Departamento de História e História do País de Gales, na Universidade do País de Gales, em Aberystwyth. Suas pesquisas tratam da natureza da sociedade rural nos períodos alto e tardio da idade média, e suas publicações incluem *Peasant and community in medieval England, 1200-1500*, Basingstoke, Palgrave, 2002.

Aled Jones é professor de História do País de Gales na Universidade do País de Gales, Aberystwyth. É especialista em história das comunicações e publicou *Press, politics and society: a history of journalism in Wales*, Cardiff, University of Wales Press, 1993; *Powers of the press: newspapers, power and the public in nineteenth-century England*, Aldershot, Scolar Press, 1996; e, com Bill Jones, *Welsh reflections. Y Drych and America 1851-2001*, Llandysul, Gomer Press, 2001.

Gareth Williams é professor de história no Centre for Modern and Contemporary Wales, na Universidade de Glamorgan. Foi professor de história na Universidade do País de Gales, Aberystwyth. Escreveu muito sobre cultura popular em Gales e é coautor e co-organizador de vários livros sobre a história social dos esportes e da música. Suas publicações incluem *1905 and all that: essays on rugby football and Welsh society*, Llandysul, Gomer Press, 1991; *George Emart Evans*, Cardiff, University of Wales Press, 1991; e *Valleys of song: music and society in Wales 1840-1914*, Cardiff, University of Wales Press, 1998, reimpresso 2003.

John Davidson se aposentou, em 1998, como professor titular de História da África e da Ásia no Departamento de História e História do País de Gales, na Universidade do País de Gales, Aberystwyth. Suas primeiras pesquisas foram sobre a história da região sul de Serra Leoa. Seu atual interesse de pesquisa é a história de Edimburgo em meados do século XIX.

Michael Roberts leciona História na Universidade do País de Gales, Aberystwyth. Seus interesses de pesquisa incluem as histórias de mulheres, trabalho e gênero, a formação cultural das Ilhas Britânicas e biografia. É organizador (com Simone Clarke), de *Women and gender in early modern Wales*, Cardiff, University of Wales Press, 2000.

Paul O'Leary é professor titular de História do País de Gales, na Universidade do País de Gales, Aberystwyth. Desenvolve pesquisas sobre questões relacionadas a migração, etnicidade e política popular em Gales dos séculos XIX e XX, e suas publicações incluem *Immigration and integration: the Irish in Wales, 1798-1922*, Cardiff, University of Wales Press, 2000.

Peter Miskell é professor de História Empresarial na Faculdade de Administração da Universidade de Reading. Seu interesse de pesquisa básico é o crescimento da indústria cinematográfica no século XX e sua influência social/cultural. Atualmente, trabalha em um projeto financiado pela Academia Britânica, chamado "Movies and Multinationals: US Film Companies in Britain, 1918-1939".

Robert Harrison leciona História dos Estados Unidos na Universidade do País de Gales, em Aberystwyth. Seus interesses de pesquisa cobrem vários aspectos da história social e política norte-americana do final do século XIX e início do XX. Publicou recentemente *State and society in twentieth-century America*, Londres, Longman, 1997, e *Congress, progressive reform, and the new American state*, Cambridge, Cambridge University Press, 2004.

Siân Nicholas é professora de Histórica Britânica Contemporânea no Departamento de História e História do País de Gales, na Universidade do País de Gales, Aberystwyth. Suas pesquisas tratam do papel dos meios de comunicação de massas na política e na sociedade britânica moderna, e suas publicações incluem *The echo of war: home front propaganda and the wartime BBC*, Manchester, Manchester University Press, 1996.

Susan Davies é professora de Estudos de Paleografia e Arquivos, Departamento de História e História do País de Gales, na Universidade do País de Gales, em Aberystwyth. Entre seus interesses de pesquisa estão registros medievais, métodos editoriais, questões relacionadas aos arquivos e ao patrimônio. Foi membro da Real Comissão sobre Manuscritos Históricos e atualmente é vice-presidente do National Museum and Galleries of Wales.

Tim Woods é professor de Estudos Ingleses e Norte-americanos no Departamento de Inglês da Universidade do País de Gales, em Aberystwyth. Suas pesquisas estão dirigidas à literatura norte-americana e britânica e à teoria literária, e suas publicações incluem *Beginning postmodernism*, Manchester, Manchester University Press, 1999; *Literatures of memory* (em coautoria com Peter Middleton), Manchester, Manchester University Press, 2000; e *The poetics of the limit: ethics and politics in modern and contemporary American poetry*, Basingstoke, Palgrave Macmillan, 2002.

William D. Rubinstein é professor of História Contemporânea na Universidade do País de Gales, em Aberystwyth. Nasceu e estudou nos Estados Unidos, morou muitos anos na Austrália e foi professor de história social e econômica na Universidade Deakin, em Victoria, antes de assumir seu cargo atual, em 1995. Escreveu muito sobre diversos aspectos da história e seus dois livros mais recentes são *Twentieth century Britain: a political history*, Basingstoke, Palgrave, 2003; e *Genocide: a history*, London, Longman, 2004.

AGRADECIMENTOS

Este livro surgiu a partir de uma disciplina de historiografia no Departamento de História e História do País de Gales, na Universidade do País de Gales, Aberystwyth. Nosso primeiro agradecimento é para nossos atuais e antigos colegas que ajudaram a dar forma à disciplina. Entre eles, agradecemos especialmente a R. Davies, que deu início ao curso e liberou as gerações subsequentes de alunos da sufocante fixação com os "grandes" historiadores, e a John Watts, que cumpriu um papel central para lhe dar seu formato atual. Conseguimos incluir quatro capítulos de estudiosos de fora de nosso departamento. Tim Woods é membro do Departamento de Inglês de Aberystwyth e nos deu uma perspectiva nova a partir de sua própria disciplina. Peter Miskell, que atualmente é professor da Faculdade de Administração da Universidade de Reading, estudou em Aberystwyth e lecionou uma disciplina quando fazia pós-graduação. Gareth Williams saiu de nosso departamento para assumir uma cadeira no Centre for Modern and Contemporary Wales, na Universidade de Glamorgan. John Davidson se aposentou de seu cargo em Aberystwyth. Todas as contribuições feitas por eles foram além de qualquer dever que se possa imaginar.

Em segundo lugar, muito devemos a sucessivos grupos de alunos que cursaram a disciplina, a seus comentários e suas sugestões para desenvolvê-la. Conseguimos recomendar-lhes vários excelentes textos estabelecidos, mas não fomos capazes de sugerir algum texto que cobrisse o mesmo que nossa disciplina e o fizesse de maneira semelhante. Por fim, nossos agradecimentos a Chris Wickham e David Carper, que cumpriram a função de examinadores externos da disciplina nos últimos quatro anos. Suas observações afetuosas sobre os resultados nos incentivaram a acreditar que poderia valer a pena produzir um "livro da disciplina".

Peter Lambert
Phillipp Shofield

SUMÁRIO

Introdução.. 15
Peter Lambert e Phillipp Schofield

Parte I
A profissionalização da história

1   A institucionalização e a organização da história... 25
Robert Harrison, Aled Jones e Peter Lambert

2   **Metodologia**
História científica e o problema da objetividade.. 43
Robert Harrison, Aled Jones e Peter Lambert

3   A primazia da história política.. 56
Robert Harrison, Aled Jones e Peter Lambert

Conclusão.. 75

Parte II
Questionamento ao paradigma estatista

4   O surgimento da história econômica britânica, c. 1880 a c. 1930 87
Phillipp Schofield

5   A escola dos *Annales* e a escrita da história.. 101
Michael Roberts

6   História social na Alemanha.. 117
Peter Lambert

7   A "nova história social" nos Estados Unidos... 134
Robert Harrison

Parte III
Interdisciplinaridade

8 História e psicanálise 153
Siân Nicholas

9 História e sociologia 167
Robert Harrison

10 História e antropologia 180
John Davidson

11 História e literatura 192
Tim Woods

Parte IV
Os movimentos sociais e a teoria entrando na história

12 História e marxismo 212
Phillipp Schofield

13 História das mulheres e história de gênero 224
Michael Roberts

14 História, identidade e etnicidade 237
John Davidson

15 Os historiadores e a "nova" história britânica 249
Paul O'Leary

16 O pós-modernismo e a virada linguística 262
Michael Roberts

Parte V
Para além da academia

17 Os historiadores e o cinema 282
Peter Miskell

18 A cultura popular e os historiadores 294
Gareth Williams

19 História e história "amadora" 307
William D. Rubinstein

20 História e patrimônio... 319
Susan Davies

Conclusão
História e poder 330
Peter Lambert e Phillipp Schofield

Índice 341

INTRODUÇÃO
Peter Lambert e Phillipp Schofield

Este livro trata de como, quando e por que determinadas abordagens sobre fazer história surgiram, estabeleceram-se e entraram em colapso. Nosso foco está na "história" produzida como disciplina acadêmica, ou seja, na maior parte, em departamentos de história de universidades. Inicialmente, exploramos os primórdios da pesquisa e da escrita acadêmicas profissionais em história, no fim do século XVIII e no século XIX. Boa parte do que descrevemos aqui será perfeitamente reconhecível a um estudante de graduação ou a qualquer leitor de livros acadêmicos de história. As formas de ensinar historiadores, por meio de seminários e oficinas dedicadas e dissecar documentos, que continuam a ocupar uma posição central nos sistemas de concessão de diplomas em história hoje em dia, evoluiu na era da profissionalização. Os resultados desses regimes de formação ficavam visíveis em livros que mostravam um uso rigoroso das fontes primárias. Mas, muitas outras coisas características da nascente profissão parecerão estranhas e, acima de tudo, parecerão estreitas em sua composição social e em seu funcionamento. O elitismo e o nacionalismo foram características decisivas de ambos.

A maior parte do livro trata de desdobramentos posteriores dentro da história acadêmica, traçando as modas e os movimentos intelectuais pelos quais ela adquiriu novas identidades. Os historiadores se serviram ecleticamente das perguntas, dos métodos e das sensibilidades de outras disciplinas acadêmicas. Forjaram subdisciplinas, como história social e econômica. Muitos tentaram mostrar o que a teoria poderia oferecer à história. Às vezes, os historiadores movidos por um autorreconhecimento "progressista" se juntavam em escolas. Mesmo onde os vínculos eram mais frouxos do que isso, eles conseguiam compartilhar perspectivas diferenciadas. Alguns buscavam (e ainda buscam) interpretar o passado "a partir de baixo" ou de maneiras informadas pelo feminismo; outros, entender uma cultura passada em sua totalidade.

Nós não apenas documentamos e tentamos explicar essas inovações e mudanças, como também nos servimos delas. Ou seja, usamos uma ampla gama de métodos, perspectivas e abordagens históricas para entender causas. Não são necessárias habilidades especiais para estudar a história da historiografia (ou seja, a história da escrita histórica) e das etapas no processo de fazer história, ou outras formas de fazê-la. Em lugar disso, o desafio é mostrar até onde os historiadores podem chegar na compreensão da história de sua própria disciplina usando as habilidades e os métodos que ela forneceu e que eles podem aplicar a qualquer problema histórico comparável.

Nesse sentido, reconhecemos uma dívida coletiva para com nosso próprio tema.

Há até bem pouco tempo, um livro deste tipo teria começado e terminado com resumos das carreiras e das influências de um punhado de "grandes" historiadores. Poderia ter reconhecido aspectos comuns entre eles, identificado escolas específicas de historiadores ou tradições nacionais diferenciadas de conhecimento histórico, por exemplo. Mas o historiador individual ainda seria o foco de atenção, seja como líder intelectual carismático em torno do qual se aglomeram admiradores ou imitadores para formar uma escola, seja como expoente destacado de uma cultura nacional. Há muito para se dizer sobre essa abordagem. Ela permite que se faça justiça ao historiador que esteja tentando trazer à luz novas evidências ou ao autor de sínteses amplas magistrais, que apresenta novas formas de articular corpos de evidências já conhecidos.

Evidentemente, esses são objetivos que nenhuma tentativa de explicar evoluções na pesquisa e na escrita histórica pode ignorar. Contudo, assim como há muito tempo deixaram de lado a visão de que "grandes homens" (e, ocasionalmente, mulheres) fazem a história, os historiadores acadêmicos aceitaram, em termos gerais, que há muito mais na história da historiografia do que a obra de grandes historiadores. As tendências amplas no conhecimento acadêmico não são redutíveis a modelos apresentados por este ou aquele historiador. É de tendências amplas que trata este livro. Sublinhamos que os autores dos ensaios a seguir não imaginam essas tendências em termos da acumulação contínua de conhecimento, nem igualam necessariamente as mudanças na forma como se tem praticado história com progresso. Em ambos os aspectos, este livro deve muito ao trabalho de um médico de formação, bem como historiador e filósofo da ciência, Thomas Kuhn, e é com as afirmações dele sobre como a ciência muda que começamos.

Kuhn afirmou que a ciência é produzida por uma comunidade de estudiosos, que têm uma identidade coletiva baseada em uma definição comum dos problemas com que se deparam e dos métodos adequados para sua solução. Enquanto as soluções continuarem surgindo, segundo um padrão e em conformidade com a estrutura conceitual comum à comunidade de estudiosos, a "ciência normal" prevalece. Kuhn identificou como elementos constitutivos da "ciência normal" uma conexão entre problemas identificados coletivamente, ferramentas para enfrentá-los e respostas a eles. A isso, chamou de "paradigma". Um paradigma pode ser algo consistente, durável e, acima de tudo, útil, mas só enquanto os resultados de pesquisa ou experimentos permanecerem previsíveis. Respostas anômalas e imprevisíveis podem sugerir a falta de algo na forma como o problema foi apresentado. A transformação fundamental ocorre quando as anomalias proliferam a tal ponto que as afirmações gerais do paradigma entram em colapso. Nesse momento, a comunidade de estudiosos se fragmenta e a abordagem anteriormente agregadora dá lugar a um interlúdio de tumulto no qual aquele conhecimento fica sem núcleo. Agora, abordagens divergentes competem até que o vácuo de poder/conhecimento seja preenchido com o surgimento de um novo paradigma. Sendo assim, um longo período de estabilidade e segurança no potencial prático de uma "ciência normal" para a solução de problemas termina no colapso súbito de uma antiga ordem de conhecimento e, por meio de uma "revolução científica", na chegada de outra.

A seguir, o ciclo como um todo simplesmente se repetirá.[1]

Kuhn foi ambíguo com relação à aplicação de sua tese para além da história da ciência, mas os historiadores tem buscado aplicá-la a sua própria disciplina. Poucas vezes o fizeram de forma rígida.[2] É nesse espírito que os colaboradores deste livro se propuseram perguntas provocadas, pelo menos em parte, por Kuhn. Se substituíssemos "ciência" por "conhecimento acadêmico de história", esse modelo funcionaria? Caso funcionasse, os grandes desafios da prática histórica seriam revolucionários ou a "ciência normal" dos historiadores conseguiria se adaptar para enfrentar desafios de forma que o desenvolvimento da disciplina fosse evolutivo e não revolucionário? Até onde se pode escrever a história da historiografia "de dentro" da disciplina e até onde a forma do conhecimento acadêmico é definida por forças políticas, sociais, econômicas e culturais ou por eventos? Essas forças e eventos são o tema de trabalho dos historiadores; até que ponto eles estão sujeitos à sua influência?

As abordagens que se preocupam essencialmente com a dinâmica interna e o desenvolvimento da disciplina de história podem tender a uma interpretação arquitetônica. Cada geração sucessiva de historiadores parece partir do trabalho de seus antecessores, de forma que se acumulam camadas de conhecimento histórico e a disciplina faz progressos regulares rumo a uma fase na qual predomina a "ciência normal". Um paradigma, nesse momento, pode ter duas caras. Pode funcionar, ao mesmo tempo, como porto seguro, defendendo e promovendo uma determinada abordagem em relação ao avanço da investigação histórica, *e* como uma espécie de prisão intelectual, com detentos submetidos a regras e regulamentos. No início do estabelecimento da história como profissão, que é o ponto de partida deste livro, ela visivelmente apresentava um alto grau de ambas características. A profissionalização implicou a criação de hierarquias, qualificações e mecanismos burocráticos de controle. Por outro lado, eles buscavam imunizar a comunidade de estudiosos em relação à atenção indesejada de governos e outras forças poderosas com interesses diletantes ou específicos no passado, o que implicou uma suposição mais ou menos explícita de que, mesmo quando era impossível aos historiadores profissio-

---

[1] T. S. Kuhn, *The structure of scientific revolutions*, Chicago, University of Chicago Press, 1962; revised edn 1970.

[2] Cf. D. Hollinger, "T. S. Kuhn's Theory of Science and Its Implications for History", *American historical review*, 1973, vol. 78, pp. 370-93; G. Iggers, *Historiography in the twentieth century: from scientific objectivity to the postmodern challenge*, Hanover and London, Wesleyan University Press, 1997, p. 18.

nais adquirir um monopólio sobre a interpretação do passado, sua interpretação ainda era superior à dos amadores. Assim sendo, os historiadores primeiramente proclamaram uma ideia de "liberdade acadêmica" como justificativa para permitir que a comunidade de estudiosos fosse regularizada, mas, por outro lado, isso com certeza não era uma licença para escrever qualquer história que lhes aprouvesse. Em relação ao que constituía uma fonte, uma interpretação e um campo de investigação aceitáveis, as gerações fundadoras de historiadores impuseram limites e se esforçaram para pressionar os recém-chegados à profissão para que aderissem a essas ideias. A história, para eles, era contígua à história *política*, e mesmo isso era definido de forma estreita. Contudo, suas tentativas de manter um conceito exclusivo da disciplina acabaram fracassando.

Proliferaram os questionamentos. Os ensaios que constam na Parte II exploram alguns dos movimentos inovadores mais significativos dentro da disciplina, e as condições sob as quais eles romperam os grilhões da "ciência normal", principalmente em meados do século XX.

As ideias, perspectivas e metodologias promovidas nesse período poucas vezes foram totalmente novas. Muitas delas tinham suas raízes no trabalho de historiadores fora do padrão, dissidentes cujo trabalho foi desconsiderado pela comunidade acadêmica em décadas anteriores, mas que agora encontrava nova ressonância. Então, o que resultou em crise não foi somente a acumulação de "anomalias" que a "ciência normal" não conseguiu acomodar prontamente; mais do que isso, o impacto da mudança no *contexto* social e político no qual os historiadores trabalhavam foi fundamental para forçar a desintegração do paradigma estabelecido. As experiências de cada geração de historiadores – das duas guerras mundiais, do Holocausto, da desagregação de impérios – tiveram influência no colapso de velhas certezas sobre o que era história e como ela deveria ser feita. Também foram influentes as transformações sociais que afetaram profundamente as funções que se esperavam ver cumpridas por universidades e disciplinas de base universitária. Em termos das origens étnicas de seus membros, suas origens de classe e seu gênero, a própria comunidade de historiadores se tornou mais variada e as reconfigurações das agendas deles refletiam a perda da homogeneidade social inicial da profissão.

Além de responder em termos gerais à mudança social, os historiadores estão abertos a influências muito específicas, que podem ser claramente identificadas com o dinamismo de outras disciplinas acadêmicas, com ideologias e com movimentos que as adotaram. Durante a era da profissionalização, os historiadores que tentavam demarcar um território intelectual diferenciado, que pudessem chamar de seu, estavam atentos às disciplinas vizinhas, e quanto mais próximas fossem da história, mais probabilidades tinham de ser tratadas como rivais. Isso foi aplicado especialmente a disciplinas recém-surgidas, como a sociologia, a partir do final do século XIX. Elas eram temidas não apenas porque poderiam tirar recursos, estudantes e leitores da história, mas também porque traziam a teoria e a generalização para onde a história era empirista e dedicada ao particular. Mesmo assim, embora tenha sido autoritária em princípio, com fronteiras patrulhadas de perto para evitar que alguém contrabandeasse produtos culturais importados de outras disciplinas, a economia intelectual da história se tornou muito mais aberta no decorrer do século seguinte. Suas linhas divisórias deixaram de existir e se tornaram espaços de intercâmbio. Os colaboradores da Parte III observam as condições sob as quais o isolamento disciplinar pode ser superado e o quanto os historiadores devem à teoria gerada no âmbito de outras disciplinas. É sabido que os historiadores pouco têm feito em termos de construção de grandes teorias, mas eles tem sido hábeis e ecléticos na adoção, testagem e adaptação das teorias produzidas por outros. Voltaremos a esse tema de um ângulo diferente na Parte IV, na qual os colaboradores tratam de exemplos da adoção de perspectivas sobre o passado informadas por ideologias. Isso envolve, simultaneamente, parte de uma história mais ampla: a relação entre história da forma como é praticada dentro da academia e além dela.

Por fim, passamos das influências teóricas às práticas sobre o fazer histórico. Os capítulos que integram a Parte V tratam dos usos da história no passado recente, refletindo sobre um fato que já apontamos: em nenhum momento os historiadores acadêmicos foram os *únicos* intérpretes da história. Eles não têm como ignorar as percepções e manipulações do passado geradas a partir de inúmeros lugares para além da academia.

Como deveriam responder os historiadores profissionais? Que sucesso e, acima de tudo, que capacidade de convencimento intelectual eles tiveram ao tentar realinhar seu trabalho para levar em conta as iniciativas e as oportunidades comerciais, tecnológicas ou políticas?

Receptiva a uma variedade tão ampla de impulsos positivos e, ainda assim, vulnerável a uma gama igualmente diversificada de pressões e restrições, a história se tornou muito ampla em seu leque de questões, perspectivas e técnicas de pesquisa e escrita. Tanto é assim que parece discutível se um fenômeno como "ciência normal" é ou tem sido discernível por mais de um século. Visto de um determinado prisma, o resultado muitas vezes é considerado uma fragmentação insalubre e, com frequência, uma sensação de crise tem tomado conta de membros rebeldes de uma "comunidade" de estudiosos em um estado aparentemente permanente de fluxo que beira à desintegração. Não apenas diferentes historiadores tiveram diferentes reações às mesmas influências, como também vivenciaram idas e vindas que afetavam suas práticas de formas variadas no tempo e no espaço. Proliferaram premissas radicalmente diferentes sobre o que é história e como ela deve ser feita. Em alguns contextos, conseguiram coexistir com alguma medida de tolerância mútua e mesmo de comunicação e respeito. Em outros, as relações foram caracterizadas por intensa rivalidade e hostilidade mútua. Nenhuma afirmação geral de qualquer nova abordagem à história se mostrou tão uniformemente persuasiva a ponto de transformar a disciplina *como um todo*, mas, se reformularmos o conceito de Kuhn sobre paradigmas e mudanças de paradigma de forma um pouco menos ambiciosa, sua abordagem parece mais relevante do que nunca. Não fosse pela história acadêmica em geral – internacional e independentemente do período e outros aspectos específicos dos historiadores, as ideias de Kuhn não se poderiam aplicar a *partes* da disciplina? Seja em nível nacional, seja com referência à compreensão de um determinado período, problema, evento ou outro tema histórico, as mudanças de paradigma podem se mostrar fáceis de detectar. Alguns historiadores usaram um vocabulário conceitual que Kuhn inseriu como adendo ao seu trabalho para descrever os movimentos intelectuais desse tipo. Sendo assim, a expressão "matriz disciplinar" é usada para descrever uma rede coesa de estudiosos, unidos pela promulgação de uma metodologia compartilhada.[3] Entre as características de uma "matriz disciplinar" estão a aplicação continuada dessa metodologia consensual a um campo claramente definido de investigação histórica, o desenvolvimento resultante de uma tese que afirma tratar adequadamente dos problemas situados dentro desse campo e uma compreensão da função da história que seja comum ao grupo. Para se estabelecer, um "nexo disciplinar" ainda requer uma base institucional segura nos departamentos universitários (e, às vezes, em institutos de pesquisa) e meios de comunicação dentro e além do grupo, como revistas acadêmicas, séries de publicações e conferências sob seu controle. Uma determinada "matriz disciplinar" pode pretender, mas acabar não conseguindo, forçar o que Kuhn reconheceria como mudança de paradigma. Mesmo assim, pode adquirir importância duradoura mesmo quando não consegue atingir suas metas. Na ausência de uma mudança de paradigma abrangente, a maior parte dos ensaios deste livro lida com essa escala de mudanças. Nossa escolha de exemplos não é e não pretende ser exaustiva em qualquer sentido e foi determinada, em parte, em função de sua importância intrínseca, mas também pela forma como ilumina os tipos de processo que geraram transformações no fazer da história.

---

[3] Ver "Postscript – 1969" a Kuhn, *Structure of Scientific Revolutions*. Ocorre, talvez com mais frequência, no trabalho dos especialistas alemães em historiografia. Ver, p. ex. J. Riisen, *Rekonstruktion der Vergangenheit*, Göttingen, Vandenhoeck e Ruprecht, 1986; H. W. Blanke, *Historiographiegeschichte als Historik*, Stuttgart, Frommann, 1991.

PARTE I
A PROFISSIONALIZAÇÃO DA HISTÓRIA

O tema da Parte I é o desenvolvimento da pesquisa histórica profissional e sua escrita. Trabalhamos especificamente com a Alemanha do final do século XVIII até 1933 (a contribuição de Peter Lambert), os Estados Unidos entre as décadas de 1870 e 1930 (discutidos por Robert Harrison) e a Grã-Bretanha de cerca de 1850 a 1930 (abordada por Aled Jones). Se o postulado de Thomas Kuhn sobre a existência de paradigmas for aplicável a toda a historiografia, deve ser aplicável às primeiras décadas da profissionalização. Durante esse período formativo, os historiadores acadêmicos concordavam substancialmente sobre o que constituía seu tema mais importante: a história política e o surgimento do Estado. Havia um consenso igualmente claro sobre os métodos da análise de fontes e a atitude de distanciamento acadêmico que, juntos, formariam o que caracterizavam como "história científica". Ao mesmo tempo, o processo de profissionalização criou uma comunidade de estudiosos, um "colégio invisível" cujos membros se consideravam engajados em um esforço intelectual comum, bem como os mecanismos institucionais por meio dos quais seus valores e prioridades poderiam ser impostos.

Esse momento de unidade não durou. O paradigma da "história científica" se revelou definitivamente fracassado. Uma série de choques, em diferentes momentos a partir da década de 1880, abalou seus alicerces. O período de cerca de 1880 a 1930, no qual a profissionalização da história se completou na Europa e nos Estados Unidos, mas também se expandiu para além de seus pontos de origem "ocidentais", foi marcado por crises. Transformações e desafios intelectuais que iam além da disciplina de história, mas, também, a mudança socioeconômica e o impacto de eventos cataclísmicos – a Primeira Guerra Mundial, a Revolução e o Terror na Rússia, a ascensão do fascismo e do nazismo – todos influenciaram a história acadêmica. Contudo, a relação entre esses tipos muito diferentes de impulsos em direção à mudança é complexa. Seria prematuro atribuir primazia de importância aos eventos na redefinição da história, por exemplo, por mais cataclísmicos que sejam, já que "os processos fundamentais em ação na história das ideias e do conhecimento acadêmico e as transformações disciplinares e interdisciplinares correspondentes transcendem os limites da sublevação histórica real".[1] Na Alemanha, a história estatista sobreviveu a sucessivas crises, mas, ao fazê-lo, perdeu a primazia que a própria disciplina veio ocupar dentro das humanas.

Ao contrário, nos Estados Unidos, uma experiência de crise um pouco depois abriu caminho para o que se pode chamar de "mudança de paradigma", o produto final daquilo que foi a "História progressista" do entreguerras.

O primeiro objetivo da Parte I, portanto, é estabelecer até onde a história, como se pratica na era da profissionalização, confirma a existência de um paradigma de uma comunidade identificada de estudiosos engajados essencialmente na mesma atividade de solução de problemas segundo pressupostos, questões e convenções acordados. O segundo objetivo

---

[1] Ver W. Kiittler, J. Rüsen and E. Schulin (eds.) *Geschichtsdiskurs*, vol. 4: *Krisenbewußtsein*, Katastrophenerfahrungen and Innovationen 1880-1945, Frankfurt a.M., Fischer, 1997, "Vorwort", p. 12.

é indagar *por que* a história se tornou uma atividade profissional, e por que ela adquiriu um conjunto de características altamente específicas. O que promoveu a ascensão desse paradigma fundador? Por que ele foi forjado inicialmente na Alemanha? Até que ponto o exemplo alemão serviu de modelo emulado nos Estados Unidos e na Grã-Bretanha? Essas questões são tratadas no Capítulo 1, que aborda o processo de institucionalização e examina as formas como a prática da história veio a ser organizada nesses três países. Associadas às questões de organização como foram expostas aqui também há outras, relativas à cronologia e ao calendário: o que explica as diferenças nos calendários sobre os quais a primazia da história política foi constituída, questionada e, dependendo da época, lugar e natureza do desafio, provada ou destruída? Embora a variação no estabelecimento de uma "ciência normal" seja central à discussão do primeiro capítulo, assim como o que essa "ciência normal" realmente constituiu e como isso foi posto em prática é para o Capítulo 2. O Capítulo 3 trata das primeiras indicações do desafio emergente. Resta mais uma pergunta: as várias cronologias e circunstâncias nacionais específicas geraram qualquer grau de diversidade historiográfica? Mesmo onde houve acordo sobre as metodologias e se identificaram problemas genericamente parecidos, não significa necessariamente que deveria ter havido um consenso semelhante com relação aos *propósitos* subjacentes do conhecimento histórico.

A INSTITUCIONALIZAÇÃO E A ORGANIZAÇÃO DA HISTÓRIA
Robert Harrison, Aled Jones e Peter Lambert

A história se estabeleceu como disciplina e profissão a partir da construção de uma base institucional e uma estrutura profissional. Ela deveria se diferenciar de disciplinas vizinhas mais antigas e, só então, poderia ser garantido o financiamento específico para o trabalho histórico e para a formação adequada das gerações futuras de historiadores. Na Europa Continental, na Grã-Bretanha e nos Estados Unidos, tudo isso aconteceu em momentos diferentes ao longo do século XIX, e com graus variados de finalização e êxito. A importância de estudar a história da própria disciplina – *inclusive* a das formas como ela se organizava – é algo que os historiadores só reconheceram em um momento relativamente recente. Mesmo assim, como apontou Theodor Schieder, todos os historiadores profissionais trabalham dentro de um sistema organizado. Faculdades e departamentos dentro de universidades, seminários, institutos e sociedades, conferências e simpósios, bibliotecas e arquivos podem ser considerados naturais por historiadores em atividade hoje em dia, mas eles próprios são resultado de um processo histórico. Sua existência foi e é essencial ao historiador profissional, mas as formas precisas com que se desenvolveram ajudaram a definir o estilo e o conteúdo das histórias produzidas. Schieder sugeriu que eles impõem uma medida de uniformidade sobre quem pratica a história: esse "poderoso aparato" (que ele comparava a um edifício imponente) "muitas vezes tem algo de depressivo, que restringe a espontaneidade do historiador individual".[1] Essas restrições, autoimpostas por uma geração fundadora de historiadores profissionais e repassada a seus sucessores, também propiciaram experiências compartilhadas e aspectos em comum, que facilitaram a construção de uma comunidade consciente de sua própria condição.

Alemanha

Estudar o passado e escrever a seu respeito é uma coisa; ser reconhecido – na verdade, reconhecível – como historiador é outra, que requer definição e os aparatos formais inerentes ao reconhecimento. Os historiadores inicialmente devem

---

[1] T. Schieder "Organisation and Organisationen der Geschichtswissenschaft", *Historische Zeitschrift*, 1983, vol. 237, p. 265-287; citação p. 266.

se ver, e serem vistos, como um corpo diferenciado de pessoas envolvidas em uma atividade específica. Ainda que ostentar um título de professor de história ou estar matriculado em uma universidade, no contexto do século XIX, não fosse condição suficiente, certamente era necessário para cumprir esses critérios. Embora tenha havido quem fizesse história em universidades alemãs no século XIX, sua identidade, em geral, não tinha nome.

Somente em 1804 foi estabelecida a primeira cátedra de história, e somente nas primeiras décadas do século XIX a profissionalização da história teve início em termos convencionais. Em meados do século XIX, havia 28 professores de história, distribuídos em 19 universidades; 60 anos depois, havia nada menos do que 185 deles e o número continuou crescendo até o início da década de 1930, chegando a um pico de 238 em 1931.

Esse professorado continha em suas fileiras uma elite que ocupava cátedras plenas e estabelecidas, os *Ordinarien*. Eles eram os mestres-artesãos eminentes daquilo que os historiadores alemães vieram a se referir como "a guilda" (*die Zunft*), uma comunidade imaginada de estudiosos que foi desenvolvendo regras e rituais de admissão. A palavra "guilda", em si, já sugere a mentalidade dirigida ao passado dos homens que a criaram, dando uma inflexão curiosamente pré-moderna aos processos altamente modernos de profissionalização e especialização acadêmicas. Os aprendizes da guilda eram alunos de pós-graduação escolhidos e, no final, julgados pelos *Ordinarien*. A admissão à guilda geralmente exigia que eles apresentassem não uma, mas duas teses de doutorado. A segunda, a *Habilitation*, era, na verdade, a obra-prima do aprendiz e, bem defendida, qualificava o estudante a uma carreira acadêmica. Como os *Ordinarien* tinham estabilidade no emprego, e considerando-se que até mesmo os maiores historiadores da Alemanha geralmente eram nomeados *Ordinarien* entre seus 30 e 40 anos, os períodos de aprendizado eram longos e costumavam ser tempos de dificuldades financeiras. Para os poucos bem aventurados que obtinham cátedras já consolidadas, contudo, a simples recompensa material já era considerável.[2] Por volta de 1900, o salário mais baixo de um *Ordinarius* era quatro vezes maior do que o de um professor de escola primária. Se isso denotava conforto, então o fato de que o salário médio de um *Ordinarius* era o dobro e os salários mais altos de todos eram cerca de sete vezes mais generosos sugere algo mais próximo do luxo. Além de seus salários, os professores poderiam acrescentar muito a suas rendas, não apenas com a venda de seus livros, mas via taxas que cobravam dos alunos que se matriculavam em seus cursos "privados". Historiadores eminentes, portanto, ocupavam seus lugares entre as elites abastadas da sociedade alemã. O *status* de elite era confirmado pelo título de "conselheiro secreto [do Estado]" (*Geheimrat*) conferido aos historia-

---

[2] F. K. Ringer, *The decline of the german mandarins. The german academic community, 1890-1933*, Cambridge MA, Harvard University Press, 1969, reprinted Hanover University Press of New England, 1990 p. 37ff.

dores cuja estatura acadêmica era acompanhada de confiabilidade política e, às vezes, pela aquisição de títulos aristocráticos. Alguns podiam se orgulhar de sua proximidade com o trono. Outros, como o historiador berlinense Friedrich Meinecke – comandavam, com suas esposas, as reuniões sociais nos *salons*.

Por que a profissionalização da história ocorreu na Alemanha em primeiro lugar? Por que a profissão se tornou tão prestigiosa e quem eram os seus membros? O que, em outras palavras, causou a construção da paradigmática profissão de historiador?

A história na Alemanha, na verdade, obteve sua identidade em duas fases distintas, separadas pela Revolução Francesa. Só recentemente se reconheceu que houve uma primeira fase, situada no final do Iluminismo e marcada por valores iluministas.[3] A tendência a ver no historiador alemão do século XIX Leopold von Ranke o "pai da história" deixou os historiadores cegos para outros impulsos, mais antigos, à fundação da disciplina.

Ranke foi magistral em sua autopromoção como inventor de uma abordagem totalmente nova à história. Por bem mais de um século, suas afirmações foram tomadas ao pé da letra. Mesmo assim, na Universidade de Göttingen, fundada em 1734, surgiu um grupo de estudiosos alemães com mentalidade voltada à história (notadamente Johann Christoph Gatterer e August Ludwig Schlözer) desde meados do século XVIII, que foram profundamente influenciados pelo Iluminismo escocês. Dos pensadores escoceses, eles adotaram não apenas uma crença nas leis naturais e no progresso, a hostilidade em relação ao absolutismo e um compromisso com a construção da sociedade civil, como também uma determinação consciente de salientar esse conjunto de ideias e ideais historicamente. Elementos de história econômica, social e cultural eram visíveis no trabalho resultante. Porém, onde o Iluminismo escocês não tinha conseguido deixar muitas marcas na organização e na institucionalização da prática histórica nas universidades, as descrições de alguns cargos em Göttingen faziam referência específica ao estudo da história. Essa primeira aquisição dos primórdios de uma base institucional facilitou o intercâmbio de ideias. As primeiras publicações acadêmicas de história, com destaque para a *Allgemeine Historische Bibliothek*, de Gatterer, dava espaço para resenhas e críticas de literatura histórica. Mais além, nesse cenário, forjou-se uma metodologia histórica específica cujas principais características eram, primeiramente, a pesquisa racionalmente conduzida sobre as fontes históricas e, em segundo, uma configuração da informação coletada a partir dessas fontes de acordo com a visão de que a história era um processo único. Um objetivo comum era iluminar o público leitor, já que os historiadores de Göttingen pressupunham com segurança que a história poderia e deveria informar as abordagens contemporâneas à política: a história era portadora de lições para a vida.

---

[3] Cf. G. G. Iggers, "The University of Göttingen 1760-1800 and the Transformation of Historical Scholarship", *Storia della Storiographia*, 1982, vol. 2, p. 11-37.

Entretanto, a segunda fase da profissionalização não completou simplesmente um projeto Iluminista; ela aconteceu em um clima intelectual radicalmente modificado e gerou respostas diferentes às perguntas sobre como o trabalho histórico deveria ser abordado e qual deveria ser seu propósito e, portanto, seu conteúdo. Todos os historiadores da historiografia alemã profissional estão de acordo em que suas origens estão ligadas à reação ao Iluminismo, ao Terror desencadeado pela Revolução Francesa e às guerras revolucionárias e napoleônicas. Eles divergem em sua visão sobre a forma exata como essa conexão poderia ser feita. A interpretação mais antiga e mais duradoura, proposta por Max Lenz em uma história da Universidade de Berlim publicada em 1910-1918 enfatizava o papel central das reformas prussianas realizadas na onda da derrota da Prússia pela França napoleônica em 1806-1807. A reforma que Alexander von Humboldt fez nas universidades prussianas, segundo essa visão, constituiu ao mesmo tempo uma contribuição profunda à modernização do Estado prussiano e um primeiro passo vital em um caminho que acabaria levando à unificação da Alemanha em 1871. As reformas de Humboldt aconteceram em dois níveis. Ele pôs fim à autonomia institucional das universidades e, com ela, às pressões que os interesses religiosos e seculares locais poderiam exercer sobre o ensino e a pesquisa acadêmicos.

Ao mesmo tempo, ele estabeleceu o princípio da autonomia dos acadêmicos *dentro* de cada universidade – ou seja, o princípio de "liberdade acadêmica" – e assim gerou experimentação e inovação. Sendo assim, afirmou Lenz, estabeleceram-se as condições nas quais o conhecimento acadêmico alemão conseguiu superar os de outros países. Igualmente, as proezas acadêmicas inspiraram o "espírito alemão" e assim garantiram a superioridade da própria nação. Contudo, como veremos, a "liberdade acadêmica" estava longe de ser completa, e as afirmações sobre a superioridade intelectual do conhecimento acadêmico alemão em geral, e do histórico em particular, eram exageradas. Uma interpretação alternativa derrubou essas afirmações em seu conjunto, salientando e dando nova inflexão à outra linha no raciocínio de Lenz: a importância do cenário institucional. Ela direcionou atenção à atração magnética exercida sobre os empreendedores acadêmicos pelas oportunidades de carreira possibilitadas pela expansão das universidades e a construção de novas disciplinas dentro delas. Portanto, as forças do mercado ditaram pelo menos o ritmo da transformação em termos de métodos e ideias.[4] Porém, esse quadro explicativo não é capaz de dar conta do surgimento e do crescimento de qualquer disciplina acadêmica e trata as disciplinas como se elas adquirissem imunidade ao impacto dos eventos fora da academia e das forças sociais.

---

[4] Para uma revisão da literatura, ver R S. Turner, "German Science German Universities: Historiographical Perspectives from the 1980s", in Gert Schubring (ed.) *"Einsamkeit and Freiheit" neu besichtigt: Universitätsreformen and Disziplinenbildung in Preußen alt Modell für Wissenschaftspolitik im Europa des 19. Jahrhunderts*, Stuttgart, Franz Steiner, 1989, pp. 24-36.

Uma nova abordagem à história também foi produzida pela confluência de três eventos: o surgimento do Romantismo, a necessidade dos estados alemães de justificar sua existência e o aparecimento de uma classe social que dava muito valor às realizações educacionais. O Iluminismo, confiante de que a razão poderia garantir a perfectibilidade da sociedade, dera motivo para uma abordagem crítica do passado. A história era explorada para expor e denunciar todos esses obstáculos, incrustados em sociedades passadas, com vistas ao triunfo da razão. Os detritos do passado eram identificados para ser em eliminados. No entanto, quando, nos estágios mais tardios da Revolução Francesa e depois deles, o "triunfo da razão" parecia ter resultado somente em terror, guerra, alienação e desagregação social, o passado poderia parecer à imaginação romântica um porto seguro ou uma inspiração. Os costumes e as tradições criticados por pensadores iluministas deveriam ser abordados agora por meio de um "entendimento" (*Verstehen*) empático e comemorado. Onde o Iluminismo inventou leis naturais, universais e trans-históricas, os historiadores buscavam individualidade, para o particular e o contingente. A nova agenda foi sintetizada na declaração programática de intenção feita em 1825 por Leopold von Ranke, de recuperar, compreender e, acima de tudo, narrar o passado "como realmente foi" (*wie es eigentlich gewesen*). A política do passado, seus praticantes e suas instituições deviam ser entendidos em seus próprios termos e contextos específicos. Isso constituía uma abordagem à atividade da história muitas vezes chamada de historismo. Paradoxalmente, todavia, a criação do historismo também indicava os limites do apelo dos românticos, e a dívida muito real para com o Iluminismo que sobreviveu apesar da rejeição de grande parte daquilo que os pensadores iluministas tinham afirmado. Ranke se inspirou inicialmente na novela romântica *Quentin Durward*, de Sir Walter Scott, não para imitá-lo, mas para escrever, ele próprio, romances.

Em vez disso, ele começou a mergulhar na história do período sobre o qual Scott escreveu, principalmente o período do cronista Philippe de Commines, e logo concluiu que Scott não lhe tinha feito justiça. Seu tratamento crítico das evidências históricas correspondia à tradição do Iluminismo, mesmo que tenha avançado tecnicamente para além da obra dos historiadores iluministas. E sua pesquisa o deixou com uma forte convicção da superioridade da história sobre a ficção romântica.

A derrota posterior de Napoleão não resultou na restauração do mapa da Alemanha. Onde o termo "Alemanha" havia descrito centenas de comunidades políticas distintas, havia agora pouco mais de 30 estados alemães, quase todos devendo a expansão de suas fronteiras justamente à existência do reordenamento bonapartista da Europa. No clima reacionário da Europa depois de 1815, todos os príncipes alemães remanescentes desejavam negar a dívida com Napoleão. O que eles queriam era legitimidade histórica e investiram na história e nos historiadores para dotar suas possessões territoriais de uma validade que não se baseasse na racionalização napoleônica, e sim na tradição. Entretanto, junto com endividamento pelo apoio das dinastias e das cortes, os historiadores foram moldados pela classe social da qual eram oriundos e levavam em consideração suas expectativas.

Os historiadores foram atraídos, em sua imensa maioria, da *Bildungsbürgertum*, a classe média educada e cultivada. Assim como nos estados alemães pós-napoleônicos, essa classe estava avidamente interessada em apresentar uma modernidade de que não dispunha. Seus membros viam sua história como uma forma de reivindicar *status* social e construíam árvores genealógicas para dotar a si próprios de raízes substitutas. Próximo ao final do século (e depois), um punhado de historiadores foi atraído das fileiras da classe média mais baixa da burguesia empreendedora. Poucos ainda vinham de origens aristocráticas ou da classe trabalhadora. O aristocrata Georg von Below tinha uma atitude tão hostil em função de suas origens de classe quanto Dietrich Schafer, filho de um trabalhador manual. Ambos compensavam demonstrando um zelo particular na adoção de normas sociais, políticas e intelectuais de uma profissão altamente marcada por sua composição baseada na burguesia cultivada.

Grupos rigidamente unidos de estudantes inspirados pelo professor formariam a escola "dele". As formas de socialização que geravam – principalmente as rodadas de bebida que costumavam suceder os seminários – enfatizavam o sistema de valores masculinos da disciplina. A pesquisa era vista como uma atividade varonil; o debate em seminários era considerado algo que estava além das mulheres. Na verdade, a "modernização da prática acadêmica se baseava em diferenças de gênero rigorosas".[5] Antes de 1945, uma única mulher se qualificou (depois de ser aprovada em seu segundo doutorado) para assumir uma cátedra de história. Obviamente, ela – Hedwig Hintze – nunca foi nomeada, embora seja discutível se isso ocorreu somente em função de seu sexo. Ela ofendeu as sensibilidades de seus potenciais colegas se casando com um historiador consideravelmente mais velho e altamente respeitado, além de ela ser de esquerda e judia.[6] Na República de Weimar, quando se qualificou, qualquer desses aspectos teria sido motivo suficiente para excluí-la da profissão.

A ampla maioria dos historiadores também era protestante. Os filhos de pastores luteranos formavam um grupo particularmente grande junto aos filhos de funcionários do Estado, de nível intermediário e alto, professores em escolas de elite, os *Gymnasien* e advogados. Esse é um perfil social que reflete o do nacionalismo alemão do século XIX. Ao promover a profissão de historiador a partir do *Bildungsbürgertum* em geral, os estados individuais da Alemanha semearam sua própria dissolução final em um único Estado-Nação. Não satisfeitos com es-

---

[5] M. Grever, "Die relative Geschichtslosigkeit der Frauen. Geschlecht und Geschichtswissenschaft", in W. Kiittler, J. Rüsen and E. Schulin (eds) *Getchichtsdiskurs, vol. 4: Krisenbewuβtsein, Katastrophenerfahrungen und Innovationen 1880-1945*, Frankfurt a. M., Fischer, 1997, p. 108-23; citação à p. 114.

[6] Ver H. Schleier, *Die bürgerliche Geschichtsschreibung der Weimarer Republik*, Berlin, Akademie Verlag, 1974, p. 488ff.

crever histórias de disputas provincianas ou mesquinhas rivalidades dinásticas, e associando os pequenos estados alemães à política de visão pequena, atrasada e, acima de tudo, repressiva, os historiadores liberais transferiram sua lealdade a uma nação alemã ainda imaginada. Isso era facilitado pelo fato de o modelo humboldtiano das universidades prussianas ter sido amplamente copiado no sul da Alemanha, o que fazia com que existisse, na prática, um mercado de trabalho para os historiadores bem antes da unificação política alemã. Em meados do século XIX, os historiadores, como os outros nacionalistas, forjaram vínculos uns com os outros para além das fronteiras dos estados, para criar, através do apoio mútuo, um contrapeso eficaz à influência intelectualmente restritiva de governos reacionários. A guilda dos historiadores prefigurou a nação, e a história que produziu contribuiu para a construção dessa nação. Segundo Ranke (escrevendo em 1863), a comunidade acadêmica conduzia uma "única conversação grandiosa", de forma que o simples exercício de sua liberdade acadêmica dava aos alemães um momento vital de unidade para além das divisões ideológicas e funcionava como uma espécie de substituto para instituições políticas nacionais ainda ausentes.[7] As trocas de correspondência entre historiadores eram uma forma vital para a realização dessa "conversação grandiosa". Os destinatários conservavam cuidadosamente a correspondência de seus colegas, e os historiadores organizavam seus papéis tendo em vista o armazenamento posterior em arquivos. Ao escrever uns aos outros sobre história e política, eles também estavam gerando conscientemente fontes primárias para o uso de gerações futuras ou mais jovens de historiadores. Nada ilustrava mais claramente a confiança dos historiadores na importância de seu ofício do que sua determinação em contribuir diretamente com o patrimônio arquivístico. Esse é um aspecto do profissionalismo ao qual retornaremos inevitavelmente no próximo capítulo.

Reino Unido

O processo de profissionalização do estudo de história na Grã-Bretanha durante a segunda metade do século XIX aconteceu em um ambiente cultural em que o interesse público pelo passado já era intenso, e assim foi por muito tempo. O enorme sucesso comercial dos romances sobre temas históricos de Edward Gibbon, Sir Walter Scott, Thomas Babington Macaulay, Thomas Carlyle, J. A. Froude e outros indica um pouco do caráter vibrante do apelo popular da história, e, se o tratamento do passado encontrado em outras formas culturais populares também for levado em conta, como nas pinturas, canções e baladas populares, poesia, ficção, publicações, impressos e projetos de prédios, pode-se apreciar o quão difícil

---

[7] P. Bahners, "National unification and narrative unity: the case of Ranke"s German history", in S. Berger, M. Donovan and K. Passmore (eds) *Writing national histories: western Europe since 1800*, London, Routledge, 1999, p. 57-68; citação à p. 66.

era para qualquer pessoa na Grã-Bretanha do século XIX escapar à presença da história em sua vida.

Mas esse interesse público não era cultivado indiscriminadamente, tampouco os temas que atraíam a maior atenção eram escolhidos de forma arbitrária. Dois períodos históricos em particular, o século VII e a Idade Média, dominavam a consciência pública do passado na Inglaterra vitoriana. A importância atribuída à Guerra Civil não só era visível nas cerca de 175 pinturas que faziam alusão ao conflito e suas principais figuras expostas na Royal Academy entre 1820 e 1900,[8] mas também nas várias formas em que a guerra continuava a definir as falhas geológicas dentro da cultura política vitoriana. As tensões que distinguiam as diferentes atitudes com relação à monarquia, os poderes do parlamento e as consequências de longo prazo da "revolução" constitucional de 1688, bem como os idiomas políticos conflitantes do liberalismo e do conservadorismo, com frequência estavam explicitamente ligadas ao debate sobre as questões políticas e religiosas fundamentais que serviram de pilares de sustentação à Guerra Civil.[9]

Também o passado medieval foi escavado em busca de materiais para construir argumentos e movimentos contemporâneos. A crença de que os ingleses medievais tinham perdido direitos políticos e sociais vitais depois da imposição do "Jugo Normando", por exemplo, retornou com força à política popular britânica nas décadas intermediárias do século XIX, e podem-se encontrar traços de suas premissas em exemplos desde *Rural Rides*, de William Cobbett, e na poesia de John Clare nas décadas de 1820 e 1830 até o argumento da defesa no julgamento do caso Tichborne e nos escritos socialistas de William Morris, das décadas de 1870 à de 1890.[10] Além disso, a crítica estética à sociedade industrial, na qual a busca do medieval passou a ser um refúgio em relação à modernidade e uma forma de mediar ou camuflar seu impacto sobre o presente, ficou visível, por exemplo, nas obras de importantes críticos culturais, como John Ruskin. O estilo medieval assumiu formas ainda mais tangíveis na arquitetura vitoriana, do projeto gótico de Augustus Pugin para a reconstrução das sedes do parlamento à sede do governo municipal de Manchester e a ousadia da estação ferroviária de St. Pancras. Significativamente, Ruskin começou o segundo volume de sua obra *Stones of Venice* em 1851, no dia em que a Exposição universal era inaugurada no Palácio de Cristal,

---

[8] R. Strong, *And when did you last see your father?* The victorian painter and British history, London Thames and Hudson, 1978, p. 141. Segundo Strong, "nenhum outro período se iguala a esse por sua intensidade em termos de interesse público". Sobre Gibbon e sua continuada influência no século XIX, ver R. Porter, *Edward Gibbon: making history*, London, Weidenfeld and Nicolson 1988.

[9] J. W. Burrow, *A liberal descent. Victorian historians and the English past*, Cambridge, Cambridge University Press, 1981, p. 14. Sobre Macaulay e história Whig, ver p. 11-93.

[10] C. Hill, "Lost rights", in Dona Torr, *Tom Mann and his times. Volume One: 1856-1890*, London, Lawrence and Wishart, 1956 principalmente a p. 120-31.

em Londres, um prédio que ele criticou como sendo uma "estufa".[11] O apelo ao gótico, contudo, era politicamente ambivalente e poderia ser promovido com igual entusiasmo por *tories* orgânicos e por socialistas precoces.[12] A questão principal a dividir os que se interessavam pelo passado era se, como acreditava o poeta laureado Robert Southey, a história era um repositório dos mais elevados valores e virtudes da humanidade, a partir dos quais o presente tinha menos valor, ou, na famosa afirmação de Macaulay, a passagem do tempo também era um processo de melhoria, de progresso moral, constitucional e material que ficava particularmente visível no estudo da história inglesa.[13] Durante grande parte do século XIX, portanto, a história foi importante para um amplo espectro do povo britânico: ela entretinha as pessoas, ajudava-as a estabelecer as formas com que definiam a si mesmas e a outras, e levantava grandes questões, como direitos populares e as responsabilidades dos que governavam essas pessoas.

Em meados da década de 1890, contudo, a história tinha menos relação com a política popular ou com as artes literárias e visuais do que com as atividades de professores universitários engajados no que definiam como busca científica do passado, realizada fundamentalmente por meio do estudo profundo de documentos e levada a cabo em grande parte como um fim em si. A virada em direção ao arquivo e ao seminário, que eram muito influenciados pelas novas abordagens à pesquisa histórica cujos pioneiros eram os alemães, também levou ao surgimento de um grupo novo e profissional de historiadores, com seu próprio aparato de apoio de sociedades e publicações. Muitos desses historiadores profissionais eram assalariados do estado e responsáveis por lecionar história como uma nova disciplina de nível universitário, bem como por realizar e publicar pesquisas. A mudança em direção ao *status* profissional e um papel social diferente para os historiadores teve início efetivamente nas décadas intermediárias do século XIX. Antes dessa época, a história estava muito pouco definida como o que depois viria a ser conhecido como uma disciplina acadêmica. Macaulay, escrevendo na *Edinburgh Review* em maio de 1828, confessou considerar difícil estabelecer qualquer característica subjacente que pudesse proporcionar uma identidade autônoma, seja como método de investigação ou como forma de conhecimento:

> não temos conhecimento de qualquer história que se aproxime de nossa noção do que a história deve ser... Essa região da literatura é um território em discussão, situado nas fronteiras de dois territórios distintos. Está sob jurisdição de duas potências hostis e, assim como outros distritos de localização semelhante, está maldefinido, malcultivado e mal regulado. Em vez de ser compartilhado de forma igual entre suas duas governantes, a Razão e a Ima-

---

[11] M. J. Wiener, *English culture and the decline of the industrial spirit 1850-1980*, Cambridge, Cambridge University Press, 1981, p. 37.

[12] E. P. Thompson, William Morris. From visionary to revolutionary, New York, Pantheon Books 1977.

[13] Wiener, *English culture* p. 29.

ginação, ela se alterna sob domínio exclusivo de cada uma delas. Às vezes, é ficção, às vezes, teoria.[14]

Embora, em alguns aspectos importantes, tenha continuado um "território em debate", em 50 anos a partir da publicação da investigação pioneira de Macaulay sobre sua natureza, a história foi transformada em História e foi dotada de um método, uma epistemologia e um lugar nas instituições educacionais britânicas, principalmente nas universidades.

Sendo assim, a partir da década de 1830, os historiadores começaram a adquirir o que Bonnie Smith chamou de "perfil institucional mais nítido", que os identificava mais claramente como historiadores. Diferentemente de seus predecessores, eles tinham menos probabilidades de ter formação em teologia e mais de ter uma base mais adequada em uma "metodologia diferente, que lhes dava conhecimento especializado e lhes proporcionava credenciais", principalmente por meio do trabalho em seminários e arquivos".[15] No centro dessa mudança na natureza da composição da comunidade de historiadores estava a universidade e seu papel que mudava na sociedade de meados da época vitoriana. Um debate acalorado sobre o papel da universidade teve início em publicações como a *Edinburgh Review* nas primeiras décadas do século XIX, depois de algumas críticas contundentes ao currículo de Oxford e à qualidade de seu ensino por parte de Sydney Smith e outros.[16] Os ecos desse debate reverberaram em meados do século quando, por exemplo, John Henry Newman fez uma série de intervenções influentes em 1852, nas quais insistia em que as universidades eram "um lugar de *ensino* do *conhecimento* universal", e seu papel era "a difusão e a extensão do conhecimento", em vez de seu "aprimoramento".[17]

---

[14] "History", reimp. in Lord Macaulay, *The miscellaneous writings and speeches of Lord Macaulay*, 1891, p. 133. Convencido de sua natureza moralmente proveitosa, Macaulay pretendia estender o conhecimento histórico para o público popular mais amplo possível, e cogitou escrever um estudo da Inglaterra Stuart para Society for the Diffusion of Useful Knowledge, ver O. D. Edwards, *Macaulay*, London, Weidenfeld and Nicolson, 1988, p. 17.

[15] B. Smith, "Gender and the practices of scientific history: the seminar and archival research in the nineteenth century", *American Historical Review*, 1995, vol. 100, p. 1153.

[16] A primeira intervenção de peso veio com uma crítica à obra *Traiti de Michanique Cileste*, de La Place, escrita por John Playfair na Edinburgh Review, 1808, vol. 11, p. 249-84, e foi seguida de uma série de outras, sendo que a mais afiada foi Sydney Smith, *Edinburgh Review*, 1809, vol. 15. Ela gerou uma defesa de Oxford por Edward Copleston, cuja réplica garantia aos críticos que o propósito da universidade não era ensinar aos alunos conhecimento "útil" nem transformá-los em "profissionais", e sim prepará-los para a liderança social como "*gentlemen*"; ver M. McMackin Garland, "Newman in His Own Day", in F. M. Turner (ed.) John Henry Newman, *The idea of a university*, New Haven, Yale University Press, 1996, p. 271.

[17] Ibid., p. 3.

Ele fez uma forte defesa da universidade como lugar onde se inculcava uma educação liberal, uma "mudança de visão, um hábito de reflexão",[18] em vez de uma oportunidade de desenvolver ou transmitir formas mais especializadas de conhecimento. Newman tinha convicção de que as universidades não eram instituições de pesquisa. Na segunda metade do século, contudo, continuavam sendo apresentados argumentos de que essas instituições atendiam mal às necessidades de uma sociedade em processo de mudança e foi implantada a ideia de que elas eram responsáveis pelo "bem-estar moral e político" do país, assim como sua vida cultural e religiosa.[19] Uma Comissão Real sobre as universidades, estabelecida em 1850, abriu caminho para que as ciências naturais questionassem a dominação tradicional da matemática e dos clássicos, e, nessa linha, outras disciplinas, como a história, entraram no currículo da educação superior. Esse processo coincidiu com a expansão das universidades de Oxford e Cambridge na década de 1860, a abolição de seus testes religiosos e o surgimento de orientadores profissionais e um movimento por "verbas para pesquisa".[20] Mas a entrada da história no círculo fascinante dos temas universitários não foi, de forma alguma, automática, e foi necessária uma forte defesa para superar o considerável ceticismo que permeava as universidades mais antigas. John Kenyon citou as razões para a aceitação intelectual e política da história como disciplina nessa época de reputações internacionais dos historiadores alemães como Ranke e Mommsen, uma necessidade genuína de encontrar explicações históricas para eventos tão cataclísmicos como a Revolução Francesa e a ascensão do nacionalismo, e a aceitação cada vez maior entre os reformadores parlamentares da necessidade de entender as origens e o desenvolvimento do constitucionalismo britânico. O impacto da ciência darwiniana, e das ideias associadas de evolução social também, evidentemente, cumpriu seu papel em dar à história um impulso intelectual renovado,[21] mas as pressões contrárias que tendiam a marginalizar a história continuavam fortes, e ela só conseguiu entrar nos currículos acadêmicos britânicos depois que historiadores que ocupavam cargos importantes construíram argumentos poderosos e convincentes em seu favor.

A história foi ensinada como uma disciplina secundária nas universidades mais antigas pelo menos desde 1724, quando George I estabeleceu as primeiras Cátedras Régias em história em Oxford e em Cambridge. Entretanto, seus ocupantes não tinham vínculo formal com uma faculdade nem envolvimento em ad-

---

[18] Ibid, p. xv.

[19] P. Levine, *The amateur and the professional: antiquarians, historians and archaeologists in Victorian England, 1838-1886*, Cambridge, Cambridge University Press, 1986, p. 135.

[20] John Wilkes, ""A mist of prejudice": the reluctant acceptance of modern history at Cambridge, 1845-1873" in J. Smith and C. Stray, Teaching and Learning in Nineteenth-century Cambridge, Woodbridge, Boydell, 2001, p. 57-8.

[21] J. Kenyon, *The history men: the historical profession in England since the Renaissance*, London, Weidenfeld and Nicolson, 1983, p. 149-50.

ministração universitária, e suas aulas eram, no máximo, marginais em relação ao currículo de graduação. Muitos, nas antigas disciplinas estabelecidas, como os clássicos, eram céticos em relação à neófita história moderna, já que ela, e outras como ela, envolviam conceitos distintos de educação e avaliação. Diferentemente do passado mais antigo, a história medieval e mais recente era considerada uma forma "incompleta" e indeterminada de conhecimento. Como a história "moderna" ainda estava em andamento, não havia cânone de textos estabelecidos consensuais sobre os quais os estudantes pudessem concentrar a atenção. Pior do que isso, não estava nem um pouco claro de que forma o conhecimento histórico poderia ser examinado. Questionava-se, como os orientadores poderiam avaliar opiniões e não "fatos" demonstráveis e aceitos?[22]

Ao fim e ao cabo, a história envolvia muita polêmica e incerteza pedagógica. Também se manifestava o medo de que os professores de história, sendo indicados politicamente, poderiam usar seu encantamento para exercer influência política e defender a subversão eclesiástica. Muitas vezes, o que estava por trás da ansiedade com relação ao "conhecimento indisciplinado" da história era um medo mais profundo de agitação política e social.

Entretanto, duas cátedras régias nas Universidades de Oxford e Cambridge desencadearam, quase ao mesmo tempo, o processo que levou à profissionalização da história em toda a educação superior britânica. William Stubbs, eleito para a cátedra de Oxford em 1866, foi, segundo John Kenyon, o primeiro "historiador profissional" da Inglaterra e o primeiro dos que ocuparam aquela cátedra a dar uma "contribuição séria" ao conhecimento histórico, em grande parte por meio da publicação, em 1870, das *Select charters*.[23] Apesar de sua aversão ao ensino de história moderna nas escolas, durante o tempo em que lecionou em Oxford, de 1866 a 1884, ele testemunhou muitos avanços no ensino e na pesquisa em história naquela universidade, incluindo, em 1872, a introdução do primeiro diploma em história da Inglaterra. Porém, como demonstrou Peter Slee, uma série de tendências que levariam à maior autonomia da história como disciplina acadêmica são claramente discerníveis nos anos anteriores à indicação de Stubbs. A história surgiu como parte da faculdade de Direito e História Moderna em 1854 – que teve vida curta – e a mudança crucial do estudo de textos ao estudo de períodos e áreas temáticas já foi defendida por Montagu Burrows, o antecessor de Stubbs, em 1862. O corpo cada vez maior de professores de história especializados se beneficiou da identidade corporativa que surgiu nos professores universitários como um todo a partir da década de 1840[24] e foi aumentado pelo estabelecimento de uma

---

[22] Sobre a polêmica dos examinadores, ver Burrow, *A liberal descent*, p. 98-103, e P. H. Slee, *Learning and a liberal education. The study of modern history in the universities of Oxford, Cambridge and Manchester 1800-1914*, Manchester, Manchester University Press, 1986, p. 31-6.

[23] Kenyon, *History men*, p. 154.

[24] Slee, *Learning and a liberal education*, p. 87-8.

Associação de Orientadores em 1854 e, mais especificamente, pelo crescimento subsequente, em Oxford, da Modern History Association.[25]

A partir de 1848, a história adquiriu um perfil mais relevante em Cambridge, em parte como medida deliberada para se defender das críticas feitas no parlamento ao currículo da universidade, que muitos consideravam muito estreito. James Stephen, nomeado à cátedra régia em Cambridge em 1849 e, naquele momento, o único professor de história em toda a universidade, recebeu a tarefa de formular um novo exame em ciência moral, no qual a história seria um dos cinco temas cognatos.[26] Dessa forma, a partir de 1851, a história foi integrada formalmente ao currículo de Cambridge, embora inicialmente só fosse considerada adequada para os alunos regulares (*poll students*), e não para os que estavam cumprindo os requisitos para se graduar com destaque (*reading students*).[27] Seu *status* inferior como tema acadêmico nessa época também era visível em outras universidades. E. S. Beesly, catedrático de história no University College London entre 1860 e 1893, lembrava-se de que, em seus primeiros anos, a história "era a que tinha mais probabilidades de ser sacrificada na concorrência de aulas em um currículo superlotado e foi 'uma parte muito subalterna' do estudo de línguas e literatura".[28] Contudo, acontecimentos da década de 1870 viriam questionar o antigo desdém da academia pela história como disciplina acadêmica. Eliminada do exame de ciência moral 1867, ela foi combinada com o direito, sem sucesso, em vista da forte oposição vinda de duas direções: os estudantes de direito, que consideravam a história tão ampla e difícil que reduziria suas notas, pondo em risco suas futuras carreiras no direito, e de um pequeno grupo de historiadores que aproveitou a ocasião para estabelecer a história como uma disciplina universitária separada.

John Seeley, em Cambridge, e A. W. Ward, no Owen's College, em Manchester, foram as vozes mais críticas e efetivas na defesa dessa nova política. Ward questionava a tradição pedagógica dominante afirmando que a história envolvia a aquisição de habilidades que podiam muito bem ser testadas em diferentes níveis de proficiência, ao passo que Seeley, em sua aula inaugural em 1869, afirmou que a história era a chave para se entender o mundo moderno.

Assim como a de seu contemporâneo William Stubbs em Oxford, a nomeação de J. R. Seeley para a cátedra régia em Cambridge rompeu o modelo do passado, caracterizado por professores de história um pouco distanciados. Diferentemente de seus antecessores, entre eles Charles Kingsley, Seeley não apenas insistiu em residir na universidade, mas também imbuiu a cátedra de uma missão, que era nada

---

[25] Ibid., p. 100-1.
[26] Ibid., p. 24.
[27] Wilkes, "A mist of prejudice", p. 46-51; R N. Soffer, *Discipline and power: the university, history and the making of an english elite, 1870-1930*, Stanford, Stanford University Press, 1994, p. 54.
[28] *Notes and materials for the history of university college*, London, Faculties of Arts and Sciences, 1898, p. 36-7.

menos do que "explicar a nova e democrática sociedade, estabelecer princípios de liderança na Igreja e no Estado, e dar formação a uma nova aristocracia intelectual para que assumisse as funções de liderança que antes eram cumpridas por uma aristocracia territorial".[29] Embora ele próprio não fosse historiador, Seeley deu uma significativa contribuição à historiografia do país enfatizando a importância das colônias na definição da história britânica contemporânea e na formação de uma identidade britânica.[30] Ele fez soar as trombetas para que a história fosse reconhecida como a "escola das qualidades de estadista" e para que a própria Cambridge se transformasse em um "grande seminário de políticos"[31] em sua aula inaugural naquela universidade, em 1869. Todos, ele afirmava, "que estudarem as instituições políticas, seja no passado ou no presente, estudarão história",[32] e o que aquele que estuda história aprende

> não é apenas armazenado para um uso estático, mas influencia imediatamente suas visões e julgamentos das coisas ao seu redor. Ilumina, ao mesmo tempo, o mundo político, o mundo dos Estados, nacionalidades, parlamentos, exércitos, partidos e interesses, como a ciência natural ilumina o mundo das forças físicas e vitais.[33]

Em um ataque ao antiquarianismo romântico e aos promotores da nostalgia, Seeley declarou a necessidade de ver o passado de forma "menos modorrenta" e como o "melhor comentário sobre o presente".[34]

Embora alguns historiadores permanecessem céticos em relação a uma instrumentalidade crua, como "dispositivo retórico",[35] não resta dúvida de que a aula de Seeley ajudou a pressionar para que o estudo de história entrasse para o currículo universitário em Cambridge. Excluída dos exames de direito em 1872, a história moderna adquiriu, sob a orientação de Seeley, *status* de exame separado em 1873, um passo que, embora dado com "profunda relutância",[36] marcou o estabelecimento da história como disciplina acadêmica independente em ambas

---

[29] S. Rothblatt, *The revolution of the dons. Cambridge and society in victorian England*, Cambridge, Cambridge University Press, 1981, p. 179.

[30] B. Schwarz "J. R Seeley", in K. Boyd (ed.) *Encyclopedia of historians and historical writing*, Chicago Fitzroy Dearborn, vol. 2, 1999, p. 1079.

[31] J. R Seeley, "The teaching of politics: an inaugural lecture delivered at Cambridge" in J. R Seeley, *Lectures and essays*, London, Macmillan, 1870, p. 303.

[32] Ibid., p. 302.

[33] Ibid., p. 313.

[34] Ibid., p. 316.

[35] Slee, *Learning and a liberal education*, p. 62.

[36] Wilkes, "A mist of prejudice", p. 60. Ver, sobre o surgimento do "movimento por verbas para a pesquisa (*endowment of research movement*)", A. J. Engel, *From clergyman to don: the rise of the academic profession in nineteenth-century Oxford*, Oxford, Clarendon Press, 1983, p. 129-55.

as antigas universidades da Inglaterra.[37] Esse feito foi logo repetido nas "novas" universidades vitorianas, como Londres (estabelecida em 1828), Durham (1832) e Owen's College, Manchester (1851), todas com cátedras de história, embora muitas permanecessem tão "descuidadas em relação a por quem ou se esses cargos seriam preenchidos" quanto tinham sido Oxford e Cambridge antes da década de 1860.[38]

Em Manchester, contudo, onde foi criada uma cátedra em história em 1854, desenvolveu-se uma escola de história diferenciada, particularmente sob a liderança de A. W. Ward na década de 1870 e, a partir de 1890, de T. F. Tout.[39] Este, descrito por John Kenyon como o "grande aluno de Stubbs", tinha, desde 1881, ocupado a cátedra de história na Universidade de St. David's, Lampeter,[40] e a história foi lecionada em outras universidades vitorianas como no University College of Wales, Aberystwyth, desde sua fundação, em 1872.[41] Desse fermento de atividade dentro das antigas e das novas universidades durante as décadas de 1860 e 1870 surgiram os contornos de um novo grupo profissionalizado e assalariado, com sua própria abordagem diferenciada ao estudo do passado. Isso, junto com um meio altamente formalizado de transmitir os frutos dessa aprendizagem através de aulas e seminários, levou a visar um público mais estreito e mais seletivo de alunos e outros historiadores profissionais do que aquele que Macaulay e Carlyle tinham tentando atingir.

Estados Unidos da América

Em comparação com a Grã-Bretanha, pelo menos, o processo de institucionalização nos Estados Unidos foi bastante rápido e completo. Em meados do século XIX, no país, como na Grã-Bretanha da mesma época, escrever sobre história era território de amadores. Os historiadores eram religiosos, advogados, comerciantes e cavalheiros de posses, oriundos majoritariamente das elites patrícias da costa leste. Também emanavam obras de história das penas de algumas das participantes da "turba desgraçada de escrevinhadoras", cuja escrita prolífica impressionava e alarmava Nathaniel Hawthorne. Nenhuma história era escrita por historiadores profissionais porque eles não existiam. Ainda em 1880, só havia 11 professores de história nos Estados Unidos; em 1895, o número chegou a 100. Em 1902, John Franklin Jameson, editor da *American historical review*, podia dizer, com alguma

---

[37] Soffer, *Discipline and power*, p. 54.
[38] Levine, *The amateur and the professional*, p. 136.
[39] F. M. Powicke, *Modern historians and the study of history: essays and papers,* London, Oldhams Press, 1955, p. 19. Ver o capítulo sobre "The Manchester History School", p. 19-95
[40] Kenyon, *History Men*, p. 189.
[41] E. L. Elks, *The university college of Wales, Aberystwyth 1872-1972*, Cardiff, University of Wales Press, 1972, p. 333.

autoridade, que na época atual, a principal influência sobre os escritos históricos era exercida pela universidade e pelo professor universitário".[42] Dos 34 autores que colaboraram com a *Narrative and critical history of America*, de Justin Winsor, publicada entre 1884 e 1889, apenas dois ocupavam cátedras em história (embora outros as ocupassem em outras disciplinas). Em contraste, entre os 24 colaboradores da série *American nation*, de Harper, publicada entre 1904 e 1907, 21 eram professores universitários e todos, menos dois, tinham realizado trabalhos de pós-graduação em história. Em outras palavras, as décadas finais do século XIX assistiram a uma mudança significativa no *status* e na posição social do historiador.

Essa mudança foi resultado, acima de tudo, do crescimento e da transformação da universidade nos Estados Unidos nas décadas próximas à virada do século. Não apenas aumentou muito o número de estudantes, de 52 mil em 1870 a 1 milhão e cem mil em 1930.

Mais importante, a estrutura das principais universidades públicas e privadas passou por uma reorganização fundamental para acomodar novas disciplinas e novos modos de investigação. Em lugar da tradicional mistura de clássicos, matemática e "filosofia" que compunha o currículo da faculdade norte-americana anterior à Guerra Civil, a universidade reformada oferecia uma gama de disciplinas eletivas, incluindo história, entre as quais os alunos deveriam escolher. Os cursos de graduação se tornaram mais intensivos e mais especializados e, assim, exigiam professores mais especializados.

Sendo assim, onde se poderiam encontrar professores com qualificação adequada? As universidades dos Estados Unidos ofereciam poucos cursos de graduação em história antes da década de 1870 e nenhuma formação em nível de pós-graduação. O primeiro grupo de professores de história consistia, em grande parte, em homens (e uma ou duas mulheres) que fizeram curso superior na Alemanha. Cerca de metade dos que ocupavam posições em 1895 receberam formação em nível de pós-graduação em uma universidade alemã. Um deles era Herbert Baxter Adams, que, em 1876, na recém-fundada Universidade Johns Hopkins, estabeleceu um "seminário" de pesquisa sobre o modelo alemão, que atraiu muitos alunos, entre eles, Charles M. Andrews, Omer Haskins, John Franklin Jameson, Frederick Jackson Turner e Woodrow Wilson. Grande parte do "nobre exército de doutores" de Adams assumiu cargos em outras universidades, enquanto um grande mapa de parede em seu seminário acompanhava o progresso deles em todo o país, na prática, como missionários acadêmicos da América mais obscura.[43] Foram estabelecidos programas semelhantes de pós-graduação em Columbia, Harvard e

---

[42] J. F. Jameson, "The influence of the universities upon historical writing", in M. Rothberg and J. Goggin (eds) *John Franklin Jameson and the development of humanistic scholarship in America*, Athens GA, University of Georgia Press, 1993, p. 268.

[43] E. Breisach, *Historiography. Ancient, medieval and modern*, Chicago, University of Chicago Press 1983, p. 287.

em outros lugares. Em 1907, foram concedidos 250 títulos de doutor em história por universidades norte-americanas e parece que a imensa maioria dos que os receberam estavam empregados no ensino universitário. Já na década de 1890, esperava-se que os candidatos a cargos em universidades tivessem doutorado. O PhD tinha se tornado, com efeito, um certificado para entrar na profissão de história (embora pareça que a grande maioria dos que foram admitidos não tenha feito muita pesquisa independente depois de nomeada e, em vista de suas pesadas cargas de trabalho, não se esperava que o fizessem). Assim sendo, em não mais de duas décadas, a história acadêmica se estabeleceu como profissão nova em folha.

A fundação, em 1884, da American Historical Association (AHA da qual Herbert Baxter Adams foi um dos fundadores) foi um momento crucial nesse processo. "Estudiosos e estudantes não podem viver no isolamento", afirmou um membro-fundador.[44] O estabelecimento de uma sociedade de acadêmicos era uma indicação de que os historiadores se consideravam uma comunidade de estudiosos que tinha um "universo comum de discurso". A Associação atendia a uma necessidade percebida de contato e comunicação através de distâncias enormes nos Estados Unidos de proporções continentais. Seu propósito, acreditava Adams, era "o intercâmbio de ideias, a ampliação de diálogos, a disseminação de métodos e de artigos originais".[45] O fato de que os próprios historiadores acreditavam estar engajados em um processo cumulativo de investigação, no qual as iniciativas individuais contribuíam a um todo maior, tornava ainda mais necessário trocar informações e evitar a duplicação do esforço.

A AHA, em seus primeiros anos, assim como muitas sociedades históricas locais, incluía amadores entusiasmados, além de profissionais acadêmicos. Entre seus membros leigos estavam luminares como o ex-presidente Rutherford B. Hayes e o futuro presidente Theodore Roosevelt, respectivamente, e os senadores George Frisbie Hoar e Henry Cabot Lodge. A Associação funcionava como uma sociedade de cavalheiros; suas reuniões tinham um pouco do estilo desse tipo de clube. Os delegados às convenções da AHA jantavam em clubes como o Cosmos, em Washington, a partir do pressuposto de que os colegas estariam "aptos" a serem membros do clube – o qual excluía ostensivamente membros do sexo feminino. De fato, foi nomeado um "Comitê para o Entretenimento Social das Senhoras" para organizar eventos separados. Ao longo dos anos, a coexistência entre os membros profissionais e os "patriarcas" ficou abalada. Os historiadores acadêmicos demonstravam irritação diante das contribuições simples dos amadores, enquanto estes, por sua vez, ficavam entediados com as mostras de erudição dos profissionais e ofendidos com sua tendência pouco distinta de criticar o trabalho uns dos outros.

---

[44] J. Higham, *History: professional scholarship in America*, New York, Harpers, 1965, p. 6.
[45] D. D. Van Tassel, "From learned society to professional organization: the American Historical Association, 1884-1900", *American historical review*, 1984, vol. 89, p. 935.

Embora considerasse difícil manter seus membros leigos, a Associação preservou parte do estilo de clube social por uma geração ou mais.

Na verdade, a primeira geração de historiadores profissionais era oriunda de uma faixa social bastante estreita. Eles eram descendentes de famílias de alto *status* ou vinham de domicílios de classe média que aproveitaram as oportunidades oferecidas pelo sistema universitário em expansão para adquirir a posição social que uma carreira acadêmica ainda permitia. A maioria era de linhagem norte-americana mais antiga, muitos com antecedentes na Nova Inglaterra, e de religião protestante. A profissão não incluía indivíduos de origem na imigração recente, relativamente poucos católicos, um pequeno número de judeus (o antissemitismo refinado que permeava as instituições de elite nos Estados Unidos da Era Dourada se estendeu à vida acadêmica), e quase nenhum afroamericano. Também incluía muito poucas mulheres. Como em outras ocupações, a profissionalização foi um processo com caráter de gênero bastante acentuado, que implicou substituir empreendimentos casuais, em meio expediente, por emprego assalariado em tempo integral, a atividade literária pela pesquisa, história "científica" e temas "menores e triviais" pelo estudo "sério" das instituições políticas. Havia poucas oportunidades de emprego para as mulheres fora das faculdades dirigidas a elas, enquanto a ampla aplicação de proibições a casais e as regras antinepotismo garantiam sua exclusão, na prática. Somente metade das detentoras de Ph.D.s em 1939 tinha cargos universitários, a maioria em instituições de menos prestígio (para seus equivalentes masculinos, a proporção se aproximava dos sete oitavos). O etos dos seminários e conferências históricas, bem como muitas de suas regras informais de comportamento, era essencialmente masculino, engendrando, afirma Bonnie Smith, um espírito fraternal, uma comunidade de empreendimento masculino compartilhado na qual as diferenças de riqueza e *status* eram apagadas na busca de puro conhecimento acadêmico. Jameson, por exemplo, referia-se aos "professores de história nas principais universidades" como "um grupo de irmãos".[46] O historiador de Michigan, Charles Kendall Adams, mal tolerava a presença de mulheres em sua sala de aula. "É claro", afirmava, "as mais jovens não conseguiam fazer trabalho de seminário".[47] As mulheres, portanto, foram excluídas da história profissional tanto pelo espírito empreendedor quanto por suas regras formais.

---

[46] Jameson, "Influence of universities", p. 272.
[47] B. G. Smith *The gender of history: men, women, and historical practice*, Cambridge MA, Harvard University Press, 1998, p. 113.

METODOLOGIA
HISTÓRIA CIENTÍFICA E O PROBLEMA DA OBJETIVIDADE
Robert Harrison, Aled Jones e Peter Lambert

A escrita profissional de história na Europa e nos Estados Unidos não era só a história escrita por profissionais; era história escrita de uma determinada forma. Poucos historiadores do final de século XIX discordariam da afirmação de J. B. Bury de que a história era "simplesmente uma ciência, nada menos, nada mais". Contudo, para as tradições historiográficas nacionais, ciência poderia significar coisas bastante diferentes.

Alemanha

Na primeira metade do século XIX, as "ciências" (*Wissenschaft*) humanas na Alemanha tinham uma reputação superior à das ciências naturais, e não se sabe o quanto as primeiras realmente deviam às segundas. Obviamente, a precisão era considerada essencial para a determinação dos fatos e, por extensão, à identificação e à autenticação das fontes primárias. Até então, a afirmação dos historiadores de que eram capazes de produzir história objetiva parecia não ser complicada, mas nenhum historiador alemão afirmava que as fontes falavam por si. Ao revelar e verificar as evidências, o historiador só tinha realizado as tarefas preliminares. Agora é que começaria o trabalho de verdade. A parte principal do texto do historiador era dedicada à argumentação e à persuasão, enquanto, como apontou Anthony Grafton, notas de rodapé, muitas vezes copiosas, proporcionavam as evidências e forneciam as provas.[1] E o que diferenciava o historiador do antiquário era sua habilidade interpretativa. Somente por meio da interpretação se poderia encontrar a verdade histórica, mas a interpretação, como aceitavam prontamente os historiadores, gerava visões que variavam, principalmente de acordo com o momento em que o historiador estivesse escrevendo. O ponto de vista particular do historiador determinava o que ele entenderia a partir das evidências. Não obstante, esse entendimento não fazia com que houvesse um recuo da afirmação de objetividade, muito menos um colapso em direção ao relativismo extremo. O ponto de vista dos historiadores não era questão de escolha arbitrária ou individual, e suas perspectivas eram expressões das épocas em que escreviam. Ainda que se acreditasse que a

---

[1] A. Grafton, *The footnote. A curious history*, Cambridge MA, Harvard University Press, 1997, p. 15.

Alemanha avançava para se tornar um Estado-Nação, e dali para mais acumulação de poder, a lealdade ao Estado e à Nação constituíam o ponto de vista do historiador. Cada geração de historiadores conseguia (como afirmaremos no próximo capítulo) afirmar que seu ponto de vista era superior ao da anterior.

Uma Alemanha mais forte e unificada deveria produzir história melhor e mais objetiva, porque oferecia uma perspectiva superior sobre o passado. Dessa forma, os historiadores identificavam a força com o que é certo e confundiam poder e objetividade. Segundo a visão deles, o propósito patriótico e, na Alemanha imperial, a defesa da ordem política e social existente, não entravam em conflito com a objetividade histórica, pelo contrário, eram condição necessária para uma compreensão real do passado.

Sendo assim, embora os aspectos puramente técnicos no trato das fontes primárias tivessem algum parentesco com os métodos dos cientistas naturais, o entendimento de como essas fontes deveriam ser interpretadas se baseava em uma teoria do conhecimento que enfatizava a empatia e a intuição. Para Ranke, a essência da história do mundo estava nas "forças criativas, em se entregar, e no espiritual [*geistige*]", que "não poderiam ser definidas nem reduzidas a abstrações, mas podem ser observadas e diferenciadas; é possível criar para si mesmo empatia por sua existência".[2] Desde então, os debates sobre se a história era uma ciência (e, diga-se, é) têm sofrido de uma confusão conceitual. A *Wissenschaft* alemã foi mal traduzida desde o início como "ciência" por seus candidatos a emuladores em outros países. No contexto da fase de fundação da profissão de historiador, a palavra "scholarship" (*saber acadêmico*) se aproxima muito mais de transmitir o sentido do termo. Mas a má tradução não é a única explicação. No final do século XIX, como indica a infiltração de ideias darwinianas mesmo na historiografia alemã, o potencial explicativo das ciências naturais estava ganhando espaço nas mentes dos historiadores. Até então, eles não precisavam reconhecer qualquer grande dívida que tivessem com as ciências naturais e afirmaram a objetividade e a busca da verdade independentemente delas.

A implementação, a direção de publicações acadêmicas e a colaboração dos historiadores na edição de documentos em grande escala fornecem mais evidências do sentido de propósito comum que movia os historiadores, e a diversidade e a densidade cada vez maiores de seus aparatos organizativos. A fundação da *Historische Zeitschrift* em Munique, em 1857, pode se basear na experiência de uma série de publicações que apareceram por períodos relativamente breves desde a última parte do século XVIII. Ela viria a ser *o* órgão da guilda, e até hoje é a publicação histórica de maior prestígio na Alemanha. Em 1858, também foi estabelecida uma "Comissão Histórica" na Baviera, que forneceu um fórum onde as agendas poderiam ser elaboradas coletivamente, assim como os recursos

---

[2] L. von Ranke, "Die grogen Machte", *Historischipolitische Zeitschrif*, 1833, vol. 2, pp. 1-51; neste volume, p. 50-1.

para implementá-las. A *Monumenta Germaniae Historica*, um enorme acervo de transcrições de manuscritos medievais alemães, baseou-se em uma iniciativa do Freiherr von Stein em 1819. Em pouco tempo, estabeleceu-se a expectativa de que qualquer edição de fontes primárias deveria ser sustentada por notas de rodapé contextualizando os documentos por meio de referências à literatura secundária. As primeiras conferências regulares e declaradamente "nacionais" de historiadores alemães (*Historikertage*) podem ter acontecido em um momento tão relativamente recente como 1892, mas seu estabelecimento gradual como dias felizes nos calendários dos historiadores alemães simplesmente aumentavam em um número já impressionante de sociedades e instituições que apoiavam o trabalho nas universidades e tornavam a guilda bastante multifacetada.

A geração fundadora de historiadores "chegou" equipada com uma formação baseada em um ou mais grupos de disciplinas já estabelecidas. Cada uma lhes dava alguns dos equipamentos práticos e intelectuais que, juntos, aproximavam-se de completar a caixa de ferramentas do historiador. Da filologia, receberam a capacidade de ler e datar com precisão suas fontes; do direito, a de usar documentos como forma de entender as instituições; da história antiga, um envolvimento já avançado com as sociedades do passado.

Se as exposições anteriores dos métodos históricos tinham se concentrado nos dispositivos retóricos e nas formas de *escrever* a história que lhe garantiam mérito literário, no período da profissionalização, a ênfase mudou para uma preocupação em como a história deveria ser *pesquisada*. Ambas coexistiam na obra de Ranke e de seus sucessores imediatos, mas, no final do século XIX, o mérito literário tinha deixado de importar para muitos historiadores. Na obra de Georg von Below, por exemplo, floreios estilísticos, como as metáforas, eram repudiados, e sua retórica era a do "senso comum". Quando queria dar ênfase a seus argumentos ou cobrir falhas na lógica deles, ele os prefaciava com expressões como "sem dúvida alguma", "evidentemente" e "naturalmente". A pesquisa, e não a produção de uma prosa esteticamente agradável, era a "vocação" do historiador, e era abordada no espírito de uma ética do trabalho marcadamente protestante. Enquanto estava em Roma, em uma expedição de pesquisa em agosto de 1829, Ranke "naturalmente" não deveria ser distraído pelos prazeres dos teatros e cafés que funcionavam até de madrugada, e sim correr para a cama, para voltar às pilhas de documentos.[3] Pelo menos Ranke parece ter se abstido de um conjunto de prazeres apenas por outro – que, de fato, era tão mais sedutor que poderia interferir em sua agenda da manhã: "Ontem, tive uma fantástica e doce aventura com o meu objeto de amor, uma beleza de italiana, e espero que tenhamos produzido uma beleza de prodígio romano-alemão. Levantei-me ao meio-dia, completamente exausto". O objeto de

---

[3] Grafton, *The footnote*, p. 36.

sua paixão foi um depósito de arquivos.⁴ O rígido pietismo protestante privou os historiadores alemães posteriores de transmitir essa alegria. Como apontou Hans Cymorek, seria totalmente apropriado que o material bruto que saiu da pesquisa de von Below se manifestasse posteriormente em sua prosa, para que o leitor pudesse sentir o trabalho duro que é a vida cotidiana do historiador.⁵ Como as tarefas do historiador foram tão exaustivas, era correto fazer com que o leitor também se esforçasse.

A pesquisa, segundo von Below, também era o motor da mudança historiográfica:

> Seja onde for, nosso trabalho funciona da seguinte forma: começamos nossa pesquisa com concepções específicas, revisamos essas concepções segundo os resultados obtidos, depois abordamos as questões novamente com as conclusões a que chegamos, para voltar a abordar uma revisão de nossas concepções com base em nosso trabalho de pesquisa. É assim que funciona o nosso trabalho.⁶

Os seminários eram as "oficinas" nas quais as próximas gerações de historiadores aspirantes aprendiam seu ofício, garantindo, assim, as condições para o modelo de von Below para o progresso historiográfico. O seminário complementava a leitura, na qual os estudantes eram passivos, e os transformava em participantes ativos. Os primeiros seminários foram realizados em meados da década de 1820, de forma privada, nas casas dos próprios historiadores. Então, em 1833, por meio de uma série de "exercícios" históricos (*Übungen*) coordenados por Leopold von Ranke na Universidade de Berlim, os seminários começaram a se transferir para um contexto institucional. A inovação de Ranke, extremamente influente, centrou-se inicialmente no estabelecimento de um contato próximo entre o professor e seus alunos para, depois, promover a discussão coletiva das fontes primárias em particular. No espaço de uma década e meia, esses exercícios se tornaram um elemento onipresente no ensino de história em todas as universidades alemãs. Contudo, o desenvolvimento do "seminário em grande estilo" (Hermann Heimpel) levaria meio século, durante o qual os componentes foram fabricados e montados. Para o processo, era vital que as fontes primárias e secundárias estivessem prontamente disponíveis aos participantes. Entre as primeiras bibliotecas específicas para os seminários estava a implementada por Heinrich von Sybel em Bonn, em

---

⁴ B. G. Smith, *The gender of history: men, women, and historical practice*, Cambridge MA, Harvard University Press, 1998, p. 119.

⁵ H. Cymorek, *Georg von Below und die deutsche Geschichtswissenschaft um 1900*, Stuttgart, Franz Steiner, 1998, p. 220-3; citação p. 222.

⁶ G. von Below, "Über historische Periodisierungen, mit besonderem Blick auf die Grenze zwischen Mittelalter and Neuzeit", *Archiv für Politik and Geschichte*, 1925, vol. 4, pp. 1-29; 170-214; citação, p. 22.

1865, que ocupava um único armário de livros. Somente mais tarde o espaço da biblioteca viria a ser conectado à sala em que se realizava o seminário. Mais ou menos no mesmo período, os seminários, extremamente informais em suas primeiras versões, passaram a ter regulamentos.

Foi esse modelo maduro de seminário que se tornou o foco de atenção da nascente história profissional em outros lugares. Na França, a obstinação da academia da Alemanha atraiu admiradores na esteira da Guerra Franco-Prussiana de 1870-1871 e a emulação da historiografia alemã visava conscientemente contribuir para a modernização da França – o melhor para se preparar para qualquer confronto futuro com a Alemanha. Quando Camille Jullian visitou o seminário de Theodor Mommsen em Berlim, em 1882, não era somente para se preparar para uma carreira acadêmica como historiador. Ele foi enviado em "missão" pelo governo francês, como uma espécie de espião industrial. Como insistiu Fustel de Coulanges, professor de Jullian na França: "Para derrotar a Alemanha, é necessário emulá-la".[7] Entretanto, como indicam as experiências dos Estados Unidos (e, em certa medida, da Grã-Bretanha) a rivalidade nem sempre era o único ou o principal motivo por trás de uma transferência intelectual.

Ondas de atividade revolucionária a partir de 1789 forçaram a abertura de arquivos até então altamente secretos. A melhoria das comunicações possibilitou explorar os novos campos que se abriam, e a introdução da ferrovia viria a ser de importância vital para facilitar as pesquisas de campo. Elas nem precisavam ser planejadas. Conta-se que um historiador alemão chegara à estação ferroviária de onde morava sem saber qual trem tomaria nem em qual direção, e mesmo quando se decidia por um deles, em que estação ao longo da linha desceria para visitar um arquivo. Diz-se que os arquivistas viviam apavorados com a possibilidade de suas visitas-surpresa e suas exigências peremptórias de documentos.[8] Doutorandos e seus professores pareciam sociedades de exploradores, aventurando-se em arquivos espalhados pelos quatro cantos, descobrindo seu conteúdo e voltando para relatar a seus pares o que tinham descoberto.

O historiador alemão, insistia Ranke, deveria estar disposto a "atravessar a Alemanha em todas as direções à caça dos resquícios desse mundo, que estão meio enterrados, e ainda assim, tão próximos de nós. Buscamos espécies desconhecidas de capim nos desertos da Líbia: como pode a vida de nossos antepassados, em nosso próprio país, não merecer o mesmo zelo?"[9]

---

[7] K. F. Werner, "Historisches Seminar – Ècole des Annales. Zu den Grundlagen einer europäischen Geschichtsforschung", in J. Miethge (ed.) *Geschichte in Heidelberg*, Berlin, Springer, 1992, pp. 1-38; here pp. 3-8.

[8] R. Chickering, Karl Lamprecht. *A German academic life, 1856-1915*, New Jersey, Humanities Press, 1993, p. 79.

[9] Cit. after Grafton, *The footnote*, p. 49.

Reino Unido

Muito embora, como discutimos no capítulo anterior, depois de sua incorporação aos currículos universitários, a história no Reino Unido tenha se tornado socialmente mais excludente, passando a ser, na prática, domínio de homens com elevado grau de instrução, ela também adquiriu um conjunto de procedimentos mais explícitos e um sentido renovado de propósito que continuaria por mais de um século, para definir as formas como a maioria dos historiadores profissionais na Grã-Bretanha pratica seu ofício.

A nova ênfase dada pelos historiadores à interrogação dos documentos, por exemplo, pressupunha a existência de arquivos acessíveis. A coleta e a catalogação sistemáticas de documentos já estavam em andamento no início do século XIX, com governos e servidores públicos ávidos por colocar em ordem seus documentos históricos. A Record Comission deu início à tarefa de publicar as fontes medievais em 1802, enquanto a Parlamentary Comission, que tinha se estabelecido dois anos antes para investigar a condição dos registros públicos, recomendou em 1838, a criação do Public Records Office como o primeiro arquivo oficial da Grã-Bretanha. Em 1858, começou o trabalho em um depósito e sala de leitura construído especificamente com esse propósito na rua conhecida como Chancery Lane, para abrigar registros públicos, o primeiro desse tipo no mundo. Ao mesmo tempo, surgiram grupos de interesses temáticos e regionais em muitas partes da Grã-Bretanha para iniciar e ampliar o estudo da história e para coletar material de fontes históricas mais amplamente disponíveis. "Esta", escrevera Macaulay em 1823, "é a era das sociedades",[10] ao descrever o crescimento impressionante na Inglaterra, desde o final do século XVIII, de sociedades arqueológicas, antiquárias e genealógicas, entre outras. Muitas dessas, por sua vez, se transformaram em associações voltadas à impressão e disseminação de documentos históricos. Elas incluíam a Surtees Society, voltada aos condados do nordeste e fronteiriços da Inglaterra, fundada em 1834, a Camden Society, de 1838 (que, em 1897, fundiu-se com a Royal Historical Society), a Chetham Society, com sede em Manchester, em 1843, e a Haklyut Society e a Ecclesiastical History Society em 1846. Outros materiais, como as Sussex Archaeological Collections, começaram a ser publicados pela Sussex Archaeological Society a partir de 1848. A composição social dessas instituições tinha uma ampla maioria de profissionais, incluindo ocupações como advogados, jornalistas e uma proporção particularmente alta de religiosos.[11] Esses acontecimentos no governo e no setor voluntário continuaram durante a segunda metade do século XIX. A partir de 1857, por exemplo, Lorde Romilly, *Master of the Rolls*, o responsá-

---

[10] Lord Macaulay, "On the royal society of literature", in idem, *Biographical, critical and miscellaneous essays and poetical works*, 1892, p. 391.

[11] 11 Sessenta e cinco por cento dos membros da sociedade antiquária de Buckinghamshire em 1854 eram clérigos, P. Levine, *The amateur and the professional: antiquarians, historians and archaeologists in victorian england*, 1838-1886, Cambridge, Cambridge University Press, 1986, p. 184-5.

vel pelos registros públicos, deu início a uma ambiciosa sequência de publicações arquivísticas, enquanto continuavam a ser formadas novas sociedades históricas locais, como a Bradford Historical and Antiquarian Society em 1876, e a Birmingham Historical Society em 1881.

A importância fundamental dos documentos, a centralidade do seminário como "laboratório histórico", que foi considerado por Stubbs em 1867 "uma grandiosa república de trabalhadores",[12] e uma convicção cada vez maior de que o estudo de história era, nas palavras de Seeley, "um dos exercícios mentais mais saudáveis",[13] ou, na formulação posterior de G. W. Prothero, "um bom treinamento para a mente",[14] garantiram à história a aquisição de uma legitimidade e uma estrutura que ela nunca tivera. Em 1876, Stubbs fazia um balanço de seus dez anos como Professor Régio em Oxford e refletia sobre como o assunto estava "se tornando uma disciplina profissional, até mesmo cooperativa, com redes de informação e padrões de desempenho internacionais".[15] Embora em alguns aspectos a fronteira entre o profissional e o popular permanecesse porosa – observe-se, por exemplo, o enorme sucesso popular de *The expansion of England* (1883), de Seeley, que sugere um entusiasmo público intenso e embasado historicamente pelo projeto imperial da Grã-Bretanha no fim do século XIX e início do século XX – o tipo de história experimentada pela maioria das pessoas, nos jornais, apresentações de variedades, teatro local e visitas a prédios "históricos", tinha pouco contato com os historiadores remunerados que trabalhavam nos documentos do reino. Nos casos em que os historiadores tinham vidas públicas, elas tendiam a estar situadas na política e na alta cultura. Macaulay, Lecky e Acton foram parlamentares e ocuparam cargos ainda mais elevados, enquanto Burrows começou sua carreira como oficial da marinha, e Maitland, como advogado. Stubbs se tornou bispo (de Chester em 1884 e de Oxford em 1888), ao passo que Froude e Prothero foram editores de importantes publicações literárias e políticas, respectivamente a *Fraser's Magazine* (1860-1874) e a *Quarterly Review* (1899-1922).

Esse estrato recém-profissionalizado de historiadores insistia cada vez mais na autonomia de sua disciplina e estava ávido por criar e fomentar sua própria esfera pública de sociedades, publicando projetos e novas iniciativas educacionais. Os primórdios da história da Royal Historical Society oferecem uma ilustração eloquente da forma como os historiadores profissionais foram atraídos ao mundo his-

---

[12] B. Smith, "Gender and the practices of scientific history: the seminar and archival research in the nineteenth century", *American Historical Review*, 1995, vol. 100, p. 1154-8, 1160.

[13] J. R Seeley, "The teaching of politics: an inaugural lecture delivered at Cambridge", in J. R Seeley, *Lectures and Essays*, London, Macmillan, 1870, p. 295.

[14] G. W. Prothero, *Why should we learn history?* An inaugural lecture delivered at Edinburgh, 16 October 1894, Edinburgh, 1894.

[15] J. W. Burrow, *A liberal descent. Victorian historians and the English past*, Cambridge, Cambridge University Press, 1981, p. 98.

tórico do amador e do antiquário e passaram a dominá-lo. A RHS foi fundada em novembro de 1868 por um clérigo presbiteriano e um jornalista, Charles Rogers, que migrou do sul para Londres depois de ser declarado falido na Escócia, sua terra natal, onde, entre outras campanhas, levantou fundos para a construção do memorial Wallace em Stirling.[16] Em Londres, ele fundou a "Royal Historical Society of Great Britain", que usou indevidamente a designação "real" em sua primeira reunião, abandonada mais tarde – sabiamente. Tendo se declarado o "historiógrafo" da sociedade, com um salário de 100 libras esterlinas por ano – mais 10% de todas as receitas oriundas das publicações, o que não era uma renda baixa na época – angariou o apoio de figuras de destaque e as assinaturas de pessoas que eram, em sua maioria, religiosos, médicos, advogados, oficiais do exército, gerentes de banco e jornalistas. Seu primeiro presidente, eleito em 1870, foi George Grote, vice-reitor da Universidade de Londres, enquanto o primeiro volume de sua publicação anual *Transactions* foi publicado em duas partes, em 1871-1872. Esse foi, sob todos os pontos de vista, um evento desastrado, distante dos acontecimentos de então na história universitária de Oxford, Cambridge, Manchester e outros lugares.

Pior do que isso, foi atacado no *Athenaeum*, em 1879, por sua má gestão. Porém, depois da renúncia relutante de Rogers, em janeiro de 1881, a sociedade começou a assumir as características de uma associação mais profissional. O fluxo de entrada de novos membros, incluindo Lorde Acton, F. W Maitland, Mandell Creighton, William Lecky e John Seeley, todos escolhidos entre 1884 e 1886, marcou o começo do fim da "era dos diletantes".[17] Em 1887, a sociedade organizou uma conferência sobre o ensino de história em escolas e recebeu a autorização real de constituição em 1889 sob a presidência de H. A. Bruce, Lorde Aberdare, que, no típico estilo interdisciplinar vitoriano, também era presidente da Royal Geographical Society. A Camden Society se fundiu com a Royal Historical Society em 1897, e o primeiro Alexander Prize foi concedido no ano seguinte.[18] Em 1899, A. W. Ward se tornou o primeiro presidente que também era "historiador em atividade", enquanto, em 1902, G. W. Prothero deu início à ideia de uma bibliografia histórica, na qual só se começou a trabalhar em 1909. Em menos de 20 anos, a sociedade tinha se transformado, de um corpo de amadores interessados, sem vínculos muito sólidos, em um grupo de historiadores que realizavam pesquisas, com sólidas conexões universitárias e intenções de construir as primeiras estruturas nacionais da nova disciplina.

Ao mesmo tempo, os historiadores estavam envolvidos em uma gama de outras atividades que ampliariam a acessibilidade dos documentos históricos e o alcance do conhecimento. Em abril de 1869, a Historical Manuscripts Commission

---

[16] R A. Humphreys, *The royal historical society 1868-1968*, London, Royal Historical Society, 1969, p. 1.

[17] Humphreys, *The royal historical society*, p. 20.

[18] Humphreys, *The royal historical society*, p. 26.

foi criada por meio de uma autorização real, como o principal orgão assessor sobre arquivos e manuscritos e, em 1882, começou o trabalho no *Dictionary of national biography* (DNB), cujo primeiro volume foi publicado em dezembro de 1884. Inspirado pelo editor George Smith e financiado com os lucros provenientes da venda da água mineral Apollinaris, de uma fonte alemã, o D. N. B. foi editado até 1891 por Leslie Stephen, então editor da *Cornhill Magazine*, depois sucedido por Sidney Lee. O último volume, que terminou com William Zuylestein, foi finalizado em 1901. A primeira publicação periódica importante dedicada à história também apareceu na década de 1880, de muita ebulição formativa. Os esforços para estabelecer uma *English Historical Review*, concebidos, em princípio, por James Bryce e J. R. Green em 1867, foram frustrados inicialmente pela relutância da editora Macmillan em correr o risco financeiro de começar esse empreendimento e pela doença de Green. Uma abordagem semelhante à Cambridge University Press em 1883 tampouco teve êxito.[19] Ela foi finalmente lançada em 1886, tendo como editor Mandell Creighton, na forma de uma publicação que buscava transmitir o conhecimento histórico para o especialista e para o "leitor em geral".[20] Em seu manifesto inicial, considerava que sua função era ser um meio para dar aos leitores um "registro integral e crítico do que estava sendo realizado no campo da história, alinhar a Grã-Bretanha e suas colônias com os países europeus e apoiar a história nas universidades". Acton escreveu seu primeiro artigo adequadamente sobre o tema das "Escolas alemãs de história" e, além dos artigos principais, incluía uma seção de "notas e documentos" e crítica de livros. Ela colocava os historiadores de todo o país em contato entre si e com o que acontecia na Europa continental e permitia que o Batalhão Sagrado de trabalhadores universitários começasse a se ver como uma comunidade histórica, e à história como um esforço coletivo.[21]

Gerava pouco dinheiro, remunerava de forma irrisória os colaboradores e nunca foi, em seus primeiro anos, uma concorrente séria às principais publicações literárias vitorianas. Embora Gladstone tenha se oferecido para escrever um artigo, com vistas a ampliar seu apelo, em 1889, a *English Historical Review* reconheceu sua natureza especial e reduziu sua tiragem de mil para 750 exemplares por edição. Depois de 1900, contudo, seus números foram aumentando aos poucos, até que recuperou sua circulação inicial na década de 1920.[22] Acima de tudo, a intenção de Creighton de estimular, por meio da publicação, uma nova geração de historiadores, estava acontecendo.[23] Em parte como resposta ao lugar que ela tinha conquistado dentro da nascente profissão de história na Inglaterra, fun-

---

[19] D. S. Goldstein "The origins and early years of the English historical review", *English Historical Review*, 1987, vol. 101, pp. 6-9.

[20] "Prefatory note", *English Historical Review*, 1886, vol. 1, pp. 1-2.

[21] Goldstein, "The origins and early years", p. 10.

[22] Ibid., pp. 12-14.

[23] Ibid., p. 18.

dou-se uma *American Historical Review* em 1895, e uma *Scottish Historical Review*, uma nova série da *Scottish Antiquary* (também fundada em 1886), foi lançada em 1904. Esses acontecimentos da década de 1880 foram intensificados pelo surgimento dos primeiros volumes da série *English Victoria County History* em 1899, e o lançamento, em 1901, da série *Cambridge Modern History*.

Estados Unidos

A relação entre história e ciências naturais, e a natureza da objetividade histórica, tão destacadas na época da profissionalização na Alemanha, eram vistas de forma diferente nos Estados Unidos nas décadas de 1880 e 1890. Lá, a retórica da investigação científica era difundida: o seminário de pesquisa era descrito como um "laboratório histórico" ou "oficina histórica". As citações em notas de rodapé ou as referências bibliográficas que sustentavam uma monografia histórica eram conhecidas como o "aparato acadêmico"; Herbert Baxter Adams se referiu aos documentos apresentados a seus alunos como "espécimes" a serem examinados e testados. Adams, assim como muitos de seus contemporâneos, acreditava que a adoção dos novos métodos de estudo científico crítico aproximaria a história do ideal da "ciência pura". Sendo assim, quais eram os componentes do novo método "científico" de investigação histórica na percepção dos historiadores norte-americanos do final do século XIX e início do século XX?

De fundamental importância era o estudo dos documentos primários. O historiador deveria voltar às fontes originais, em vez de se basear em relatos secundários que estavam incrustados de posturas tendenciosas e erros. Como o cientista com seu microscópio, inspecionando o mundo material em primeira mão, o historiador deve ir aos arquivos e examinar os traços documentais do período que está estudando, aplicando os métodos de crítica textual desenvolvidos na Alemanha no início do século XIX. Só então a verdade viria a emergir das brumas do tempo histórico, só então os "fatos" históricos poderiam ser descobertos.

Em segundo lugar, o historiador deveria se dedicar, nas palavras do historiador William Archibald Dunning, de Colúmbia, à "busca envolvente e incansável do fato objetivo – daquilo que realmente aconteceu [uma das tantas declarações desse tipo a parafrasear Ranke] na forma e maneira com que aconteceu".[24]

Segundo George Burton Adams, "a conquista do desconhecido" começava com a acumulação de fatos.

> Estabelecer esses alicerces, proporcionar esses materiais para construtores que virão depois, pode ser uma ambição modesta, mas acredito firmemente que, em nosso campo de história, ainda por muito tempo, o homem que se dedicar a essa tarefa, que esteja satisfeito com esse trabalho preliminar,

---

[24] W. A. Dunning, "Truth in history", *American Historical Review*, 1914, vol. 19, p. 219.

dará uma contribuição mais útil e mais permanente à ciência final ... da história, do que o que ceder à tentação da especulação e tentar descobrir, no estágio atual de nosso conhecimento, as forças que controlam a sociedade ou formular as leis de suas ações. (...) o campo do historiador é, e assim deve permanecer por muito tempo, a descoberta e o registro do que realmente aconteceu.[25]

Aos olhos de John Franklin Jameson, o que a disciplina necessitava era de "uma grande quantidade de trabalho de segunda categoria muito bem feito".[26] Os historiadores devem estar preparados para trabalhar muito nos arquivos para o benefício das gerações futuras, produzindo pacientemente os materiais a partir dos quais o edifício historiográfico seria construído (uma metáfora comum) de forma que, de seus esforços, acabasse surgindo "um templo feito de tijolos monográficos".[27]

Implícito em suas reflexões epistemológicas havia um modelo de ciência. Seus contemporâneos acreditavam que as ciências naturais tinham conquistado sua compreensão impressionante sobre o mundo material por meio de uma simples sequência de observação seguida de generalização. As leis científicas como as da evolução eram imanentes à estrutura do universo e não inventadas nem impostas pelo cientista, mas simplesmente estavam lá para serem reveladas pelas investigações. Em lugar de testar hipóteses construídas previamente comparando-as às evidências, o cientista deve examinar essas evidências, com sua mente sendo efetivamente uma *tabula rasa*, para que as leis possam se revelar. Essa visão indutivista da ciência era tão comum no século XIX que até mesmo Darwin ajustou a história de sua própria descoberta da seleção natural para fazer com que ela parecesse uma epifania que lhe foi concedida pelos pássaros das Ilhas Galápagos. Os historiadores, como Albert Bushnell Hart, falando à AHA em 1910, costumavam pedir regularmente que seus colegas seguissem o modelo baconiano de pesquisa científica:

> Necessitamos de uma verdadeira escola de história que examine as fontes sem remorsos e separe o joio do trigo; que faça uma avaliação crítica das evidências; que vá em busca de resultados de forma desapaixonada e moderada. Para esse processo, temos a feliz analogia das ciências físicas: Darwin não passou 20 anos acumulando dados e selecionando fenômenos típicos antes de fazer uma tentativa de generalização? Também a história

---

[25] G. B. Adams, "History and the philosophy of history", *American Historical Review*, 1909, vol. 14, p. 236.
[26] J. Higham, *History: professional scholarship in America*, New York, Harpers, 1965, p. 6.
[27] L. R Veysey, *The emergence of the American university*, Chicago, University of Chicago Press, 1965, p. 146.

tem seu método indutivo, sua concentração incansável do grão em seu funil estreito, até que, por seu próprio peso, busque a única saída. Também na história, dados dispersos e aparentemente sem relação entre si se juntam harmoniosamente; a mente é levada à descoberta de leis. ... Foi assim que Darwin chegou a seu princípio orientador universal da seleção natural. Não é assim que devem trabalhar os historiadores?[28]

Porém, como Ranke, a quem veneravam equivocadamente como uma encarnação do puro empirismo, mas que, na verdade, tinha firmes convicções sobre o tipo de realidade transcendente que surgiria da pesquisa histórica, os historiadores norte-americanos desse período também acreditavam profundamente no processo de evolução institucional que ficaria patente quando fosse completado o trabalho de seleção.

Em terceiro lugar, o historiador deve abordar sua fonte de forma objetiva, ou seja, sem preconceito, posturas tendenciosas, nem "quaisquer princípios predeterminados de classificação e organização".[29] Isso significava excluir as crenças religiosas e políticas, mas também evitar quaisquer pressupostos ou hipóteses anteriores. Afinal de contas, não havia necessidades de interpretação prévia, já que "os fatos, quando organizados da forma devida, interpretam a si mesmos".[30]

Esse era o ideal da "história científica" como se acreditava nos Estados Unidos em torno de 1900, e era atrativo aos historiadores acadêmicos em grande parte porque validava sua afirmação de autoridade profissional. Segundo Peter Novick, era a pedra sobre a qual se fundamentava o empreendimento da historiografia profissional. Servia para justificar o novo papel social dos historiadores e a pesquisa muito especializada na qual a maioria deles estava engajada. Conferia uma aura de modernidade a seu tema. O "mito fundador" da "objetividade" servia aos membros de uma nova profissão, ansiosos para consolidar sua reivindicação de respeito, alinhando-se com o campo mais prestigioso das ciências naturais. Segundo padrões posteriores, a profissão de historiador no país, surpreendentemente, não era perturbada pelos divergências graves em torno de questões relativas a epistemologia e método. Ernst Breisach observa que não havia *Methodenstreit* nos Estados Unidos – pelo menos não até a Primeira Guerra Mundial.

Por fim, a promulgação de um método "científico" também foi promovida pela fundação da *American Historical Review*, por um grupo animado de jovens historiadores acadêmicos em 1895. Seguindo o exemplo de disciplinas próximas, que já tinham fundado publicações acadêmicas, bem como os historiadores na Alemanha, França e Grã-Bretanha, eles acreditavam que era necessária uma publicação

---

[28] A. B. Hart, "Imagination in history", *American Historical Review*, 1910, vol. 15, pp. 232-3.

[29] E. P. Cheyney, quoted in P. Novick, *That noble dream: The "objectivity question" and the American historical profession*, Cambridge, Cambridge University Press, 1988, p. 39.

[30] A. J. Beveridge, in W. Stun Holt, *Historical scholarship in the United States*, Seattle, University of Washington Press, 1967, p. 23.

desse tipo para uma comunicação mais eficaz e a disseminação de metodologias apropriadas. Uma publicação separada era um sinal claro de até onde os historiadores acadêmicos tinham se tornado um público separado, claramente demarcado do conjunto de leitores leigos de textos históricos. Jameson, que foi editor-gerente da *Review* por 30 anos, definiu três critérios para a avaliação de artigos a serem incluídos: "que tivessem um tratamento novo e original, que fossem resultado de estudos precisos, e que tenham méritos literários distintos".[31] A *Review* continha críticas de livros que visavam manter os leitores informados sobre as publicações recentes e, pelo menos em tese, eliminavam trabalhos que não cumprissem padrões satisfatórios de pesquisa acadêmica.

Sua função, disse Jameson, era "regularizar, criticar, limitar excentricidades, definir um padrão de trabalho e fazer com que os homens o cumprissem".[32] Por fim, ela publicava notícias sobre coleções de documentos, conferências, nomeações, bolsas de estudos e verbas. Na prática, a maioria dos artigos publicados nos primeiro anos, nas palavras de Morey Rothberg, "seguia caminhos já muito percorridos da história institucional e política" e exemplificava o trabalho acadêmico diligente em lugar da excelência literária, enquanto as análises de livros eram, em sua maior parte, acrítica.[33] Como consequência, a publicação cumpria sua função de monitorar os padrões de competência profissional de forma menos eficaz do que sua função de órgão de comunicação para a nascente profissão de historiador.

---

[31] John Franklin Jameson, "The American historical review, 1895-1920", American Historical Review, 1920, vol. 26, p. 8.

[32] M. D. Rothberg, "To set a standard of workmanship and compel men to conform to it: John Franklin Jameson as ditor of the American Historical Review", *American Historical Review*, vol. 89, 1984, p. 965.

[33] Ibid., p. 961.

3 A PRIMAZIA DA HISTÓRIA POLÍTICA
Robert Harrison, Aled Jones e Peter Lambert

A geração fundadora de historiadores profissionais na Alemanha, nos Estados Unidos e na Grã-Bretanha tinha uma visão estreita sobre qual era o tema da história, concentrando seus esforços no estudo da história política. Uma razão para se fazer isso era que os métodos da "história científica" se aplicavam mais facilmente a tópicos políticos. Os arquivos de governos estaduais e federais e as obras selecionadas de destacados líderes políticos eram o material documental de mais fácil acesso, de modo que os estados, em lugar dos povos, se tornaram os principais temas.

Alemanha

No caso da Alemanha, além das exigências de método científico, a patronagem do Estado à disciplina emergente e ao trabalho dos historiadores oferecia um segundo motivo para o foco específico na história política, enquanto a propensão luterana a se submeter à autoridade estatal representava um terceiro. Embora rejeitassem quase todos os outros aspectos do trabalho de Hegel, os historiadores lhe faziam eco ao dizer que o Estado era a maior conquista do empreendimento humano. Johann Gustav Droysen associava o Estado ao divino, Friedrich Dahlmann lhe atribuía características mais humanas, de uma "personalidade corporal e espiritualmente valiosa". Dessa forma, foi dado um primeiro passo para conciliar o foco no Estado *em geral* com a convicção dos historiadores de que sua preocupação deveria ser com o historicamente *particular*: O próprio Estado era um indivíduo! O segundo passo foi dado quando foi declarado que a tarefa do historiador era a propagação de seu próprio Estado-Nação. Se os primeiros trabalhos de Ranke tinham combinado uma defesa da autoridade tradicional com uma medida de universalismo, legalismo prussiano com interesse nas relações entre Estados e uma atitude cética diante do nacionalismo, sua lealdade política e sua agenda acadêmica foram reorientadas posteriormente em direção à Alemanha. Mesmo assim, já em 1833, Ranke afirmou que somente os Estados capazes de despertar os espíritos adormecidos das nações" também seriam capazes de sobreviver na Europa pós-Revolução Francesa. Os cem anos anteriores a 1789 testemunharam a ascensão de "grandes estados" e, desde então, as "nacionalidades" "ingressaram conscientemente no Estado". O "princípio nacional" deu ao Estado uma "força moral" e, assim, uma nova vida.

Na Alemanha, depois de 1809, o resultado foi a derrota da França Napoleônica, uma vitória sustentada no fato de que "o conflito herdado fora por fim esquecido de verdade e foi conquistada seriamente a unidade".[1] Sendo assim, a geração seguinte de historiadores alemães foi um tanto enganosa em sua alegação de que Ranke carecia de patriotismo e que essa "objetividade" levara à "falta de vitalidade" e à "falta de personalidade". Mas o que isso – a escola prussiana de historiadores (incluindo Droysen, Dahlmann e Heinrich von Sybel) – *conseguiu* introduzir foi, em primeiro lugar, uma visão específica de um Estado-Nação "alemão pequeno" (ou seja, que excluía os alemães austríacos) e, em segundo, a noção de que era missão da Prússia unificar a Alemanha. Terceiro, em contraste com Ranke, eles escreviam principalmente sobre história alemã. No período posterior ao fracasso da Revolução de 1848, os historiadores da escola prussiana buscaram mobilizar a opinião burguesa para que apoiasse a iniciativa de Estado prussiana e, ao mesmo tempo, por meio de assessoramento, estimulasse os políticos da Prússia a realizar a unificação alemã. Portanto, o estudo de Droysen sobre o papel de York von Wartenberg na garantia de que o exército prussiano abandonou a França e pendeu para o lado dos russos, contribuindo assim para a "libertação" da Prússia e da Alemanha, visava conscientemente dar uma sacudida nos estadistas russos contemporâneos para que assumissem aventuras patrióticas semelhantes. As esperanças da Escola Prussiana, é claro, foram realizadas – em 1866, com a retirada concreta da Áustria das questões alemãs e depois, em 1870-1871, com a derrota da França e a fundação do Império Alemão. Os historiadores deram uma contribuição importante ao culto à personalidade em torno de Bismarck e à celebração da fundação do império não apenas em 1871, mas em discursos e artigos celebrando seus aniversários a partir daquele ano. A convergência parecia ser tão completa entre o programa político e historiográfico da Escola Prussiana, por um lado, e o resultado político por outro, que os historiadores se esforçavam para encontrar mais causas na política e inspiração para o trabalho acadêmico. O triunfo, em si, trouxe seus próprios dilemas para Heinrich von Sybel: "O objeto de todos os nossos desejos e esforços durante 20 anos se cumpriu de forma tão infinitamente maravilhosa! Onde deveríamos encontrar novos objetivos para seguir a vida nos anos que me restam para viver?".[2]

A geração seguinte de historiadores resolveu esse problema em um chamado "Renascimento Rankeano". Max Lenz e Erich Marcks, em particular, contribuíram para mais essa mudança de foco dentro do historismo. Sua preocupação central era com a legitimação do Estado alemão realmente existente. Assim sendo, a história que

---

[1] L. von Ranke, "Die großen Mächte", *Historisch-politische Zeitschrift*, 1833, vol. 2, passim.
[2] Heinrich von Sybel to Hermann Baumgarten, 27. 1. 1871, cit. F. Jaeger e J. Rüsen, Geschichte des Historismus, Munich, C. H. Beck, 1992, p. 92.

escreviam carecia da ênfase e da urgência da Escola Prussiana, já que os tons serenos eram mais adequados para a defesa do *status quo*. Lenz afirmava que a "objetividade" tinha necessariamente passado ao segundo plano na luta pela unificação nacional. Agora, "as paixões se acalmaram" e, "graças ainda mais a Bismarck do que a Ranke", era possível uma objetividade histórica mais elevada: "O Reich deveria ser fundado antes que o sentido de realidade, o olhar certeiro para a realidade, também com relação ao passado, pudessem voltar a despertar".[3] Em termos de aulas, pesquisa e publicações, o resultado dessa percepção declarada pelo passado era uma concentração redobrada nas relações externas, na verdade, uma insistência em que haveria uma "primazia da política externa" que deveria se refletir na escrita da história.

Se essa situação reforçava uma hierarquia rankeana de importância em tipos de história, também era marcada por uma infiltração de ideias darwinianas e, às vezes, racistas no estudo das relações internacionais, cujas dinâmicas foram, assim, reduzidas a uma lei da selva na qual somente os mais aptos sobreviveriam. Dentro desse consenso, tão político quanto historiográfico, ainda havia espaço para variações em ênfase. Dietrich Schäfer e Johannes Haller, por exemplo, opunham-se ao nacionalismo governamental e eram firme e declaradamente reacionários. Embora houvesse amplo apoio às ambições imperialistas dos governos do Império Alemão, os historiadores estatistas como Friedrich Meinecke e Hans Delbrück lançaram uma série de críticas específicas às políticas domésticas implementadas no Reich. Meinecke defendia uma política conciliatória em relação aos Social-Democratas, sugerindo que o tratamento dado a eles por sucessivos governos como se fossem "errantes sem pátria" reforçava desnecessariamente seu marxismo e seu internacionalismo. Delbrück, mesmo bem conectado com a própria dinastia imperial, foi ameaçado duas vezes pelas autoridades por lançar críticas às políticas de governo. Na segunda dessas ocasiões, observações se opondo à política antidinamarquesa na região de Schleswig do Norte quase lhe renderam a perda de seu cargo em Berlim e um rebaixamento para uma universidade inferior. Os governos do Império e os historiadores consideravam difícil distinguir, na prática, a discordância legítima sobre como poderiam servir melhor aos interesses do Estado e do país e críticas fundamentais e, portanto, não permissíveis, ao Estado e à sociedade imperial. Se o primeiro tipo de divergência fosse definido de forma estreita demais, a afirmação de liberdade acadêmica estaria ameaçada e a reivindicação dos historiadores de poder falar ao público no interesse nacional poderia se perder inteiramente.[4] Em relação à segunda espécie de disputa, contudo, os historiadores com frequência se adiantavam ao Estado ao policiar inescrupulosamente os perímetros estatista e nacionalista da guilda e da história que seus membros produziam. Em um certo

---

[3] M. Lenz, Die großen Mächte. *Ein Rückblick auf unser Jahrhundert*, Berlin, 1920, p. 26.

[4] Ver A. Thompson, "Prussians in a good sense". German historians as critics of prussian conservatism, 1890-1920", in S. Berger, M. Donovan and K. Passmore (eds) *Writing National Histories: Western Europe since 1800*, London, Routledge, 1999, pp. 97-110.

sentido, o próprio historismo era definido mais claramente – e, com certeza, mais programaticamente – em resposta a uma sequência de questionamentos à dominação da história política.

Eles vinham do desenvolvimento espasmódico da história cultural, social e econômica. Não que eles parecessem ameaçadores em si mesmos. Ranke nunca negara à história social um lugar, por princípio; vários dos principais expoentes da historiografia da Escola Prussiana tinham se interessado por projetos relacionados à história social de sua própria classe – embora nenhum os tivesse levado a termo.[5] Entretanto, o surgimento das disciplinas de sociologia e de economia nas universidades alemãs alterou radicalmente o contexto no qual a experimentação era recebida. Ambas as disciplinas empregavam modelos teóricos e, assim, divergiam fundamentalmente da visão que os historiadores tinham do próprio conhecimento. Cada uma também estava preocupada com o passado, e ambas estavam se revelando atraentes aos estudantes. A história parecia estar em risco iminente de ser derrubada de seu pedestal; o monopólio público efetivo que os historiadores tinham da interpretação do passado também estava em risco. Em princípio, eles poderiam responder abrindo portas às possibilidades da interdisciplinaridade ou baixando as armas e preservando as qualidades distintivas da disciplina.

No início da década de 1890, um historiador jovem, mas já estabelecido, Karl Lamprecht, trouxe o cavalo de Troia da interdisciplinaridade para dentro da história nos três primeiros volumes de sua *História da Alemanha*.[6] Uma crítica hostil por parte de von Below se opôs, em princípio, a sua negligência com a história política, mas se concentrou em catalogar erros de detalhe, em uma tentativa de destruir as credenciais profissionais de seu autor. Mas nem a própria crítica, nem a reação litigiosa de Lamprecht a ela, causaram um tumulto verdadeiro; ironicamente, o que afundou Lamprecht – e, com ele, sua abordagem metodológica e os muitos discípulos que tinha entre seus alunos, foi uma única crítica positiva. Os elogios a seu trabalho como sendo um "grande ... passo à frente na historiografia burguesa" vieram de um crítico que o leu como a confirmação de uma visão "de que em cada época histórica o conteúdo da vida espiritual deve ser derivado, em maior ou menor grau, das precondições materiais e sociais". Agora se acrescentava uma dimensão explicitamente política a um debate acadêmico que tinha degenerado para a disputa pessoal. O crítico em questão, Franz Mehring, não era historiador profissional, e sim um marxista escrevendo em uma publicação teórica marxista e alegando que a base de Lamprecht, assim como a dos marxistas, era a do materialismo histórico. Os historiadores conservadores que tinham alimentado a suspeita de que a história social poderia tender a implicar história socialista viram seus piores temores virem à tona.

---

[5] U. Haltern, "Geschichte und Bürgertum: Droysen - Sybel – Treitschke", *Historische Zeitschrift*, 1994, vol. 259, pp. 59-107.

[6] K. Lamprecht, *Deutsche Geschichte*, 12 vols, Berlin und Freiburg, 1891-1909.

Historiadores jovens e ambiciosos se alinhavam para estabelecer suas credenciais na guilda – e, talvez, também para se tornar benquistos de potenciais patrocinadores ministeriais – atacando Lamprecht, reafirmando os argumentos em favor da primazia da história política e, assim, resgatando a própria história como eles a entendiam. Nem Lamprecht, que estava muito longe de ter qualquer simpatia política pelo marxismo, defendeu o materialismo histórico que parecia defender, nem se rendeu a seus críticos. Em vez disso, lançou uma série de tentativas intelectualmente ainda mais ousadas – mas, também muito menos convincentes – de história interdisciplinar.[7]

A *Methodenstreit* em torno da obra de Lamprecht estabeleceu, para a satisfação da maioria dos historiadores, que a inovação metodológica convergia com a política de esquerda – uma poção mágica capaz de destruir carreiras e levar ao ostracismo qualquer um que fosse imprudente o suficiente para flertar com ela. Um punhado de outros casos reforçou a árdua lição. *Calígula*, de Ludwig Quidde, foi facilmente decodificado pelas autoridades como uma sátira direcionada a Guilherme II; em um país onde a lesa-majestade continuava sendo crime, o livro pôs fim à ocupação por Quidde de uma cátedra plena de história. O liberal de esquerda Veit Valentin teve destino semelhante quando lhe retiraram a *roenia legendi* (na prática, a certificação por parte do estado do direito de um acadêmico de lecionar em uma universidade).

A historiografia heterodoxa ainda era praticada por alguns indivíduos nas periferias da guilda, mas seu núcleo central estatista foi confirmado. Ao mesmo tempo, a história social *conseguiu* assegurar uma base dentro da comunidade de historiadores. O processo pelo qual isso foi conseguido pode ser mais bem entendido através das venturas e desventuras de uma única publicação, a Revista de História Econômica e Social *(Zeitschrift für Sozial- und Wirtschaftsgeschichte)* e seu relançamento, em 1903, como *Social and Economic History Quarterly*.

Em sua primeira versão (década de 1890), a publicação foi editada por dois historiadores marxistas austríacos que trabalhavam totalmente fora da profissão. Eles estavam dispostos a estabelecer uma agenda ambiciosa e teoricamente informada, e atrair um conjunto de colaboradores extremamente internacional. O editor-gerente, na prática, era Georg von Below, o arqui-inimigo da obra de Lamprecht! "Uma piada engraçadinha sobre história mundial" foi o comentário posterior feito pelo próprio von Below sobre sua aparente transformação de guardião em saqueador. Porém, justamente por ter sido o primeiro a atacar Lamprecht, ele estava em posição ideal para tornar a história social respeitável. Ele conseguiu isso transformando uma publicação até então intelectualmente radical em uma cujas pretensões eram surpreendentemente modestas. A variante de história social de von Below evitava deliberadamente as abstrações teóricas, evitava vínculos com

---

[7] R Chickering, Karl Lamprecht. A *German academic life*, 1856-1915, New Jersey, Humanities Press, 1993; quotations, p. 175.

disciplinas adjacentes e – acima de tudo – não se considerava mais do que um subserviente adjunto da história estatista. Assim que adquiriu algum reconhecimento, portanto, o *status* inferior da história social garantia que mal lhe fosse devido um cumprimento passageiro de olhos, especialmente da parte dos historiadores que escreviam a história nacional nos moldes ortodoxos.[8] Dietrich Schäfer escreveu por muitos ao declarar em sua *História da Alemanha* que "a visão quantitativa e qualitativamente aprimorada que os estudos econômicos e sociais nos proporcionavam ... deve ser saudada com agradecimentos entusiasmados. Se, contudo, esses estudos afirmassem dar novas bases ao entendimento da história, deveriam ser questionados com firmeza". Sendo assim, foi um resultado lógico que as questões econômicas e sociais permanecessem em segundo plano na obra de Schäfer. "A história não é 'uma luta pelo prato de comida", ele anunciou em uma observação que talvez refletisse mais aproximadamente sua real avaliação do valor da história social e econômica, "e o Estado não é um produto da sociedade. A organização social foi desenvolvida somente com base no Estado, e as questões econômicas com certeza foram capazes de influenciar, mas raramente de comandar, o seu desenvolvimento". Acima de tudo, ele tinha ainda menos tempo para a história da cultura material, dado que

> para as grandes questões pelas quais se determinou a formação de nosso povo e seu lugar na humanidade, é irrelevante se ter lutado com a lança ou com o rifle automático, vestido de armadura ou de uniforme militar, falando de toga ou de fraque, alimentado-se de *bacon* com favas ou jantado na *cuisine* de um *chef* francês.[9]

A Primeira Guerra Mundial, a derrota da Alemanha, a revolução, o início de uma república parlamentar democrática e a imposição do Tratado de Versalhes intensificaram a qualidade do engajamento político dos historiadores e a divisão entre as alas esquerda e direita da guilda, já evidente no período imperial. Durante a guerra, a história foi empregada para justificar os objetivos bélicos da Alemanha. Os historiadores discordavam apenas sobre até onde esses objetivos deveriam ser expansionistas e sobre se uma medida de democratização viria a fortalecer ou fragilizar a unidade nacional durante a própria guerra.

A linha frágil dessa divisão prefigurou as respostas divergentes à criação da República de Weimar e ao Tratado de Versalhes. Uma minoria significativa dentro da guilda afirmava ser necessário, como dizia Friedrich Meinecke, "jogar ao mar um pouco de lastro conservador para preservar o máximo possível da nova ordem e, particularmente, prevenir a ameaça da revolução proletária. Meinecke cunhou um novo conjunto de expressões políticas para definir sua posição: era possível, ao

---

[8] Chickering, Karl Lamprecht, p. 262 e seguintes.
[9] D. Schäfer, *Deutsche Geschichte*, vol. 1, Jena, 1910, 6th edn, 1918, pp. 10-11.

mesmo tempo em que se permanecia sendo "monarquista de coração", tornar-se "republicano em virtude da razão", mas não "republicano por força da convicção".

A questão era que a essência do Estado alemão deveria sobreviver à mudança de regime. A maioria dos historiadores rejeitava completamente a República de Weimar. Da mesma forma, uma minoria enfatizava as possibilidades de uma revisão sóbria e gradual dos termos do acordo de Versalhes, enquanto a maioria escavava o passado para propagar os valores do militarismo e da política baseada nas relações de poder. Eles não sonhavam com revisar o acordo de Versalhes, e sim com estraçalhá-lo. Não obstante, as evidências daquilo que continuava a unir a guilda eram tão impressionantes quanto as das divergências em seu interior.

Os historiadores se alinharam tanto à Alemanha imperial e com o amplo impulso de sua política externa que a queda da monarquia e o fato da derrota militar eram, ao mesmo tempo, uma derrota do historismo alemão. No entanto, o que se seguiu não foi uma mudança de paradigma, e sim a afirmação redobrada das normas historiográficas estabelecidas. Enquanto a história social – mesmo no modelo que se autorreprovava estimulado por von Below – desapareceu das páginas da *Vierteljahrsschrift für Sozial- und Wirtschaftsgeschichte*, a história diplomática tradicional foi até revigorada no período posterior à guerra.

A chamada "cláusula da culpa de guerra" do Tratado de Versalhes foi interpretada como uma tentativa de acusar o histórico moral do Reich alemão, e como algo que incapacitasse o desenvolvimento de uma política externa alemã presente e futura. Os estadistas do velho regime estavam ávidos para ver a si mesmos, o regime em geral, ou ambos, vingados. Eles escreviam memórias, ofereciam-se para entrevistas com historiadores e, às vezes, abordavam estes para que editassem e publicassem seus artigos. Sucessivos governos de Weimar abriram o arquivo do Ministério das Relações Exteriores a historiadores escolhidos a dedo e não apenas supervisionaram a publicação de uma ampla edição de seus documentos, como também garantiram financiamento clandestino para uma série de organizações supostamente independentes, com vistas a popularizar uma campanha que estabelecesse a inocência da Alemanha com relação às causas da guerra. Por isso, houve uma inundação de fontes primárias disponíveis aos historiadores. Medievalistas como Johannes Haller (especialista no papado medieval) e historiadores modernistas como Richard Fester (que havia trabalhado antes em Maquiavel) se transformaram em historiadores das origens da guerra. Fosse por um desejo de defender a reputação do Reich de Bismarck e dos Guilhermes, fosse por um desejo de servir a políticas externas dos governos de Weimar, os historiadores alemães levaram sua "guerra mundial dos documentos" ao povo alemão e ao exterior.[10]

---

[10] U. Heinemann, *Die Verdrängte Niederlage. Politische öffentlichkeit und Kriegsschuldfrage in der Weimarer Republik*, Göttingen, Vandenhoeck & Ruprecht, 1983; H. H. Herwig, "Clio deceived: patriotic self-censorship in Germany after the great war", in K. Wilson (ed.) *Forging the collective memory: government and international historians through two world wars*, Providence RI and Oxford, Berghahn, 1996, pp. 87-127.

Em termos mais gerais, o conceito de um *Sonderweg* alemão, de um caminho alemão que havia se desviado historicamente de uma norma ocidental pressuposta de desenvolvimento com base em direitos naturais e em direção à democracia parlamentar, só foi – como afirmou Bernd Faulenbach – integralmente desenvolvido e celebrado na República de Weimar. A historiografia alemã, afirmava-se, não apenas tinha documentado o *Sonderweg*, mas deu a ele uma contribuição vital. Dessa perspectiva, a democracia parlamentar pode ser denunciada como uma imposição estrangeira à Alemanha, a obediência ao Estado como virtude histórica alemã e a busca do poder como tarefa justa e necessária do Estado.[11]

É tentador sugerir que, em 1918-1919, a historiografia profissional alemã tenha chegado a um momento de virada e não conseguiu confirmá-lo. O fato de que *não* tenha dado essa virada com certeza não é testemunho de qualquer virtude inerente à posição historista, nem da falta de interesse público em uma postura mais crítica diante do passado. A historiografia amadora liberal de esquerda tinha muito apelo na Alemanha dos anos de 1920. As biografias iconoclastas que Emil Ludwig fez de Bismarck e Guilherme II foram *best-sellers*.[12] Em vez disso, o que a resiliência do historismo ilustra é a capacidade de uma organização de se imunizar com relação aos efeitos do levante político e social. Uma vez rompida pela revolução e a parlamentarização de suas conexões na estima das elites governantes da Alemanha Imperial, a guilda dos historiadores podia demonstrar integralmente sua capacidade coletiva de continuar a regular a composição e o código de conduta acadêmico de seus membros. O "impulso" da patronagem e a "atração" da censura ainda tendiam a manter o trabalho dos historiadores jovens alinhados, em termos gerais, com o das gerações anteriores, acentuando as consequências da falta de mudança na composição social das novas gerações de estudantes de história. Nas raras ocasiões em que as autoridades de Weimar tentaram se livrar de alguns dos professores antidemocráticos mais virulentos, os democratas foram acusados de violar a liberdade acadêmica. Nunca sequer se tentou uma democratização radical da profissão.[13]

Os democratas convictos, ao contrário, deparavam-se com hostilidade inflexível por parte da guilda sem receber o apoio compensador dos governos republicanos. Quando algum historiador jovem ousasse combinar política de esquerda com inovação historiográfica, prejudicava sua própria carreira na academia alemã. Eckart Kehr deve ter parecido altamente aceitável à guilda, do ponto de vista social. Era membro de uma família prussiana aristocrática com um histórico destaca-

---

[11] B. Faulenbach, *Ideologie des deutschen Weges*. Die deutsche Geschichte in der Historiographie zwischen Kaiserreich and Nationalsozialismus, Munich, C. H. Beck, 1980.

[12] Ver C. Gradmann, *Historische Belletristik. Populäre historische Biographien in der Weimarer Republik*, Frankfurt a.M., Campus, 1993.

[13] P. Lambert, "Generations of German historians: patronage, censorship and the containment of generation conflict, 1918-1945", in M. Roseman (ed.) *Generations in conflict. Youth revolt and generation formation in Germany 1770-1968*, Cambridge, Cambridge University Press, 1995, pp. 164-83.

do de serviços ao Estado. Contudo, ao afirmar que, na Alemanha imperial, operara uma primazia das políticas *domésticas* e a construção de sua marinha foi levada a cabo não como resposta a uma ameaça internacional, e sim para sustentar a unidade e o poder das elites políticas e econômicas do país, Kehr atingiu nervos expostos patrióticos e historistas. Seus próprios professores o denunciaram como "bolchevique". Ciente de que não encontraria um posto em uma universidade alemã, Kehr emigrou para os Estados Unidos. Mesmo lá, a hostilidade de seus antigos professores o perseguia, já que eles tentaram – embora sem êxito – dissuadir seus colegas norte-americanos de empregá-lo. Sendo assim, não foi necessário o advento da ditadura nazista para privar a profissão de historiador na Alemanha de um de seus talentos mais promissores.

Essa promessa não se cumpriria. Kehr morreu aos 31 anos, em 1933, provavelmente em consequência de sífilis "herdada" de seu pai, um brutal *Junker* que batera em seu filho ao longo de toda a infância. A morte trágica de Kehr parece quase uma metáfora do destino da historiografia alemã política e metodologicamente progressista no entre guerras.

Somente onde não estava claramente vinculada à política de esquerda e onde podia parecer servir aos interesses do nacionalismo alemão, a inovação metodológica teve chance de conquistar terreno na profissão. Uma versão da história conseguiu cumprir essas condições: *Volksgeschichte* – a história "popular". Tolerada, às vezes até mesmo estimulada, pelos historiadores estatistas, a história "popular" ainda assim só teve impacto limitado na historiografia da guilda antes de 1933. Apenas no período posterior à "tomada" do poder pelos nazistas, e com a ajuda direta do aparato partidário-estatal nazista, foi que ela realmente veio ao primeiro plano. Seu lugar na história da historiografia alemã será discutido no Capítulo 6. Em outros aspectos, a ascensão do nazismo não conseguiu gerar um repensar significativo por parte dos historiadores alemães.

Reino Unido

No centro do empreendimento novecentista de consolidar a história como disciplina, que, na Grã-Bretanha, incluiu a reforma universitária, a criação de sociedades profissionais e a edição de novas publicações, havia uma crença de que a história poderia demonstrar e confirmar a supremacia das instituições políticas, religiosas e sociais inglesas que dominaram o Estado britânico e que ajudaram a definir sua cultura "nacional". Assim como sua metodologia de pesquisa, também ela foi adaptada do modelo rankeano que propunha que os Estados, sendo resultado de crescimento histórico, constituíam "energias morais" e as "ideias de Deus". A tarefa básica dos historiadores era revelar a "ordem existente segundo a vontade de Deus".[14] Essa ênfase na história constitucional possibilitou que ela se tornasse, nas décadas de 1860 e 1870, como vimos, uma disciplina acadêmica mais respeitável. Pelo meio século que se seguiu à publicação da *Constitutional History of England* (1873-1878) de Stubbs, a história profissional se concentrou quase que exclusivamente na história do direito e da administração.[15] Até mesmo a obra *Ecce Homo*, de Seeley, um estudo sobre a vida de Cristo publicado de forma anônima em 1865, foi, segundo Sheldon Rothblatt, "realmente uma tentativa de definir o papel social das elites" que traçava paralelos visíveis entre o "colapso da antiguidade" e o "colapso da sociedade aristocrática" na época do próprio Seeley.[16] Suas reflexões moralista e filosóficas sobre a condição humana tinham forte apelo a políticos liberais como W. E. Gladstone, que tinha fortes simpatias com seu propósito historicista.[17] Creighton, na primeira edição da *English Historical Review* em 1886, definiu a história praticamente nos mesmos termos, como

> o registro das ações humanas e do pensamento – este apenas com relação à sua influência direta sobre a ação. Os Estados e a política cumprirão o papel central em seus temas, porque as ações de nações e dos indivíduos que cumpriram um papel preponderante nas questões relacionadas a elas geralmente foram mais importantes do que os atos dos cidadãos privados.[18]

Na mesma linha, Acton, que tinha descrito Ranke como "meu próprio mestre"[19] e Mommsen e Treitschke como "os dois maiores autores vivos",[20] podia afirmar com segurança, em 1895, que "o conhecimento do passado ... [era] eminentemente prático, como um instrumento de ação e de poder que forja o futuro",[21] Somente quando Louis Namier começou a explorar a "estrutura" da política após a Primeira Guerra Mundial foi que a influência dos historiadores de

---

[14] G. G. Iggers, *Historiography in the twentieth century: from scientific objectivity to the postmodern challenge*, London, Wesleyan University Press, 1997, p. 26.

[15] J. Tosh, *The pursuit of history. Aims, methods and new directions in the study of modern history*, 2nd edn, London, Longman, 1991, p. 76.

[16] S. Rothblatt, *The revolution of the dons. Cambridge and Society in Victorian England*, Cambridge, Cambridge University Press, 1981, p. 157.

[17] W. E. Gladstone, "Ecce Homo". A criticism of "Ecce Homo" by J. R. Seeley. Reimpresso de "Good Word", 1868.

[18] "Prefatory note", *English Historical Review*, 1886, vol. 1, p. 2.

[19] Lord Acton, "Inaugural lecture on the study of history", in *Lord Acton, lectures on modern history*, London, Collins, 1960, p. 26 (delivered at Cambridge, June 1895).

[20] Acton, "Inaugural lecture", p. 27. Ver, também, sobre a "herança alemã", J. W. Burrow, *A liberal descent. Victorian historians and the English past*, Cambridge, Cambridge University Press, 1981, p. 97.

[21] Acton, "Inaugural Lecture", p. 17.

meados e final da época vitoriana sobre a prática da história política começou a desaparecer.²²

Os historiadores constitucionais deixaram um legado complexo. No lado positivo, desenvolveram formas distintas (em seus próprios termos, "científicas") de ler, analisar, contextualizar e comparar as fontes históricas, garantiram para a história um lugar e um propósito centrais como tema universitário e, mais tarde, escolar, e desenvolveram um corpo de obras publicadas que estabeleceram os alicerces da disciplina e, em alguns casos importantes, atravessaram a fronteira para o domínio público. Por outro lado, a preocupação em demonstrar as continuidades *whig* das instituições inglesas e seu papel na formação do Estado britânico, inclinava-os, nas palavras de Philippa Levine, "à preservação de uma rede social e intelectual em desintegração", de forma que "paradoxos em operação na sociedade vitoriana refletiram naqueles da história universitária recém-emergente".²³ Isso não deve surpreender, porque esses historiadores também estavam inescapavelmente presentes em seus próprios mundos moldados historicamente e, embora tenham conseguido evitar de peito aberto as pressões para promover interesses do Estado de maneiras que muitos historiadores do continente europeu não conseguiram, eles, mesmo assim, corporificaram muitas das premissas culturais e sociais dos homens em sua posição. Sua ênfase no caráter inglês das principais instituições da Grã-Bretanha, por exemplo, excluíam efetivamente grupos étnicos não ingleses da "parte principal", nas palavras de Creighton, do tema da história. Significativamente, os que ficaram de fora na Irlanda, Escócia e no País de Gales responderam escrevendo, e inventando, suas próprias histórias "nacionais",²⁴ enquanto "outros formaram associações históricas separadas – a Jewish Historical Society, por exemplo, foi fundada em 1893. A perspectiva essencialmente conservadora da história, combinada com sua base social estreita, também ajudou a garantir a exclusão geral das mulheres de cargos universitários no campo de história e da "cultura dos seminários" da atividade rankeana de pesquisa.²⁵ Sendo assim, pode-se considerar que a profissionalização, em seus primeiros anos, reforçou determinados tipos de "história das identidades", enquanto excluía outros.

Contudo, se as mulheres foram marginalizadas pelos imperativos masculinos da história universitária, pode-se encontrar uma história oculta de historiadoras

---

²² Para a discussão mais integral sobre essa transição, ver L. Colley, Lewis Namier, London, Weidenfeld and Nicolson, 1989, passim.

²³ P. Levine, *The amateur and the professional: antiquarians, historians and archaeologists in Victorian England*, 1838-1886, Cambridge, Cambridge University Press, 1986, pp. 162-3.

²⁴ Ver, por exemplo, H. Trevor-Roper, "The invention of tradition: the Highland tradition of Scotland", in E. Hobsbawm and T. Ranger (eds) *The invention of tradition*, Cambridge, Cambridge University Press, 1983, pp. 15-42.

²⁵ B. Smith, "Gender and the practices of scientific history: the seminar and archival research in the nineteenth century", *American Historical Review*, 1995, vol. 100, passim; Iggers, Historiography, p. 30.

nas escolas da Grã-Bretanha de princípios do século XX, onde também elas estiveram envolvidas em uma ampliação do processo de profissionalização. A Historical Association foi fundada em 1906, explicitamente para, como disse T. F. Tout, construir "um espírito corporativo entre os membros da profissão dos professores de história" nas escolas e para promover o "reconhecimento adequado" da história como disciplina escolar.

Com cerca de 1.000 membros em 14 seções na Inglaterra em 1911, quando se estabeleceu uma seção escocesa separada, a associação estava autoconfiante o suficiente em 1912 para lançar sua própria publicação periódica, *History*, voltada especificamente "ao estudante e ao professor".[26] Uma de suas primeiras colaboradoras, Hilda Johnstone, escreveu entusiasmada sobre a "nova efervescência" com a qual ela percebeu o "recente despertar de interesse no ensino de história, bem como nos estudos históricos" e no autoexame a que isso deu origem.[27]

O processo de autorreflexão assumiu muitas formas. *History and historians in the nineteenth century*, de G. P. Gooch, publicado em 1913, definia "as realizações da pesquisa e da produção históricas" em relação ao século anterior e analisava seus efeitos sobre "a vida e o pensamento de sua época",[28] Já naquela época, contudo, os historiadores estavam ampliando seus horizontes. A. F. Pollard observou, em 1911, como a gravidade da agitação trabalhista daquele ano tinha estimulado o crescimento da história econômica, que W. J. Ashley e a Oxford Economic Society vinham estimulando desde 1886.[29] O primeiro professor universitário de história econômica foi nomeado em 1904, a *Economic History Review* foi fundada em 1927, as primeiras cátedras de história econômica foram estabelecidas em Manchester em 1910 e a London School of Economics, em 1921. Seguiram-se cátedras em Cambridge, em 1929, e em Oxford, em 1931.[30] Os anos que seguiram a Primeira Guerra Mundial também foram produtivos para a história em outros aspectos. Em 1921, Pollard fundou o Institute of Historical Research em Londres, que finalmente concretizou o antigo desejo da *Royal Historical Society* de estabelecer uma escola nacional de pesquisa histórica. Pollard, como chefe do Departamento de História do University College London, também estimulou uma abordagem mais abrangente em relação à história britânica em sua própria instituição ao criar, em 1924, uma nova cadeira de história escocesa, a primeira do tipo fora da Escócia.[31]

---

[26] T. F. Tout, "The duties of an historical association", *History*, 1912, vol. 1, pp. 32-3.

[27] H. Johnstone, "The seven deadly sins of historical teaching", *History*, 1912, vol. 1, p. 91.

[28] G. P. Gooch, *History and historians in the nineteenth century*, 1913, p. vi.

[29] "History and the general public. An interview with Professor A. F. Pollard, President of the Historical Association", *History*, 1912, vol. 1, p. 244. Ver, também Capítulo 4.

[30] R. N. Soffer, *Discipline and power: the university, history and the making of an English elite*, 1870-1930, Stanford, Stanford University Press, 1994, p. 58. Ver, também Capítulo 4.

[31] Walter Seton of Abercorn, *Some historians of Scotland. A public inaugural lecture delivered at university College*, London, in the presence of Her Majesty the Queen, on 21st February 1924, Edinburgh, 1924 p. 6.

Se a história constitucional inglesa esteve à frente do ataque inicial às velhas universidades nas décadas de 1860 e 1870, o surgimento de uma geração pós-guerra de historiadores com formação universitária deu início ao longo processo de diversificação da prática da história, e assim, de questionamento da reivindicação dos historiadores constitucionais "nacionais" de autoridade exclusiva na disciplina.

Estados Unidos

Nos Estados Unidos da América antes da Primeira Guerra Mundial, historiadores como Jameson enfrentaram dificuldades imensas no estudo da história social. Como ele disse a Frederick Jackson Turner,

> sempre me pareceu mais difícil documentar, com alguma sensação de segurança, a história social e econômica dos Estados Unidos do que a política ou constitucional. Não há *corpora* com limites definidos de material, proporcionados pelas autoridades, como regulamentos ou outras séries administráveis, e sim uma enorme mancha de material sortido de onde o historiador escolhe o que quer, de modo que o esforço para documentá-la deve ser, muitas vezes, um processo de seleção e, como tal, sempre aberto à suspeita de ser uma seleção tendenciosa ou feita para sustentar um conjunto de opiniões.[32]

Na verdade, Jameson estava profundamente interessado na história social, mas, plenamente consciente dos problemas relativos às evidências, relutava em publicar seus trabalhos no campo.

A ênfase nos eventos políticos também foi decorrente da concepção dos historiadores profissionais sobre sua função pública – o que não se encaixava muito em suas afirmações de verdade "científica". Os professores universitários não eram funcionários públicos, diretamente dependentes do governo federal para sobreviver – com exceção, indiretamente, de alguns Estados – enquanto os administradores que os contratavam e demitiam estavam muito mais sintonizados com os desejos de alunos ricos e empresas doadoras do que com os dos órgãos do governo. Não obstante, a concepção dos historiadores sobre sua responsabilidade política não era muito diferente da de seus equivalentes europeus. Sua função pública, segundo acreditavam, incluía a responsabilidade de promover o nacionalismo norte-americano ao rastrear a história dos Estados Unidos e de suas instituições. A veneração do passado contribuía para a validação do presente. A produção da história dava conteúdo a um sentimento

---

[32] M. D. Rothberg, "To set a standard of workmanship and compel men to conform to it: John Franklin Jameson as editor of the American Historical Review", *American Historical Review*, vol. 89, 1984, p. 967.

norte-americano de nação que pouco havia passado da infância, que acabava de emergir de um conflito desagregador e ameaçador, e que agora enfrentava os desafios de uma crescente diversidade étnica e divisões de classe que se ampliavam. A tarefa do historiador norte-americano, portanto, era rastrear o desenvolvimento de instituições políticas norte-americanas no passado da história dos Estados Unidos e antes, cumprindo seu papel no processo de construção de nação em andamento.

O que veio à tona foi uma história do progresso, uma versão norte-americana da "interpretação *whig* da história". A história era apresentada como um processo contínuo de desenvolvimento, cujo produto final era a democracia norte-americana e o crescimento dos Estados Unidos. Em grande parte, era uma visão nacional, na verdade, nacionalista, que pouco levava em consideração as histórias locais ou setorizadas. Acreditando, segundo as palavras de John Higham, em que "o Estado nacional... constituía a forma mais elevada de organização que a humanidade já tinha produzido", os historiadores constitucionais do final do século XIX "registraram a lenta edificação da organização nacional".[33] Desde a identificação dos "germes" da liberdade norte-americana supostamente plantados no Novo Mundo pelos primeiros colonos ingleses, por meio da reinterpretação da Guerra de Independência como uma perturbação do sistema imperial britânico e não uma revolução social, até o trato do tema problemático do conflito secessionista, a ênfase estava na continuidade em vez da descontinuidade, no consenso em vez do conflito, no processo de desenvolvimento em andamento. Uma geração depois da guerra civil, a tendência entre historiadores profissionais, assim como entre a maioria dos norte-americanos brancos, era menosprezar as amargas recriminações que haviam marcado a interpretação do conflito nos anos imediatamente posteriores à guerra. Em vez disso, as diferenças em relação à secessão foram tratadas por meio de um acordo segundo o qual o norte tinha razão em relação à Guerra Civil, ou seja, sobre a necessidade de restaurar a União e abolir a escravidão, e que o sul tinha razão sobre a Reconstrução, ou seja, a necessidade de manter a supremacia branca depois da guerra.

Aqui, mais evidentemente nas obras de Dunning sobre a Reconstrução, que dominaram o campo por mais de uma geração, era aceita uma formulação racista implícita, às vezes explícita. Quando contemplavam eventos políticos mais recentes, os historiadores tendiam a refletir as visões do grupo social do qual vinham. Eles buscavam, à maneira dos reformadores refinados da era dourada, levar a política dos Estados Unidos em uma direção conservadora em um momento de levante social e corrupção política. "Para melhorar a ordem existente", disse Herbert Baxter Adams, "o que o mundo precisa é de iluminação histórica e política e

---

[33] J. Higham, History: Professional Scholarship in America, New York, Harpers, 1965, p. 159-60.

progresso social, junto com as linhas institucionais existentes. Devemos preservar a continuidade de nossa vida do passado no Estado".[34]

Segundo Edward Channing, o tema de sua *History of the United States* era

> a vitória das forças da união sobre as do particularismo. ... A ideia orientadora deste trabalho é ver o tema como um registro de uma evolução e rastrear ... a história de forças vivas, sempre lutando para frente e para cima, em direção ao que é melhor e superior na concepção humana.[35]

Essa visão essencialmente rankeana era compartilhada por muitos historiadores norte-americanos da época, que acreditavam que uma visão de progresso institucional e a consolidação nacional viria à tona, sem chamar a atenção dos registros históricos, dando como certo que sua visão evolutiva da história dos Estados Unidos era politicamente neutra. "Seu evolucionismo confiante", observa Novick, "dava um sentido moral implícito à história, que tornara supérfluo o discurso moral explícito".[36] Assim como Ranke, eles não viam discrepância entre os ideais do conhecimento acadêmico desinteressado e a cidadania patriótica.

"O que impressiona na literatura dessa época", observou Richard Hofstadter, "é o alcance estreito das simpatias sociais dos historiadores".[37] Os historiadores, em torno de 1900, apresentavam um alto grau de consenso ideológico, e certamente, se comparados com a sociedade norte-americana como um todo, durante uma era de conflito social intenso. Sua visão estreita da história refletia a base social restrita a partir da qual falavam. Apesar de suas afirmações de objetividade "científica", está claro que eles formulavam as visões da classe social de onde vinha a maioria dos historiadores: nacionalismo, racismo, nativismo, conservadorismo social e (em sua maior parte) Republicanismo. Sem estar em dispostos, talvez sem terem condições, de examinar suas próprias premissas, eles ofereceram sua própria versão do passado como "história científica".

Nas duas primeiras décadas do século XX, uma série de historiadores mais jovens, especialmente Charles A. Beard, Carl Becker, John Harvey Robinson e Frederick Jackson Turner, começou a questionar as formas estabelecidas de fazer história. Os historiadores "Progressistas", como ficaram conhecidos, demandavam uma ampliação do leque da história para incluir tendências sociais e econômicas e manifestavam uma disposição de aprender com as ciências sociais.

---

[34] D. Ross, *The origins of American social science*, Cambridge, Cambridge University Press, 1991, p. 72.

[35] Higham, *History*, p. 169.

[36] P. Novick, *That noble dream: the "objectivity question" and the American historical profession*, Cambridge, Cambridge University Press, 1988, p. 85.

[37] R. Hofstadter, *The progressive historians: Turner, Beard, Parrington*, New York, Alfred A. Knopf, 1968, p. 23.

A história, afirmavam, deveria ter "valor prático". Seu objetivo era a explicação "histórica do presente" e não a contemplação do passado por si só. Beard e Robinson passaram a escrever história que servisse às necessidades da reforma social e política. A história progressista cresceu a partir do reformismo da Era Progressista. A maioria de seus principais defensores estava associada, em alguma medida, à política de reformas, e foi a partir dessa posição que questionaram as premissas (não declaradas) da historiografia conservadora.

Eles fizeram isso, em grande parte, explorando as "forças sociais" que estão na base das lutas políticas do passado. "Debaixo das formas e ideias constitucionais, debaixo das questões políticas, vão as grandes correntes oceânicas da vida social e econômica, moldando e remoldando as formas políticas segundo as mudanças desse grande mar, que muda continuamente", declarou Turner (em uma metáfora que antecipava Braudel).[38] Turner enfatizou a influência do ambiente geográfico em uma série de ensaios sobre a importância da fronteira e a influência do localismo na história dos Estados Unidos. Beard, cuja influência sobre a geração seguinte de historiadores foi considerável, importou para a historiografia norte-americana uma forma simplificada de determinismo econômico que envolvia procurar motivação humana nos interesses de classe. Os princípios políticos, afirmava Beard, "originam-se nos sentimentos e nas visões criadas na mente das pessoas pela posse de vários tipos de propriedade".[39] Ele ofereceu interpretações econômicas da formação da Constituição, da democracia jeffersoniana e das origens da Guerra Civil. O autor acreditava que, como os indivíduos geralmente não admitem suas motivações, o historiador não poderia se basear nos registros documentais como evidências para as fontes das ações deles. Era necessário olhar sob a superfície para revelar seus motivos subjacentes. O historiador, assim como o jornalista em busca de escândalos da Era Progressista, tinha de espiar através da cortina de fumaça dos pronunciamentos oficiais e da retórica virtuosa e interesseira para discernir as realidades mais profundas do interesse e do poder. Essa abordagem questionava claramente as ortodoxias da "história científica", com sua fé nas qualidades de evidência dos documentos escritos e sua injunção contra a introdução de suposições teóricas apriorísticas. O determinismo econômico não era derivado das evidências, e sim um modelo explicativo que até certo ponto lhe foi imposto. Daí, a obra *An economic interpretation of the constitution of the United States* (1913), de Beard, gerou uma tempestade de críticas em função de sua metodologia, tanto quanto por seu questionamento à integridade de um texto sagrado.

---

[38] R. Billington, *Frederick Jackson Turner: historian, scholar, teacher*, New York, Oxford University Press, 1973, p. 101.

[39] C. A. Beard, *An economic interpretation of the constitution of the United States*, New York, Macmillan, 1913, p. 13-14.

O desafio dos historiadores progressistas à historiografia convencional não era simplesmente uma crítica reformista da história escrita a partir de uma postura implicitamente conservadora; também indicava o caminho para uma crítica da ideia de história "científica" como um todo, da própria possibilidade da "objetividade" científica. Isso, em parte, refletia as correntes intelectuais de início do século XIX, principalmente dos anos entre guerras. Nas palavras de Novick, "a cultura do entre guerras estava transbordando de ideias 'relativistas', 'pragmáticas' e 'iconoclastas".[40] O efeito dos impulsos modernistas em várias disciplinas acadêmicas e várias formas de prática cultural – relatividade, princípio da indeterminação, pragmatismo, psicologia freudiana, sociologia do conhecimento – foi, de formas diferentes, substituir padrões de julgamento consolidados com pontos de vista múltiplos.

Nem o universo newtoniano, nem a metodologia baconiana, que se acreditava informar as descobertas científicas, pareciam críveis no clima intelectual do novo século.

Foi o envolvimento dos Estados Unidos na Primeira Guerra Mundial que fez mais para abalar as afirmações dos historiadores de seu distanciamento acadêmico. Muitos estudiosos, incluindo Beard e outros progressistas, participaram com prazer da campanha de propaganda voltada a justificar o esforço de guerra norte-americano e desacreditar a Alemanha Imperial, da mesma forma como estavam fazendo historiadores de outras nações beligerantes. Suas contribuições incluíram alguns trabalhos de qualidade duvidosa, claramente voltados a terem efeitos políticos. Alguns de seus autores sentiam um pouco de vergonha, em alguns casos, a ponto de percorrer o país comprando o maior número possível de exemplares de suas obras do tempo da guerra. Outros não, convencidos de que a história que contaram era verdadeira ou, se não o era, que as circunstâncias justificavam algum enfeite da verdade. Em ambos os casos, era difícil reconciliar seus esforços com o ideal pré-guerra de distanciamento profissional. Após 1918, os historiadores se envolveram em um debate fervoroso sobre a culpa pela guerra. Era perturbador descobrir que diferentes historiadores podiam usar as mesmas evidências para chegar a conclusões diametralmente opostas. Como observou um dos participantes,

> Usávamos os mesmos documentos e líamos as mesmas biografias e memórias para preparar nossos respectivos livros – e chegávamos a interpretações muito diferentes. ... Tem alguma coisa errada com nossos métodos de estudo e nossa formação em história quando dois estudiosos tiram conclusões tão conflitantes das mesmas evidências?[41]

---

[40] Novick, *That noble dream*, p. 133-4.
[41] Bernadotte Schmitt, citado em Novick, *That noble dream*, p. 223-11.

Assim como a controvérsia paralela em relação às origens da Guerra Civil, na qual os deterministas econômicos como Beard lutavam contra "revisionistas" que afirmavam que a guerra era desnecessária e uma consequência de erros de cálculo políticos e não de diferenças irreconciliáveis, essa disputa claramente não podia ser resolvida examinando-se os "fatos". As visões conflitantes se baseavam em pressupostos aprioristicos sobre causalidade, motivação humana e mesmo moralidade da guerra. Diante dessa e de outras controvérsias históricas aparentemente intratáveis, o ideal da verdade histórica "objetiva", incontestável não se realizou e talvez não pudesse ser realizado.

Na década de 1930, a profissão de historiador nos Estados Unidos tinha se envolvido em um debate total sobre a questão do "relativismo" histórico. Uma série de ensaios de Becker e Beard estabeleceu os argumentos conhecidos do relativismo. Eles argumentavam que o passado não podia ser acessado diretamente, mas apenas através dos traços documentais que foram deixados para trás. Os "fatos" históricos, mais do que "descobertos", eram construídos pelo próprio historiador. A história não tem estrutura interna, padrão imanente, além daquele imposto pelo historiador.

A interpretação histórica, portanto, deve inevitavelmente envolver a aplicação de conceitos e hipóteses "transcendentes" que vêm das mentes do historiador, e não das evidências. Era impossível excluir os preconceitos e as pressuposições humanas do processo de interpretação, já que o tema da história estava inevitavelmente carregado de valores. Melhor, então, afirmava Beard, que esses valores fossem progressistas do que reacionários.

Uma declaração tão franca sobre a posição relativista foi muito contestada por tradicionalistas como Theodore Clarke Smith, não apenas em bases epistemológicas, mas porque parecia colocar em questão todo o empreendimento da historiografia profissional. Esse sentido de postura profissional e papel público estava tão envolvido no ideal de "objetividade", com a confiança na capacidade do historiador de chegar a "conhecimento" positivo, que eles condenavam os relativistas à moda dos líderes religiosos "denunciando e excomungando hereges". A objetividade, afirma Novick, "pode ser considerada o mito fundador da profissão histórica e a busca de verdade objetiva, sua missão sagrada e razão de ser".[42] O discurso de Smith, em 1934, como presidente da AHA indica a intensidade com que se acreditava nos antigos valores.

> É possível que, em 50 anos, testemunhemos o fim de uma era na historiografia, a extinção final de um sonho nobre, e à história, exceto como instrumento de entretenimento ou de controle social, não se permita existir. Nesse caso, será hora da *American Historical Association* se dispersar, porque os pressupostos intelectuais sobre os quais foi fundada lhe terão sido

---

[42] Novick, *That noble dream*, p. 268.

retirados. Minha esperança é, contudo, que aqueles de nós que vieram de um tempo que então poderá parecer marcado por crenças singulares e lealdades esquecidas, caiamos com nossas bandeiras tremulando.[43]

Sendo assim, o ideal da "história científica" ficou muito comprometido e altamente contestado nos anos do entre guerras, bem como a versão "evolutiva conservadora" da história política que havia predominado antes de 1917, embora o estudo da política do passado ainda atraísse a atenção da maioria dos historiadores. Em certa medida, a história progressista se apresentava como paradigma alternativo. "Entre as duas guerras mundiais, a influência progressista se tornou tão grande na historiografia norte-americana que parecia, por um tempo, tomar conta de praticamente todas as outras possibilidades conceituais", afirma Higham.[44] Entretanto, enquanto a história progressista oferecia uma nova narrativa-mestre do passado dos Estados Unidos, segundo a qual as "pessoas" se evolviam em repetidas lutas para superar interesses "financeiros" que tentavam explorar o poder do governo para ganhos próprios, a polêmica em relação ao relativismo deixou a profissão bastante desordenada em termos de questões de epistemologia. A segurança com que a geração anterior tinha trabalhado em por um entendimento "científico" da história humana não poderia ser facilmente reproduzida nas agitadas décadas entre guerras.

---

[43] Ibid., p. 269.
44 Higham, *History*, p. 190.

CONCLUSÃO

Os impulsos em direção à profissionalização da história, junto à adoção de uma abordagem que apresentava um alto grau de uniformidade independentemente de fronteiras nacionais, tiveram raízes locais nas três sociedades de que tratamos nesses estudos de caso. Contudo, como também sugerimos, a profissionalização da história só pode ser entendida se levarmos em conta a interconexão dessas experiências nacionais: foi um processo com dimensões internacionais e marcado por transferências culturais. Principalmente depois de 1945, o padrão foi reproduzido para além dos exemplos "ocidentais" e europeus que discutimos. Atualmente, a história pode afirmar ser uma disciplina global, ainda que acossada por dificuldades. Onde, até 1945, os principais obstáculos que os membros da profissão enfrentavam para se comunicar tinham sido as guerras entre as nações, a Guerra Fria representou barreiras semelhantes ao longo de meio século depois disso. Em anos mais recentes, surgiram dificuldades na condução de diálogo entre historiadores no "Ocidente" e alguns de seus colegas no Terceiro Mundo. Ainda se debate se os hábitos de pensamento arraigados na historiografia "Ocidental", as categorias que os historiadores "ocidentais" empregam e até mesmo a própria história, podem ser uma imposição sobre o Terceiro Mundo.[1]

O paradigma *historista* específico de que tratamos na Parte I estava limitado em termos espaciais e em sua longevidade. Depois da Primeira Guerra Mundial, "os tradicionalistas históricos estavam", como disse Eric Hobsbawm, "empenhados em um combate de retaguarda em uma batalha perdida". A "guarnição" de sua "fortaleza central" – a guilda alemã de historiadores – foi posta fora de ação por sua associação com o nacional-socialismo".[2] Na Parte II, exploraremos algumas das formas em que abordagens posteriores da história divergiram do caminho estabelecido no período da profissionalização. Mas também é preciso não perder de vista até onde os novos "paradigmas" ou escolas de história, as perguntas que

---

[1] Ver J. Rusen (ed.) *Western historical thinking. An intercultural debate*, New York and Oxford, Berghahn, 2002, e, para uma discussão geral da desigual expansão institucional e intelectual em níveis globais da história acadêmica, P. Lambert, "The professionalization and institutionalization of history" in S. Berger, H. Feldner and K. Passmore (eds) *Writing history: theory and practice*, Hodder and Stoughton, 2003, p. 42-60.

[2] E. Hobsbawm, *Interesting times: A twentieth-century life*, London, Allen Lane, 2002, p.290.

fizeram e as ferramentas que empregavam para abordá-las eram conscientemente "revisionistas". A adoção de novos métodos e diferentes perspectivas não significava esquecer, e sim tratar o passado da disciplina de forma crítica. Inovações pioneiras, que transformaram as práticas de alguns historiadores, também ocorreram dentro de contextos institucionais que ainda seriam reconhecíveis para um historiador do final do século XIX. E as próprias inovações denunciavam simultaneamente as continuidades com o historismo – seja em sua ênfase ou em sua pesquisa, em sua veneração dos documentos ou no próprio fato de buscarem a verdade na história.

Além disso, algumas das principais preocupações do historismo na verdade sobreviveram à fragmentação do paradigma historista. Ainda há muitos historiadores que trabalham com a "alta" política, as relações entre os Estados ou o próprio desenvolvimento do Estado, que pesquisam documentos diplomáticos e para quem as únicas fontes primárias são os documentos. Tampouco faltam historiadores que considerem seu trabalho uma vocação política e inclusive, uma contribuição ao nacionalismo.

Mas o estatismo e a história política foram derrubados de seu pedestal. E mereciam cair. Pode-se realmente associar sua ascensão (para retornar a um dos conceitos fundamentais de Kuhn sobre revoluções científicas) ao progresso? Hobsbawm respondeu a essa pergunta com um sonoro "não". "O século XIX, a era da civilização burguesa, merece crédito por várias realizações intelectuais importantes, mas a disciplina acadêmica de história que cresceu nesse período não é uma delas". Era retrógrada em comparação com a historiografia do Iluminismo "em tudo, *com exceção das* técnicas de pesquisa" (itálicos nossos). A historiografia iluminista buscou compreender a transformação das sociedades humanas", mas o tinha feito com base na especulação descontrolada. Em meados e final do século XX, os historiadores tentavam erradicar os piores elementos de cada tradição e elaborar a partir dos melhores. Eles aplicavam os "critérios empíricos" estabelecidos pela escola rankeana aos projetos ambiciosos tentados na era da industrialização e na Revolução Francesa.[3]

Leituras complementares

Enquanto são muitas as obras sobre a profissionalização e a institucionalização da história limitadas a estudos de casos nacionais específicos, ainda não existe uma tentativa completa de estabelecer um panorama global do processo. Entre o punhado de levantamentos breves sobre o assunto, ver: Capítulo 1 de G. Iggers, *Historiography in the twentieth century: from scientific objectivity to the postmodern challenge*, London, Wesleyan University Press, 1997; Capítulo 8 de M. Bentley,

---

[3] E. Hobsbawm, "What Do Historians Owe to Karl Marx?", 1968, reprinted in *idem, On History*, London, Weidenfeld and Nicolson, 1997, p. 141-56; p. 141.

Modern historiography: an introduction, London, Routledge, 1999; P. Lambert, 'The professionalization and institutionalization of history,' in S. Berger, H. Feldner and K. Passmore (eds) *Writing history: theory and practice*, London, Arnold, 2003, p. 42-60 (com orientação de leitura sobre experiências nacionais além das que são consideradas neste livro).

K. Boyd (ed.), *Encyclopedia of historians and historical writing*, 2 vols, London and Chicago, Fitzroy Dearborn, 1999, serve como uma fonte geral útil. B. Smith, *The gender of history. Men, women, and historical practice*, Cambridge, MA, e London, Harvard University Press, 1998, apresenta não apenas uma descrição fascinante da introdução do seminário como espaço de formação do historiador, mas também os eventos paralelos da profissionalização e da exclusão das mulheres. Outras características desconfortáveis da profissão nascente, com cujo legado os historiadores profissionais ainda são obrigados a lidar, são o nacionalismo e o viés cultural "Ocidental". O primeiro problema é avaliado criticamente em S. Berger, M. Donovan and K. Passmore (eds) *Writing national histories: western Europe since 1800*, London, Routledge, 1999; o segundo é tratado em F. Cooper, "África's pasts and África's historians", *Canadian Journal of African Studies*, 2000, vol. 34, p. 298-336.

A descrição clássica do historismo, da agenda política e intelectual estatista dos historiadores alemães no século XIX é o estudo mais recente de S. Berger: *The search for normality: national identity and historical consciousness in Germany since 1800*, Oxford, Berghahn Books, 1997. S. Crane, *Collecting and historical consciousness in early nineteenth-century Germany*, Ithaca NY and London, Cornell University Press, 2000, é um debate esclarecedor sobre a relação entre os caminhos antiquário e profissional em direção ao passado. Um questionamento anterior do paradigma estatista e de como e por que o questionamento foi tratado, é o tema de R. Chickering, *Karl Lamprecht. A German academic life, 1856-1915*, New Jersey, Humanities Press, 1993. A derrota da Alemanha na Primeira Guerra Mundial serviu apenas para endurecer a mentalidade histocicista. Ver W. J. Mommsen, "German historiography during the Weimar Republic and the émigré historians", in H. Lehmann and J. Sheehan (eds) *An interrupted past. German-speaking refugee historians in the United States after 1933*, Washington DC, German Historical Institute and Cambridge, Cambridge University Press, 1991, p. 32-66. O pouco que a tenacidade do paradigma histocicista teve que ver com seus méritos intelectuais e o muito que estava relacionado à patronagem e à censura é destacado por W. Weber, "The long reign and final fall of the German conception of history: a historical-sociological view", *Central European History*, 1986, vol. 2, p. 385-95. Tampouco foi somente na Alemanha que a guerra de 1914-1918 e o Tratado de Versalhes funcionaram inicialmente como um poderoso estimulante para a história política e, principalmente, diplomática. Ver K. Wilson (ed.) *Forging the collective memory: government and international historians through two world wars*, Providence RI and Oxford, Berghahn, 1996.

Uma vez estabelecidos em um país, os padrões de profissionalização e institucionalização e os "modelos" de como se praticar história como um todo ficaram disponíveis para serem emulados por outros, mas muitas vezes eram mal compreendidos e, de qualquer forma, sujeitos a empréstimos ecléticos e modificados para se ajustar a tradições e necessidades locais nos países "importadores".

As relações historiográficas transnacionais são tema de um crescente conjunto de trabalhos. Ver G. Iggers and L. Powell (eds) *Leopold von Ranke and the shaping of the historical discipline*, Syracuse NY, Syracuse University Press, 1990; E. Fuchs and B. Stuchtey (eds) *Across cultural borders: historiography in global perspective*, Lanham MD, 2002; Q. E. Wang and G. Iggers, *Turning points in historiography: a cross-cultural perspective*, Woodbridge, Boydell and Brewer, 2002.

A forma como os modelos alemães de conhecimento acadêmico histórico foram adaptados às condiçoes norte-americanas é investigada em Dorothy G. Ross, "On the misunderstanding of ranke and the origins of the historical profession in America", in Iggers and Powell, *Leopold von Ranke and the shaping of the historical discipline*. Duas excelentes histórias da escrita histórica norte-americana são J. Higham, *History: professional scholarship in America*, edição revisada, Baltimore, Johns Hopkins University Press, 1989; e Peter Novick, *That noble dream: the "objectivity question" and the American historical profession*, Cambridge, Cambridge University Press, 1988. O tópico básico de Novick é o das visões dos historiadores sobre a objetividade, mas ele o aborda por meio de uma descrição ricamente detalhada e contextualizada da prática histórica nos Estados Unidos. Como Higham, ele consegue relacionar tendências intelectuais dentro da nascente profissão de historiador com o processo de desenvolvimento institucional. D. G. Ross, *The origins of American social science*, Cambridge, Cambridge University Press, 1991, situa a história no contexto de um desenvolvimento mais amplo das ciências sociais. Estudos das origens de algumas das instituições centrais da profissão histórica que também esclarecem os processos mais amplos que deram forma à disciplina. D. D. Van Tassel, "From learned society to professional organization: the American Historical Association, 1884-1900", *American Historical Review*, 1984, vol. 89, p. 929-56; M. D. Rothberg, "To set a standard of workmanship and compel men to conform to it": J. Franklin Jameson as editor of the American Historical Review', *American Historical Review*, 1984, vol. 89, p. 957-95. Sobre o crescimento da "Nova história", ver R. Hofstadter, *The progressive historians: Turner, Beard, Parrington*, New York, Knopf, 1968.

P. H. Slee, *Learning and a liberal education. The study of modern history in the universities of Oxford*, Cambridge and Manchester 1800-1914, Manchester, Manchester University Press, 1986, ainda é a obra mais abrangente sobre o crescimento da história como disciplina nas universidades britânicas, enquanto J. W. Burrow, *A liberal descent. Victorian historians and the English past*, Cambridge, Cambridge University Press, 1981, oferece uma visão excelente do ambiente intelectual no qual os historiadores britânicos do século XIX pesquisavam e escreviam.

Para uma análise estimulante das mudanças na função social da universidade e, em particular, do papel da história em sua evolução, ver R. N. Soffer, *Discipline and power: the university, history and the making of an English elite*, 1870-1930, Stanford, Stanford University Press, 1994; enquanto P. Levine, *The amateur and the professional. Antiquarians, historians and archaeologists in victorian England, 1838-1880*, Cambridge, Cambridge University Press, 1986, amplia e complica o quadro ao explorar as relações entre a escrita histórica profissional e não profissional, ao passo que *History and national life*, London, Profile Books, 2002, de P. Mandler é uma visão sofisticada, mas muito acessível, relacionando o desenvolvimento da história profissional na Grã-Bretanha moderna a seu valor social

Sobre a construção de uma gama de instituições integrantes do processo de profissionalização, ver D. Goldstein, "The organisational development of the British historical profession, 1884-1921", *Bulletin of the institute of historical research*, 1982, vol. 55, p. 180-93. As visões dos principais historiadores do século XIX podem ser encontradas em J. Kenyon, *The history men*, London, Weidenfeld and Nicolson, 1983, e em estudos biográficos individuais como O. Dudley Edwards, Macaulay, London, Weidenfeld and Nicolson, 1988.

PARTE II
QUESTIONAMENTO AO PARADIGMA ESTATISTA

Na Parte II, identificamos o surgimento de variantes de uma história simpática à teoria e "crítica," nos Estados Unidos e em grande parte da Europa, em meados do século XX. Nas décadas de 1960 e 1970, seu impacto inicial pareceu potencialmente revolucionário, e, mais tarde, realmente revolucionário. A historiografia "crítica" se uniu na reação ao conservadorismo metodológico e político dos historiadores profissionais, a seus arraigados hábitos de se identificar com interesses poderosos e de fazer uso do conhecimento acadêmico para legitimar os estados-nação. Os historiadores "críticos" tinham aspirações emancipatórias, identificavam-se com os mais fracos e tinham uma perspectiva internacionalista. Eles se consideravam "aliados" pertencentes a um movimento historiográfico modernizador internacional.[1] Como mostrarão os ensaios a seguir, eles também deixavam ver suas respectivas origens nacionais e divergiam entre si não apenas no ritmo de seu desenvolvimento e na escala de influência que exerciam, mas também na forma e no conteúdo. Em 1970, "tinha sido encontrada uma bandeira comum para o movimento popular dos inovadores, que estava longe de ser homogêneo: 'história social'".[2]

O capítulo de Phillipp Schofield descreve as primeiras movimentações de história econômica e social na Grã-Bretanha do final da época vitoriana aos anos do entre guerras. Inicialmente, os historiadores econômicos consideravam que seu trabalho ampliava o paradigma estabelecido da história política e constitucional, cuja confiança em relação ao passado e ao presente britânicos eles compartilhavam. Próximo ao final do século, contudo, o estudo da história econômica e social na Grã-Bretanha foi contaminado por uma sensação cada vez maior de desconforto. A Grã-Bretanha foi superada pela Alemanha como principal potência industrial, os promotores da "eficiência nacional" buscavam inspiração na Alemanha; a agitação trabalhista e o surgimento gradual da representação política independente da classe trabalhadora eram demasiado importantes para ser ignorados, mas tampouco poderiam ser explicados nos termos do antigo paradigma. Alguns historiadores buscavam na história social e econômica lições sobre o controle social dos agitados e dos indisciplinados. Outros vinham à história social e econômica para informar uma agenda radical e socialista. Cada vez mais, abriam-se à interdisciplinaridade, fazendo vários empréstimos da economia e da sociologia. Schofield descreve uma comunidade de acadêmicos vívida e cheia de energia, mas que permaneceria como uma pequena minoria, à margem das correntes principais da história profissional. Seus membros estavam sujeitos a influências variadas demais para possibilitar um único programa coeso.

Talvez a única característica que os unificava fosse seu caráter atípico: os praticantes da história econômica e social eram, em grande parte, "forasteiros," fossem homens decepcionados com o fato de que Oxford e Cambridge não promoviam suas carreiras adequadamente ou mulheres impedidas por seu sexo de participar integralmente daquelas universidades. As próprias instituições em que floresceram eram excêntricas e experi-

---

[1] E. Hobsbawm, *Interesting times: a twentieth-century life*, London, Allen Lane, 2002, p. 289.
[2] *Ibid.*, p. 290. Cf., sobre as conexões entre a Frente Popular e histórias nacionalistas, p. 184 (Capítulo 12).

mentais segundo os padrões da academia do início do século XX. Parte do potencial para uma mudança de paradigma já estava presente na Grã-Bretanha em 1930, mas só se concretizaria depois da Segunda Guerra Mundial.

Os papéis inovadores dos forasteiros, e dos historiadores cuja vida ou experiências intelectuais aconteciam literalmente na periferia dos estados-nação, aparecem repetidamente nos capítulos seguintes. Michael Roberts, escrevendo sobre a escola francesa dos *Annales*, chama atenção para o relacionamento próximo entre as opções centrífugas de seus fundadores em termos de lugar para sua formação e suas atitudes centrífugas em relação à sua disciplina. O *slogan* "desaprender com a Alemanha" poderia muito bem ornar o frontispício de sua publicação,[3][3] e o termo "desaprender" necessariamente pertencia também às tradições historiográficas francesas que estavam, elas próprias, em débito para com o historismo alemão. Porém, como mostra Roberts, os historiadores dos *Annales* exageraram as qualidades revolucionárias de seu movimento intelectual para lhe dar um efeito dramático. Eles deviam mais do que reconheciam dever – com relação, por exemplo, aos tipos de fontes que consideravam estar dentro da competência do ofício do historiador – a uma geração anterior e, particularmente, a seus forasteiros. Entretanto, ao mesmo tempo em que atribui aos *Annales* uma longa genealogia, Roberts destaca movimentos de mudança intensos – principalmente nos anos formativos, entre as duas guerras, quando a revista dos *Annales* ofereceu uma alternativa à "ciência normal" de estilo tão explícito quanto seu conteúdo. Depois de 1945, a historiografia dos *Annales* viria a atrair mais admiradores e imitadores internacionalmente e desencadear uma gama maior de evoluções tangenciais do que qualquer escola de história com pretensões paradigmáticas tinha feito ou fez desde Ranke e seus discípulos imediatos.

A espécie de história social dos *Annales* era muito específica e incluía explorar as mentalidades e estruturas no longo prazo, ambicionando nada menos que a construção da história total. Os historiadores dos *Annales* não apenas demonstravam simpatia para com as vítimas da opressão nas sociedades do passado, como também lhes atribuíam poder de agência. Até então, a história que eles escreviam era coerente com suas preocupações emancipatórias contemporâneas: seu antifascismo e seu uso da história como uma espécie de educação para a cidadania ativa. Mesmo assim, havia um outro lado da moeda no conhecimento produzido pelos *Annales*, que assumia um determinismo estrutural com tendências a contradizer a possibilidade de escolha e agência humana, e não estava em sintonia com uma defesa da cidadania ativa no presente.

Uma situação semelhante, como afirma Peter Lambert, assolava a história social da Alemanha Ocidental a partir dos anos de 1960. A chamada Escola de Bielefeld aderiu aos mesmos valores democráticos de seus colegas do outro lado do Reno, mas seus membros

---

[3] Ver P. Schöttler, '"Désapprendre de l'Allemagne': les *Annales* et l'histoire allemande dans les années trente,' in H.-M. Bock, R. Meyer-Kalkus e M. Trebitsch (eds) *Entre Locarno et Vichy: les relations culturelles franco-allemandes dans les annéles 1930*, Paris, CNRS-Editions, 1993, pp. 439-61.

eram deterministas estruturais radicais. Se na escola dos *Annales* as tensões estavam contidas, na Alemanha elas irromperam em conflito aberto entre os *Bielefelder* e uma geração mais jovem de historiadores cujas preocupações não eram com as grandes estruturas, mas com as minúcias da vida cotidiana.

Eles se lançavam acusações de antiquarianismo e de romantismo de um lado, de esquemas desumanizadores, de outro. Mais estreitos e menos flexíveis em sua estrutura interpretativa do que os historiadores dos *Annales*, e menos lidos no exterior, o impacto dos historiadores de Bielefeld em seu país e na compreensão da história alemã certamente foi comparável ao impacto dos *Annales* na França e na compreensão a seu respeito. Isso porque seu engajamento político era mais claro e mais direto. A experiência da Segunda Guerra Mundial, da ocupação nazista de parte da França e do regime colaboracionista de Vichy em outra, informava as sensibilidades dos historiadores dos *Annales*, mas, depois de 1945, isso também os levou a desviar seu olhar do século XX e mesmo do XIX. Em contraste, a Escola de Bielefeld tratava precisamente do período contemporâneo e enfrentava sem ambiguidades o problema do lugar ocupado pelo nazismo na história da Alemanha.

A agitação cultural e política da década de 1960 deixou uma marca indelével nos *Annales*, ao passo que o próprio surgimento da história social crítica na Alemanha Ocidental estava diretamente relacionado às transformações e lutas daquela década. Também nos Estados Unidos, os anos de 1960 inspiraram a produção de uma história social conscientemente "nova". Como mostra Robert Harrison, ela se tornou a mais numerosa – e, de forma alguma, a menos vibrante – "comunidade" de praticantes de história social do mundo. Não obstante um consenso político que existia entre eles em linhas gerais, os "novos" historiadores sociais norte-americanos tinham agendas de pesquisa radicalmente diferentes e empregavam um conjunto distinto de metodologias. Onde as escolas Bielefeld e dos *Annales* foram perdendo sua coesão proporcionalmente às qualidades paradigmáticas, a "nova" história social dos Estados Unidos nunca chegou a possuí-las. De certa forma, essa história era precoce, no sentido de ser "pós-paradigmática," gerando uma pluralidade de abordagens em relação ao passado que outras historiografias "nacionais" alcançaram desde então. Alguns historiadores receiam que o resultado tenha acabado por ser a fragmentação, temendo que a "conversação grandiosa" de uma comunidade de historiadores profissionais tenha entrado em colapso. Aldeias isoladas de historiadores se juntam em torno das pequenas paróquias de subdisciplinas e especialismos arcanos para discutir problemas que não importam aos habitantes de aldeias vizinhas, em um dialeto que estes não entendem. Os pós-modernistas, como veremos posteriormente neste livro, celebram precisamente essa condição como libertadora, já que, alegam, qualquer tentativa de construir uma "narrativa grandiosa" envolve necessariamente estratégias de exclusão e é inerentemente opressiva. Pode-se contrapor a ideia de que, ao se deslegitimar por antecipação toda e qualquer tentativa de síntese abrangente, os pós-modernistas são, eles próprios, opressivos – até mesmo anti-intelectuais – em sua hostilidade programática a explicações concebidas de forma ambígua. E, de fato, ainda há historiadores que tentam reconstruir sínteses no estilo da experimentação dos anos de 1960 e de 1970.[4]

---

4 Cf. a discussão nuançada em S. Berger, "The rise and fall of 'critical' historiography? Some reflections on the historiographical agenda of the left in Britain, France and Germany at the end of the twentieth century," *European Review of History*, 1996, vol. 3, p. 213-230, que, em última análise, toma o partido dos pós-modernistas ao alertar contra qualquer ressurgimento de tentativas de sínteses grandiosas.

O SURGIMENTO DA HISTÓRIA ECONÔMICA BRITÂNICA, C. 1880 A C. 1930
Phillipp Schofield

4

Em uma palestra – "A Interpretação Econômica da História", apresentada no final da década de 1880, em Oxford – James E. Thorold Rogers, então professor de economia política naquela universidade e de ciência econômica e estatística no King's College, em Londres, começou lamentando que

> em quase todas as histórias e em quase toda a economia política, a coleta e interpretação dos fatos econômicos, e com isso quero dizer registros da vida social ilustrada e a distribuição de riqueza em diferentes épocas da história da humanidade, foram geralmente negligenciadas.

Essa "negligência", da forma como ele a via, tornava a "história imprecisa ou, pelos menos, imperfeita".[1] Embora Rogers continuasse na mesma linha nesta e em outras exposições, seu argumento principal já tinha sido apresentado, ou seja, o de que a investigação histórica que não conseguisse assumir um elemento econômico e social (em outras palavras, aquele "tipo" de história a que ele e seus contemporâneos chamariam de "história econômica" ou, como subdisciplinas separadas, de histórias "econômica" e "social"[2]) era fundamentalmente falho e, por extensão, o vasto conjunto de empreendimentos históricos que ele via sendo realizados dentro das universidades sofria por essa mesma razão. Rogers estava bastante disposto a reconhecer que "o estudo sólido da história teve avanços consideráveis", de forma que "a narrativa não é mais de guerra e paz, de genealogias reais, de datas não relacionadas". Entretanto, ele acreditava firmemente que um conjunto de materiais históricos fosse negligenciado pelos historiadores acadêmicos e, mais importante, que em suas preocupações históricas se escondiam preconceitos e partidarismos incentivados pela natureza de suas explorações e a qualidade de suas fontes.[3]

---

[1] J. E. T. Rogers, "The economical interpretation of history", in idem, *The economic interpretation of history* (Exposições ao Worcester College Hall, Oxford, 1887-8), London, T. Fisher Unwin, 1888, p. 2

[2] Em todo este capítulo, empregaremos "história econômica", em seu sentido contemporâneo, como termo de uso para "história e/ou social". Para uma breve discussão recente do desenvolvimento de uma terminologia a esse respeito, ver E. Boyle, "Economic (and social?) history", in P. Hudson (ed.) *Living economic and social history*, Glasgow, Economic History Society, 2001, p. 315.

[3] *Ibid.*, p. 5.

Para Rogers, havia um forte contraste entre uma investigação histórica atual, que buscasse inferir motivações a partir das ações de estadistas e de príncipes, e um possível envolvimento futuro com fontes de natureza mais quantitativa e, portanto, mais robusta, o qual, por sua vez, cultivaria "o sábio hábito de desenvolver inferências a partir das evidências".[4]

As observações claras de Rogers, nas quais também podemos detectar o tom acusador do ativista político e do político profissional que ele também foi, eram a expressão de um homem que se esforçara, por muito anos, muitas vezes arando um terreno totalmente distinto, para ilustrar o valor das fontes para a história econômica.

Sua *History of agriculture and prices*, em seis volumes publicados entre 1866 e 1887, era um trabalho de proporções hercúleas e permanece sendo uma referência até hoje, mas foi apresentada mais como um estímulo à pesquisa do que uma resposta a ela. Isso não significa, é claro, que o autor trabalhasse totalmente sozinho. Na época de sua palestra, já havia exames em "história econômica" em Cambridge, mesmo com pouco material de apoio ou pessoal acadêmico para supervisionar os estudos. A obra de Cunningham, *The growth of English industry and commerce* (primeira edição de 1882), era uma resposta aos limitados recursos didáticos para esse campo de estudo. Também havia outros historiadores e comentadores sociais e políticos avidamente interessados em tópicos que, em épocas mais recentes, viriam a ser associados à subdisciplina da história econômica. O debate intenso e politicamente informado com relação à natureza e ao desenvolvimento da comunidade aldeã, ou a investigação de Seebohm e Gasquest sobre o impacto da Peste Negra sobre a Europa, encontram seus lugares no cânone da historiografia britânica do final do século XIX. Uma característica importante de grande parte desse trabalho, contudo, é a falta de referências a literatura secundária, o que não era tanto um indicativo de uma convenção de publicação do século XIX, e sim da carência de estudos com os quais o autor poderia se comparar e em relação aos quais desenvolver sua própria tese. O estudo de Gasquet sobre a Peste Negra na Inglaterra cita Rogers, *Six centuries of agriculture and prices*, em diversas ocasiões, e faz referência rápida a uma meia dúzia de outras obras, mas contém pouco em termos de outras referências a literatura secundária. A discussão pioneira de Maitland sobre a história de uma propriedade rural de Cambridgeshire no final da Idade Média, um tópico que excitaria interesses ávidos e variados no século XX, limita-se, em grande parte, à descrição e não trata de nenhum material.[5]

---

[4] *Ibid.*, p. 8.

[5] F. Seebohm, "The black death and its place in english history", *The fortnightly review*, 1865; F. A. Gasquet, *The great pestilence*, London, 1893; F. W. Maitland, "The history of a Cambridgeshire manor". *English Historical Review*, 1894, vol. 35. Ver, também, a útil discussão sobre o trabalho de Seebohm e respostas a ele em N. Hybel, *Crisis or change*, Aarhus, Aarhus University Press, 1988, p. 1 e seguintes.

Além disso, grande parte dessa investigação, embora levantasse questões que normalmente estão além do interesse dos historiadores das correntes principais, ainda estava presa às abordagens estatistas do material. Particularmente, exibia um amplo tratamento qualitativo e ligado à narrativa do período ou tópico discutido. Sendo assim, a discussão que Gasquet faz sobre o impacto da Peste Negra exigia que os historiadores reconhecessem o potencial da peste para alterar o curso da história humana e empregassem vários tipos de fontes amplamente socioeconômicos e, com certeza, subutilizados. Mesmo assim, sua análise ainda estava enraizada em metodologias e questões, principalmente a exagerada dependência de evidências narrativas, que eram o material da narrativa política.[6] De maior importância é a percepção evidente, nas primeiras obras de história econômica, de que a economia do final do século XIX tinha chegado ao seu apogeu. Essa percepção, produto da história estatista transmitida sem esforços ao estudo da historia econômica, é ilustrada na preocupação historiográfica do século XIX com o *crescimento*.[7]

Institucionalmente, a infraestrutura para sustentar essas iniciativas era pouca ou nenhuma. Dentro da academia, não foram criados cargos de história econômica no final do século XIX na Grã-Bretanha, não havia seminários nem pós-graduados oferecendo sua vitalidade à subdisciplina e pouco existia em termos de ensino direto desses tópicos nas universidades britânicas.[8] Retrocedendo quase 50 anos, ao início da década de 1880, Sir William Ashley pode escrever em 1927 sobre o fracasso do ensino de história em Oxford para ensinar os estudantes a se envolverem diretamente com suas fontes, as quais eram todas "políticas". Se a história como era ensinada em Oxford no final do século XIX tinha um aspecto que a salvava, este deveria ser encontrado, segundo Ashley, nos artigos apresentados sobre ciência política e teoria econômica que serviam "para confirmar ou modificar uma mentalidade meramente narrativa".[9] Mais do que isso, as possibilidades para se manifestar eram poucas, sem qualquer publicação específica ainda disponível para artigos sobre história social ou econômica. Em um evento famoso, R H. Tawney foi obrigado, em 1913, a publicar suas primeiras pesquisas (na prática, dois artigos sobre a avaliação de salários na Inglaterra por parte de Juízes de Paz) na revista alemã *Vierteljahrschrift für Sozial- und Wirtschaftsgeschichte*, já que não

---

[6] Gasquet, *Great pestilence*.

[7] Ver, por exemplo, W. Cunningham, *The growth of English industry and commerce*, 5th edn, Cambridge, Cambridge University Press, 1910, p. 13-15; também F. Seebohm, *The English village community*, London, Longmans, Green and Co., 1883, p. 439, 441.

[8] Para algumas exceções importantes, ver, por exemplo, a breve discussão de N. Haste "The Economic history society, 1926-2001", in Hudson (ed.) *Living Economic and Social History*, p. 1.

[9] Sir W. Ashley, "The place of economic history in university studies", *Economic History Review*, 1927, vol. 1, p. 7.

tinha conseguido encontrar, na Inglaterra da segunda metade do século, uma publicação cujos editores contemplassem a inclusão "daquela coisa".[10]

Apesar dos impedimentos de uma literatura subdesenvolvida, uma mentalidade histórica enraizada na concepção *whig* do passado e uma academia mal equipada e/ou pouco disposta a estudar história econômica, no meio século entre 1880 e 1930, os alicerces que Rogers e outros construíram foram reforçados por seus sucessores e, em grau limitado, tentou-se erigir alguma construção acima do chão. Foram criados cargos universitários, o número de publicações e conferências cresceu, foram fundadas sociedades para o estudo de história econômica, bem como uma revista específica, a *Economic History Review*.

Junto com Rogers, historiadores como Cunningham, Toynbee e Ashley saíram a promover a história econômica dentro das universidades nas últimas décadas do século XIX. Embora Ashley tenha tido que se mudar para a América do Norte para ser o primeiro professor de História Econômica no mundo anglófono (uma cátedra aberta em Harvard em 1892), os esforços dele e de seus colegas começaram a dar frutos nos primeiros anos do século XX em indicações de professores, e em uma cátedra criada em Manchester em 1910. "No início da década de 1920", como registra Harte, "à história econômica estava consolidada em seu quadrilátero original entre Cambridge, Oxford, London School of Economics e Manchester".[11] Dentro dessas universidades, a história econômica era ensinada e testada, com o primeiro caso, precoce, encontrando companhia em disciplinas lecionadas naquelas outras instituições.

Disciplinas universitárias florescentes estimulavam publicações. Refletindo sobre as aulas de Ephraim Lipson,[12] Julia de Lacy Mann, diretora-assistente da *Economic History Review* e seus primórdios e, antes disso, no início dos anos de 1920, aluna de Oxford, observou que

> Ele [Lipson] disse cada coisa duas vezes, muito devagar, para que se pudesse digerir tudo. Não posso dizer que foi inspirador, mas ... foi útil e é claro que seus livros – os posteriores – não foram publicados, de forma que se dependia das anotações feitas em aula, e ele tinha plena consciência disso, acho eu.[13]

---

[10] Entrevista com M. M. Postan citada em T. C. Barker, "The beginnings of the economic history society", *Economic History Review*, 1977 vol. 30, p. 6.

[11] Harte, "Economic history society", p. 2. Para outras descrições narrativas desses eventos, ver, também, D. C. Coleman, *History and the economic past. An account of the rise and decline of economic history in Britain*, Oxford, Clarendon, 1987, p. 38-9. A discussão de Harte, citada acima, baseia-se em sua peça anterior e mais completa: "Introduction: the making of economic history", in N. B. Harte (ed.) *The study of economic history. Collected inaugural lectures*, 1893-1970, London, Frank Cass, 1971, p. xxiii ff.

[12] Professor de história econômica em Oxford na década de 1920 e força motriz para a criação da *Economic History Review* em 1927, ver, também, acima, p. 73.

[13] Barker, "*Beginnings of the economic history society*", p. 10.

A *Economic History of England*, de Lipson, cumpria, e sem dúvida pretendia cumprir, as expectativas dos estudantes como a senhorita Lacy. Como já se observou, exatamente da mesma forma e uma geração antes, Cunningham produziu um livro-texto geral, *The growth of English industry and commerce* (1882), que, em sua posterior ampliação em edições mais completas, muito fez para promover e facilitar o estudo da história econômica em universidades inglesas.[14] Foi no mesmo espírito que, em 1924, Tawney e Power publicaram uma coletânea de fontes, *Tudor economic documents*, "voltada basicamente ao uso de graduandos daquela universidade [London], que estejam considerando a história econômica do período Tudor como seu tema especial".[15]

O surgimento de publicações e sociedades acadêmicas, geralmente por iniciativa desses mesmos acadêmicos, forneceu as bases para a história econômica. Lipson foi a força motriz para o estabelecimento da *Economic History Review*, que, junto com o recém-lançado número de história da *Economic Journal* e, já se sugeriu, em concorrência a ele, proporcionou oportunidades vitais de publicação para os historiadores econômicos. Lançado na esteira de uma importante sessão de história econômica da segunda conferência anglo-americana de história, que aconteceu em Londres, em 1926, a *Economic History Review* se tornou particularmente o farol da história econômica na Grã-Bretanha. Power, Tawney e Postan, editores em seu primeiro quarto de século, deram o ritmo e o tom da disciplina.[16] Para além da academia, agia-se para estimular o ensino de história econômica dentro das escolas, enquanto a educação de adultos e, principalmente, a Workers Educational Association (WEA), ofereciam um abrigo natural para temas que combinavam interesse no passado com engajamento político com o presente, uma questão à qual retornaremos.

Esse trabalho, dentro da academia e além dela, deu uma base sólida o suficiente da qual o estudo de história econômica na Grã-Bretanha poderia partir, mas antes de medirmos o sucesso maior desse evento como desafio ao paradigma estatista dominante, é preciso que examinemos mais profundamente as forças que lhe deram forma.

O surgimento da história econômica britânica oferece, nesse sentido, um estudo de caso útil para o surgimento da tradição histórica que esteve em contraste com a que operou nas universidades britânicas no final do século XIX. Ao buscar uma explicação (ou explicações) desse surgimento, teremos que observar aquilo que pode ser considerado um processo intelectual de mudança e desenvolvimento, mas também, mas do que isso. Afinal, assim como o imperativo intelectual ou estritamente acadêmico para o surgimento da história não estatista

---

[14] Ver os comentários de L. L. Price sobre Cunningham e Ashley, que, ele escreveu, "criaram a História Econômica para os estudantes ingleses", citado em Harte, "Introduction", p. xxvi.

[15] R H. Tawney and E. Power (eds) *Tudor economic documents*, 3 vols, London, Longmans, 1924, p. v.

[16] Barker, "*Beginnings of the economic history society*", p. 12-13.

na Grã-Bretanha, da qual a econômica oferece o melhor e mais precoce exemplo, também houve outras causas. Uma questão que Rogers, sem dúvida alguma teria enfatizado com prazer.

A subdisciplina de história econômica não nasceu só nas discussões políticas das salas de professores, mas foi produto de uma série de forças externas, incluindo os eventos socioeconômicos do final do século XIX e início do XX e a agitação política dessas décadas. Embora, é claro, nenhum dos fatores a serem discutidos fosse capaz de existir em total isolamento, é com os fatores explicitamente intelectuais que devemos começar.

Como já indicaram os comentários de Rogers, havia, no final do século XIX, historiadores individuais que tendiam a não aceitar que o tema principal da história devesse ser a política ou, mais importante, que as explicações de causação histórica devessem se limitar a mudanças políticas dos líderes políticos. Embora tenha sido certamente um reflexo da discussão realizada dentro do núcleo da história acadêmica, isso também reflete o fato de que se estavam fazendo perguntas diferentes sobre o passado, a partir das últimas décadas do século XIX.

Se a história, como disciplina, não podia gerar essas perguntas por conta própria, outras disciplinas podiam, e era para elas que os primeiros historiadores econômicos se voltaram em busca de princípios orientadores. No caso mais evidente, a economia, como disciplina, tinha um cânone bem estabelecido de trabalho já na segunda metade do século XIX; os trabalhos de Adam Smith, David Ricardo e John Stuart Mill ofereciam princípios de estudo, mas se abstinham da aplicação.[17] Como ilustra a longa discussão de Cunningham sobre método, definida no capítulo introdutório de sua obra *Growth of English industry and commerce*, os historiadores do final do século XIX se distanciaram do estudo "hipotético" e se envolveram de perto com a "circunstância".[18] Todavia, enquanto os departamentos de economia não mostraram serem lares naturais para abrigar o estudo do passado – um fato que transformou a história, em vez da economia, na mãe da história econômica como disciplina universitária – a economia era obviamente capaz de gerar temas fundamentais que ajudaram a moldar o pensamento dos historiadores.[19] Durante a década de 1920, na London School of Economics (LSE), uma instituição progressista que não separava formalmente economistas e historiadores em departamentos, a oportunidade para essa troca intelectual era particularmente abundante e, dado o dinamismo dos historiadores econômicos que lá trabalhavam naquele período, particularmente frutífera.[20]

---

[17] Harte, "Introduction", p. xii-xiii.
[18] Cunningham, *Growth of English industry and commerce*, pp. 21-2.
[19] *Ibid*, p. xix.
[20] M. Berg, *A woman in history. Eileen Power, 1889-1940*, Cambridge, Cambridge University Press 1996, p. 144.

Assim como com a economia, aconteceu com a sociologia, da qual alguns dos primeiros expoentes compartilhavam agendas e estimularam o trabalho de figuras centrais na história econômica inglesa. O envolvimento de Tawney com o trabalho de Weber, por exemplo, é um caso de resposta intelectual que, embora não fosse, de forma alguma, uma adesão total, beneficiou-se muito da perspectiva weberiana, nascida na história e aperfeiçoada nas ciências sociais.[21]

A contribuição de Weber, uma resposta a uma tradição alemã distinta que separou as metodologias das ciências naturais daquelas das humanidades, também serve para nos lembrar de que há uma dimensão internacional do avanço da história econômica na Grã-Bretanha. Embora, como observou Harte, "a história econômica na Inglaterra era, em grande parte – embora não totalmente – prata da casa", podem-se identificar certos pontos de contato com outras tradições históricas nacionais que informaram o desenvolvimento da subdisciplina.[22]

O trabalho dos historiadores alemães muito antes do final do século XIX já tinha feito muito para proporcionar modelos à história econômica em outros países da Europa. Ao contrário da Inglaterra, os economistas alemães foram preparados para aplicar princípios ao estudo da atividade econômica no passado. Como consequência direta, isso gerara uma história econômica diligente na Alemanha desde, pelo menos, a década de 1840, cuja influência na Inglaterra estava longe de ser imediata, mas poderia ocasionalmente ser tomada como modelo do possível. Alguns dos principais historiadores econômicos dentro da Grã-Bretanha, sobretudo Ashley, tinham muito contato com importantes figuras na Alemanha, como Schmoller.[23] Seebohm, em sua introdução a *The English village community* (1883) aponta especificamente a contribuição dos historiadores alemães para dar aos estudantes uma "hipótese de trabalho através da qual o estudo do problema econômico, neste caso, a relação entre a organização agrária e o surgimento das comunidades aldeãs na sociedade do passado, foi promovido em bases materiais". Em tom de exasperação, Seebohm observa que, enquanto os historiadores indicaram o caminho, "nenhum estudioso inglês até agora o complementou com um exame adequado dos materiais bastante ricos que estão à disposição da Histórica Econômica Inglesa".[24] Uma geração mais tarde, historiadores franceses e belgas também ofereceram novos ímpetos intelectuais ao trabalho dos historiadores econômicos ingleses. Sua contribuição à disciplina reconhecia e estimulava seu envolvimento com a *Economic History Review* desde seu início, em 1927, como "correspondentes estrangeiros". Por fim, o estudo da história econômica britânica e, acima de tudo,

---

[21] A. Wright, *R. H. Tamney*, Manchester, Manchester University Press, 1987, p. 127. Ver também, a seguir Capítulo 9.

[22] Harte "Introduction", p. xiv.

[23] W. J. Ashley, "On the study of economic history (Harvard, 1893)", in Harte (ed.) *Study of Economic History*, p. 6-7.

[24] Seebohm, *The English village community*, p. x, xi.

inglesa, no final do século XIX e início do XX, devia muito a acadêmicos da Europa Continental não apenas pelos avanços metodológicos e teóricos que eles trouxeram, mas também pelo trabalho empírico que desenvolveram. Os historiadores alemães e russos, em particular, incentivados por suas próprias agendas intelectuais e políticas, mergulharam nas fontes inglesas e realizaram alguns dos primeiros estudos qualitativos da história econômica inglesa.[25]

Ao mesmo tempo em que reconheceram, de dentro da academia, as vantagens que um estudo mais "econômico" do passado trouxe à sua disciplina, os acadêmicos responderam a um engajamento mais amplo, extra-acadêmico, que transcendia o estritamente político e narrativo, refletindo desejos de tratar o passado como uma explicação e justificação para as inquietações do presente. Um ímpeto para o crescimento da história econômica veio de dentro das circunstâncias econômicas do período. Um profundo compromisso com a história econômica entre leitores que iam além da academia ajudou a galvanizar uma geração anterior de historiadores econômicos que estavam, eles próprios, operando dentro e além da universidade. Na primeira década do século XX, uma época de "fermentação social" e "agitação popular", quando a "educação pública acabava de dar início à segunda etapa de sua grande carreira", quando o mundo do Trabalho estava abalado pelo longo vagalhão", "a demanda predominante [nas aulas da WEA] era por História e Teoria Econômicas".[26]

Portanto, grande parte do trabalho de historiadores econômicos também cumpria as expectativas de uma população cada vez mais politizada e letrada nas primeiras décadas do século XX;[27] os trabalhos que explorassem o passado com referência próxima ao presente se mostraram muito populares e procurados. Embora parte desse envolvimento tenha acontecido dentro de salas de aula, muito dele era informal. O trabalho de autores e historiadores sociais encontrou um amplo conjunto de leitores. Volumes como *Industrial Democracy*, de Sidney e Beatrice Webb, que já havia vendido 13.000 exemplares em 1914, ou *Landmarks in English Industrial History*, de Townsend Warner, que foi publicado em 1899 e do qual imprimiram 27.000 exemplares em 1913, deram mais impulso à disciplina.

A história econômica da Grã-Bretanha era, portanto, território inexplorado no final do século XIX, aberto à colonização por pioneiros com expectativas diferentes sobre o que encontrariam.[28] Por volta de 1900, a corrida em direção ao passado de proprietários e arrendatários de terras, de donos de fábricas e trabalhadores, estava em andamento, e quem se aventurasse àquele território levava

---

[25] Ver, também, abaixo, p. 181-2 (Capítulo 2)

[26] R H. Tawney, "'The Workers' Educational Association and Adult Education", in *idem, The Radical Tradition*, Harmondsworth, Penguin, 1964, p. 88-90; ver, também Barker, "Beginnings of the Economic History Society", p. 4.

[27] Ver p. 101-103.

[28] Ver p. 67-68.

uma quantidade de mapas e ferramentas em sua bagagem intelectual. As origens de um significativo dinamismo para o estudo específico do passado, que englobava mais do que as questões do Estado e a natureza da Constituição, tinham sempre a probabilidade de surgir de dentro de uma classe trabalhadora. Nesse sentido, a história econômica, ao mesmo tempo em que estava associada a outros subgrupos políticos, era uma resposta às expectativas daqueles que se viam separadamente dos processos políticos. Como afirmou John Elkin, mineiro e estudante da WEA, na primavera de 1912,

> esta sociedade [a WEA] vai se envolver muito com a educação dos trabalhadores, principalmente com o ensino de economia e história econômica, e os trabalhadores devem garantir que seu ponto de vista recebe atenção. Sabemos como algumas dessas pessoas ensinam história industrial, que os governos sempre se orientaram por uma benigna consideração pelo povo, e que as pessoas são pobres por sua própria culpa. (...) a verdade é que, através dos tempos, os trabalhadores têm sido os menos privilegiados, e temos que fazer com que a educação seja de um tipo que os faça entender isso.[29]

Quem estava encarregado dessa educação respondeu com igual entusiasmo. Tawney, como professor especial indicado pelo Comitê de Aulas Especiais da Universidade de Oxford, um órgão criado para implementar o relatório da conferência de Oxford de 1908 sobre Educação da Classe Trabalhadora, percorreu o nordeste dando quatro aulas por semana. Em lugar de uma quinta aula, e com o incentivo do Comitê de Aulas Especiais, Tawney escreveu *The agrarian problem in the sixteenth century* (1912).[30] Esse livro, uma obra seminal gerada pelas necessidades de lecionar para a Workers' Educational Association, foi dedicado a seu presidente e seu secretário. Dessa forma, aulas de história para trabalhadores estimularam novos departamentos da disciplina, o que, por sua vez, redirecionou os estudos acadêmicos.

"As provocações amigáveis de tecelões, oleiros, mineiros e engenheiros me ensinaram muito sobre os problemas da ciência política e econômica que não são fáceis de se aprender somente com livros", escreveu R. H. Tawney em abril de 1912 em seu prefácio a *The agrarian problem*.[31]

---

[29] *R. H. Tawney's commonplace book*, eds J. M. Winter and D. M. Joslin, Cambridge, Cambridge University Press, 1972, p. 3. Tawney registra que observou o conteúdo do comentário de Elkin, mas não as palavras exatas.

[30] R. H. Tawney, *The agrarian problem in the sixteenth century*, London, Longman, 1912, Prefácio; Ver A. Wright, *R. H. Tawney*, Manchester, Manchester University Press, 1987, p. 5-6; R Terrill, *R. H. Tawney and his times. Socialism as fellowship*, London, Andre Deutsch, 1973, p. 39ff.

[31] Tawney, *Agrarian problem*, Prefácio.

Outros, por inclinação, engenheiros sociais de um matiz diferente, consideravam o estudo socioeconômico do passado um dispositivo cru para aplacar e controlar, trazendo preconceitos muito diferentes a esse estudo. Dessa forma, uma geração antes de as aulas na WEA visarem um diálogo com os trabalhadores industriais, eram oferecidas aulas de aperfeiçoamento a moradores locais por seus superiores sociais. Em 1882, o reverendo Augustus Jessop fez uma exposição sobre *"Village life in Norfolk six hundred years ago"* na sala de leitura pública da aldeia de Tittershall, Norfolk. Com o subtítulo de *"The rude forefathers of the hamlet..."* (Os incivilizados antepassados da aldeia), sua exposição, disse o reverendo Jessop, "foi escutada com aparente interesse e grande atenção por um público de agricultores, comerciantes de aldeia, mecânicos e trabalhadores".[32] Em um extraordinário contraste com a agenda das aulas posteriores da WEA, mas com o mesmo zelo para encontrar no passado uma verdade com a qual melhorar o presente e o futuro, Jessop começa sua exposição aos aldeãos de Norfolk em tom de estrito paternalismo: "Poucas coisas me surpreenderam mais desde que passei a conviver com pessoas do meio rural do que a estranha ignorância que elas exibem sobre *sua própria história*" (itálicos dele). É vital que essa ignorância seja desfeita, "porque somos o que somos, em parte por nossos pecados e vícios, mas em parte (e muitos mais do que alguns gostam de acreditar) pelos pecados, negligências e ignorâncias daqueles cujo sangue está em nossas veias".[33] Se compreender a si mesmo examinando as fragilidades e falhas de seus ancestrais não era algo que atraísse completamente os aldeãos a quem Jessop falava em Norfolk – e considerando-se que ele saiu da sala de leitura pela porta e não pela janela não se pode entender a não ser por sua própria descrição de como sua exposição foi recebida – ela indicava uma forma com a qual a história econômica do passado poderia ser empregada e, como já se observou, ela se compara, com uma ênfase muito diferente, ao entusiasmo com que esses mesmos "mecânicos e trabalhadores" deram início a exploração do passado para se contrapor a esse tipo de construção de seu próprio passado.

Contudo, também foi o interesse político dos próprios acadêmicos que estimulou essas explorações. A historiografia inicial da história econômica na Grã-Bretanha foi informada e, na verdade, gerada, por interesses que não aqueles estritamente intelectuais/históricos. Dessa forma, por exemplo, o estudo histórico da comunidade aldeã, um foco central para os historiadores socioeconômicos no final do século XIX, "pululava com relevância contemporânea".[34] Segundo Dewey, a natureza da comunidade aldeã na sociedade do passado foi posta em debate, e o direito de lhe impor uma identidade, seja como precursora de uma utopia liberal

---

[32] Rev. A. Jessop, "Village life in Norfolk six hundred years ago. "The rude forefathers of the hamlet...", in *idem, The coming of the friars and other historic essays*, London, T. Fisher Unwin, 1889, p. 55.

[33] *Ibid.*, pp. 56, 58.

[34] C. Dewey, "Images of the village community: a study in Anglo-Indian ideology", Modern Asian Studies, 1972, vol. 6, p. 292.

à qual a sociedade deveria aspirar ou como atraso ilógico do desenvolvimento econômico do qual a sociedade tinha cada vez mais sorte de se distanciar, era disputada por radicais e conservadores, respectivamente.[35]

Em nenhum lugar isso ficou mais evidente do que na associação entre socialismo e história econômica nas décadas anterior e posterior a 1900. Embora tenha sido naquelas imediatamente posteriores à Segunda Guerra Mundial que a história econômica e o marxismo puderam desfrutar de uma união particularmente frutífera, foram as luzes do socialismo inglês que apareceram como figuras dominantes no início da historiografia. Os Webb escreveram uma história do sindicalismo porque estavam apaixonadamente engajados em um estudo das desigualdades de sua época e ansiosos por fazer a crônica do "contraste entre os assalariados que desfrutavam das vantagens da regulamentação coletiva... e os que foram abandonados aos rigores da concorrência individual irrestrita".[36]

Seu envolvimento direto na fundação da LSE refletia o desejo de reformar a sociedade por meio do esforço coletivo, uma abordagem que, surpreendentemente, obteve apoio de acadêmicos, incluindo historiadores, dentro da instituição.[37] Também Tawney, cuja análise da sociedade aquisitiva o aproximava do leninismo, mas cuja insistência na aplicação coletiva das escolhas morais corretas repudiava o pragmatismo em favor do idealismo, foi atraído a essa história pela força de suas opiniões, daí seu compromisso de toda uma vida com a WEA, com a educação em termos mais gerais, com a redução da pobreza e com o desejo de implantar um sentido de empreendimento coletivo na vida do país. O diretor da LSE nas décadas de 1920 e 1930, Sir William Beveridge, combinava o trabalho nas ciências sociais com projetos históricos de grande escala, incluindo a coleta de enormes quantidades de dados sobre preços desde a idade Média até a era moderna.[38] Grande parte desse trabalho permanece sem ser publicado, um monumento oculto a uma abordagem indutiva casada com um liberalismo revisado.

Dentro da própria disciplina de história, a ascensão da história econômica foi marcada pela contribuição dos historiadores que poderiam ser identificados como forasteiros em relação ao ordenamento estabelecido da disciplina. Alguns de seus primeiros e importantes colaboradores, como Lipson, o enérgico promotor da *Economic History Review* e seu primeiro editor, foram alienados, ou assim acreditavam, do centro da disciplina.[39] Mais obviamente, são as mulheres que aparecem no surgimento inicial da história econômica na Grã-Bretanha. Embora a primeiras

---

[35] Ibid., p. 292; also R. M. Smith, "Modernization" and the corporate medieval village community in England. Some sceptical reflections, in A. R H. Baker and D. Gregory (eds) *Explorations in historical Geography*, Cambridge, Cambridge University Press, 1984, p. 151.

[36] B. Webb, *My apprenticeship*, 2 vols., Harmondsworth, Pelican, 1938, ii, p. 395.

[37] Berg, *Woman in history*, p. 68, 148.

[38] Berg, *Woman in history*, p. 146.

[39] Barker, "Beginnings of the economic history society", p. 9-10.

cátedras tenham sido para homens, entre os primeiros professores havia muitas mulheres, incluindo Lillian Knowles e Eileen Power, ambas na LSE. Em 1931, Power se tornou professora de *Economic History* na LSE, uma instituição que se sentia à vontade com a força das acadêmicas e bastante capaz de promovê-las. Na década de 1930, já foi sugerido, as historiadoras da LSE estavam integradas a ponto de não se considerarem diferentes – uma situação impossível em Cambridge, onde as mulheres ainda não podiam se graduar integralmente. Nesse sentido, foi nas instituições mais radicais que houve espaço para mudanças intelectuais e sociais; o atrativo que a história econômica oferecia às mulheres era, de certa forma, que em seu questionamento dos pressupostos em relação ao papel e a relevância, replicava a própria experiência contemporânea delas.[40] Não apenas em cargos, mas também em publicações, as mulheres no início do século XX eram uma força motriz da história econômica. Pensar em quem contribuiu para a história econômica medieval, um componente substancial do corpo da nova disciplina, é revisar uma lista que inclui contribuições seminais por parte de mulheres, incluindo Eileen Power, Ada Levett e F. M. Page.

"A história é uma mulher desgastada que renova periodicamente seu vigor casando-se com sucessivos jovens", escreveu N. S. B. Gras no primeiro volume da *Economic History Review*.[41] O leitor desse primeiro volume de 1927 certamente se depara com o vigor de Clio, sentindo a emoção de um primeiro encontro. A associação com seu par, porém, não fez com que ela renunciasse a seus princípios. Há muita coisa nos primeiros trabalhos dos historiadores econômicos que nos permite identificar novas abordagens, por exemplo, à coleta e à disseminação de material, incluindo a aplicação de dados quantitativos. Também há, mais uma vez, naquele primeiro volume, assim como no artigo de Postan sobre "Credit in medieval trade", uma rejeição precoce de uma narrativa progressista em favor de algo mais processual. Postan afasta explicitamente seu trabalho do de uma primeira geração de historiadores econômicos, incluindo Cunningham, que "se dispôs a descobrir ... a história de como o poder econômico da Inglaterra se desenvolveu continuamente desde o início da Idade Média".[42] Contudo, como Postan foi obrigado a reconhecer na época, essas foram agitações iniciais. Na maior parte, os eventos discutidos neste capítulo não tiveram efeitos amplos para outra geração. Foi o período depois da Segunda Guerra Mundial que assistiu à maior promoção de ramos da história econômica sob o manto de "uma nova história social", a ascensão da história marxista e a econometria. Como mostram os dados publicados em vários intervalos pela Economic History Society, as publicações realizadas por ano sobre história econômica aumentaram de cerca de 80 em meados da década de 1920 para em torno

---

[40] Berg, *Woman in history*, p. 142-3.
[41] N. S. B. Gras, "The rise and development of economic history", *Economic History Review*, 1927, vol. 1, p. 12.
[42] M. M. Postan, "Credit in medieval trade", *Economic History Review*, 1927, vol. 1, p. 235.

de 1.200 em meados dos anos de 1970.[43] Se esse aumento nas publicações pode ser empregado como uma medida bruta de crescimento real, a história econômica cresceu visivelmente no meio século depois de sua geração fundadora. Mas, como observa Harte, o compilador dessas estatísticas, a identificação de artigos como "econômicos" em vez de, digamos, "políticos" ou "constitucionais" é problemática em um grau que não teria sido possível em 1925. "Grande parte da escrita histórica propriamente dita foi alterada fundamentalmente pela ascensão da história econômica e social", ele escreveu em 1975, de modo que, por uma absorção de abordagem, interesse, tópico, o estudo do passado sofreu uma transformação. Grande parte deste capítulo foi sobre as formas com que essa transformação foi ocasionada. O desenvolvimento da história econômica refletiu uma demanda de que a história fosse mais do que maquinações do Estado e sua política; quem demanda, incluindo os historiadores, ao realizar esse outro tipo de história, também trouxe novas metodologias para seu trabalho e admitiu novidades na disciplina que, ao final, viriam a desafiar mais do que o conteúdo.

Leituras complementares

Já houve tentativas importantes e minuciosas de mapear a ascensão da história econômica na Grã-Bretanha. A introdução de N. B. Harte a uma coletânea de aulas inaugurais de historiadores econômicos oferece a avaliação mais substancial: "Introduction: the making of economic history", in N. B. Harte (ed.) *The study of economic history. Collected inaugural lectures, 1893-1970*, London, Frank Cass, 1971. Outra importante descrição é D. C. Coleman, *History and the economic past. An account of the rise and decline of economic history in Britain*, Oxford, Clarendon, 1987; A. Kadish, *Historians, economists and economic history*, London, Routledge, 1989. Pouco depois que este capítulo foi completado, apareceu mais uma peça sobre a história econômica na Grã-Bretanha, P. Hudson, "Economic history", in S. Berger, H. Feldner and K. Passmore (eds) *Writing history. Theory and practice*, Arnold, 2003, p. 223-42. Assumindo uma postura diferente, especialmente em sua avaliação dos desafios de longo prazo à história econômica, Hudson traça o avanço da história econômica no decorrer do século XX.

Atores importantes no estabelecimento da história econômica comentaram, o processo. Ver Sir W. Ashley, "The place of economic history in university studies", *Economic History Review*, 1927, vol. 1, p. 1-11; N. S. B. Gras, "The rise and development of economic history", *Economic History Review*, 1927, vol. 1, p. 12-34. Também há as diversas reflexões contemporâneas sobre o surgimento da disciplina expressas por meio de aulas inaugurais: Harte (ed.) *Study of economic history*, também *R. H. Tawney's commonplace book*, eds. J. M. Winter and D. M.

---

[43] N. B. Harte, "Trends in Publications on the Economic History of Great Britain and Ireland, 1925-1974", *Economic History Review*, 1975, vol. 50, p. 24.

Joslin, Cambridge, Cambridge University Press, 1972. A reflexão sobre o estado da subdiciplina continua no presente: ver a coletânea de pequenas reflexões em P. Hudson (ed.) Living economic and social history, Glasgow, *Economic History Society*, 2001. Figuras importantes nos primeiros anos da história econômica também foram tema de biógrafos que, por sua vez, discutiram a história e o desenvolvimento da disciplina: A. Wright, *R. H. Tawney*, Manchester, Manchester University Press, 1987; R. Terrill, *R. H. Tawney and his times. Socialism as fellowsbip*, London, Andre Deutsch, 1973; digno de nota nesse aspecto é o estudo criterioso de Eileen Power, M. Berg, *A woman in history*. Eileen Power, 1889-1940, Cambridge, Cambridge University Press, 1996. Nesse caso, ver também a lista útil de obituários relevantes, *ibid.*, p. 282-3. Sobre o papel das mulheres na subdisciplina, ver M. Berg, "The first women economic historians", *Economic History Review*, 1992, vol. 45, p. 308-29. Assim como estudos de indivíduos, as histórias de instituições também são esclarecedoras do surgimento da história econômica; ver S. Caine, *The history of the foundation of the LSE*, London, G. Bell and Sons, 1963.

Sobre as origens e o crescimento posterior da *Economic History Society*, ver N. Harte, "The Economic History Society, 1926-2001", in Hudson (ed.) *Living economic and social history*, p. 1-12; T. C. Barker, "The beginnings of the economic history society", *Economic History Review*, 1977, vol. 30, p. 1-19; N. B. Harte, "Trends in publications on the economic history of Great Britain and Ireland, 1925-1974", *Economic History Review*, 1975, vol. 50, p. 20-41. Há uma peça mais recente publicada pelo 75º aniversário da sociedade: E. A. Wrigley, "The review during the last 50 years", http://www.ehs.org.uk/ othercontent/wrigley50yearsEssay.pdf.

A ESCOLA DOS *ANNALES* E A ESCRITA DA HISTÓRIA
Michael Roberts

Os historiadores associados à revista francesa *Annales* exerceram provavelmente a influência isolada mais marcante no caráter da escrita histórica desde a Segunda Guerra Mundial. Isso se deve muito ao fato de que, nos 20 anos posteriores à sua fundação, em 1929, os editores da revista desenvolveram um paradigma efetivo dentro do qual conclusões de pesquisas sobre uma gama cada vez mais ampla de temas e abordagens históricos poderiam ser assimiladas e ganhar coerência. Suas ambições de compor uma "história total" integrada, que prestasse atenção à amplitude da geografia e às sutilezas da perspectiva ou "mentalidade" humana (geralmente expressa no plural, como *mentalités*), combinaram-se com uma fascinação pela experiência do tempo muito apropriada ao século XX. Isso passou a ser a base para grande parte do trabalho de ponta na França e, cada vez mais, em outros lugares, a partir da década de 1960. As volumosas publicações dos editores da revista, até mesmo mais do que os artigos constantes dela própria, são consideradas hoje em dia como clássicos, tendo se tornado básicos em disciplinas de metodologia histórica. Essa realização se torna ainda mais impressionante por ter estendido um programa moldado por preocupações francesas durante o período de 1870-1914 a um padrão verdadeiramente transnacional de pesquisa. Sua aplicação transformou o mundo historiográfico como um todo em uma espécie de França, e a França passou a ser menos diretamente uma "nação" do que um microcosmo para o mundo, um campo de testes para questões sobre a relação entre entorno físico, configurações sociais e os hábitos mentais das comunidades no passado.

Os impulsos que estão por trás dos *Annales* devem muito à energia e à visão de seus fundadores, Lucien Febvre e Marc Bloch. Ao sublinhar conscientemente suas diferenças com relação a uma geração anterior, a primeira de historiadores profissionais na França, eles ajudaram a atrair para a revista colaboradores e leitores suficientes para tornar viável o novo empreendimento em um ambiente economicamente muito impróprio. Seu sucesso na década de 1930 tem paralelo no do cinema francês, que desenvolveu um método diferenciado de "produções artesanais de baixo orçamento" as quais lhe possibilitaram crescer quando o impacto retardado da Depressão se fez sentir, depois de 1931. À medida que caía a presença de público em teatros, salas de música, concertos e cabarés, a dos cinemas mais do que dobrava.¹ Os *Annales* não estavam à altura desse feito, mas sua produção anual era mais do que o dobro daquilo que produzia sua equivalente no Reino Unido, a Economic History Society.²

Isso se deveu, em parte, à sua determinação de tratar dos problemas econômicos contemporâneos em um diálogo deliberado entre presente e passado: vários dos primeiros artigos tratavam da situação financeira contemporânea, com a coletivização da agricultura soviética e a Grande Depressão nos Estados Unidos.³ Mas muito também se deve à necessidade prolongada na França de realinhar o passado nacional com os fatos de uma sucessão de derrotas.

A produção acadêmica francesa depois da Guerra Franco-Prussiana foi descrita como "a continuação da guerra por outros meios",⁴ mas os esforços para modernizar os estudos históricos lecionando seminários, através de publicações, críticas de livros e o estabelecimento de cátedras universitárias só teve sucesso moderado no início da década de 1900, quando os historiadores *profissionais*, professores e arquivistas ainda eram minoritários entre os que produziam publicações históricas, e a maioria dos historiadores ainda estava concentrada na história política. Esse avanço limitado tendia a fortalecer a autoimagem da prestigiosa École Normale Supèrieure em Paris como modelo de trabalho interdisciplinar e fonte de inovação (a escola também se orgulhava de seu recrutamento regional amplo). Febvre estudou nela entre 1898 e 1902, e Bloch, entre 1904 e 1908. Em uma cultura tão centralizada, tanto o *establishment* quanto os inovadores tinham que coexistir de alguma forma com o mesmo quadro de referência metropolitano, daí a importância dos conceitos de vanguarda, de forasteiro e de marginal na cultural francesa. Eles informavam a maneira como os historiadores dos *Annales* combinaram os domínios geográficos e temporais, e sua determinação de conseguir estabelecer, em uma nova Sexta Sessão da École Pratique des Hautes Études depois da Segunda Guerra Mundial, o que, com efeito, era uma antiestrutura.

Christophe Charle sugeriu recentemente que esse aspecto da vida acadêmica francesa corresponde ao modelo de transformação científica de Kuhn, no qual a "ciência normal" é realizada e direcionada para o centro por patronos que manipulam o poder de forma tradicional, ao passo que a inovação vem de *"les outsiders"*.

---

¹ C. Crisp, *The classic French cinema* 1930-1960, Bloomington IN, Indiana University Press, 1997, pp. 3-7.

² J. H. Hexter, "Fernand Braudel and the monde braudellien", *Journal of Modern History*, 1972, vol. 44; reimpresso em idem, *On historians: reappraisals of some of the makers of modern history*, London, Collins, 1979, p. 68.

³ F. Dosse, *New history in France: the triumph of the Annales*, Urbana, University of Illinois 1994, pp. 42-50 (publicado inicialmente como *lhistoire en mietter. Dés "Annales" de la "nouvelle histoire"*, Paris, La Découverte (Armifaire), 1987

⁴ P. den Boer, *History as a profession: the study of history in France*, 1818-1914, Princeton NJ, Princeton University Press, 1998, p. 102; publicado originalmente como *Geschiedenis als Beroep: De professionalisering van de geschiedbeoefening in Frankrijk (1818-1914)*, Nijmegen, 1987.

Não foram os dois professores de história da Sorbonne, Ernest Lavisse e Alfred Rambaud que fundaram a *Revue historique* em 1876 para ajudar a fazer da história uma "ciência positiva", e sim Gabriel Monod, que estava empregado na completamente nova Quarta Sessão da École Pratique, e Gustave Fagniez, um arquivista.[5] Seu objetivo era desenvolver uma forma mais poderosa, por mais complexa que fosse, de entendimento histórico, mas a própria natureza dessa consciência também estava sendo questionada nesse mesmo período.[6] O principal problema residia na definição de um método científico suficientemente rigoroso pelo qual se pudesse entender a experiência humana no tempo. A adoção de técnicas escrupulosas de crítica às fontes prometia minimizar as distorções introduzidas por evidências tendenciosas e a construção de uma profissão histórica oferecia a segurança de uma crítica mútua e de uma exposição pública regular para o trabalho em andamento. Mas a plausibilidade com a qual se poderia elaborar um método "científico" também dependia de uma visão relativamente circunscrita do próprio campo de investigação dos historiadores. As pressões por sua expansão vinham de várias direções durante o último quarto do século XIX. O interesse nos efeitos do comportamento humano vinha crescendo desde a primeira Revolução Francesa de 1789, e agora encontrava forma sistematizada nas disciplinas emergentes de economia e sociologia.

Mas também havia pressões para o aprofundamento da análise histórica através da atenção à psicologia humana. Como estudante, Lucien Febvre ficou impressionado com as aulas do filósofo Henri Bergson, com sua sugestão de que a intuição era uma forma melhor de entender a experiência humana do que a razão científica. Bergson também tinha ideias interessantes sobre a sobreposição do tempo e a incomunicabilidade de nosso eu e de nossas memórias mais interiores. O tempo, naquele nível, pensava ele, movia-se de forma muito diferente do que no nível público dos minutos e horas. Se a política e a história eram categoricamente diferentes para o historiador científico, para Bergson, nosso passado e nosso presente pessoais eram inseparáveis. Essas questões também estavam sendo exploradas na literatura de então por escritores como Proust, Joyce e Woolf, enquanto o sociólogo Durkheim investigou as relações entre a experiência privada e a social em *The elementary forms of religious life* (1912).[7] A importância e o mistério da experiência individual do tempo estava, nesse ínterim, sendo posta em destaque por noções ainda mais uniformes e precisas de tempo público. Em 1912, Paris foi sede da primeira Conferência Internacional sobre o Tempo, para determinar a base da

---

[5] C. Charle, "Produire et diffuser les ides", in J-C. Ruano-Bocbalan (ed.) *L'histoire aujourd'hui Paris*, Éditions Sciences Humaines 1999, p. 24.

[6] H. Stuart Hughes, *Consciousness and society: the reorientation of european social thought* 1890-1930, New York, Knopf, 1959.

[7] S. Kern, *The culture of time and space 1880-1918*, Cambridge MA, Harvard University Press, 1983, cap. 1.

precisão em escala global, e em julho de 1913, foi da Torre Eiffel que se transmitiu o primeiro sinal de tempo para todo o mundo eletronicamente. O domínio sobre esse tempo de alta tecnologia estava se tornando uma questão de orgulho nacional à medida que a França e outros países resistiam ao monopólio inglês sobre a medida comum. A tarefa do anarquista russo em *O agente secreto* (1907), de Joseph Conrad, foi de explodir o Observatório de Greenwich.[8]

Essas circunstâncias fizeram da modernização da prática histórica uma tarefa urgente, mas problemática. Charles V. Langlois e Charles Seignobos estabeleram um modelo para o método histórico baseado em arquivos em sua *Introduction aux études historiques* (1897). Essa obra muito minuciosa e reflexiva buscava estabelecer o caráter distintivo do método "científico" em sua aplicação na história e, por isso, tanto seu rigor quanto o fato de que "os métodos racionais para se obter conhecimento histórico diferem tanto dos métodos de outras ciências".[9] Mas seu caráter muito escrupuloso também demonstrava quantos temas seus autores e sua geração estavam deixando de investigar. Foi contra essa limitação que os criadores da *Annales* se revoltaram. Febvre, nascido em Nancy em 1878 e oito anos mais velho, era filho de um professor de escola; Bloch, filho de um eminente professor de história antiga. Ambos estavam dotados da confiança e da amplitude de visão inculcada na École Normale e, assim, predispostos contra exagerada deferência em relação aos mais antigos. Eles também foram atraídos pelo estudo do sociólogo Èmile Durkheim sobre o comportamento coletivo e pela busca do filósofo Henri Berr de uma síntese das ciências humanas. "Éramos um grupo de jovens historiadores na École Normale começando a achar nossos estudos banais, e estávamos por abandonar", lembrava-se Febvre, quando a *Revue de synthèse historique* de Berr apareceu em 1900.[10] Em 1903, a *Revue* fez uma pesquisa com questionários sobre a história nas universidades francesas que revelou, à parte de uma grande quantidade de complacência indiferente, bolsões de entusiasmo por algo novo.

"É chegada a hora de uma nova 'história integral' [*l'histoire intégral*]", respondeu um professor de Caen.[11]

Febvre contribuiu com a *Revue de synthèse* a partir de 1905, e a primeira contribuição de Bloch, em 1912, foi um artigo explorando o tema de sua tese de doutorado. Em seus trabalhos anteriores, ambos agradeceram ao forte interesse geográfico do anteriormente historiador Paul Vidal de la Blache (1843-1918), que se voltara à geografia depois de 1870, em um esforço para entender a derrota da França. Sua ênfase na observação e na descrição, nas longas estabilidades da

---

[8] *Ibid*, p. 16.
[9] C. V. Langlois and C. Seignobos, *Introduction to the study of history*, trad. G. G. Berry, 1898, Paris, Hachette et Cie, p.8.
[10] M. Siegel, "Henri Berr's revue de syntèse historique", *History and Theory*, 1970, vol. ix, 328.
[11] F. Simiand, "*Méthode historique et science sociale*", *Revue de synthèse historique*, 1903. O artigo foi reimpresso pela Annales em 1960, vol. 15.1, p. 83-119, como exemplo para uma geração mais jovem.

paisagem rural, sustentou uma série de monografias regionais, dando um exemplo direto aos historiadores entediados com eventos e origens. Vemos isso em *Philippe II et la Franche-Comté* (1911), de Febvre e sua obra *La terre et l'évolution humaine* (1922; traduzida para o inglês sob o título: A Geographical Introduction to History, 1925); e *L'Ile de France* (1913), de Bloch (traduzido para o inglês em 1971). As carreiras de ambos foram interrompidas pelo serviço militar durante a Segunda Guerra Mundial, uma experiência que reforçou o patriotismo e o sentido de propósito. O sentido de dever cívico deles era compartilhado por muito veteranos, e ajuda a explicar o tom militante, até mesmo combativo, da revista dos *Annales* dos primeiros tempos.[12] Para Bloch, pelo menos, a guerra também trouxe uma admiração duradoura pelas qualidades das pessoas comuns da França e uma disposição de ver o passado de uma sociedade camponesa literalmente a partir de baixo. Após as guerras, isso se combinou com um interesse forte em ideias e percepções, que parece ter tido um estímulo bergsoniano: *Les rois thaumaturges* (1922; traduzido como *The Royal Touch*, 1973 e *Os Reis Taumaturgos*, 1993) de Bloch, também se serviu de sua fascinação com a força do rumor e as "falsas notícias" vivenciadas nas trincheiras. Enquanto isso, Febvre aprofundava seu interesse no século XVI ao examinar a forma como sua história foi enquadrada pelos pressupostos de investigações posteriores. Em 1929, colaborou com um longo artigo à importante *Revue historique* sobre as origens da Reforma Francesa, apresentando a busca das origens como uma "pergunta mal formulada" e concluindo violentamente que "especificidade, datação e nacionalidade são palavras a serem varridas do vocabulário do historiador. São problemas sem qualquer substância – temas polêmicos, velhos e pouco arejados, antigos enjeitados que restaram nos livros nos quais aprendemos". Era muito mais importante reconhecer que aquilo que as gerações posteriores vieram a chamar Reforma Protestante foi, para seus contemporâneos, uma crise muito mais complexa e confusa de fé em geral, afetando todas as facetas da crença cristã e transbordando para além das fronteiras nacionais.[13] Embora tenham começado como historiadores de esferas específicas, Bloch e Febvre desenvolveram uma visão comparativa singularmente aberta da história europeia através de sua disposição de estudar temas fora da camisa-de-força das histórias políticas nacionais.

Com fortes vínculos familiares e afetivos com a região nordeste da França, ambos se viram, depois da guerra, trabalhando na atmosfera dinâmica da refunda-

---

[12] M. Bloch, *Memoirs of war, 1914-15*, trad. C. Fink, Cambridge, Cambridge University Press 1988. A. Prost, *In the wake of war: "les anciens combattants" and French society*, Oxford, Berg Publishers, 1992; R A. Nye, *Masculinity and male codes of honor in modern France*, Oxford, Oxford University Press, 1993 p. 228. Nos artigos reimpressos em *Combats pour l'histoire*, Paris, Libraire Armand Colin, 1953, Febvre atacou seus colegas por covardia.

[13] L. Febvre, "The origins of the French reformation: a badly-put question?", in Peter Burke (ed.) *A New kind of history from the writings of Lucien Febvre*, London, Routledge and Kegan Paul, 1973, p. 88, publicado originalmente na *Revue historique*, 1929, vol. 161.

da Universidade de Estrasburgo, onde as inovações introduzidas durante a ocupação alemã estavam agora sendo consolidadas por um time de craques acadêmicos contratado para fazer da universidade uma vitrine igualmente impressionante da cultura e dos valores franceses.

A localização incentivava uma abordagem ao passado que poderia colocar o sentimento nacional em seu devido lugar e explorar aquelas experiências extranacionais de grande escala que definiram a Europa e sua civilização, como o ir e vir do poder imperial romano, o desenvolvimento do feudalismo ou a fratura da cristandade na Reforma. A promessa, ou ameaça, da Revolução Soviética depois de 1917 e as dificuldades econômicas das décadas de 1920 e 1930 também demandavam explicações para além das fronteiras nacionais. Uma história científica definida por meio da crítica escrupulosa de fontes amplamente políticas não parecia bem equipada para levar essas questões adiante. Da mesma forma, quando a revista dos *Annales* surgiu em 1929, ela foi lançada como "uma publicação crítica com um espírito internacional". Seu comitê editorial de 10 membros incluía apenas dois professores da Sorbonne (o geógrafo histórico Demangeon e o historiador econômico Hauser), junto com vários não historiadores para garantir a credibilidade de sua interdisciplinaridade. Seu nome, *Annales d'histoire économique et sociale*, pressagiava uma abordagem contemporânea, não diferente da anunciada pouco antes pela *British Economic History Review*.[14]

Desde o início, a publicação só fazia parte do aparato pelo qual "o solo quase virgem da história social" deveria ser arado.[15] As palestras de Bloch sobre o caráter da vida rural francesa em Oslo em 1929 mostravam uma atitude igualmente experimental, oferecendo uma síntese de antemão de "uma série de estudos analíticos", já que "há épocas em que, para variar, a formulação de problemas é mais urgente que sua solução". À imutabilidade dos costumes agrários, Bloch contrapunha uma leitura dinâmica da paisagem:

> em mais de um lugar, o padrão dos campos é muito mais antigo até do que as pedras mais veneráveis. Mas, e essa é a questão, essas sobrevivências nunca foram ruínas, elas estão melhores em comparação com a construção composta de estrutura arcaica, nunca abandonada, mas constantemente reformada por cada geração nova de ocupantes.[16]

Esse era um passado vívido, que sobreviveu como "o último carretel de um filme que temos que tentar rebobinar, resignado às lacunas que certamente encontraremos, decididos a dar o devido respeito à sua sensibilidade como registro da

---

[14] Sobre isso, ver também p. 90-91.
[15] Peter Burke, *The French historical revolution: the annales school 1929-89*, Cambridge, Polity, 1990, p. 22.
[16] *Ibid.*, p. xxix-xxx.

mudança".¹⁷ Bloch considerou o êxodo contemporâneo do proletariado rural como resultado de um "antagonismo antiquíssimo entre *manouvriers* e *laboureurs*, o fim de uma história cujos capítulos anteriores são escritos em pergaminhos medievais que colocam trabalhos manuais e o arado em oposição entre si".¹⁸ Ao dignificar lutas contemporâneas com essa longa linhagem, Bloch também clamou por uma abordagem não sentimental à história rural: "Que disciplina tem mais condições de forçar seus praticantes a lidar com a história como ela realmente é?" A história rural, para Bloch, não implicava evitar o político, e sim ter uma ideia mais realisticamente concebida do próprio político.¹⁹

Durante a guerra, a ocupação nazista tornou o próprio futuro da *Annales* uma questão política. Para continuar a produzir qualquer coisa, Bloch, como judeu, teve que retirar seu nome da condição de editor e assinar suas contribuições com pseudônimos.

O historiador suíço Philippe Burrin demonstrou recentemente a amplitude das acomodações a que se chegou com a potência ocupante e como elas reconheciam tacitamente que a França poderia ter um futuro plausível dentro de uma Europa nazista, mesmo que isso equivalesse a "aceitar a perspectiva de um futuro sem judeus".²⁰ Mesmo assim, os historiadores formados na luta por justiça no caso Dreyfus, e para os quais a renovação e enriquecimento do método histórico era uma questão de profundo orgulho do caráter cultivado e aberto da sociedade francesa, o fechamento da revista também significaria uma derrota. Vários historiadores corriam perigo direto. Quando, em agosto de 1942, Febvre decidiu burlar as normas publicando *Mélanges d'histoire sociale*, irregular, em lugar da própria *Annales*, seu primeiro número relatava a prisão, pelos alemães, de Pierre Vilar, Fernand Braudel e Henri Brunschwig como prisioneiros de guerra. Ele escreveu, com um otimismo desesperado, sobre como Braudel elaborou uma tese que marcaria época sobre "o Mediterrâneo na época de Felipe II". Bloch, antes de sua prisão e assassinato pela Gestapo como líder da Resistência em 1944, contribuiu infatigavelmente à imprensa clandestina.²¹ Por sua vez, Febvre publicou durante a guerra uma série de artigos expressando a contínua fertilidade de uma perspectiva "fran-

---

¹⁷ M. Bloch, *French rural history: an essay on its basic characteristics*, trad. Janet Sondheimer, London, Routledge and Kegan, Paul, 1966, p. xxx.

¹⁸ *Ibid*, p.246-7.

¹⁹ Em 1940, Bloch veria a derrota da França como sendo, em grande parte, a derrota de seu charme rural: R. O. Paxton, *French peasant Fascism: Henry Dorgires's greenshirts and the crises of French agriculture*, 1929-1939, Oxford, Oxford University Press, 1997, p. 177.

²⁰ P. Burrin, *La France à l'heure allemande, 1940-1944*, Pads, Editions du Seuil, 1995, traduzido como *Living with defeat. France under the German occupation 1940-1944*, London, Edward Arnold, 1996.

²¹ Essas obras clandestinas foram republicadas em M. Bloch, *Etrange defaite*, Paris, 1993; cf. C. Fink, *Marc Bloch: A life in history*, Cambridge, Cambridge University Press, 1989, p. 280.

cesa" sobre um conjunto de problemas escolhidos por óbvias razões: liberdade intelectual, regressão cultural, morte e memória.²²

Sendo assim, a guerra consagrou a concepção mais ampla de compromisso político, que já era incorporada pela *Annales*. A revista foi relançada em 1946, com um novo título bombástico: *Annales: économies-sociétés-civilisations*. Como em Estrasburgo depois de 1918, o impulso rumo à reconstrução pós-guerra e a rivalidade política com o inimigo (desta vez, a União Soviética), incentivava novas atividades, servindo-se do financiamento da Fundação Rockefeller, graças às conexões de Charles Moraze, então secretário do International Committee of Historical Sciences.²³ Um novo centro de pesquisa interdisciplinar (a Sexta Sessão da École Pratique des Hautes Études) foi fundado em 1948 sob a direção de Febvre, com Braudel encarregado da ala histórica. Mais verbas e financiamento do governo nos 12 anos seguintes possibilitaram que o número de cargos na seção aumentasse para 80.²⁴ Dessa forma, os historiadores estavam cumprindo o papel principal em uma comunidade de ciências sociais cada vez mais confiante.

Para Febvre, que foi delegado da França na Unesco no período de 1945-1950, a *Annales* pós-guerra prometia se tornar o veículo de amplos projetos de pesquisa coletiva sobre temas de interesse público evidente.²⁵ Uma das formas mais diretas pelas quais os historiadores poderiam contribuir para o ressurgimento nacional depois da guerra era investigando as próprias condições de vida e, particularmente, o estudo da demografia na França. A preocupação pública com uma população que diminuía levou à criação do salários-família em 1932, e então a taxa de natalidade começou a se recuperar, estimulada em resposta à derrota política, pelo que o demógrafo Alfred Sauvy chamou de "consciência coletiva". Os estudos demográficos exigiam, acima de tudo, dados confiáveis sobre longos períodos, e agora se dedicava muito tempo ao estudo de dados paroquiais de batismos, casamentos e sepultamentos.

Isso possibilitou aos especialistas nos séculos XVI e XVII, quando esse tipo de registro começou a ser aplicado amplamente, dar uma contribuição verdadeiramente original ao conhecimento contemporâneo, ao mesmo tempo em que preservavam a continuidade da ênfase cronológica dentro dos *Annales*.

O período entre 1950 e 1970 foi apelidado de *le temps des thèses ardues*, depois da sequência de grandes estudos regionais que saíram da Sexta Seção, es-

---

²² Burke (ed.) *New Kind of History*, caps. 2, 5 e 8.

²³ O diretor da divisão de ciências sociais da fundação escreveu em 1946 que, "na França, o resultado do conflito e a escolha entre comunismo e democracia apareceram em sua forma mais aguda. Como campo de batalha ou como laboratório": Dosse, *New History in France*, p. 99 (usando *"accused"* para agudo). Na Grã-Bretanha, a iniciativa equivalente veio com a fundação de *Past and Present*, em 1952, por um grupo majoritariamente marxista de historiadores; sobre isso, ver abaixo, p. 182.

²⁴ Dosse, *New History in France*, p. 99-103.

²⁵ Cf. C. Lévi-Strauss, *Tristes Tropiques*, trad. de J. e D. Weightman, London, Cape, 1973, p. 101 para uma declaração paralela de Lévi-Strauss em 1955.

critos por historiadores que mal tinham nascido quando a revista dos *Annales* foi fundada.²⁶ Elas mudaram definitivamente a ênfase da historiografia francesa. Em 1961, mais de 40% de todas as teses de história contemporânea em andamento na França eram sobre história econômica e social.²⁷ Depois da morte de Febvre, em 1956, a revista ficou efetivamente sob controle de Fernand Braudel e recebeu sua aparência elegante, agora conhecida, com capa branca e letras vermelhas. Seu conteúdo dobrou de tamanho em 1960. Braudel contribuiu pouco para a revista em si, depois de uma discussão inicial de suas ideias sobre história no longo prazo, preferindo trabalhar em um quadro tão enorme que seus próprios livros de muitos volumes serviam como uma espécie de paralelo à própria publicação. Braudel deu um exemplo pessoal magnífico da energia e da visão necessárias. Filho de um professor de matemática, sua consciência histórica foi alentada pela casa tradicional de sua avó materna, cujos ancestrais ele afirmava terem construído o moinho senhorial local.²⁸ Isso incitou o interesse que ele nutriu a vida toda por camponeses e seus mercados. O compromisso com um mundo mais amplo começou enquanto ele era um dos muitos jovens acadêmicos franceses que ajudou a estabelecer a universidade de São Paulo, no Brasil, em meados dos anos de 1930. Ele trouxe ao empreendimento um gosto pela inovação, sendo pioneiro na microfilmagem de fontes primárias, usando uma câmera de segunda mão. Com esse equipamento, deu início a um estudo sobre todo o mundo mediterrâneo na época de Filipe II da Espanha. A massa de evidências acumulada poderia ter derrotado até mesmo Braudel, não fosse seu encarceramento em um campo alemão de prisioneiros de guerra. O trabalho resultante levava a lógica da história total à sua conclusão, por meio de seus detalhes multifacetados, enquanto sua organização deixava muito visível a oposição entre a história do Mediterrâneo geográfico, econômico e social por um lado, e o foco tradicional do historiador, os eventos políticos, por outro. Filipe e a Batalha de Lepanto foram relegados a uma menção muito posterior, próximo ao final do livro.

Em 1963, quando foi lançada uma segunda edição, Braudel acumulou mais material, como era previsível, mas ele também repensou suas prioridades com relação ao que deveria ser incluído e como o material deveria ser organizado. Foi nesse momento que ele também deixou explícito seu interesse na interação entre continuidade e mudança, ao introduzir termos do campo da economia, como "estrutura" e "conjuntura". A elaboração de uma teoria do tempo em três níveis, história de longa duração, história conjuntural, história de curto prazo (*l'histoire*

---

²⁶ O conceito de região variou muito dentro desse leque de trabalhos: R. Baehrel, *Une croissance: la basse Provence rurale*, Pads, SEVPEN, 1961; P. & H. Chaunu, *Siville et l'Atlantique*, 1504-1650, Paris, SEVPEN, 1955-9.

²⁷ H. Stuart Hughes, *The obstructed path: French social thought in the years of desperation 1930-1960*, New York and London, Harper and Row, 1969, p. 63.

²⁸ P. Braudel, "Les origines intellectuelles de Fernand Braudel: un témoignage", *Annales E.S.C.*, 1992, vol. 47.

de la longue durée ... des conjonctures ... de la durée courte), possibilitou a Braudel manter para os historiadores a reivindicação de liderança científica que agora estava ameaçada pelo impacto do estruturalismo no estudo da antropologia, da linguística e do que poderíamos chamar hoje de teoria cultural.

Introduzindo a nova edição, ele comparou a "história conspícua" conhecida com "a outra história, submersa, quase silenciosa e sempre discreta, praticamente insuspeitada por seus observadores e seus participantes, que pouco é tocada pela obstinada erosão do tempo".[29]

A comparação de Braudel entre o longo prazo que quase não se move com a geografia era evocativa, mas marcou um afastamento do "possibilismo" geográfico de Febvre[30] em direção a um determinismo que até começou a moldar a história das mentalidades. Braudel considerava que os "quadros mentais" poderiam "formar prisões de longa duração".[31] Como ilustra essa expressão, contudo, parte da conquista de Braudel e de seus colegas mais jovens, como Emmanuel Le Roy Ladurie, reside em sua embalagem retórica de um trabalho que muitas vezes era árduo e arcano.[32] Ladurie glamourizava os resultados de quantificação longa e paciente como "história imóvel" (*l'histoire immobile*). Com essa combinação de estudos qualitativos com um contínuo interesse em quadros mentais, em uma atitude interrogativa e imaginativa, os historiadores dos *Annales* conseguiram absorver todo o impacto da moda das ciências sociais "duras" na década de 1960 e surgir com novas ideias quando essa moda enfraqueceu. Havia uma variação impressionante na escala e no caráter dos livros que surgiam de autores individuais: Bloch e Febvre já haviam trabalhado assim e o padrão teve continuidade de forma mais impressionante com Le Roy Ladurie (nesse aspecto, pelo menos, uma figura mais impressionante do que Braudel) e Alain Corbin. O próprio uso dos números se tornou um dispositivo mais ilustrativo, um convite a olhar de novo, em vez de nem olhar. Apesar de grande parte da retórica, o apelo subjacente desse trabalho se deu menos em nível de "ciência" do que pela amplitude imaginativa dos historiadores.

Esse legado se mostrou importante quando os historiadores dos "eventos" voltaram com toda a força à França do final dos anos de 1960. Entre 1960 e 1975, o número de historiadores profissionais na França aumentou de 450 para 1.448. A

---

[29] Cf. G. Duby, *History continues*, Chicago, University of Chicago Press, 1994, p. 66, sobre o impacto do estruturalismo sobre a agenda dos *Annales*.

[30] A obra de Febvre, *A geographical introduction to history*, London, Kegan Paul, 1924, desenvolveu um "possibilismo", onde a geografia poderia ser modificada pela ação humana, e estabeleceu limites exteriores em vez de determinar resultados. Febvre publicou seu artigo sobre o termo "fronteira" na *Revue de synthese*, de Berr, em 1928.

[31] *On history*, Chicago, University of Chicago Press, 1980, p. 32, publicado pela primeira vez em 1969.

[32] A supervisão de Ernest Labrousse dessas teses nesse campo também foi fundamental, junto com a adaptação das técnicas da "história serial" ao estudo do comportamento religioso e político na obra de Michel Vovelle e François Furet.

expansão associada do mercado de estudantes e de publicações a preços acessíveis fez com que as tiragens aumentassem e mesmo estudos regionais de peso de Pierre Goubert ou Le Roy Ladurie fossem oferecidos em edições baratas e abreviadas. A história e os historiadores surgiram como figuras de mídia bem-sucedidas, começando com a entrevista no *Nouvel observateur* com Emmanuel Le Roy Ladurie em 1966, com relação a sua tese sobre os camponeses do Languedoc.[33] A integração que Ladurie fez de movimentos de preços e arrendamentos no longo prazo a mudanças conjunturais e crises imediatas emprestou a seu trabalho um caráter de drama majestoso. A prosperidade camponesa se deparou repetidamente com "pedras no caminho da expansão". Mas elas "não eram todas de natureza material. Eu sentia a presença de um obstáculo formidável nas atitudes mentais... Aprendi a identificar essas pedras espirituais no caminho nas crônicas de revoltas populares desesperadas e na história sangrenta das religiões camponesas".[34]

Grande parte do trabalho posterior de Ladurie foi elaborado de formas imaginativas naquele mundo frustrado, talvez de forma mais memorável (embora também polêmica) em seu estudo da comunidade medieval de Montaillou, que, para surpresa do autor e do editor, tinha vendido 150.000 exemplares em 1987.[35] E os historiadores estavam tendo impacto semelhante em outros meios de comunicação.

Em 1977, os telespectadores franceses elegeram os programas históricos como mais populares do que os de variedades ou esportivos.[36] Nessa base, o ex-radical Regis Debray identificou um padrão de mudanças na localização do poder intelectual, passando da igreja às universidades (1880-1930), às grandes editoras, como a Gallimard (1930-1968), e depois à mídia.[37] O sucesso na mídia trazia uma mudança de ênfase. A personalidade midiática parecia precisar de qualidades diferentes daquelas experimentadas e testadas para uma carreira acadêmica pela produção de 10 anos de uma tese regional.[38] Também incentivou a adoção de um estilo mais simples, menos trancado por notas de rodapé. Georges Duby, cuja obra *O domingo de Bouvines* ajudou a abrir caminho para o retorno dos eventos em 1973, não apenas refletiu perceptivamente sobre os problemas de transformar esse tipo de trabalho em filme, mas contribuiu para o desenvolvimento de um novo meio em si, através do apoio a um consórcio de produção.[39] A popularidade da história em filme e TV assistiu a um retorno à história nacional

---

[33] R. Rieffel, "Les historiens, l'édition et les médias", in F. Bédarida (ed.) *L'Histoire et le metier d'historien en France 1945-1995*, Paris, Editions de la MSH, 1995 p. 65.

[34] E. Le Roy Ladurie, *The peasants of Languedoc*, Urbana, University of Illinois Press, 1974, p. 8.

[35] Rieffel, "Les historiens", p. 67.

[36] *Ibid.*, p. 66.

[37] R. Debray, *Le pouvoir intellectuel en France*, Pads, Ramsay, 1979.

[38] Duby, *History continues*, p. 50, sobre o declínio do doutorado como veículo de avanço profissional em torno de 1968.

[39] *Ibid.*, p. 108-14.

e política, com o ex-aluno de Braudel, Marc Ferro, tendo uma participação importante na TV. A agenda também foi alterada pela alta qualidade das revistas de história populares, que muitas vezes se concentraram na história política, história contemporânea e nas celebrações. Mesmo a última obra de Braudel, *A identidade da França*, pode ser considerada um amplo comentário sobre os debates contemporâneos acerca de regionalismo e desenvolvimento econômico, cumprindo a promessa inicial dos *Annales*, de cooperação transnacional.[40]

Quando morreu, Braudel também cumpriu um papel importante na exportação da abordagem dos *Annales* para fora da França, principalmente para as Américas, que vinha acontecendo desde meados dos anos de 1960.[41] Os recursos e a energia da Sexta Seção garantiram que a história social e econômica da Europa, principalmente durante os séculos de desenvolvimento do capitalismo, fosse dominada pelo trabalho realizado a partir da França nos anos de 1960, e o trabalho posterior de Braudel ampliou seu alcance para cobrir o mundo todo.[42] Não muito tempo depois dos "eventos" de maio de 1968, a revista começou a incluir resumos em inglês de seus artigos. O interesse oriundo dos Estados Unidos era considerável e recíproco: um centro de pesquisa sobre mudanças de longo prazo foi fundado em nome de Braudel na Universidade Estadual de Nova York em 1976, e no ano seguinte, Georges Huppert estava observando com entusiasmo que metade dos historiadores do mundo era daquele país.[43] A influência internacional de Braudel na década de 1980, quando as vendas de *O mediterrâneo* decolaram subitamente, também estava associada a um interesse decrescente nos esquemas interpretativos marxistas, para os quais sua ênfase em três níveis de tempo e nos mecanismos da economia mundial oferecia uma espécie de substituto. A própria publicação se beneficiou de seu alcance global. Em 1994, 2.179 instituições francesas fizeram assinaturas, e 1.813 fora da França, com mais 1.577 exemplares vendidos, totalizando 4.023 no ano.

---

[40] J. Ardagh, *France in the new century: portrait of a changing society*, London, Penguin, 2000, p. 356: sobre Lyons e o alcance da cooperação transnacional regional.

[41] Os anos de 1965 a 1975 foram aqueles em que a nova história teve seu primeiro impacto forte sobre o mundo de língua inglesa, com artigos de R. R. Davies (*History*, 1967) e W. H. Sewell (*History and theory*, 1967) em cada lado do Atlântico. Apareceram tratamentos na forma de livro, de Stuart Hughes, *Obstructed path*, G. Iggers, *New directions in European historiography*, Middletown CT, Wesleyan University Press, 1975; e foi identificado um "paradigma dos Annales, por T. Stoianovich em *French historical method*, Ithaca NY, Cornell University Press, 1976. Artigos individuais da revista *Annales* também foram reunidos em tradução para o inglês a partir do início dos anos de 1970, em coletâneas organizadas por Peter Earle; Peter Burke; Marc Ferro e uma sequência de volumes editados por Robert Forster e Orest Ranum.

[42] P. Earle (ed.) *Essays in European economic history, 1500-1800*, Oxford, Clarendon Press, 1974, Preface.

[43] Um centro de pesquisa semelhante, dedicado à pesquisa sobre políticas públicas relacionadas à inflação foi fundado em São Paulo em 1987.

Nesse meio-tempo, na própria França, a aproximação do bicentenário da Revolução de 1789 cristalizou diferenças pessoais, profissionais e ideológicas entre historiadores que, caso contrário, poderiam ser considerados membros de uma única escola dos *Annales*. A necessidade de celebrar a Revolução (ou de encontrar alguma alternativa a essa celebração) forçou os historiadores a reexaminar sua visão acerca do domínio político e a relação deste com o "social".

Na verdade, o papel social do próprio historiador, como questionador de mitos nacionais ou renovador da solidariedade nacional, parecia precisar ser reexaminado. As respostas foram muito variadas. Enquanto François Furet enfatizou a autonomia da experiência política, representando a história política como "uma narrativa da liberdade humana",[44] Roger Chartier buscou reinventar um tipo de análise social sem se basear no marxismo, concentrando-se no que ele chama de autonomia das práticas culturais. Na mesma época, os historiadores eram convidados a adotar um modo mais autobiográfico e confessional.[45] Os editores da *Annales* reconheceram a crise que se aproximava em 1988-1989 ao descrever que a cena histórica lembrava uma tela cada vez mais ilegível pela variedade de seus conteúdos.[46] O efeito, segundo Georges Duby, também foi de sufocamento e falta de direção, enquanto para o jovem acadêmico Françis Dosse, a *Annales* tinha deixado a história em pedaços.[47] O próprio sucesso da escola em incentivar trabalhos inovadores em outros lugares fazia com que a coerência e a integridade do projeto e o uso do microcosmo da França como laboratório para todo o mundo estivessem sendo desgastados pela adoção de outros modelos, a micro-história italiana, a história social britânica, a *Alltagsgeschichte* alemã e a virada linguística norte-americana,[48] o que tornou mais visível a particularidade dos *Annales* anteriores à década de 1980.[49]

Um de seus pontos cegos, a história das mulheres, foi reconhecido por Georges Duby, que, no início da década de 1970, deu início a um longo projeto de pes-

---

[44] Pelo qual ele recebeu a aprovação de Gertrude Himmelfarb em uma crítica da *Annales* que em outros aspectos foi dura; *The new history and the old*, Cambridge MA, Belknap, 1987, citando a introdução de Furet a *In the workshop of history* (Francês, 1981; Inglês, 1984).

[45] P. Nora (ed.) *Essais d'ego-histoire*, Paris, Gallimard, 1987.

[46] J. Revel and L. Hunt (eds) *Histories: French constructions of the past*, New York; New Press, 1995.

[47] Dosse, New History in France. *The French tide has history in "crumbs": l'histoire en miettes. Des Annales d'la nouvelle histoires*, Pads, la Découverte, 1987.

[48] Embora a continuada relevância do compromisso de Marc Bloch com os estudos comparados tenha sido enfatizada recentemente: M. Kammen, "The problem of American exceptionalism: a reconsideration", em sua obra *In the past lane: historical perspectives on American culture*, Oxford, Oxford University Press, 1997, p. 186.

[49] G. Huppert, "The Annales experiment" in M. Bentley (ed.) *Companion to historiography*, London, Routledge, 1997. A sensação de um desenvolvimento supercomplicado é sugerida pelo livro de Peter Burke estranhamente intitulado *The French historical revolution: the Annales school, 1929-89*, Cambridge, Polity, 1990, que contém um "Glossário" da "Língua dos *Annales*", inclusive com uma série de termos que passaram a ser usados nos anos de 1960 e depois.

quisa que lidava com as mulheres e a família medieval e palestrou para auditórios lotados no *College de France* sobre o tema, nos anos de 1980, eclipsando até mesmo seus colegas Barthes e Foucault em sua popularidade.[50] Outra, surpreendentemente, era a forma com que as histórias eram escritas (diferentemente de como eram pesquisadas e organizadas), o que fez com que críticos como Roland Barthes e Julia Kristeva fossem levados a considerar equivocadamente a escrita histórica unidimensional,[51] enquanto o não historiador Michel Foucault desenvolvia uma conceituação totalmente separada de trabalho com o passado.

Pode ser, contudo, que a forte interdisciplinaridade do projeto dos *Annales* só pudesse ser sustentada com base em uma atitude relativamente irrefletida em relação à escrita e à epistemologia. Como cresceu a reflexividade, aumentou a pressão sobre o indivíduo historiador, embora isso não precise terminar em desastre, como se pode ver pela transformação da história das mentalidades nas mãos de Alain Corbin (1936-), cujos primeiros trabalhos sobre arcaísmo e modernidade no Limousin do século XIX foram influenciados por Febvre e Duby. A abordagem que ele adota também deve muito ao trabalho pioneiro de Robert Mandrou, o primeiro a demonstrar a primazia da audição e do tato, e dos outros sentidos do *déquipement sensoriel* em seu trabalho majestoso, mas de título enganador *Introduction à la France moderne 1500-1640* (1961). Mandrou continuou o fascínio de Febvre com a história das emoções e Corbin transferiu essa abordagem ao relativamente inexplorado século XIX. Isso oferece ao historiador uma *marqueterie* (um mosaico) antropológico, e os leitores de Corbin se familiarizaram com as ideias de uma *paysage sonore* ou uma *paysage olfactif*. Mas Corbin tem insistido na necessidade de evitar o reducionismo geográfico, social ou literário.

Sua abordagem busca recuperar uma história total, ao se preparar para

> mapear as fronteiras do que a mente pode imaginar, identificar os mecanismos que movem as novas emoções, rastrear as origens dos desejos e a forma com que o sofrimento ou o prazer eram vivenciados em uma determinada época, descrever *habitus* e reconstituir a lógica por trás dos sistemas de visão e avaliação.[52]

Essa ambição se aplica intensamente ao espírito de 1929, em sua completude, ao mesmo tempo em que se afasta da rigidez do pós-guerra: "É hora de os historiadores questionarem a ideia da prisão de longo prazo e dos ritmos de passo errado da temporalidade braudeliana". Na verdade, deve haver um retorno àquele outro Braudel, passional: "Os especialistas em história cultural sabem agora como

---

[50] Duby, *History continues*, p. vii; tradução de *L'histoire continue*, Paris, Odile Jacob) 1991.
[51] P. Carrard, *Poetics of the new history: French historical discourse from Braudel to Chartier*, Baltimore, 1992, pp. 24-7.
[52] A. Corbin, *The lure of the sea*, Harmondsworth, Penguin, 1995, originalmente publicado em francês por Flammarion, Paris, p. vii.

examinar as instituições, os objetos e as práticas, mas não *permitirão* se envolver com sistemas carregados emocionalmente" (itálicos nossos).⁵³ O interesse de Corbin nos problemas metodológicos de se praticar "história cultural" desse tipo o levou mais recentemente a reverter o viés segundo o qual toda a história anterior foi escrita, selecionando aleatoriamente um indivíduo totalmente esquecido como protagonista de sua história reconstituída.⁵⁴ Experimentando, ele recriou outra Montaillou, um verdadeiro Mediterrâneo de sensações que se alinham sob as florestas de Perche. A capacidade criativa do historiador, trabalhando com armaduras muito bem cuidadas de fatos inumeráveis e inconsequentes, é o legado ainda vivo dos *Annales*.

Leituras complementares

Como um dos principais objetivos dos *Annales* foi elevar a autoconsciência metodológica dos historiadores, não causa surpresa que artigos importantes da revista tenham rendido posições importantes no processo pelo qual uma publicação francesa veio a dar nova forma à prática fora da França depois da Segunda Guerra Mundial. Coletâneas representativas traduzidas para o inglês são M. Ferro (ed.) *Social historians in contemporary France: essays from "Annales"*, New York, Harper and Row, 1972; P. Burke (ed.) *A new kind of history from the writings of Lucien Febvre*, London, Routledge and Kegan Paul, 1973; P. Earle (ed.) *Essays in European economic history*, 1500-1800, Oxford, Clarendon Press, 1974. O mundo acadêmico contra o qual os *Annales* originalmente reagiram foi minuciosamente anatomizado em P. den Boer, *History as a profession: the study of history in France, 1818-1914*, Princeton NJ, Princeton University Press (publicado originalmente em holandês, em Nijmegen, 1987), enquanto a paisagem literária contemporânea é tratada de forma brilhante por H. Stuart Hughes, *Consciousness and society: the reorientation of European social thought 1890-1930*, New York, Knopf, 1958. Uma publicação transitória importante é examinada M. Siegel, "Henri Bert's revue de synthese historique", *History and theory*, 1970, vol. ix, p. 322-34. O estabelecimento dos *Annales* como influência institucional hegemônica na própria França é tratado sarcasticamente em F. Dosse, *New history in France: the triumph of the Annales*, Urbana, University of Illinois, 1994 (primeira edição francesa, Paris, 1987). H. Stuart Hughes, *The obstructed path: French social thought in the years of desperation 1930-1960*, New York and London, Harper and Row, 1969, lida com a trajetória paralela da história intelectual. T. Stoianovich, *French historical method*, Ithaca NY, Cornell University Press, 1976, identificou um "paradigma" distintivo dos *Annales*.

---

[53] Corbin, *Lure*, pp. 283, vii.
[54] *Le monde retrouvé de Louis-Franfois Pinagot, stir les traces dun inconnu*, 1798-1876, 1998, agora traduzido como *The Life of an Unknown: The Rediscovered World of a Clog Maker in Nineteenth-century France*, New York, Columbia University Press, 2001.

J. H. Hexter fez uma afetiva paródia de seu estruturalimso geográfico em "Fernand Braudel and the monde braudellien", *Journal of Modern History*, 1972, vol. 44, p. 480-539, reimpresso em *On historians: reappraisals of some of the makers of modern history*, London, Collins, 1979, p. 61-145. Uma admiração igualmente impressionada é visível na valiosa síntese de P. Burke, *The French historical revolution: the Annales school 1929-89*, Cambridge, Polity, 1990, escrito enquanto a celebração da Revolução Francesa original estava dividindo seriamente a opinião entre historiadores na própria França. Biografias e memórias exemplificam um gênero que veio a ocupar um lugar mais central na discussão histórica francesa recente. Elas incluem C. Fink, *Marc Bloch: a life in history*, Cambridge, Cambridge University Press, 1989; G. Duby,

History continues, Chicago, University of Chicago Press, 1994; F. Braudel, *On history*, Chicago, University of Chicago Press, 1980 (primeira edição francesa, Paris, 1969). Um maravilhoso compêndio de extratos documenta a mudanças de ênfases dos *Annales* com uma atenção semelhante ao papel dos indivíduos: J. Revel and L. Hunt (eds) *Histories: French constructions of the past*, New York, New Press, 1995. Também foi recentemente intensificada a atenção à forma como a história *Annaliste* foi escrita: P. Carrard, *Poetics of the new history: French historical discourse from Braudel to Chartier*, Baltimore, Johns Hopkins University Press, 1992.

A HISTÓRIA SOCIAL NA ALEMANHA
Peter Lambert

6

Por um breve período durante os anos de 1970, anunciou-se amplamente o progresso triunfal de uma nova abordagem social-científica à escrita de história na República Federal da Alemanha, a Alemanha Ocidental. À frente da marcha, dois jovens historiadores – Hans-Ulrich Wehler e Jürgen Kocka – que trabalhavam na nova Universidade de Bielefeld estavam fazendo incursões confiantes em territórios inexplorados por historiadores alemães. Para se referir a eles, seus colegas próximos e seus alunos, foi rapidamente adotada a expressão "escola de Bielefeld", como uma abreviação conveniente para um corpo de trabalho crescente, informado por convicções e aspirações compartilhadas. Aí estava, finalmente, uma historiografia progressista e informada teoricamente e, ao mesmo tempo, firmemente ancorada dentro do sistema universitário da Alemanha Ocidental – um novo paradigma que tinha superado a inércia decadente, mas até então, ubíqua, da história política estatista e nacionalista. Os pedidos de desculpas pelo passado alemão deram lugar a uma crítica rigorosa. Supostamente estagnada e isolada até a década de 1960, a historiografia alemã parecia agora estar vívida e haver "retornado ao Ocidente". Onde tinha sido hostil à teoria, os *Bielefelder* a assumiram prontamente. Onde a agência histórica tinha sido atribuída a indivíduos, ela agora era ligada a forças e estruturas impessoais. O antimodernismo nostálgico e pessimista dava lugar a uma identificação segura da modernidade com o progresso. E essa historiografia parecia ter refletido fielmente viradas abruptas na política, na sociedade e na cultura alemãs.

Um quarto de século depois, essa história não pode ser contada de forma tão simples. É tentador sugerir que a observação de tendências na historiografia alemã (ocidental) passou, ela própria, por uma mudança de paradigma. O que parecia uma nova ortodoxia, a ser saudada, agora parece ter apenas um fugaz momento de predominância e ter merecido seu declínio. Há três razões para isso. Primeiro, a chegada da escola de Bielefeld não marcou o desaparecimento das tradições mais antigas da história acadêmica alemã. Os defensores de uma historiografia nacionalista da alta política e do Estado simplesmente esconderam a cabeça nos parapeitos das torres de marfim das universidades, esperando tempos melhores.[1] De fato, a

---

[1] Wolfgang Weber, "The long reign and final fall of the German conception of history: a historical-sociological view", *Central European History*, 1986, vol. 2, p. 385-95.

partir dos anos de 1980, mudanças no clima político e na posição internacional da Alemanha Ocidental incentivariam um renascimento de sua autoconfiança e sua presença pública.[2]

Segundo, os *Bielefelder* rapidamente se viram flanqueados, por assim dizer, à sua esquerda. Terceiro, alguns de seus críticos da direita e da esquerda – mas, em certo sentido, até os próprios *Bielefelder* e seus alunos – começaram a afirmar que a "nova" história social tinha, na verdade, "raízes marrons".

"Marrom", nesse caso, significa nazista! Em outras palavras, a atenção foi redirecionada do contexto imediato dentro do qual a história social surgiu nas décadas de 1960 e 1970. Já foi sugerida uma perspectiva mais longa e desconcertante sobre seu desenvolvimento, mas como podem os historiadores com tendências enfaticamente de esquerda, liberais e social-democratas, antinacionalistas e antinazistas associadas à escola de Bielefeld simultaneamente ter implementado metodologias e práticas desenvolvidas pelos nazistas e seus colaboradores? Diante disso, a pergunta parece surpreendente, até mesmo perniciosa. A resposta leva aos professores dos *Bielefelder*, e aos professores de seus professores, até se chegar aos eventos dentro da historiografia alemã depois da Segunda Guerra Mundial.

A discussão é a seguinte: a história social foi firmemente consolidada na Alemanha Ocidental no decorrer das décadas de 1950 e 1960, por uma rede de acadêmicos já estabelecidos que, então, abriram o caminho dos *Bielefelder* para carreiras acadêmicas. Esses historiadores mais velhos, incluindo Hermann Aubin, Otto Brunner, Theodor Schieder e – acima de tudo – Werner Conze, foram os reais inovadores na construção da história social estruturalista e a tornaram aceitável à comunidade mais ampla de historiadores alemães. Contudo, eles forjam suas carreiras antes de 1945, como praticantes da *Volksgeschichte* (história "do povo" ou "da raça"). Grande parte de todo o seu trabalho antes desse ano foi contaminada por um vocabulário ultranacionalista e racista, mas a facilidade com que limparam seus próprios textos da linguagem ofensiva depois de 1945 destaca a qualidade essencialmente acadêmica do conteúdo e, ainda mais, da metodologia de sua pesquisa e sua escrita. A *Volksgeschichte* constituiu um desafio coerente e coeso ao paradigma estatista dominante. Em particular, sintetizara uma abertura à interdisciplinaridade que era inédita na historiografia alemã e promovera programaticamente uma tentativa de entender as sociedades em sua "totalidade" e no longo prazo. Os historiadores devem compreender os mecanismos "internos" das sociedades que estudaram. Essa agenda, por sua vez, ditava uma definição imensamente ampliada das fontes dos historiadores. Como um todo, as perguntas que a *Volksgeschichte* apresentava, suas técnicas e suas matérias-primas davam-lhe, no mínimo, um potencial inovador. Embora seu valor duradouro seja um pouco ocultado pelas palavras nas quais seus conceitos eram

---

[2] Ver R. J. Evans, *In Hitler's shadow: West German historians and the attempt to escape from the nazi past*, London, I. B. Tauris, 1989; S. Berger, "Historians and nation-building in Germany after reunification", *Past and Present*, 1995, vol. 148, p.187-222.

expressados, a *Volksgeschichte*, portanto, faz parte da história da historiografia social na Alemanha contemporânea, não apenas em termos de sobreposição de pessoal, mas também intelectualmente. A "história da perspectiva do povo", de fato, deu início ao ataque às ortodoxias comportadas e centradas no estado do historicismo alemão que os historiadores sociais críticos do último terço do século XX só continuaram. Como dissera Otto Brunner em 1938, "o conceito de povo [*Volkstum*]", como o definiram o folclore e a tradição, deslocou-se para o centro; "não o Estado", mas "o povo se torna a diretiva principal". Historiadores cujo trabalho era informado por ele estavam alertas "à menor das ocorrências cotidianas".[3]

Sendo assim, não o Estado em si, mas as relações entre os Estados, o estudo de documentos diplomáticos, guerras, os próprios grandes eventos, foram todos derrubados do pedestal que compartilhavam. Todas essas características são paralelas às do princípio dos *Annales*,[4] e apenas na política de seus membros os dois movimentos não andavam juntos.

O que tinha causado o advento dessa "história da perspectiva do *Volk*", e o que lhe dera notoriedade? Hermann Aubin, em uma descrição retrospectiva, situou seu nascimento em um momento de "terrível despertar" no desastroso final da Primeira Guerra Mundial. Naquele momento, "os alemães do Reich foram arrancados da segurança do Estado-Nação que consideravam concretizado com a fundação do Reich em 1871". À medida que o conhecido "sistema de Estados" desabou, a consciência da comunidade no *Volkstum* "ganhou nova força". Sua "essência" residia na "hereditariedade, na língua e na experiência histórica", e não nas fronteiras artificiais que eram legado de uma política de potências dinásticas.[5] A ascensão dos novos Estados na Europa do leste, ditada pelas potências vitoriosas e legitimada em parte pelo princípio da autodeterminação nacional, em parte com referência na etnicidade, deu a essa mudança conceitual uma urgência a mais. O *Volk* deveria agora ser mobilizado para a contestação do acordo de Versalhes. O objeto não era uma volta às fronteiras de 1914 e sim um reordenamento geral mais ambicioso da Europa, baseado na premissa de que *todos* os alemães pertenciam a um único e ampliado Reich. A partir dos anos de 1920, o historiador austríaco Heinrich Ritter von Srbik propunha uma visão da história *gesamtdeutsch* (alemã integral) como forma de transcender antigas linhas de batalha historiográficas e políticas acumuladas. Ao recusar o legado desagregador da formação do Estado no século XIX, Srbik deu uma contribuição crucial, ainda que indireta, ao avanço da *Volksgeschichte*. Mas as ambições hipernacionalistas dos historiadores não terminaram com a incorporação ao

---

[3] O. Brunner, "Österreichs Weg zum Großdeutschen Reich", *Deutsches Archiv für Landes- und Volksforschung*, 1938, vol. 2, p. 519-28; aqui, p. 526.

[4] Cf. anteriormente, p. 104 e seguintes.

[5] Hermann Aubin, cit. segundo Willi Oberkrome, *Volksgeschichte. Methodische Innovation and völkische Ideologisierung in der deutschen Geschichtswissenschaft* 1918-1945, Göttingen, Vandenhoeck & Ruprecht, 1993, p. 22.

Reich de territórios habitados predominantemente por alemães e a cuja população, como a da "Sudetolândia" e da Áustria, fora negado o direito à autodeterminação depois da Primeira Guerra Mundial. As evidências de padrões específicos de assentamento e cultivo da terra foram consideradas evidências de uma conquista originalmente alemã de terras ainda mais amplas à natureza. Essas também eram reivindicadas pelo *Volkshistoriker*, independentemente da etnicidade de seus habitantes atuais, em nome da Alemanha. Dessa forma, *Raum* (espaço) figurava ao lado de *Volk* como conceito-chave, dando à história desse *Volk* uma identidade abrangente. A maioria a buscava no Leste, e *Ostforschhung* funcionava como uma ponta de lança historiográfica do *Drang nach Osten*.[6] Um grupo menor de historiadores direcionou sua pesquisa ao Ocidente (*Westforschung*), formulando desígnios semelhantes em territórios belgas e franceses e usando as mesmas técnicas de pesquisa e os mesmos construtos ideológicos.[7]

Incentivado por um punhado de figurões entre historiadores já estabelecidos, principalmente o historiador e diretor de arquivo Albert Brackmann, uma geração de jovens historiadores nacionalistas alemães começaram a empregar *Volk* como conceito organizador. Chama atenção o fato de que muitos deles nasceram em torno e além das fronteiras do Reich. Os impulsos inovadores, como sugere o caso dos *Annales*, não tendem a vir dos centros geográficos, e sim das periferias das culturas nacionais.

As sensibilidades dos historiadores do *Volk*, contudo, foram informadas mais especificamente por suas experiências de luta de fronteira nas áreas etnicamente mistas: nos territórios bálticos, em territórios disputados com a Polônia, na Sudetolândia e na Alsácia-Lorena, por exemplo. Seu trabalho geralmente implicava o estudo da demografia e da geografia humana, e dava importância inédita ao campesinato. Os novos interesses demandavam técnicas de pesquisa que estavam além do repertório da historiografia profissional alemã. Sendo assim, os historiadores forjaram vínculos com geógrafos e cartógrafos, demógrafos e sociólogos, etnólogos e folcloristas. O surgimento da história do *Volk* denuncia uma semelhança marcada – em termos de afinidades ideológicas e de suas causas – com a transformação mais ampla da direita alemã que culminou no nazismo.[8] Assim como a história do *Volk*, e em contraste com a direita alemã tradicional, o nazismo não tinha qualquer veneração específica pelo Estado, louvava a vida rural, podia ser associado a uma mudança geracional e possuía uma liderança dentro da qual os homens nascidos em regiões de fronteira ou fora do Reich tinham uma representação desproporcional-

---

[6] M. Burleigh, *Germany turns eastwards. A study of ostforschung in the third reich*, Cambridge, Cambridge University Press 1988.

[7] P. Schöttier, "Die historische 'Westforschung' zwischen 'Abwehrkamp' and territorialer Offensive", in idem (ed.) *Geschichtsschreibung als Legitimationswissenschaft 1918-1945*, Frankfurt a.M., Suhrkamp, 1999, p. 204-62.

[8] Cf. P. Fritzsche, *Germans into nazis*, Cambridge MA and London, Harvard University Press, 1988.

mente forte. O crescimento da história do *Volk* acelerou-se em torno de 1930 (o ano do grande crescimento eleitoral dos nazistas) e voltou a acelerar sob os auspícios do próprio regime nazista. Embora o mercado de trabalho para os historiadores nas universidades tenha estagnado no Terceiro Reich, multiplicaram-se novas instituições generosamente financiadas. Os jovens historiadores que trabalhavam nelas se tornaram membros valiosos da elite funcional nazista.[9] Ao mapear padrões demográficos da Europa do leste, eles contribuíram com a política nazista de planejamento populacional.

A história do *Volk* tinha pelo menos uma das marcas de uma nova "matriz disciplinar", mas não destruiu o paradigma estatista. Onde ela conquistou terreno, raramente o fez à custa direta da antiga ênfase na história política, e sim floresceu em um punhado de universidades de fronteira – em Königsberg e na (re)germanizada Universidade de Estrasburgo, por exemplo – ao mesmo tempo em que teve pouco impacto em Berlim. Ela dominava os conteúdos de publicações como *Jomsburg*, recém-fundada no Terceiro Reich, e da revista dos professores de história *Vergangenheit and Gegenwart* (Passado e presente), mas recebia pouco espaço nas páginas da *Historische Zeitschrift*, que permaneceu sendo o principal órgão dos historiadores profissionais alemães.[10] Não obstante algumas exposições programáticas estridentes da supremacia da *Volksgeschichte* contra a história estatista inadequada e arcaica, as duas abordagens coexistiram confortavelmente com mais frequência do que se chocaram. Não houve debate real sobre os respectivos méritos de suas perspectivas e metodologias. Em parte, isso aconteceu porque os defensores de ambas as posições estavam determinados a que assim fosse. Eles podem ter sido nacionalistas de tipos bastante diferentes, mas o nacionalismo alemão ainda assim lhes era comum.

Também o era a ampla colaboração com o regime nazista. Walter Frank, diretor do nazista Instituto do Reich para a História da Nova Alemanha, embora defensor do conhecimento acadêmico ideologicamente comprometido e iniciador de expurgos de alguns eminentes historiadores mais antigos de posições de influência dentro da disciplina, fracassou em sua ambição de transformar a historiografia alemã. Entre suas vítimas estavam seu antigo professor Hermann Oncken e Friedrich Meinecke, que contratou Frank como assistente editorial na *Historische Zeitschrift*. Significativamente, os expurgos de nenhum deles tiveram como principal motivo a história que escreviam.

A questão é que ambos haviam apoiado a República de Weimar. Frank encontrou espaço para a história estatista e para a *Volksgeschichte* em seu império acadêmico. Onde não conseguia fazer a mediação entre adeptos incomumente truculen-

---

[9] M. Fahlbusch, *Wissenschaft im Dienst der nationalsozialistischen Politik? Die "Volksdeutschen Forschungsgemeinschaften" von 1931-1945*, Baden-Baden, Nomos, 1999.
[10] Sobre a fundação e o papel inicial da HZ, p. 44-45.

tos nos dois campos, ele sepultava suas diferenças.¹¹ De qualquer forma, ele próprio era incapaz de chegar a um julgamento intelectual entre elas. Outros historiadores jovens, por serem menos vingativos do que Frank ou simplesmente porque seus professores tinham sido tradicionais opositores de direita da democracia de Weimar, evitavam disputas intergeracionais que teriam sugerido deslealdade a seus patrocinados ocasionais. Por fim, os praticantes da *Volksgeschichte*, como Werner Conze, também escreviam no idioma dos temas clássicos da história política. Implicitamente, Conze estava sugerindo que a velha história e a nova eram complementares.

Enraizada nas experiências da guerra e da derrota, infectada pelo pessimismo cultural dos círculos neoconservadores na Alemanha de Weimar, e tendendo cada vez mais a uma interpretação racial da história, a *Volksgeschichte* era profundamente antidemocrática. Suas técnicas podem ter sido "modernas", mas seu conteúdo não o era. Os menos tocados pela modernidade – comunidades rurais de "alemães" isoladas na Europa do leste-central – eram seus temas e seus heróis. As inovações que lhe foram creditadas eram muito irregulares e estreitas para configurar uma nova metodologia. Sob seus auspícios, a interdisciplinaridade era mais retrógrada do que progressista, já que suas alianças eram estabelecidas amplamente com deformações racistas de outras disciplinas.¹² As palavras-chave empregadas – *Volk*, *Raum* e *Boden* – eram conceitualmente preguiçosas demais para funcionar como pedras angulares de um edifício intelectual coerente. A comparação com os primeiros *Annales* negligencia a dissecção que Mark Bloch fez das tendências historiográficas do outro lado do Reno e, em qualquer caso, apresenta apenas semelhanças superficiais.¹³ Grande parte da *Volksgeschichte* nem justifica sua descrição como história social. Muito poucos de seus exemplares valem a pena serem lidos hoje, por seu valor inerente ao conhecimento acadêmico; a maioria acabou em um beco sem saída intelectual e político. Seu interesse central reside mais em suas contribuições para o planejamento das políticas demográficas assassinas do regime nazista;¹⁴ sua "história total" pode ser mais bem descrita como história totalitária. Em sua forma original, ela sobrevi-

---

¹¹ H. Heiber, *Walter Frank und sein Reichsinstitut für die Geschichte des Neuen Deutschland*, Stuttgart 1966.

¹² Sobre sociologia, ver J. Z. Muller, *The other god that failed: Hans Freyer and the deradicalization of German conservatism*, Princeton, Princeton University Press, 1987; sobre folclore, J. R Dow and H. Lixfeld (eds) *The nazification of an academic discipline. Folklore in the third reich*, Bloomington, Indiana University Press, 1994; para geografia e cartografia, G. H. Herb, *Under the map of Germany. nationalism and propaganda 1918-1945*, London, Routiedge, 1997.

¹³ Para correções a comparações superficiais, ver P. Schottier, "Marc Bloch as a critic of historiographical nationalism in the interwar years", in S. Berger, M. Donovan and K. Passmore (eds) *Writing national histories: western Europe since 1800*. London, Routledge, 1999, p. 125-36; idem, "Die intellektuelle Rheingrenze. Wie lassen sich die französischen Annales und die NS- Volksgeschichte vergleichen?", in C. Conrad und S. Conrad (eds) *Die Nation Schreiben: Geschichtswissenschaft im internationalen Vergleich*, Göttingen, Vandenhoeck & Ruprecht, 2002, p. 271-95.

¹⁴ Ver G. Aly, *Macht - Geist - Wahn. Kontinuitäten deutschen Denkens*, Berlin, Argon, 1997, esp. p. 153ff.

veria ao final do regime apenas em cantos escondidos da academia da Alemanha Ocidental.

Os praticantes da história do *Volk* se reagruparam sob o estandarte da "história estrutural". Seus temas e métodos foram muitas vezes caracterizados com tanto apreço por uma continuidade ininterrupta de sua linguagem quanto essa linguagem o foi por mudanças abruptas. Os propósitos que embasam suas pesquisas, contudo, passaram por algumas alterações reais. A *Westforschung* não chegara a lugar algum. Entretanto, o início da Guerra Fria proporcionou um contexto em que o preconceito antieslavo, agora subsumido no anticomunismo e, portanto, aceitável ao Ocidente, poderia sobreviver entre velhas mãos da *Ostforschung*. Mas, às vezes as mentalidades da Guerra Fria e as ambições revisionistas do *establishment* político da Alemanha Ocidental, mais do que as dos historiadores, eram um problema.

Dessa forma, em 1951, Theodor Schieder aceitou um contrato do Ministério de Banidos e Refugiados da Alemanha Ocidental para supervisionar a criação e publicação de uma coletânea de documentos sobre os alemães que foram retirados das regiões leste e central da Europa em 1945 e depois. O ministério garantiu uma distribuição muito ampla para as publicações resultantes, principalmente de uma tradução para o inglês, esperando deslegitimar o arranjo europeu pós-guerra. Schieder e sua equipe queriam completar sua série com um volume de conclusão situando a expulsão dos alemães em um contexto mais amplo de mudanças democráticas forçadas na história europeia e, principalmente, relacioná-la às políticas populacionais nazistas. O ministério achou que a proposta dos editores ameaçava minar o impacto político dos volumes anteriores e a conclusão nunca apareceu. Schieder e sua equipe não se curvaram diante da pressão das autoridades, mas suas tentativas de completar o projeto independentemente do ministério foram vítimas de complicações. Como eles mesmos estavam implicados na autoria dos planos populacionais nazistas, se viram revelando seus próprios traços no registro histórico da criminalidade.[15] Embora estivessem dispostos, em princípio, a subordinar uma agenda política contemporânea aos ditames da verdade histórica e tratar de forma crítica os crimes nazistas, não estavam preparados para encontrar seu próprio passado. E talvez o pecado que acossava os fundadores da história social na Alemanha Ocidental fosse não ter refletido sobre a relação entre seu passado e suas práticas presentes como historiadores.

O próprio Schieder promoveu a história social – mas nunca escreveu nada nessa linha. Seu colega Werner Conze foi quem mais atuou, como "empreendedor acadêmico", na institucionalização da história social da Alemanha Ocidental e para moldá-la intelectualmente. Em 1957, ele foi indicado para uma cátedra em Heidelberg, onde (com Erich Maschke, outro ex-historiador do *Volk*) criou um Instituto de História Econômica e Social. No mesmo ano, cumpriu um papel fundamental

---

[15] T. Etzemüller, *Sozialgeschichte als politische Geschichte. Werner Conze und die Neuorientierung der westdeutschen Geschichtswissenschaft nach 1945*, Munich, R. Oldenbourg, 2001, p. 319-22.

na montagem de um Grupo de Trabalho em História Social Moderna.[16] Ele deu à história social – que ele afirmava ser conceitualmente "estreita demais" – um perfil peculiar de "história estrutural", embutiu sociologia nela e a fundiu com "história constitucional".[17] Conze e seus colaboradores estavam preocupados em não melindrar os historiadores políticos convencionais. O flerte com a história social de qualquer tipo ainda reavivava memórias desconfortáveis da "disputa Lamprecht".[18] Mas evitar a polêmica ficou impossível porque Gerhard Ritter, o principal representante da velha guarda historiográfica nos primeiros anos da Alemanha Ocidental, declarou formalmente a disciplina aberta à extensão por meio da absorção das influências sociológicas – desde que as generalizações não acontecessem à custa da preocupação com o particular e o indivíduo.[19] A versão de Conze sobre história estrutural atendia com perfeição aos critérios de Ritter. Ele a propagandeava como uma expansão dos horizontes da história política e não como uma alternativa. As estruturas, para ele, delineavam o espaço para manobra disponível ao ator histórico individual, mas nunca determinavam qualquer curso de ação específica. Seguiu-se daí que a história estrutural não era um desafio maior à importância dos eventos do que às visões historicistas da agência individual, ou seja, as estruturas simplesmente davam o contexto no qual elas deveriam ser entendidas.

Ritter tampouco tinha probabilidades de suspeitar de vermelhos que pudessem estar escondidos debaixo da cama da história estrutural. A história estrutural de Conze era enfaticamente antissocialista, exaltava as virtudes da ordem doméstica contra os males da revolução e constituía uma busca por formas nas quais os valores conservadores poderiam ser preservados em condições de modernidade.[20]

Conze inspirou novos trabalhos sobre a família, história agrária, industrialização, partidos políticos e mesmo sobre o movimento trabalhista. Sendo assim, aconteceu uma impressionante diversificação de tópicos de pesquisa, em nome da descoberta das transformações estruturais na sociedade desde o século XVIII, na ausência de ataques a historiadores políticos e sem uma grande controvérsia sobre metodologia. Mas as perspectivas de uma evolução da disciplina, sem conflitos e em pouco tempo, mostraram-se ilusórias. Junto com a "vitória" da versão de Conze, de história social como "história estrutural", aponta Thomas Etzemüller, começou seu declínio.[21] Seu sucesso podia ser atribuído ao contexto adequado proporcionado pelo conservadorismo da cultura política da Alemanha Ocidental na década de

---

[16] W. Schulze, *Deutsche Geschichtswissenschaft nach 1945*, 1989, 2nd edn, Munich, Deutscher Taschenbuchverlag, 1993, p. 254ff.

[17] Etzemüller, *Sozialgeschichte*, pp. 130, 161.

[18] Cf. p. 156-57 (Capítulo 3).

[19] G. Ritter, "Gegenwartige Lage and Zukunftsaufgaben deutscher Geschichtswissenschaft", *Historische Zeitschrift*, 1950, vol. 170, p. 1-22.

[20] Etzemüller, *Sozialgeschichte*, p. 232-6 e 278ff.

[21] Etzemüller, *Sozialgeschichte*, p. 310 e (em resumo em inglês) 359.

1950, não sobrevivendo à virada à esquerda nos anos de 1960. A sociedade estava mudando, e a forma recém-estabelecida de história social não era capaz de acompanhar o ritmo das mudanças. Conze e seus colegas podem ter aberto os portões da atividade acadêmica histórica alemã à história social, mas onde eles tinham imaginado um influxo de novos praticantes cujo trabalho partiria do antigo edifício, o que se seguiu foi uma invasão hostil, voltada a destruir muito do antigo e o reconstruir com novos materiais e propósitos distintos. Uma interpretação social-científica explicitamente *crítica* surgiu para questionar e suplantar toda a tradição nacionalista da historiografia alemã.

Se a promoção da história social na década de 1950 tinha *facilitado* uma mudança mais radical e profunda (involuntariamente, ao "suavizar" e ampliar a definição disciplinar nacional daquilo que constituía "ciência normal"), essa mudança foi *incentivada* ativamente pelas influências de uma ordem muito diferente. Historiadores exilados pelo regime nazista começaram a visitar a Alemanha Ocidental. Suas séries de palestras apresentaram aos estudantes de história uma historiografia social-científica oriunda dos Estados Unidos que se baseava nas teorias de modernização de Talcott Parsons, por exemplo, mas também na sociologia de Max Weber. As ideias de Weber, portanto, foram "devolvidas" à Alemanha depois de terem sido exiladas na prática pelo Terceiro Reich. O que atraía os estudantes aos *émigrés*? Em primeiro lugar, o número de estudantes crescia em ritmo inédito. Com esse crescimento, a composição social do corpo discente se tornou mais variada. A utilidade da história passou a ser uma preocupação premente para os que entravam. Mais do que nunca, a agenda do historicismo parecia arcaica; a história social prometia dar aos estudantes habilidades pertinentes a uma sociedade que passava por modernização. Mas a versão nativa da história social que buscavam Conze e Schieder era estática demais, e ainda muito perturbada pela modernidade para ser atrativa. Especificamente, foi muito incapaz de tratar do nazismo e sua relação com as tradições autoritárias do Estado alemão. Os estudantes que chegavam à universidade nos anos de 1960 eram a primeira geração a ser socializada integralmente na Alemanha do pós-guerra e demonstravam uma disposição de fazer perguntas sobre o Terceiro Reich que seus predecessores não tinham levantado.

Quando a Guerra Fria abriu caminho à *détente*, o anticomunismo deixou de funcionar como obstáculo eficaz ao processo de desnazificação. Quando Willi Brandt – que se tornou, em 1969, o primeiro social-democrata a liderar um governo alemão desde 1930 – anunciou sua intenção de dar conteúdo real a uma constituição parlamentar democrática, democratizando a *sociedade* alemã, sua mensagem teve eco. Finalmente, os movimentos estudantis e de protesto norte-americanos serviram para estimular a radicalização na Alemanha. Alemães instruídos e mais jovens podiam agora "voltar ao Ocidente" sem ter que se engajar na Guerra Fria.

Fritz Fischer, embora tenha trabalhado em fontes diplomáticas e literárias ortodoxas e com política externa, fez muito para abrir caminho. O trabalho de Fischer rompeu um tabu alemão ocidental ao afirmar que os objetivos de guerra da Alemanha em 1914-1918 foram ambiciosos a ponto de se compararem com os dos nazistas e que a deflagração da Primeira Guerra Mundial foi desejada, até mesmo planejada, pelas elites alemãs. Para elas, o aventureirismo na política externa permitia escapar da crise doméstica iminente. Enquanto Gerhard Ritter, o último grande expoente do paradigma historista, proclamou aos quatro ventos o nazismo como um "acidente de percurso" da história alemã, Fischer situava o Terceiro Reich no final lógico de uma linha de continuidade.

O próprio Fischer, assim como a escola que rapidamente se reuniu em torno dele, foi perseguido inicialmente pelo *establishment* histórico nacionalista, mas a tentativa de censurá-los ou silenciá-los fracassou. O argumento deles se baseava em uma massa de documentos, com referências minuciosas, de forma que os acusar de conduta antiacadêmica sempre foi difícil para seus adversários, que se viram obrigados a engajá-los com seus próprios argumentos em debate público. Enquanto os estudantes dos anos entre guerras fizeram calar os historiadores de esquerda, seus equivalentes dos anos de 1960 ficaram do lado dos adeptos de Fischer. A própria obra de Fischer incorporava cada vez mais observações sobre os vínculos entre as políticas doméstica e externa da Alemanha Imperial, e assim ajudou a promover o interesse na história social na qual a tese madura do *Sonderweg* se basearia.

O preceito fundamental e unificador da nova abordagem crítica à história era a identificação de um *Sonderweg* alemão, um caminho alemão peculiar e aberrante rumo à modernidade. Ao torná-lo visível e mostrar que ele tinha culminado nas calamidades do nazismo, os historiadores deram sua própria contribuição à "volta ao Ocidente". As histórias nacionais de Grã-Bretanha, França e Estados Unidos eram consideradas modelos em relação aos quais a Alemanha era avaliada e deixava a desejar. Esses três países tinham (supostamente) passado por "revoluções burguesas" que garantiram a primazia na política das instituições parlamentares representativas e eliminado a arbitrariedade dos monarcas. Como resultado, criaram as condições necessárias para que a industrialização, o capitalismo e a democratização andassem de mãos dadas. Na Alemanha, ao contrário, a "revolução burguesa" fracassou – e de forma espetacular em 1848. Derrotados e desmoralizados, os burgueses se retiraram da política. A aristocracia, ainda com poder semifeudal nas mãos, manteve-se em posições de domínio nos governos, entre os funcionários públicos e oficiais do exército da Alemanha Imperial.

Isso aconteceu bem no período da industrialização do país. Os homens adultos votavam nos partidos políticos em eleições para o *Reichstag*, mas o Kaiser podia ignorá-los, e o fazia, indicando aristocratas não eleitos para os principais ministérios do Estado.

Sendo assim, em torno de 1900 (quando a economia da Alemanha ultrapassou a da Inglaterra), a principal potência industrial da Europa era liderada por uma classe cujo poder deveria ter sido rompido. Assediada por forças democratizantes, ela se sustentava artificialmente – forjando uma "aliança das elites", comprando a lealdade da burguesia ao oferecer apoio incondicional contra o emergente movimento trabalhista, proteção e mercado garantidos para os produtos da indústria alemã e, principalmente, tentando criar os espaços chamados "Império" para descarregar seus produtos em excesso. Com essa finalidade, as elites fomentaram um nacionalismo agressivo e expansionista. Ao mesmo tempo, procuravam desviar as queixas da classe média e do campesinato para supostos "inimigos da Pátria" dentro da Alemanha – social-democratas marxistas internacionalistas, católicos do outro lado dos Alpes, e judeus. Dessa forma, manteve-se uma unidade nacional exclusivista por meio do "imperialismo social" e de uma estratégia de integração negativa", vinculando a si alguns grupos sociais ao construir a imagem de outros como ameaças externas. Não se podia impedir totalmente a participação das massas na política, mas sim canalizá-la em direções favoráveis às elites, as quais, então, patrocinavam a política dos grupos de pressão cujo propósito maior era convencer os cidadãos de que seus interesses seriam mais bem atendidos apelando diretamente a um trono do que por meio de política partidária. Isso representava uma estratégia altamente complexa de dominação de elite, que, ao mesmo tempo, se tornava cada vez mais instável.

Como sugere o envolvimento precoce com teóricos da modernização, mas também com o marxismo, Wehler, Kocka e muitos de seus contemporâneos gostavam de pensar em seu trabalho como algo *movido* pela teoria. E, longe de demonstrar qualquer cautela com sua interdisciplinaridade, eles passaram a chamar seu trabalho de "história como ciência social crítica". Dessa forma, a exploração por Jürgen Kocka do impacto da guerra de 1914-1918 sobre o Estado e a sociedade alemães começara com um modelo marxista de sociedade de classes, propondo um movimento desde a inerente oposição dos interesses da burguesia e do proletariado em uma sociedade de classes, passando pelo surgimento de tensões que cresciam à medida que essas classes ficavam mais conscientes das discrepâncias de seus interesses, até o conflito fundamental entre elas. Mas ele utilizava o modelo de uma maneira que era "deslocada do contexto de uma filosofia marxista da história e complementada com novas conclusões da pesquisa sobre conflitos". Ainda mais especificamente, é um emprego "weberiano" do marxismo, não exatamente para testar hipóteses em relação a evidências históricas, mas para construir "um modelo que depois servisse como instrumento de compreensão histórica ao permitir a descrição e explicação da 'distância' entre modelo e realidade" a ser medida de acordo com a "realidade histórica".[22]

O estudo inovador de Wehler sobre a Alemanha Imperial – publicado inicialmente na Alemanha em 1973, o ano em que o livro de Kocka foi publicado pela primeira vez – pretendia, segundo ele afirmara posteriormente, "propor hipóteses" para "estimular mais reflexão crítica".

Sua determinação de "não evadir questões críticas" o incentivou a ensaiar hipóteses independentemente de elas serem ou não "meticulosamente substanciadas".[23] Mas, na verdade, sua história de uma sociedade autoritária foi desenvolvida como

---

[22] J. Kocka, *Facing total war. German society 1914-1918*, Leamington Spa, Berg, 1984 p. 8, 1, 168.

[23] Traduzido para o inglês como H.-U. Wehler, *The German empire 1871-1918*, Leamington Spa, Berg, 1985.

consequência de leis científicas, cada uma seguida de suas provas. O próprio Wehler se mostrou aberto à objeção de que sua voz autoral era tão autorizada que chegava a ser alta demais. Ao mostrar o sistema de elite fechado em cercas, que caracterizava a dominação da elite rural, ele criou uma estrutura explicativa totalizante e hermeticamente fechada. Talvez isso não tenha ajudado sua receptividade aos desdobramentos subsequentes das abordagens alternativas.

Os *Bielefelder* começaram com uma combinação de declarações programáticas de uma intenção de suplantar o historismo individualizado e fixado nos eventos, conservador e nacionalista por um lado, e os estudos históricos funcionando principalmente como exemplos de como o programa poderia ser posto em prática, por outro. O livro de Kocka sobre o impacto da "guerra total" visava, ele enfatizou, explicitamente "demonstrar ... a superioridade da história orientada pela teoria em relação à simples narrativa".[24] Os desafiantes tinham muita consciência de suas próprias aspirações de destruir os restos da velha "ciência normal" e estabelecer, eles mesmos, a nova, e recorreram ao nome de Kuhn e a suas categorias conceituais quase como se fossem palavras mágicas. Assim sendo, em 1979, Wehler caracterizou as duas décadas anteriores como sendo distinguidas por "concorrência aberta entre interpretações rivais" que foram "sintomas de mudança de paradigma". Contudo, na época em que escreveu, Wehler parecia sugerir que o paradigma tinha de fato mudado. "A história social e a econômica estão firmemente estabelecidas, e o ruído dos gritos de guerra dos pronunciamentos programáticos arrefeceu. Em seu lugar, teve início a pesquisa". Wehler casualmente omitiu a recusa de Kuhn de identificar uma mudança de paradigma com uma melhoria. Ele e seus colegas tinha toda a fé na marcha progressiva da historiografia e da própria história. Wehler se baseava em Kuhn retoricamente, para propagar o potencial de sua própria versão de história, maximizar seu caráter distinto e, pelo menos implicitamente, ajudar a estabelecê-la como a nova ciência normal.[25] Mesmo assim, ele *não* fingia que a "história como ciência social" fosse ou devesse ser a única variante da disciplina dentro da Alemanha Ocidental. Pelo contrário, aceitava uma variedade de abordagens – pelo menos em princípio, e desde que elas fossem tolerantes entre si. Seu reconhecimento do fato e da desejabilidade de uma pluralidade de comunidades, metodologias e agendas acadêmicas parece incompatível com sua proclamação simultânea de uma mudança de paradigma. Contudo, Wehler garantia que era o próprio ato de forçar a abertura do

---

[24] Kocka, *Total war*, p. 2.
[25] Wehler, "Zur Lage der Geschichtswissenschaft in der Bundesrepublik 1949-1979", publicado inicialmente em 1979 e reimpresso em idem, *Historische Wissenschaften und Geschichtsschreibung. Studien zu Aufgaben und Traditionen deutscher Geschichtswissenschaft*, Göttingen, Vandenhoeck & Ruprecht, 1980, p. 13-I1. Neste volume, p. 22 para a discussão inicial de Kuhn; citações p. 33. Preferi minha própria tradução, embora o ensaio esteja disponível em inglês como "Historiography in Germany today" in J. Habermas (ed.) *Observations on the "spiritual situation of the age": contemporary German perspectives*, traduzido e com uma introdução de Andrew Buchwalter, London and Cambridge MA, MIT Press, 1984, p. 221-59.

sistema não liberal, intolerante, antissocialista e antiteórico da historiografia alemã que constituía a mudança de paradigma. Aceitar que se pudesse pensar em história de muitas formas, e não de uma, implicava uma redefinição mais fundamental da disciplina do que uma mera substituição de uma subespécie de história por outra.

A escola de *Bielefeld* fortaleceu essa afirmação por meio de um enfrentamento detalhado de posições passadas da historiografia alemã.[26] No ato de apreender o velho paradigma (bem como resgatar dissidentes que estavam fora de seus limites), essa escola reforçou seu argumento para ser considerada uma força nova, coesa e viável para avançar o estudo histórico.

Os sempre cautelosos proponentes da "história estrutural" anterior haviam trajado de forma ostensiva o manto da crítica rankeana às fontes para tornar seu surgimento mais aceitável aos olhos dos historiadores políticos convencionais. Os *Bielefelder*, ao contrário, questionavam até mesmo esses pressupostos fundamentais sobre o incontestável *status* da hermenêutica como chave para "entender" o passado. Os atores históricos individuais nas sociedades passadas eram incapazes de entender as estruturas mais amplas às quais estavam subordinados. E como poderiam fazê-lo? O estruturalismo ainda não tinha sido inventado! Por isso, os documentos que eles deixaram para trás eram ingênuos e os historiadores que dependiam unicamente deles ficaram presos a suas limitações, fadados a reproduzir sua ingenuidade. Somente a teoria permitia que o historiador compreendesse o verdadeiro curso da história. Como tinha sido abstrato, "vago, empobrecido em seu conteúdo e formal" o caráter da história meramente "estrutural" nesse aspecto! Isso porque, mais uma vez, em contraste visível com os historiadores estruturais, os historiadores críticos estruturalistas acreditavam que as estruturas determinavam as decisões e as ações dos indivíduos. As narrações dos indivíduos, as escolhas que faziam (ou, mais do que isso, pareciam fazer) e os eventos resultantes eram todos positivos. Mas começar com eles seria "absurdo". Historiadores que o fizessem se condenavam a tratar apenas de superficialidades, já que as estruturas que descuidavam eram o que realmente importava e poderiam, sozinhas, explicar a estabilidade de longo prazo e os processos de mudança.[27]

A história social crítica, portanto, teve realmente algumas raízes na história estrutural. Isso era inevitável. Onde mais um historiador social iniciante na Alemanha Ocidental encontraria supervisão disposta e competente? Embora tenha havido continuidades importantes entre a história do *Volk* e a história estrutural, elas não existiram entre aquela e a ciência social histórica crítica. A história estrutural preservou, por exemplo, a conexão íntima com a geografia forjada pelos historiadores

---

[26] H.-U. Wehler (ed.) *Deutsche Historiker*, 9 vols, Göttingen, Vandenhoeck & Ruprecht, 1971-82.

[27] J. Kocka, *Sozialgeschichte*. Göttingen, Vandenhoeck & Ruprecht, 1977 2nd edn 1986, p. 76, 79, 82; e a discussão em T. Welskopp, "Grenzüberschreibungen. Deutsche Sozialgeschichte zwischen den dreißiger und den siebziger Jahren des 20. Jahrhunderts", in C. Conrad und S. Conrad (eds) *Die Nation Schreiben*, Göttingen, Vandenhoeck & Ruprecht, p. 296-332, esp. p. 310-12.

do *Volk*, e continuou a usar *Raum* (se não a ideia mais específica, inextricavelmente ligada ao nazismo, do *Lebensraum* – o espaço vital) como um princípio organizador. A escola de Bielefeld não usava esse tipo de categoria, e o vínculo com a geografia se rompeu. Ela não cresceu a partir de "raízes marrons". Como afirmou Thomas Welskopp, "em nível dos conceitos centrais ... não se pode traçar qualquer linha genealógica contínua" entre a história do *Volk* e a história social crítica.

Os historiadores sociais críticos divergiram dos historiadores políticos ortodoxos e dos historiadores estruturais intelectualmente. É das críticas intelectuais que eles receberam, e não das morais, que trataremos agora. Em primeiro lugar, já se observou que os *Bielefelder* não eram tão rigorosos em seu determinismo estrutural quanto gostavam de imaginar. Abriu-se uma lacuna entre suas declarações programáticas e as histórias que escreveram. A visão de Wehler sobre o Império Alemão contava, na verdade, duas histórias paralelas: uma de estruturas e a outra das políticas manipuladoras de Bismarck. Dessa forma, Wehler não encontrou solução prática para o quebra-cabeças sobre qual papel atribuir ao indivíduo na história.[28] Em segundo, a tese do *Sonderweg*, na verdade, era apenas uma inversão de adágios historiográficos mais antigos sobre a superioridade da "via alemã" do que aquela seguida pelo Ocidente.[29] Terceiro, e como resultado, a história alemã permaneceu sendo o foco da pesquisa.

As comparações com o Ocidente eram feitas em busca de diferenças. De um ponto anterior, Wehler e Kocka identificaram a história comparativa e o trabalho sobre a burguesia alemã como desejos de pesquisa. Essas lacunas começaram a ser preenchidas rapidamente, mas a forma com que o novo trabalho foi produzido e os resultados que rendeu não estavam de acordo com as operações de "limpeza geral" típicas da expansão da "ciência normal". Paradoxalmente, o ataque mais poderoso e direto à história social crítica a ser feito até então veio de dois historiadores neomarxistas britânicos. Trabalhando dentro de um quadro comparatista e sobre a burguesia em particular, declarando estar, em "questões fundamentais", no "campo" dos historiadores sociais críticos da Alemanha Ocidental, David Blackbourn e Geoff Eley atacaram o modelo do *Sonderweg*.[30] Ele foi, afirmavam eles, pressagiado por pressupostos sobre a "revolução burguesa" que eram injustificáveis e em uma normalidade ocidental que era uma quimera. Daí, destacavam, por exemplo, sobrevivências da influência aristocrática e da política pré-democrática na Inglaterra até o século XX. Uma revolução burguesa do tipo que a tese de *Sonderweg* sugeria ter caracterizado o Ocidente não existia, embora a Alemanha pré-1914 tivesse, na verdade, vivido uma "revolução burguesa silenciosa" em sua economia, sua sociedade

---

[28] O. Pflanze, "Bismarcks Herrschaftstechnik als Problem der gegenwartigen Historiographie", *Historische Zeitschrift*, 1982, vol. 234, p. 561-99.

[29] Ver p. 125-126.

[30] D. Blackbourn and G. Eley, *The peculiarities of German history. Bourgeois society and politics in nineteenth-century Germany*, Oxford, Oxford University Press, 1984. citações à p. 32.

e sua cultura. As visões de Blackbourn e Eley foram moldadas por questionamentos radicais à interpretação *whig* da história britânica, cujos preceitos básicos haviam sido adotados de forma impensada pelos *Bielefelder*. Assim, uma variante nacional da história social de esquerda expunha as complacências da outra.[31] E, em geral, à medida que proliferavam os estudos sobre a burguesia alemã realizados dentro dos círculos dos *Bielefelder*, e além deles, ficaram mais difíceis de conter dentro do paradigma de Bielefeld.[32]

A reação ao caráter historiográfico *whig* complacente e à presunçosa crença no desdobramento progressivo da história britânica foi acompanhada por um ceticismo mais amplo em relação ao otimismo da teoria da modernização. Outro historiador alemão ocidental, Detlev Peukert, afirmou que a modernidade era uma condição ambígua que tinha um "lado obscuro" e se podia associar não apenas ao progresso, mas também a "patologias". Ele afirmava que o colapso da República de Weimar e a tomada de poder pelos nazistas poderiam ser explicados com base na fragilidade das velhas elites, e não na força que os *Bielefelder* lhes tinham atribuído. A Alemanha de Weimar sofreu não de atraso, e sim de uma "crise de modernidade clássica". Como Kocka, Peukert se baseou muito em Max Weber, mas onde o primeiro usara as obras de Weber como aliadas em sua própria defesa da modernização, o segundo detectava nelas uma crítica à modernidade.[33] Nesse caso, as mudanças na historiografia estavam, mais uma vez, refletindo mudanças na política e na sociedade da Alemanha Ocidental. Em meados dos anos de 1970, o governo de coalizão social-democrata, com o qual os *Bielefelder* eram identificáveis, estava perdendo força. Ao mesmo tempo, uma explosão de iniciativas de cidadãos, mulheres e grupos verdes sinalizava uma transformação da esquerda alemã. Ela adquiriu equivalentes historiográficos: histórias da vida cotidiana (*Alltagsgeschichte*) e uma nova história cultural.

Na profissão histórica mais pluralista do que eles haviam esperado, os *Bielefelder* estão frequentemente no contrapé, obrigados a responder aos interesses de outros. Mesmo assim, conseguiram modificar a tese do *Sonderweg*, e em sua forma modificada, ela continua a ter apelo internacional e a alguns dos mais influentes historiadores – Ian Kershaw entre eles – da Alemanha moderna.[34]

---

[31] Ver A. Bauernkamper, "Geschichtsschreibung als Projektion. Die Revision der 'Whig Interpretation of History' und die Kritik am Paradigma vom "deutschen Sonderweg" seit den 1970er Jahren", in S. Berger, P. Lambert and P. Schumann (eds) *Historikerdialoge. Geschichte, Mythos and Gedächtnis im deutschbritischen kulturellen Austausch 1750-2000*, Göttingen, Vandenhoeck & Ruprecht, 2003, p. 383-438.

[32] Ver as contribuições a D. Blackbourn and R J. Evans (eds) *The German bourgeoisie. Essays on the social history of the German middle class from the late eighteenth to the early twentieth century*, London, Routledge, 1991.

[33] Ver D. Crew, "The pathologies of modernity: Detiev Peukert on Germany's twentieth century", *Social History*, 1992, vol. 17, p. 319-28.

[34] J. Kocka, "German history before Hitler: the debate about the German Sonderweg", *Journal of Contemporary History*, 1988, vol. 23, p. 3-16; I. Kershaw, "'Working towards the Führer': reflections on the nature of the Hitler dictatorship", in idem and M. Lewin (eds) *Stalinism and nazism: dictatorships in comparison*, Cambridge, Cambridge University Press, 1997 p. 88-106; p. 89.

Autores têm se sucedido recentemente para reduzir ou, no mínimo, relativizar, todos os tipos de realizações e inovações dos historiadores sociais críticos e seus rompimentos com as práticas passadas de sua disciplina. Para Thomas Etzemüller, "na verdade, não há mudança de paradigma da historiografia tradicional à crítica, embora 'Bielefeld' tenha tentado estilizar a história dessa maneira". A história crítica dos anos de 1960 sobre a sociedade estava enraizada na história estrutural dos anos de 1950; a transição da primeira para a segunda foi "tranquila", mas sua conclusão é muito confusa para nos levar muito longe. A mudança foi como a vivida na "maioria das revoluções": "somente partes pequenas, ainda que decisivas, foram modificadas". Se a mudança foi mesmo "revolucionária", então por que o advento de "Bielefeld" não passou no teste da mudança de paradigma? E mesmo que as modificações tenham sido realmente "pequenas", não é suficiente que também tenham sido "decisivas"? Thomas Welskopp, com relação à historia crítica da sociedade possuir as marcas de uma "matriz disciplinar" em nível especialmente marcado, também nega a seu surgimento o *status* que seus próprios expoentes reivindicaram: a chegada da história crítica da sociedade com certeza não constitui, de forma alguma, uma mudança de paradigma.[35] Talvez eles tenham estabelecido padrões altos demais para o que se pode chamar de mudança de paradigma. Se é verdade que a inovação da escola de Bielefeld não conseguiu cumpri-los, poucas comunidades acadêmicas o conseguiram, se é que houve alguma. Mas, se as exigências não forem tão altas e se admitir que qualquer revolução será menos do que abrangente, implica elementos de contradição, deixa linhas de continuidade em algumas direções enquanto as rompem outras, não reduzimos todas as revoluções a evoluções. Medida segundo esse critério não tão preciso, a mudança forjada pela história social crítica na Alemanha Ocidental ainda parece dramática e duradoura.

Leituras complementares

A ascensão da *Volksgeschichte* alemã entre as duas guerras mundiais passou despercebida pelos historiadores britânicos contemporâneos. Nos Estados Unidos, contudo, O. Hammen publicou uma visão interessante, que ainda vale a pena ler: "German historians and the advent of the national socialist state", *Journal of Modern History*, 1941, vol. 13, p. 161-88. Vários dos ensaios que contam de H. Lehmann e J. Van Horn Melton (eds) *Paths of continuity: central european historiography from the 1930s to the 1950s*, Cambridge, Cambridge University Press, 1994, são relevantes, embora alguns colaboradores exagerem as realizações inovadoras dos historiado-

---

[35] Etzemüller, *Sozialgeschichte*, p. 359; Welskopp, "Westbindung auf dem 'Sonderweg'. Die deutsche Sozialgeschichte vom Appendix der Wirtschaftsgeschichte zur Historischen Sozialwissenschaft" in W. Kfittier, J. Rusen und E.. Schulin (eds) *Geschichtsdiskurs* vol. 5: *Globale Konflikte, Erinnerungsarbeit und Neuorientierungen seit 1945*, Frankfurt a.M., Fischer, 1999, p. 191-237; idem, "Grenzüberschriebungen", p. 299.

res do *Volk* e minimizem suas associações passíveis de culpabilidade política. Estas recebem o devido destaque em: M. Burleigh, "Scholarship, state and nation, 1918-1945", in J. Breuilly (ed.) *The state of Germany, London and New York*, Longman, 1992, p. 128-41; idem, *Germany turns eastwards. A study of Ostforschung in the third Reich*, Cambridge, Cambridge University Press (1988); K. Schönwaider, "The fascination of power: historical scholarship in nazi Germany", *History Workshop Journal*, 1997, vol. 43, p. 133-54; H. Schleier, "German historiography under national socialism: dreams of a powerful nation-state and German Volkstum come true", in S. Berger, M. Donovan e K. Passmore (eds) *Writing National Histories: Western Europe since 1800*, London, Routledge, 1999, p. 176-88.

O rompimento decisivo com o nacionalismo historiográfico e o questionamento à predominância da história política veio na segunda metade do século XX. Os leitores que quiserem ter uma ideia das novas abordagens encontrarão G. Iggers (ed.) *The social history of politics: critical perspectives in west German historical writing since 1945*, Leamington Spa, Berg, 1985, um bom ponto de partida. Fritz Fischer ajudou a limpar o caminho para uma nova história social na Alemanha Ocidental e incorporou cada vez mais as perspectivas históricas a sua observação da política externa. Para uma breve demonstração de sua tese, ver F. Fischer, *From Kaiserreich to third Reich: elements of continuity in German history*, 1871-1945, London, Allen e Unwin, 1986, traduzido e com introdução de R. Fletcher. Os mais importantes dos primeiros trabalhos de Fischer também estão disponíveis em tradução para o inglês. Eles, seu contexto na sociedade e na cultura acadêmica alemã dos anos de 1960 e de 1970 e a contínua relevância para o debate posterior são o centro de A. Mombauer, *The origins of the first world war: controversies and consensus*, London, Longman, 2002. Dois dos mais eminentes historiadores da Alemanha apresentaram visões das mudanças que ajudaram a trazer à historiografia de seu país: H.-U. Wehler, "Historiography in Germany today", in J. Habermas (ed.) Observations on the "spiritual situation of the age": contemporary German perspectives, London and Cambridge MA, MIT Press, 1984, p. 221-59; G. A. Ritter, *The new social history in the Federal Republic of Germany*, London, German Historical Institute, 1991. A ampla cobertura desta a torna muito útil como ponto de partida, principalmente por colocar a história social alemã em uma perspectiva internacional. O mesmo faz S. Berger, "The rise and fall of 'critical' historiography? Some reflections on the historiographical agenda of the left at the end of the twentieth century", *European Review of History*, 1996, vol. 3, p. 213-32.

7
A "NOVA HISTÓRIA SOCIAL" NOS ESTADOS UNIDOS
Robert Harrison

"Sem muita dúvida", observou Peter Stearns em 1988, "a ascensão da história social foi o mais dramático evento na pesquisa histórica nos Estados Unidos nas duas últimas décadas".[1] Como na Grã-Bretanha, ela teve presença frágil na academia até próximo da década de 1950 e, nas décadas seguintes, o volume de publicações cresceu bastante, à medida que muitos recém-chegados entravam no campo e eram abertas novas áreas para a investigação acadêmica. O rápido crescimento da "nova história social" marcou uma mudança profunda no centro de gravidade da escrita histórica nos Estados Unidos. "Na profissão de historiador como um todo", observou Gertrude Himmelfarb em 1987, "a nova história é a nova ortodoxia". Por sua vez, historiadores políticos e intelectuais de pensamento tradicional, como ela própria, sentiam-se marginalizados e privados de reconhecimento: "O que estava no centro da profissão está agora na periferia".[2] Antes de identificarmos a ascensão da história social como uma mudança de paradigma clássica, devemos reconhecer que a nova subdisciplina era, ela própria, uma igreja ampla, cujos devotos vinham de muitas direções diferentes, trazendo consigo interesses e propostas ideológicas distintas e privilegiando metodologias muito diferenciadas com as quais revelar a experiência vivida do passado dos Estados Unidos. Mais do que isso, sua hegemonia decididamente teve vida curta. Portanto, devemos considerar se a "nova história social" era coerente ou duradoura o suficiente para se constituir em uma importante mudança de paradigma histórico.

A historiografia norte-americana imediatamente posterior à guerra foi dominada pelo tema do consenso. Embora esse rótulo, aplicado convencionalmente à vida política e intelectual do final dos anos de 1940 e 1950, coloque uma camisa de força limitadora demais em um conjunto tão diversificado e idiossincrático de indivíduos como são os historiadores acadêmicos, ainda assim transmite algumas verdades essenciais em relação à escrita histórica durante aquelas conturbadas décadas. Richard Hofstadter, talvez o mais influente e intelectualmente mais complexo entre os chamados historiadores do consenso, conclamou a uma reinterpre-

---

[1] P. N. Stearns, "Introduction: social history and its evolution", in idem (ed.) *Expanding the past: a reader in social history*, New York, New York University Press, 1988, p. 3.

[2] G. Himmelfarb, The new history and the old: critical essays and reappraisals, Cambridge MA, Belknap, 1987, p. 4.

tação da tradição política dos Estados Unidos que desse a devida importância aos valores compartilhados pela maioria dos norte-americanos:

> A existência desse ambiente de opinião foi muito obscurecida pela tendência em situar o conflito político no primeiro plano da história. ... A força das lutas políticas muitas vezes tem sido enganosa, pois a faixa de visão coberta pelos principais concorrentes nos grandes partidos sempre foi limitada pelos horizontes da propriedade e das empresas.
> ... A santidade da propriedade privada, o direito do indivíduo de dispor dela e investi-la, o valor da oportunidade e a evolução natural do interesse próprio e da autoafirmação, dentro de limites gerais amplos, para uma ordem social benéfica, tem sido os preceitos básicos da fé central nas ideologias políticas dos Estados Unidos.[3]

Enquanto menosprezavam a importância do conflito de classes ou de qualquer outro tipo de conflito no passado do país, e as descontinuidades em crenças e valores fundamentais, os historiadores do pós-guerra enfatizavam, em vez disso, as qualidades que diferenciavam os norte-americanos das outras pessoas. Textos fundamentais, como *The American political tradition* (1948), de Hofstadter, *The genius of american politics* (1953), de Daniel Boorstin, e *The liberal tradition in America*, de Louis Hartz (1955) indicavam uma crença no individualismo baseado na posse, na livre empresa e na liberdade política característica dos norte-americanos, mas também (talvez paradoxalmente) elogiavam sua visão empírica, pragmática e não ideológica.

É importante reconhecer o contexto político no qual os historiadores operavam nos primeiros anos da Guerra Fria. O confronto global com o comunismo internacional, assim como com o fascismo que o havia precedido, apresentava-se aos historiadores norte-americanos como uma defesa da civilização ocidental, da liberdade de contradição ao "totalitarismo". A diferença fundamental entre Ocidente e Oriente, segundo eles, era o compromisso com a liberdade de expressão e, mais especificamente, a tolerância à liberdade acadêmica. Em alguns princípios fundamentais, os Estados Unidos estavam enfaticamente certos e a URSS estava enfaticamente errada. Muitos historiadores concluíram que não poderia haver espaço para comunistas em uma comunidade acadêmica cujos valores centrais eles não teriam como compartilhar. Os comunistas e, talvez, os historiadores de esquerda em termos gerais, eram acusados de colocar a atividade acadêmica a serviço de propósitos políticos, respondendo aos interesses do Partido em vez de à verdade histórica. Acreditava-se que eles seriam incapazes de produzir conhecimento "objetivo". Levas de comunistas foram demitidas ou barradas de cargos universitários; juramentos de lealdade eram exigidos de acadêmicos, bem como de outros funcionários públicos. Se não apoiassem de coração esses procedimen-

---

[3] R. Hofstadter, *The American political tradition*, New York, Knopf, 1948, p. xxxvi-xxxvii.

tos, outros acadêmicos se sentiam, na melhor das hipóteses, ambivalentes; na pior, intimidados. Nessas circunstâncias, as vozes discordantes foram caladas. Em uma pesquisa realizada em 1955 com cientistas sociais, incluindo 681 historiadores, cerca de metade reconheceu que ficou mais cautelosa para expressar suas ideias por medo de ser rotulada de subversiva. De qualquer forma, pouco foi escrito, ou pelo menos foi submetido à publicação, que se pudesse chamar de subversivo.

Embora a escrita histórica desse período tendesse a ser sensível a uma gama mais ampla de forças sociais do que seus predecessores, mais complexa em suas estruturas, mais sofisticada em sua metodologia e mais aberta a influências das ciências sociais, seus temas ainda eram predominantemente políticos. Os historiadores estavam, em sua maior parte, preocupados com as questões tradicionais do desenvolvimento político dos Estados Unidos. Os temas centrais da escrita e do debate em história eram a Revolução Americana e a elaboração da Constituição, a política jacksoniana, as origens da Guerra Civil, Reconstrução, Populismo, Progressivismo e o *New Deal*.

A narrativa do desenvolvimento político permanecia sendo a espinha dorsal da história do país.

É claro que já havia história social nos Estados Unidos antes da década de 1960. Geralmente desconsiderada por ser "história de potes e panelas", ela incluía uma descrição muitas vezes colorida, mas que não era sistemática nem sofisticada teoricamente, de tópicos que fora dela eram desconsiderados, como moda, folclore e hábitos alimentares. A partir de cerca de 1960, contudo, o campo passou por uma grande expansão. A proporção de dissertações dedicadas a tópicos de história social quadruplicou entre 1958 e 1978, quando então superou a proporção daquelas escritas sobre história política, enquanto era possível observar tendências semelhantes nos catálogos de história das principais editoras universitárias e nas páginas de conteúdo das principais publicações acadêmicas sobre o tema. Em 1967, foi fundada a *Journal of Social History*, que seria seguida, alguns anos depois, pela *Social Science History* e *Journal of Interdisciplinary History*, junto com revistas especializadas como *Labor History, Journal of Urban History* e *Family History*. Vários subcampos foram abertos à investigação, como história da imigração, história da família, história urbana, a "nova história do trabalho" e a história do trabalho e do lazer, enquanto temas como história da educação e da religião começaram a ser tratados por historiadores sociais em vez de exclusivamente pelos que trabalhavam no âmbito do quadro de referência intelectual de cada profissão. Segundo John Higham, era como se um terremoto tivesse "rachado a represa e liberado uma inundação que tomou conta de todo o terreno do conhecimento acadêmico".[4]

---

[4] A. Kessler-Harris, "Social history", in Eric Foner (ed.) *The New American History*, Philadelphia, Temple University Press, 1990, p. 163.

Na verdade, há muitas razões para o crescimento da história social, que pode ser atribuído em parte à dinâmica da expansão da disciplina. A profissão histórica mais ou menos quintuplicou de tamanho entre 1940 e 1970. No início da década de 1970, a American Historical Association tinha mais de 18.000 membros, enquanto os Ph.D.s em história saíam da linha de produção em um ritmo de 1.200 por ano. Embora seja verdade que a profissão teve seu pico quantitativo naquela década, o número de historiadores em atividade continuou alto e sua produção publicada dava poucos sinais de reduzir o passo nas últimas décadas do século. Mais do que isso, a lei conhecida como *GI Bill of Rights*, que dava formação aos veteranos que estavam voltando da Segunda Guerra Mundial, e a expansão das universidades no pós-guerra deram oportunidades educacionais a uma grande quantidade de jovens de origem operária e de imigração recente, muitos dos quais continuaram o trabalho de pós-graduação e, mais tarde, assumiram cargos em história. Particularmente, as décadas imediatamente posteriores à guerra testemunharam a entrada de muitos historiadores judeus na profissão.

À medida que a profissão crescia, muitos estudiosos e estudantes de pesquisa buscavam seu próprio pedaço de terra para demarcar. O desenvolvimento da história social deu acesso a todo um novo território para a pesquisa histórica, equivalente a desbravar um novo terreno no Oeste dos Estados Unidos – uma espécie de equivalente histórico da corrida pela terra em Oklahoma. Em segundo lugar, esse foi um período em que as ciências sociais desfrutavam de um prestígio considerável.

Disciplinas como sociologia e antropologia social pareciam oferecer um exemplo forte da sofisticação metodológica para analisar relações sociais e forneciam, sugeriu Keith Thomas, as "ferramentas" com as quais o historiador social podia trabalhar. Terceiro, e talvez mais importante, a pesquisa em história social era movida por um desejo de incorporar os pontos de vista dos grupos sociais que foram excluídos das versões predominantes da história norte-americana, como afro-americanos, trabalhadores industriais, mulheres e crianças, e os pobres urbanos. Inevitavelmente, a incorporação de pontos de vista alternativos implicava reconhecer sua diversidade e, também inevitavelmente, a predominância do conflito social no passado do país, como estava tão evidente em seu presente. Nesse aspecto, a história social era, em muito, filha dos anos de 1960.

Embora os Estados Unidos do pós-guerra parecessem abençoados com um consenso social e político generalizado, no decorrer dos anos de 1960 o país foi assolado por vários conflitos perturbadores e graves. À medida que a década terminava, questões de direitos civis que pareciam solúveis nos termos do consenso liberal, diante dos distúrbios urbanos, da ascensão do movimento *Black Power* e da reação branca conhecida como *white backlash*, pareciam cada vez mais desagregadoras e intratáveis. Mais do que um hábito sulista anacrônico e atávico, o preconceito racial parecia estar profundamente embutido na cultura e nas instituições do país. A partir de 1965, a guerra no Vietnã aprofundou as divisões. Muitos de seus oponentes, descontentes com o que os Estados Unidos estavam fazendo no Vietnã e com o que este estava revelando sobre os Estados Unidos, passaram de uma crítica da política externa a uma crítica à sociedade norte-americana, que eles condenavam como indelevelmente imperialista, racista e dominada pelo chamado "complexo militar-industrial". Alguns dos elementos dessa crítica já tinham sido expressos por porta-vozes do movimento Nova Esquerda, conhecido como *New Left*. Estudantes radicais associados à Students for a Democratic Society passaram da crítica às práticas de suas universidades a uma denúncia mais ampla do imperialismo norte-americano e de sua sociedade baseada nas corporações. Os estudantes radicais tendiam a ser mobilizados pela simpatia para com os povos oprimidos, como meeiros do sul, negros dos guetos, coletores de frutas de origem latino-americana e os habitantes sitiados de Cuba e do Vietnã – em vez de por um compromisso com ideias abstratas. Suas influências intelectuais, por assim dizer, eram muito ecléticas, indo desde Henry David Thoreau até Frantz Fanon e Herbert Marcuse, mas cada vez mais eles recorriam ao marxismo para suas ideias (principalmente nas formas modificadas por marxistas ocidentais do século XX, como Antonio Gramsci). As décadas de 1960 e 1970 assistiram ao surgimento, quase que pela primeira vez, de um corpo substancial de obras marxistas nos Estados Unidos.

A *New Left* estava bem representada entre os historiadores norte-americanos. Sua influência, particularmente em instituições como as universidades de Michigan e Wisconsin, levou ao desenvolvimento de uma considerável e vigorosa tendência de oposição dentro da profissão. Os historiadores radicais rejeitavam os pressupostos fundamentais da historiografia de consenso e os valores centrais da cultura norte-americana do pós-guerra. Eles insistiam, como os adeptos da Nova História da década de 1910, mas de forma mais estridente, em que a história deveria ser usada como ferramenta para mudar o mundo, que ela deveria ser tornada "relevante" para as preocupações contemporâneas.

Alguns, como Eugene Genovese e Christopher Lasch, operavam dentro da academia; outros a rejeitavam, como Staughton Lynd e Jesse Lemisch, por ser elitista em caráter, repressiva em seu comportamento e conformista em sua influência. Alguns reivindicavam ideais de distanciamento e objetividade "científica"; outros escreveram história abertamente comprometida para servir aos interesses dos socialmente oprimidos. A longo prazo, previsivelmente, muitos dos primeiros conseguiram encontrar um lugar dentro da profissão, talvez a ponto de se tornarem aculturados a suas normas e seus valores, enquanto muitos dos últimos operaram fora dela e, assim, tiveram menos influência sobre a forma com que se desenvolveu a escrita da história acadêmica nos Estados Unidos na geração seguinte.

Os historiadores sociais escreveram a partir de todos os pontos da bússola política, mas é possível dizer que a maioria deles era mais ou menos radical em sua política. Grande parte da força intelectual por trás da história social veio da política da *New Left*. Muitos profissionais importantes surgiram do radicalismo estudantil dos anos de 1960; alguns eram ligados de perto à *New Left*; quase todos foram muito influenciados pelos movimentos políticos e sociais da década. Embora a maioria não fosse explicitamente marxista em sua política, eles tinham o conhecimento muito mais profundo das categorias marxistas de análise do que qualquer geração anterior de historiadores norte-americanos. As questões históricas a que eles buscavam responder surgiram daquele pano de fundo de agitação social e política radical. Como explica Jonathan Wiener,

> Em geral, os historiadores radicais se concentraram nas questões de exploração, dominação e opressão. Eles afirmaram que os padrões existentes de dominação não são naturais nem inevitáveis, nos que têm origens históricas e, portanto, podem ser abolidos. Ao buscar essas origens históricas, eles se concentraram nas pessoas comuns em vez de nas elites políticas, em grupos em vez de indivíduos e na agência humana em vez dos processos abstratos ou gerais de mudança.[5]

Sendo assim, os imperativos políticos moviam uma grande quantidade de historiadores influenciados por movimentos radicais da década de 1960 em direção ao estudo da história social. História social quer dizer muitas coisas, mas, para a geração que saiu da pós-graduação nos anos de 1960 e 1970, dois propósitos a atraíam. O primeiro era recapturar a experiência dos grupos sociais que foi anteriormente escondida da história. Segundo Peter Stearns, editor da *Journal of Social History*,

> A definição geral mais clara de história social nos Estados Unidos se concentra em sua preocupação com os membros de uma sociedade como um todo, e não apenas com indivíduos entre a elite. ... Não apenas a massa de pessoas, mas também a estrutura de suas vidas cotidianas – suas famílias, seus artefatos, sua vida em comunidade, seus nascimentos e mortes.[6]

Com o foco em eventos políticos, negociações diplomáticas e enfrentamentos militares, a escrita histórica no passado se preocupava quase que exclusivamente com as atividades das elites, definidas de forma estreita em termos de classe, gênero e etnicidade. A história social envolvia, com efeito, virar de ponta-cabeça a imagem da sociedade e, na expressão corrente na época, escrever história "de baixo para cima" – do ponto de vista não das elites políticas, mas das pessoas comuns em toda a sua variedade. Um segundo desafio da história social era devolver um sentido de agência aos grupos sociais que foram considerados receptores passivos

---

[5] J. Wiener, "Radical historians and the crisis in American history, 1959-1980", *Journal of American History*, 1989 vol. 76, p. 399.

[6] P. N. Stearns, "Towards a wider vision: trends in social history", in M. Kammen (ed.) *The past before Us: contemporary historical writing in the United States*, Ithaca NY, Cornell University Press, 1980, p. 212.

da mudança social, como camponeses, mulheres, trabalhadores não sindicalizados e mesmo escravos, para demonstrar que eles tinham "vida própria", a qual moldavam especificamente por meio de suas próprias ações. Uma influência poderosa e um modelo de como esse tipo de história pode ser escrita veio do trabalho de E. P. Thompson, principalmente de *A formação da classe operária inglesa* (*The making of the English working class*), provavelmente mais citado por historiadores sociais norte-americanos do que qualquer trabalho publicado em seu lado do Atlântico.

Para além desse impulso geral de revelar vidas comuns, a história social era extraordinariamente eclética, tanto em termos de temas quanto de método. Não havia escola nem publicação dominante, nenhuma metodologia característica era aceita por todos os profissionais, nem mesmo pela maioria. Não era uma "disciplina coerente", observa James Henretta, e sim mais um "agregado de grupos" que "partiam de premissas epistemológicas contraditórias" e "aceitavam padrões de prova divergentes".[7]

Pelo menos duas tendências muito diferentes podem ser apontadas. A primeira era o que ficou conhecido por "história como ciência social", que se baseava muito nas ciências sociais para seus métodos e, em menor grau, para seus modelos teóricos. Acima de tudo, a "história da ciência social" era marcada por sua dependência de métodos quantitativos. A quantificação se tornou o "grito de guerra" da "nova história". Ela oferecia uma forma de explorar a experiência de segmentos da população que deixaram poucos registros escritos, analisando os traços que eles deixavam para trás, na forma de formulários de censo preenchidos, listas de impostos, listas de residentes, alistamentos militares e registros de empresas. A chegada oportuna do computador e os extraordinários avanços que se seguiram em termos de poder de processamento permitiram análises estatísticas de grande escala das tendências e distribuições sociais e das relações entre as variáveis que às vezes confirmavam ou rejeitavam hipóteses anteriores sobre os processos sociais, às vezes sugeriam outros, completamente novos. Alguns exemplos destacados da história social quantitativa são os estudos de Stephan Thernstrom e Thomas Kessner sobre mobilidade social, usando registros do censo e listas de residentes; estudos de distribuição de riqueza de Edward Pessen e Michael B. Katz, a investigação das tendências demográficas de Robert Wells, Tamara Hareven e Maris Vinovskis, estudos da distribuição dos imigrantes por residência e ocupação, de John Bodnar e Josef Barton, a análise da segregação e separação de grupos étnicos de Olivier Zunz e Theodore Hershberg, o estudo de trabalhadores industriais com base em registros de empresas, de Thomas Dublin e Tamara Hareven, e os estudos de criminalidade e violência com base em documentos de tribunais, por exemplo, feitos por Roger Lane e Michael Hindus.

Depositou-se muita esperança em investigações de grande escala, como o *Philadelphia History Project*, que traduziu em forma passível de leitura automá-

---

[7] J. Henretta, "Social history as lived and written", *American Historical Review*, 1979, vol. 84, p. 1295.

tica 2,5 milhões de itens do censo sobre a população da Filadélfia entre 1850 e 1880, na esperança de que sua análise se tornasse conhecimento definitivo sobre a estrutura social de uma cidade industrial do século XIX. Isso foi feito apenas nos aspectos mais triviais, provando, por exemplo, que a maioria dos trabalhadores morava a 1,5 km de seu local de trabalho, algo que há muito se suspeitava com base em evidências documentais, para não falar do senso comum. Como sugere Lawrence Stone, esses projetos gigantescos "podem acabar como o projeto de colocar um homem na lua, mais impressionantes pela evidência que oferecem da ambição ostentatória do homem, seus vastos recursos financeiros e o virtuosismo técnico da década de 1960 do que por seus resultados científicos para o avanço do conhecimento".[8] Em pouco tempo ficou claro que a quantificação só conseguia captar alguns aspectos da história social. Ela se mostrou mais útil para identificar problemas para análise do que para solucioná-los, mais útil para limpar o inço das hipóteses infundadas do que para oferecer explicações históricas convincentes.

Uma segunda variedade da história social consistia em tentativas de recuperar a experiência de pessoas comuns, não por meio de análise estatística, e sim de uma leitura mais sensível das evidências documentais (bem como pictóricas) que sobreviveram. Isso cobre muito da chamada "nova história do trabalho", assim como estudos de comunidades de imigrantes e muito dos primeiros trabalhos sobre a história das mulheres. Dessa forma, a cultura de classe trabalhadora foi investigada por meio de uma leitura cuidadosa de documentos dispersos, autobiografias ocasionais e, onde fosse possível, testemunhos orais. A partir dessas evidências, por exemplo, no trabalho de Sean Wilentz, surgiu uma descrição instigante da vida da classe trabalhadora nos primeiros anos da industrialização; da mesma forma, Lizabeth Cohen produziu uma impressionante reconstrução das comunidades trabalhadoras em Chicago nos anos do entre guerras. Ainda mais impressionante, uma série de historiadores, incluindo, mais evidentemente, Eugene Genovese, Herbert Gutman e Lawrence Levine, construíram, a partir do registro documental da escravidão, complementado por narrativas orais coletadas pela Federal Works Progress Administration nos anos de 1930, um quadro vívido da cultura e das relações em comunidade dos escravos antes da Guerra Civil. Como os historiadores da classe trabalhadora, os historiadores da escravidão tentaram demonstrar como as comunidades resistiam à opressão através da cultura. Ao fazê-lo, e reafirmando a agência das pessoas comuns, eles se dispunham a mostrar "como as pessoas comuns construíam suas próprias vidas".[9]

A abordagem desses historiadores, como aponta Alice Kessler-Harris, era essencialmente fenomenológica: "as experiências próprias" dos atores históricos

---

[8] L. Stone, *The past and the present revisited*, London, Routledge and Kegan Paul, 1987, p. 38.

[9] D. G. Ross, "The new and newer histories: social theory and historiography in an American key", in Anthony Molho and Gordon S. Wood (eds) *Imagined histories: American historians interpret their past*, Princeton, Princeton University Press, 1998, p. 96.

serviam como filtros pelos quais os historiadores viam e interpretavam uma questão ou um problema".¹⁰ De antropólogos culturais como Clifford Geertz e Victor Turner, os historiadores sociais aprenderam a interpretar atos simbólicos e "ler" rituais sociais, quase como se fossem textos. Sendo assim, os historiadores da cultura de classe trabalhadora realizavam uma análise detalhada de eventos como desfiles de rua, distúrbios e ações de protesto, lutas de boxe e a cultura dos *saloons* e *minstrel shows*, nos quais os atores se vestiam como negros.

Nos anos de 1980, uma parcela substancial da história social estava se transformando, aos poucos, em história cultural. Os historiadores estavam se interessando por questões de sentido, em vez de existência material, investigando símbolos, rituais e discursos em vez de a estrutura social ou o comportamento social. As representações culturais começaram a ser consideradas não como simples reflexos do mundo social, mas como objetos de estudo em si. Dessa forma, os historiadores culturais foram além do comportamento de grupo para examinar as convenções culturais que o informavam – convenções relacionadas ao trabalho, tempo, família, classe, etnia e, acima de tudo, gênero. Nas palavras de Anthony Molho e Gordon Wood,

> eles passaram a acreditar que as sociedades que estavam estudando eram construídas culturalmente, simples combinações de sentidos. ... Tomando muito emprestado da antropologia e da teoria literária, os historiadores culturais tendiam a desmembrar o passado em momentos etnográficos diferenciados, imaginando que as culturas pudessem ser estudadas como se fossem textos, com nada mais do que uma relação tênue com qualquer coisa fora delas próprias.¹¹

Sob influência da teoria pós-estruturalista, eles passaram a questionar se os "textos" culturais poderiam ser considerados evidências de qualquer realidade social subjacente e, de fato, se a "sociedade" ou o "social" teve validade como objeto de investigação. Embora a maioria dos historiadores sociais em atividade tenha passado relativamente sem problemas pela "virada linguística", os alicerces intelectuais da subdisciplina foram gravemente abalados.

Em 1980, os historiadores geraram um corpo de trabalho excepcional e produziram ideias fascinantes sobre a variedade caleidoscópica de temas da história social. O que eles não produziram foi uma "história da sociedade norte-americana". Sua produção consistia geralmente em microestudos de grupos específicos em determinados locais. "O trabalho mais inovador feito nos últimos 15 anos", observou Thomas Bender,

---

¹⁰ Kessler-Harris, "Social history", p. 168.
¹¹ "Introduction" in Molho and Wood (eds), Imagined histories, p. 12.

explorou a cultura dos grupos na sociedade norte-americana. ... os mundos privados ou *gemeinschaftlich* [comunitários] de ofícios, ocupações e profissões; local, irmandades de mulheres; raça e etnicidade e família. O que conseguimos são as partes, todas ricamente descritas. Mas como se supõe que sejam autônomas, não temos imagem do todo.[12]

Kessler-Harris concorda: "O tema era portador de ondas de novos conhecimentos excitantes, mas a coerência, o propósito e a direção, todos se debatiam nas águas agitadas".[13] Na década de 1980, muitas figuras destacadas se preocupavam publicamente com o problema da integração na história dos Estados Unidos.

Havia alguns, como Eric Monkkonen, por exemplo, que afirmavam que a tarefa de síntese era impossível. Era inútil tentar generalizar sobre toda a experiência norte-americana ou explicar como ela mudou ao longo do tempo, já que isso acarretaria a redução de uma realidade social complexa a uns poucos enunciados simples.

Tudo o que o historiador podia fazer era buscar descrevê-la, ou uma parte dela, em integridade de detalhes. Em vez da "classe trabalhadora", ele deveria estudar comunidades individuais da classe trabalhadora, diferenciadas por local, etnicidade e a particularidade de sua experiência. Em vez de tentar produzir modelos abrangentes de mudança social ou construir explicações globais, deveria buscar revelar o sentido da mudança para indivíduos e grupos específicos. De certa forma, observa Kessler-Harris, "a fragmentação está implícita na concepção de uma história que insiste na importância do evento singular e reifica a diversidade das pessoas comuns".[14] Na verdade, propostas de síntese, como o foco sugerido por Bender na formação da "cultura pública", foram criticadas por serem insensíveis à experiência de grupos minoritários e por privilegiar o "centro" em detrimento das "periferias". Qualquer narrativa-mestre, afirmava-se, era inerentemente ideológica, dando prioridade a uma interpretação hegemônica da realidade em detrimento de uma variedade de vozes em disputa. Essas críticas eram expressas de forma mais aguda pelos historiadores do gênero.

A negligência da política foi outra fonte de crítica, tanto de parte dos historiadores à direita, como Gertrude Himmelfarb, quanto à esquerda, como Elizabeth Fox-Genovese e Eugene Genovese. Os Genovese, por exemplo, admitiam que o estudo de grupos oprimidos para recaptar experiências ocultas da história, do qual o estudo do próprio Eugene Genovese sobre escravidão era um exemplo muito bem sucedido, valia a pena, mas alertavam contra uma tendência a romantizar essas experiências:

---

[12] T. Bender, "Wholes and parts: the need for synthesis in American history", *Journal of American History*, 1986, vol. 73, p. 127.

[13] Kessler-Harris, "Social history", p. 164.

[14] *Ibid.*, p. 178.

Falando diretamente, por mais admirável que tenha sido grande parte da recente história social e por mais que a descrição da vida das classes mais baixas possa acabar se mostrando valiosa, o tema como um todo está afundando constantemente em um pântano neoantiquário comandado por ideólogos liberais cujos argumentos políticos, não obstante a pretensão normal de não ter argumento político, têm um fardo que reside em uma evasão do confronto de classes.[15]

Se ignorarem as estruturas de poder que restringem a vida das pessoas, os historiadores sociais ignorarão os determinantes mais cruciais de seu mundo: eles mostrariam a escravidão sem o escravista, como alguns estudos de cultura dos escravos dos anos de 1970 parecem quase fazer, ou a vida da classe trabalhadora sem o poder das corporações. "Uma visão romântica de escravos ou trabalhadores, que negue a influência recíproca com os opressores, acaba negando a história que eles realmente viveram".[16] Em vez disso, os historiadores eram chamados a integrar a história social com estudos de poder político e o crescimento do Estado.

A "nova história social", por toda sua influência, nunca foi dominante o suficiente, nem coerente o suficiente, para ser classificada como um paradigma dominante. Como confirmaria um exame atento dos índices da maioria das revistas acadêmicas nos últimos anos, a história social, embora vá muito bem, obrigado, não é mais dominante como já foi.

Ainda que uma grande quantidade de trabalhos importantes e informativos ainda esteja sendo realizada em quase todos os seus principais subcampos, não se pode negar que a história social perdeu seu lugar como vanguarda da academia e sua pretensão de representar o âmago do empreendimento histórico nos Estados Unidos. O desafio da história cultural, a "virada linguística" nos estudos culturais, o ressurgimento em várias formas da história política e o impacto do pós-modernismo solaparam, todos, de formas diferentes, as premissas centrais da "nova história social", ao mesmo tempo em que ofereciam uma gama inimaginável de temas e uma variedade quase infinita de formas de "fazer história".

Nem os historiadores sociais norte-americanos, nem mesmo os historiadores norte-americanos em geral, tinham um nível de acordo suficiente com relação a sua agenda de pesquisa, sua metodologia e sua epistemologia. Como Bender observou em 1986, o reino da história estava fragmentado em um grande número de províncias separadas, cada uma "estudada em seus próprios termos, cada uma

---

[15] E. Fox-Genovese and E. Genovese, "The political crisis of social history", in Fox-Genovese and Genovese, *The fruits of merchant capital: slavery and bourgeois property in the rise and expansion of capitalism*, Oxford, Oxford University Press, 1983, p. 201.
[16] *Ibid.*, p. 198.

com sua própria rede acadêmica e seu discurso".[17] O que surgiu foi uma profusão de subcampos, cada um com suas próprias preocupações centrais, suas próprias controvérsias, sua própria metodologia, muitas vezes com sua própria associação e sua revista. Exatamente 75 associações históricas especializadas estavam filiadas à AHA. Bernard Bailyn descreveu a pesquisa como "ramificando-se em uma centena de direções ao mesmo tempo, sem coordenação entre si", e ele era apenas uma entre várias figuras importantes a lamentar "a ausência de princípios organizativos eficazes na historiografia moderna – sua falta de forma, sua falta de coerência geral".[18] Kuhn descreve as primeiras investigações científicas como "pré-paradigmáticas", carecendo da coerência intelectual e da coordenação intelectual da ciência madura. A historiografia moderna, por outro lado, talvez pudesse ser descrita como "pós-paradigmática". Embora possa ser possível falar de um paradigma dominante na historiografia norte-americana no final do século XIX e início do século XX, talvez já na década de 1950, os estudos históricos contemporâneos se tornaram ecléticos demais em seus temas, metodologias e padrões de prova para que fosse esse o caso.

Leituras complementares

Duas excelentes histórias da escrita histórica nos Estados Unidos são J. Higham, *History: professional scholarship in America*, edição revisada, Baltimore, Johns Hopkins University Press, 1983; e P. Novick, *That noble dream: the "objectivity question" and the American historical profession*, Cambridge, Cambridge University Press, 1988. Embora a obra de Higham termine no final dos anos de 1960, ela examina o caráter e o contexto da historiografia de "consenso", a qual, é verdade, o autor foi um dos primeiros a identificar (em um artigo publicado em *Commentary* em 1959). O tópico principal de Novick são as visões dos historiadores sobre a objetividade, mas ele as aborda através de uma descrição ricamente detalhada e contextualizada da prática histórica norte-americana. Uma discussão esclarecedora da relação entre a "nova história social" e a política radical nos anos de 1960 é J. Wiener, "Radical historians and the crisis in American history, 1959-1980", *Journal of American History*, 1989, vol. 76, p. 399-434. Os ataques políticos que a história social tem recebido recentemente demonstram que ela ainda é associada na mente popular à esquerda. Ver "Special issue: social history and the American political climate – problems and strategies", *Journal of Social History*, 1995, vol. 29, sup.

Há várias análises do desenvolvimento da história social nos Estados Unidos desde os anos de 1960, incluindo P. N. Steams, "Trends in social history", in M.

---

[17] Bender, "Wholes and parts", p. 128.
[18] P. Novick, *That noble dream: the "objectivity question" and the American historical profession*, Cambridge, Cambridge University Press, 1988, p. 579.

Kammen (ed.) *The past before us: contemporary historical writing in the United States*, Ithaca NY, Cornell University Press, 1980; O. Zunz, "American social history", in idem (ed.) *Reliving the past: the worlds of social history*, Chapel Hill, University of North Carolina Press, 1985; and A. Kessler-Harris, "Social history", in E. Foner (ed.) *The new American history*, Philadelphia, Temple University Press, 1990.

As mudanças nas prioridades e nas perspectivas da história social podem ser identificadas através de uma sequência de ensaios críticos de Peter Stearns em seu papel de editor de *Journal of Social History*. "Social history today ... and tomorrow", *Journal of Social History*, 1976, vol. 10, p. 129-55; "Social history and history: a progress report", *ibid.*, 1986, vol. 19, p. 319-34; e, mais recentemente, "Social history, present and future", *ibid.*, 2003, vol. 37, p. 9-20.

Críticas à "nova história social" por sua suposta falta de atenção à política vem de Elizabeth Fox-Genovese e Eugene Genovese, "The political crisis of social history", in *eaedem, The fruits of merchant capital*, New York, Oxford University Press, 1983 (à esquerda); e G. Himmelfarb, *The new history and the old: critical essays and reappraisals*, Cambridge MA, Harvard University Press, 1987 (à direita). Sobre o desenvolvimento da história cultural, ver L. Hunt (ed.) *The new cultural history*, Berkeley, University of California Press, 1989. Um dos muitos comentários sobre a suposta fragmentação da historiografia norte-americana é T. Bender, "Wholes and parts: the need for synthesis in American history", *Journal of American History*, 1986, vol. 73, p. 120-36; e as respostas estão em "A round table: synthesis in American history", *ibid.*, 1987, vol. 74, p. 107-30.

Sobre as recentes tendências na escrita histórica norte-americana, ver "AHR forum: the old history and the new", *American Historical Review*, 1989, vol. 94, p. 654-98; "The practice of american history: special issue", *Journal of American History*, 1994, vol. 81, p. 933-1174; A. Motho and G. S. Wood (eds) *Imagined histories: American historians interpret their past*, Princeton, Princeton University Press, 1998.

PARTE III
INTERDISCIPLINARIDADE

Como já vimos, a história, da forma praticada no século XX e principalmente quando seus praticantes começaram a questionar ou desenvolver as abordagens de seus antecessores do século XIX, empregava conceitos e abordagens metodológicas emprestadas de outras disciplinas. Enquanto algumas disciplinas antecediam o surgimento da história acadêmica e estavam presentes, muitas vezes com efeito significativo, em seu nascimento – economia política, por exemplo, ou direito – outras começaram a florescer à medida que o bebê da história também crescia. A educação da criança foi importante, incluindo a influência de pares e de mais velhos, e daqueles que podem ter se considerado melhores, embora se continue sem saber se são tão importantes quanto as características que ela trouxe do nascimento.

Na verdade, há uma série de outras perguntas importantes que informam esta parte do livro. Até que ponto as influências "externas" das disciplinas vizinhas modificaram as perspectivas e as práticas dos historiadores? As fronteiras das disciplinas estão demarcadas (e remarcadas)? Quando e por que as disciplinas funcionaram como barreiras? Quando e por que foram tratadas como linhas através das quais se trocam ideias? Quais as implicações de discursos diferentes, específicos de cada disciplina, para as perspectivas e os potenciais da interdisciplinaridade? Como em outras partes deste livro, os capítulos desta apresentam estudos de caso que tratam de algumas dessas perguntas de dentro das questões específicas da relação da história com outra disciplina. Em três dos exemplos apresentados, os colaboradores são historiadores que trabalharam próximo a profissionais e/ou ao trabalho de profissionais de uma disciplina aparentada: em um caso, o capítulo de Tim Woods, o próprio autor pratica uma dessas disciplinas vizinhas, a literatura.

Nem todas as disciplinas, é claro, são construídas da mesma forma e nem todas as abordagens à interdisciplinaridade estão de acordo em seus focos específicos. Embora seja possível reconhecer a sociologia e a antropologia como disciplinas em um sentido convencional, incluindo sua forte presença institucional dentro da academia, outras "disciplinas" não apresentam as mesmas características, mas são mais facilmente identificáveis como movimentos adjacentes a outras, ou situadas dentro delas. Siân Nicholas, em seu estudo de "psico-história", vai além da psicanálise e da psico-história como alicerces disciplinares de seu capítulo, assim como fizeram seus profissionais mais precoces, dos quais o primeiro foi, evidentemente, Freud. Foi sua publicação sobre Leonardo da Vinci que "lançou a 'psico-história' como disciplina": o primeiro psicanalista também foi o primeiro psico-historiador.

Os estudos de Freud foram imitados, com pouco efeito, por seus contemporâneos e quase contemporâneos, mas suas conclusões e sua abordagem não obtiveram mais apoio dos historiadores como um todo do que a psicanálise teve apelo universal dos psicólogos. Como aponta Nicholas, o que os historiadores consideravam impalatável, ao examinar esses primeiros estudos, é que a psicanálise e seu produto, a psico-história, surgiam como "pseudociências" – as más companhias da ciência da psicologia. E, é claro, porque a história psicanalítica contradizia ou parecia contradizer algumas das regras fundamentais sobre evidências que os historiadores, destacados membros da guilda, tinham de cumprir.

Nem a sociologia nem a antropologia fizeram as mesmas perguntas fundamentais sobre abordagem. Os historiadores encontraram, em cada disciplina, não desafios às suas ideias sobre como o argumento histórico deve ser construído, e sim incentivos para explorar o passado de maneiras diferentes. A sociologia, como descreve o capítulo de Robert Harrison, tem uma série de interesses em comum, bem como suas origens intelectuais, com a história; embora os sociólogos possam ser mais explícitos em sua aplicação da teoria, seu estudo da "vida social humana" não leva a uma distinção evidente em relação ao trabalho dos historiadores. Ainda que os sociólogos históricos investiguem a sociedade passada, é o foco no presente da sociologia que distingue de forma mais evidente sua identidade disciplinar daquela da história. Em sua busca de padrões gerais de comportamento, o emprego que os sociólogos fazem das técnicas de pesquisa, incluindo a análise estatística de grandes conjuntos de dados, também revela elementos de diferença em relação à prática histórica tradicional. Porém, como observa Harrison, a história recebeu muito da sociologia, tanto em termos de amplas teorias de desenvolvimento e conceitos de função na sociedade quanto em termos de método de pesquisa e abordagem. Em troca, a história estimulou na sociologia um desejo de investigar a sociedade passada. Como resultado, a sociologia, com efeito, emprega historiadores como pesquisadores de campo para o trabalho de arquivo. Ao ajudar a definir, por exemplo, agendas de pesquisa sobre estrutura social e demografia, os sociólogos incentivaram a abertura de fontes e o desenvolvimento das técnicas históricas que os historiadores e eles próprios podem explorar.

O mesmo se aplica à antropologia. Como descreve John Davidson em seu capítulo, os interesses em comum da antropologia e da história, essencialmente a explicação das ações de uma pessoa a outra, mas enraizadas em tempo diferente (antropologia) e espaço diferente (história), incentivaram uma grande quantidade de esforço comum por parte dos que praticam cada disciplina. Como no caso da sociologia, a antropologia trouxe uma agenda intelectual e aspectos da metodologia que influenciaram em muito o trabalho de alguns historiadores com efeito imediato, e o de muitos outros por meios mais sutis, até mesmo uma adoção inconsciente. O que salta aos olhos no caso da antropologia e da sociologia é a direção específica que essas disciplinas deram ao trabalho dos historiadores sociais no último meio século. Parte desse impulso veio de dentro da história; com o crescimento do número de profissionais de história social e econômica, bem como cultural, eles buscaram material comparativo e abordagens analíticas.

Inevitavelmente, parte da absorção dentro da disciplina precisou de uma segunda e uma terceira cargas. O famoso microestudo de Le Roy Ladurie sobre o início do século XIV, que se baseava na antropologia cultural, incentivou iniciativas semelhantes dentro da disciplina. Portanto, é possível conceber uma segunda ou terceira geração historiográfica (isto é, pós-Montaillou, nesse caso) que chegou à sua antropologia via história.

Nas últimas décadas, a antropologia, principalmente a antropologia cultural de Geertz, realizou suas próprias trocas interdisciplinares com outras disciplinas além da história. O surgimento (ou ressurreição) dos estudos culturais, da narrativa, dos estudos literários, assistiu a uma forte fertilização cruzada entre teóricos literários e antropólogos culturais. Tim Woods observa a contribuição de Geertz e dos *Annales* ao trabalho dos "novos historicistas" dos estudos literários. Ele também reconhece a aparente contradição de que, embora micronarrativas como Montaillou possam ter sido "incentivadas por teorias pós-modernas de história", essas iniciativas ainda estão sujeitas ao desafio geral da teoria literária.

Alguns outros elementos da relação entre a disciplina de história em desenvolvimento e suas vizinhas acadêmicas surgem com intensidade em cada um dos quatro capítulos. A cronologia de abordagem merece ser mencionada. Nas disciplinas emergentes, como a antropologia e a sociologia, um processo de desenvolvimento interno, com uma primeira onda de pioneiros abrindo caminho a revisionistas à medida que a disciplina solidifica sua base institucional, tem elementos em comum com outras disciplinas, incluindo a história. O momento em que a história alcança a disciplina aparentada emergente e começa a compartilhar e aprender com ela, é revelador. Em alguns casos, fica claro que a história, como qualquer outra disciplina, é capaz de aprender tardiamente — talvez tarde demais — com disciplinas irmãs. Davidson, por exemplo, argumenta que uma antropologia interpretativa simbólica estava em processo de decadência dentro da antropologia, exatamente quando foi assumida por disciplinas de fora, incluindo a história. Nesse sentido, a interdisciplinaridade é um estudo de caso de história que se repete. Ao reconhecer o comentário de Marx nesse processo de duas etapas, não esperaríamos encontrar tragédia na primeira etapa da interdisciplinaridade, mas, como bem ilustra a discussão de Nicholas sobre a historiografia potencial da psicanálise de historiadores psicanalíticos, podem-se antecipar momentos de farsa na segunda etapa.

Também existe uma cronologia invertida para se desaprender, tanto quanto aprender, de outras disciplinas. As disciplinas podem se tornar caricaturadas, apresentadas como exemplos do errado em relação ao qual uma nova disciplina ou subdisciplina séria pode se voltar para fazer a coisa certa. O "Novo Historicismo" dos estudos literários se coloca contra um "velho" historicismo; Tim Woods cita Louis Montrose sobre a textualidade da história. Montrose afirma que "não se pode ter acesso a um passado integral e autêntico"; mas, é claro, é difícil conceber que qualquer "velho" historicista discordasse. A evolução das disciplinas muitas vezes faz com que as próprias pessoas que a praticam tenham um sentido mais próximo e mais imediato do que acontece dentro delas, o potencial para uma autorreflexão mais elevada comparada com aquelas, de "fora", que as observam e aprendem com elas. Isso não significa dizer, evidentemente, que os "forasteiros" sejam incapazes de fazer observação nuançada e nova, que não consigam apontar falhas naquilo que observam.

Mas pode significar que, se não olharem de perto ou se deixarem de olhar cedo demais, descreverão o que está na superfície e chamarão isso de conteúdo.

Mesmo assim, as caracterizações descuidadas e as análises mal concebidas por parte de autores que estão para além da disciplina, assim como dos que estão dentro, podem estimular respostas e, a partir delas, a disciplina pode prosperar. Uma entre diversas conquistas de uma abordagem pós-modernista da história foi incentivar os historiadores a refletir de perto sobre a natureza do que fazem e, principalmente, também experimentar, ou melhor, revisitar, um estilo mais literário de análise.[1]

---

[1] R. J. Evans, *In defence of history*, London, Granta, 1997, p. 248-9.

HISTÓRIA E PSICANÁLISE
Siân Nicholas

8

As teorias de Freud sobre a mente humana, derivadas de suas experiências como neurologista e pediatra na Viena da virada do século, moldaram o clima intelectual do século XX, transformando a forma como vemos a nós mesmos e à nossa sociedade, trazendo um novo vocabulário ("ego", "repressão", "projeção", e, é claro, "psicanálise") para a linguagem cotidiana e influenciando campos tão distintos quanto medicina, arte e literatura, educação e ciências sociais – e a história. No decorrer dos últimos cem anos, a abordagem "psicanalítica" da qual Freud foi pioneiro, a busca de forças ocultas e inconscientes que deram forma à história humana, tornou-se uma das mais polêmicas de todas as metodologias da história, porque parece questionar alguns de nossos pressupostos mais básicos sobre o método histórico, o uso de fontes, até mesmo a natureza humana. Este capítulo procura descrever a essência da abordagem psicanalítica da história e explicar por que ela foi tão revolucionária, o que a tornou tão polêmica – e por que ela permanece tão polêmica até hoje, exaltada por seus proponentes como a maior das abordagens interpretativas da história e difamada por seus detratores como uma pseudociência mais parecida com um culto do que com uma filosofia da história.

O que é a abordagem psicanalítica?

As abordagens "psicológicas" da história não se originaram com Freud, é claro. Os antigos historiadores escreveram interações cênicas de seus principais atores e usaram a natureza humana como ferramenta explicativa. A noção de uma "psique coletiva" que influenciaria o caráter e o desenvolvimento das sociedades era corrente no século XVIII no trabalho de Vico, Herder e outros. No século XIX, o "caráter nacional" era discutido de forma ampla (ainda que vaga). Durante o final do século XIX e início do século XX, historiadores e sociólogos ponderavam as dinâmicas psicológicas da história, sendo que os exemplos mais famosos são *The psychology of crowds* (1895), de Gustave le Bon, *A ética protestante e o espírito do capitalismo (The protestant ethic and the spirit of capitalism, 1904)*, de Max Weber. *O declínio da idade média (The waning of the middle ages, 1924)*, de Johan Huizinga, foi uma tentativa inovadora de abordar a psicologia da sociedade medieval. Nesse meio-tempo, os historiadores dos *Annales* seguiram o chamado de Lucien Febvre por uma "psicologia histórica" que investigasse o conceito de mentalidades coletivas (*mentalités*), por exemplo, em *O grande medo de 1789 : os camponeses e a Revolução Francesa (La Grande Peur de 1789, 1932)*, de Georges Lefebvre.

Essas abordagens se baseiam inevitavelmente na empatia criativa dos historiadores. Freud, contudo, propôs uma abordagem psicanalítica, mais rigorosa, da pesquisa histórica, baseada em suas observações como clínico, que afirmavam oferecer uma nova teoria sobre o caráter e a motivação humanos com base para a revelação da mente inconsciente.

A teoria de Freud sobre a personalidade humana reside sabidamente em conceitos sobre sexualidade infantil e inconsciente dinâmico. Ele postulou que a personalidade humana tem três elementos, o id (a personalidade humana sem restrições, impelida pela libido, ou pulsão sexual), o superego (a personalidade com restrições das forças sociais, culturais e familiares) e o ego (o *self* singular, produzido através da submissão do id pelo superego, e que compreende a mente visível socializada e a mente subconsciente, reprimida). A experiência de infância é fundamental para o desenvolvimento da personalidade adulta, de forma que os bebês passam por três etapas evolutivas (oral, anal e genital), nas quais seu desejo biológico de prazer inicialmente se realiza (por meio da amamentação, defecação e masturbação), depois é restringido (pelo desmame, uso do banheiro, tabus sexuais), seguida de uma experiência formativa de conflito intergeracional (o conhecido "complexo de Édipo" de Freud) pelos quais aprendem a acomodar seu ressentimento intuitivo com relação ao pai do mesmo sexo como rival pelo afeto do outro, o do sexo oposto (daí o aforismo bruto de que os meninos inconscientemente desejam matar o pai e ter relações sexuais com a mãe). Além disso, os bebês do sexo feminino sofrem de baixa autoestima relacionada a sua falta de genitália masculina. Os efeitos dessas experiências – principalmente quando resolvidas mal ou traumaticamente – são reprimidas no subconsciente ou na mente inconsciente do indivíduo, mas se revelam em sonhos, associações de palavras, sintomas neuróticos e/ou comportamento patológico. A psicanálise foi o meio pelo qual esses impulsos inconscientes conseguiriam ser identificados, explicados e, talvez, resolvidos.

Se o historismo classicamente se preocupava com fatos registrados e explicação racional, a teoria psicanalítica imediatamente oferecia um caminho em direção a algo diferente, ou seja, as motivações inconscientes que definem a ação humana: "agressão, sexualidade, paixões, fantasia e estados emocionais do mundo interior de seu sujeito".[1] Esse "mundo interior" é fundamental, porque só ele explica integralmente as ações exteriores. A psicanálise, ao revelar as experiências formativas de personalidades históricas fundamentais, poderia revelar o caráter e a motivação verdadeiros de suas ações. Mais do que isso, Freud acreditava que, aplicando-se o método psicanalítico a grupos e sociedades no passado, poderiam se explicar

---

[1] P. Loewenberg, "Psychohistory", in M. Kammen (ed.) *The past before us: contemporary historical writing in the United States*, New York, Cornell University Press, 1980, p. 409.

não somente surtos de psicose coletiva, mas as próprias origens das atitudes culturais, preconceitos, mitologia, religião e da própria civilização. Ao assumir a teoria psicanalítica, a relação do historiador com sua disciplina seria transformada. Um dos mais apaixonados defensores da história psicanalítica, o historiador das ideias Peter Gay, declarou que sua formação em teoria psicanalítica lhe abriu uma nova dimensão da análise histórica: uma sensibilidade aguçada em relação às fontes, uma leitura mais perceptiva dos textos (por exemplo, o que eles reprimem, tanto quanto o que admitem), um reconhecimento maior das fantasias inconscientes compartilhadas que estão na base das atitudes culturais, ou das pulsões sexuais ou agressivas que precipitam as ações individuais e coletivas.

"Muitos historiadores já ouviram a música do passado, mas a transcreveram para instrumentos rudes" – para Gay, os historiadores sem visão psicanalítica, ainda que realizem muito, permanecem meramente "artífices" e somente o historiador psicanalítico pode escrever a partitura para toda a orquestra.[2]

A psicologia como disciplina: suas origens e seu desenvolvimento

Freud foi quem realmente lançou a "psico-história" como disciplina com sua obra *Leonardo da Vinci e uma lembrança de sua infância (Leonardo da Vinci and a memory of his childhood, 1910)*, na qual ele buscava investigar a inspiração artística de Da Vinci analisando os poucos fatos conhecidos sobre sua vida (a saber, que ele era filho ilegítimo, a origem de seus pais – a mãe, serva, e o pai, um homem de posses, com quem ele foi morar ainda criança – e a ausência de qualquer caso amoroso em sua vida adulta), mais o exame de sua obra completa, e uma memória de infância mencionada em seus cadernos, de que um pássaro – um abutre – tinha descido até o seu berço e colocado a cauda em sua boca. Freud concluiu que Da Vinci era obviamente homossexual, que isso poderia ser atribuído à repressão, quando ele foi viver com o pai, de seu relacionamento particularmente intenso com sua mãe natural, e que a fixação por sua mãe teria permanecido em seu subconsciente. Isso foi revelado à posteridade em suas preocupações artísticas com figuras femininas (e, principalmente, maternais) idealizadas, mais claramente em seu retrato de "dupla mãe" do Cristo criança, da Virgem e sua mãe Santa Ana – e também em sua memória de sonho, já que o abutre da lembrança de infância de Da Vinci (leia-se fantasia subconsciente) também era o símbolo da maternidade no antigo Egito. Na segunda edição de seu livro (1919), Freud acrescentou uma nota de rodapé "especial": seu contemporâneo, Oskar Pfister, descobriu no retrato de Cristo, da Virgem e de Santa Ana, o contorno de um abutre, desenhado inconscientemente nas dobras da roupa de Maria e com sua cauda perto da boca do bebê Cristo.[3]

---

[2] P. Gay, *Freud for historians*, New York, Oxford University Press, 1985, p. xiv, 77, and passim.
[3] Sigmund Freud, *Leonardo da Vinci and a memory of his childhood*, New York, Norton, 1964, p. 65 n. and passim.

Essas conclusões intrigantes desencadearam uma pequena inundação de biografias supostamente psicanalíticas, especulativas, na década de 1920, que provavelmente mais prejudicaram do que ajudaram o perfil acadêmico da história psicanalítica. Mas a psicanálise freudiana estava entrando na moda nos círculos acadêmicos e artísticos na Grã-Bretanha, na Europa Continental e nos Estados Unidos do entre guerras. Ao mesmo tempo, o trabalho dos historiadores dos *Annales* e estudos históricos como *Strange death of liberal England* (1935), de George Dangerfield, que descreveu a sociedade britânica passando, na verdade, por um colapso nervoso nos anos imediatamente anteriores à Primeira Guerra Mundial, fortaleceu o interesse nas abordagens psicológicas. A Segunda Guerra Mundial, porém, mostrou ser um ponto de virada no desenvolvimento da história psicanalítica. Inicialmente, durante a guerra em si, a psicanálise ganhou uma nova aceitação popular, à medida que uma sucessão de profissionais que a praticavam na Grã-Bretanha e nos Estados Unidos, incluindo exilados europeus do nazismo, tentavam explicar a "psicopatologia" de Hitler e do povo alemão que tinha apoiado sua subida ao poder.[4]

O mais celebrado desses, o estudo psicanalítico de Walter Langer sobre Hitler, realizado a partir do governo dos Estados Unidos em 1943, examinava as relações de Hitler com sua jovem e adorada mãe e seu velho e desprezado pai, sua suspeitada ilegitimidade, a morte da mãe (enquanto era tratada, observe-se, por um médico judeu), a rejeição que sofreu como artista, ainda jovem, e seu traumático serviço militar na Primeira Guerra Mundial, para concluir (sem que seja surpresa), que Hitler era um histérico paranoico.[5] Em segundo lugar, a guerra minou a confiança de alguns historiadores em sua disciplina: as explicações convencionais dos desdobramentos históricos pareciam inadequadas, e o simples rótulo de "mau", muito problemático para explicar a ascensão do totalitarismo e as atrocidades dos campos de concentração. A teoria psicanalítica oferecia uma nova direção intelectual, uma ciência do comportamento humano que poderia dar respostas a essas questões que, de outra forma, não eram passíveis de serem respondidas.

Em 1957, William Langer (irmão de Walter), presidente da American Historical Association, apelou à associação para refletir sobre a contribuição que a abordagem psicanalítica poderia dar à disciplina histórica. A publicação de seu discurso no ano seguinte, junto com o surgimento do estudo psicanalítico de Erik Erikson, *Young man Luther*, marcou a criação de um novo campo acadêmico interdisciplinar. Ambos desenvolveram e ampliaram a abordagem de Freud. Langer afirmou que a psicanálise oferecia os meios para descobrir as motivações irracionais e reprimidas não apenas dos indivíduos históricos, mas também de grupos, por exemplo, dos movimentos totalitários modernos, das turbas revolucionárias francesas ou da

---

[4] Por exemplo, W. Brown, "The psychology of modern Germany", *British Journal of Psychology*, 1944, vol. 34, p. 43-59, caracteriza a Alemanha como uma nação doente, cujos perenes ataques maníaco-depressivos e complexo de perseguição refletem as tendências históricas e paranoicas do próprio Hitler.

[5] W. Langer, *The mind of Adolf Hitler*, London, Secker and Warburg, 1973.

sociedade europeia depois da Peste Negra. A análise de Erikson sobre a "busca de identidade" de Lutero introduziu um maior grau de contexto histórico do que Freud tinha ensaiado e modificou a primazia da experiência do bebê com uma teoria da "psicologia do ego" que situava o desenvolvimento do indivíduo no contexto de formas familiais e societais e em influências adultas, bem como de infância. Mas essa promoção da abordagem psicanalítica foi mais longe do que a de Langer: a história era importante demais para ser deixada a "observadores não clínicos" ou para historiadores profissionais "imersos" exatamente nos "disfarces, racionalizações e idealizações do processo histórico dos quais deveria ser sua tarefa se separar".[6] Essa nova abordagem teve eco, particularmente entre o grupo de jovens historiadores norte-americanos do pós-guerra, como Peter Loewenberg, levados a investigar as "duas gerações moldadas pelas duas guerras mundiais, a Revolução Russa, o fascismo e o nazismo ... que assistiu ao poder da fantasia psicótica transformar palavras em sonhos vividos".[7] Nas duas décadas seguintes, a psico-história se consolidou como uma subdisciplina histórica em si. Foram lançados seminários em história e psicanálise por Erikson em Harvard e Bruce Mazlish no Massachusetts Institute of Technology. Mazlish discursou à Royal Historical Society sobre "O que é psico-história?" Em 1970, a *American Historical Review* foi a primeira grande revista de história a publicar trabalhos de história psicanalítica. A *Psychohistory review: studies of motivation in history and culture* foi lançada em 1972, e a antiga *History of Childhood Quarterly*, relançada em 1976, como *The Journal of Psychohistory*.

A partir da década de 1980, publicações acadêmicas de história, como *History and Theory*, têm publicado regularmente a pesquisa psico-histórica. Em anos mais recentes, a *History Workshop*, por exemplo, publicou duas edições especiais sobre esse campo.[8]

A literatura psico-histórica se divide em dois principais elementos: estudos de indivíduos ("psicobiografia") e de grupos ou sociedades. As psicobiografias tendem a se concentrar em líderes autoritários como Napoleão, Stalin e Hitler, monarcas ou estadistas que parecem ter sido reprovados em testes da grande política (por exemplo, Guilherme II ou Woodrow Wilson), ou políticos cujas carreiras se mostraram particularmente controversas (como Richard Nixon, Ronald Reagan ou Margaret Thatcher). Também foram feitas tentativas interessantes de integrar a biografia psicanalítica com a história das ideias, por exemplo, o celebrado estudo de Mazlish

---

[6] W. L. Langer, "The next assignment", *American Historical Review*, 1958, vol. 63, p. 283-304; E.H. Erikson, *Young man Luther: a study in psychoanalysis and history*, New York, Norton, 1958, p. 20 and passim.

[7] P. Loewenberg, *Decoding the past: the psychohistorical approach*, Berkeley, University of California Press, 1984, p. 7 e prefácio. Loewenberg nasceu em 1933, de pais alemães, mas passou seus primeiros anos em Xangai, de onde foi evacuado em um barco francês; ele passou os anos da guerra ainda criança nos Estados Unidos; seu pai era psiquiatra.

[8] B. Mazlish, "What is psycho-history?" *Royal historical society transactions*, 1971, vol. 21, p. 79-100; *History Workshop Journal*, 1988, vol. 26, e 1998, vol. 45.

sobre a angustiada relação de John Stuart Mill com seu pai, *James and John Stuart Mill: father and son in the nineteenth century* (1975).

A mudança de foco entre os psico-historiadores, passando de indivíduos para sociedades, foi pressagiada pelo trabalho de Erich Fromm e a "Escola de Frankfurt" dos exilados marxistas europeus nos Estados Unidos, que buscaram fundir o pensamento freudiano e marxista em uma nova linha de sociologia histórica.[9] Contudo, os psico-historiadores foram mais além, tratando de eventos históricos ou fenômenos sociais específicos, como racismo, ideologia política ou relações de família.[10] Um dos estudos mais polêmicos nos últimos 20 anos, *Entertaining satan: witchcraft and the culture of early New England* (1982), de John Demos, usou uma série de abordagens psicanalíticas para analisar a Salém enlouquecida com a caça às bruxas, identificando uma misoginia radical direcionada às acusadas e atribuindo-a aos efeitos da educação das crianças e a rivalidades familiares, mais especificamente entre irmãos. Seguindo Loewenberg, entre outros, *Male fantasies* (dois volumes, 1987/1989) de Maus Theweleit, destacava, inicialmente, a brutalidade paternal e o afeto materno contido que era característico da socialização infantil e adolescente masculina na Alemanha Imperial, e segundo, a associação literal nos anos de 1920 e 1930 dos "Vermelhos" com a ameaça à feminilidade, que levou os jovens alemães ao etos guerreiro masculino do fascismo.

O revide contra a psico-história

Quase desde o princípio, a psico-história foi atacada a partir do centro da profissão histórica. Na verdade, poucas metodologias polarizaram tanto a opinião historiográfica.[11] As psico-histórias constituíram uma historiografia alternativa fechada, raramente ou nunca citada pelas correntes principais. Já em 1919, o jovem Karl Popper descartou a abordagem psicanalítica como "pseudociência". Examinando *Thomas Woodrow Wilson, a psychological study* (1967), de Bullitt e *Thomas Woodrow Wilson, a psychological study*, de Freud, A. J. P. Taylor questionou: "Como é que alguém, alguma vez, conseguiu levar Freud a sério?". Lawrence Stone criticou as teorias de Freud do desenvolvimento infantil como sendo não-históricas. Para Geoffrey Barraclough, a psico-história era simplesmente "bobagem".

---

[9] Ver T. Adorno, *The authoritarian personality*, New York, Harper, 1950; E. Fromm, *The sane society*, London, Routledge and Kegan Paul, 1956.

[10] Ver W. D. Jordan, *White over black: American attitudes toward the negro 1550-1812*, Chapel Hill, University of North Carolina Press, 1968; R. Hofstadter, *The paranoid style in American politics, and other essays*, New York, Vintage Books, 1967; D. Hunt, *Parents and children in history: the psychology of family life in early modern France*, New York, Basic Books, 1970.

[11] Talvez só o pós-modernismo se aproxime.

Entre os principais historiadores britânicos do pós-guerra, só Lewis Namier estava disposto a admitir uma fascinação pela teoria freudiana.[12]

Parte do problema tem sido a qualidade das próprias psico-histórias. Até um defensor tão aguerrido da abordagem psicanalítica como Peter Gay admitiu que um grande número de psico-histórias se caracterizou por "irrelevância, irresponsabilidade e vulgaridade".[13] Com certeza, os dois exemplos iniciais mais celebrados, a psicobiografia de Leonardo Da Vinci escrita por Freud e a de Lutero escrita por Erikson, não envelheceram bem. A descrição de Freud sobre a relação erotizada que o bebê Da Vinci tinha com sua mãe se baseava não em evidências materiais, mas nas suposições do próprio Freud de que Da Vinci era homossexual, e apresenta uma teoria das origens da homossexualidade que poucos aceitariam hoje em dia. Sua crítica das pinturas de Da Vinci ignora algumas das convenções básicas da arte do século XV e suas análises da história sobre o pássaro se baseiam em um infeliz erro de tradução (Leonardo descreveu uma pipa, e não um abutre!). A descrição de Lutero por Erikson também se baseia em evidencias não confiáveis. Na descrição de sua vida doméstica supostamente traumática, não são levadas em conta as normas da educação de crianças no final da Idade Média e, ao levar o leitor à conclusão inescapável de que os problemas intestinais de Lutero foram importantes na origem da Reforma Protestante, prejudica a elevada seriedade de sua análise.[14] Embora ambas as obras tenham sido defendidas como explorações no campo da psicanálise, mais do que exposições históricas sérias, elas exemplificam uma falha na literatura psico-histórica: muitas psico-histórias foram escritas por historiadores amadores ou por psicanalistas amadores.

Mais além, as formas com que as psico-histórias (principalmente as psicobiografias) pareciam reduzir episódios históricos importantes para as crises emocionais de um punhado de indivíduos destacados podem ser problemáticas. Essa estranha atualização da tese dos velhos "grandes homens" da história, segundo a qual podem se identificar as falhas na política norte-americana no início do século XX com os problemas de ego de Woodrow Wilson, o totalitarismo alemão com os traumas de infância de Hitler ou a ignomínia de Watergate com a obsessão infantil de Nixon com sua mãe, causa desconforto entre historiadores cuja formação lhes

---

[12] Ver Gay, *Freud for historians*, p. 62-3; A. J. P. Taylor, *New statesman and nation*, 12 May 1967, p. 653-1; L. Stone, *The family, sex and marriage in England 1500-1800*, London, Weidenfeld and Nicolson, 1977, p. 15, 161; G. Barraclough, "Psycho-history is bunk", *The Guardian*, 3 March 1973; L. Namier, "Human nature in politics", em seu *Personalities and powers*, London, Hamish Hamilton, 1955.

[13] Gay, *Freud for historians*, p. 4.

[14] Para uma crítica detalhada de Freud sobre Da Vinci, ver D. Stannard, *Shrinking history: on Freud and the failure of psychohistory*, New York, Oxford University Press, 1980; sobre Erickson, ver R. A. Bainton in R A. Johnson (ed.) *Psychohistory and religion: the case of young man Luther*, Philadelphia, Fortress Press, 1977.

faz ver o desenvolvimento histórico como um fenômeno mais complexo.[15] O uso da psicanálise para investigar sociedades passadas também é cheio de dificuldades, principalmente quando teorias historicamente específicas do século XX sobre cuidado de crianças, atitudes maternas, etc., são transpostas a sociedades do passado para explicar fenômenos como o infanticídio.[16]

Entretanto, as falhas na prática invalidam a teoria em si? Os defeitos de determinadas psico-histórias (a saber, que suas conclusões não são sustentadas pelas evidências, que elas são reducionistas e que são anacrônicas) estão implícitas em sua metodologia ou são apenas as dores do crescimento de uma disciplina acadêmica relativamente nova? Freud e seus sucessores consideraram a teoria psicanalítica uma ferramenta científica que proporcionava modelos em relação aos quais os indivíduos ou grupos poderiam ser (psic)analisados. Mas a psicanálise é uma abordagem tão científica quanto afirmam seus seguidores?

Como tem sido apontado com frequência, não se pode psicanalisar os mortos. Os registros de infância costumam ser escassos ou inexistentes. Quaisquer registros pessoais sobreviventes – cartas, diários, etc. – são supostamente o produto da mente consciente do indivíduo.

Sendo assim, que evidências temos – ou podemos ter – de vidas interiores, das motivações secretas e não reconhecidas, das pessoas históricas? Já que, por definição, a existência da mente inconsciente não pode ser provada, sua condição em qualquer caso específico só é inferida por pistas e sinais externos que o psicanalista/historiador interpreta segundo sua perspectiva teórica. Embora toda a pesquisa histórica seja indutiva em vez de dedutiva (ou seja, trabalha para trás, em busca de razões para resultados conhecidos) e os historiadores são perpetuamente alertados para que não identifiquem apenas as evidências que sustentem suas hipóteses, na psicanálise, esse perigo parece endêmico, com as hipóteses sobre desenvolvimento infantil inferidas a partir do comportamento adulto e, então, usadas efetivamente para explicá-lo. Além disso, sem que se possa jamais garantir que duas interpretações psicanalíticas sejam iguais, as credenciais científicas da abordagem são, na melhor das hipóteses, questionáveis. Para os de fora do campo, a psico-história, longe de ser uma "ciência da história", parece ter aproximadamente a mesma relação com a história que a astrologia tem com a astronomia: uma doutrina muito teorizada, mas infinitamente maleável, cujas camadas de explicação permitem que seus praticantes "provem" quase qualquer coisa que queiram e cujos defensores muitas vezes apresentam uma relação de culto, em vez de uma distância crítica, com Freud e suas teorias. Tentativas mais recentes por parte de praticantes (prin-

---

[15] Ou, como na análise freudiana a mãe é a figura externa central no desenvolvimento infantil e, na maioria dos casos citados, as mães dos indivíduos cumpriram um papel fundamental, talvez se devesse postular outra tese do tipo *Bad mothers of great men* ("Péssimas mães de grandes homens")?

[16] Ver B. A. Kellum, "Infanticide in England in the later Middle Ages", *History of Childhood Quarterly*, 1974, vol. 1, p. 367-88.

cipalmente nos Estados Unidos) de introduzir um rigor teórico maior na disciplina, por exemplo, exigindo educação formal em história e em teoria psicanalítica, não tem obtido êxito total, muitas vezes não apresentando ao leitor casual maior clareza ou plausibilidade, mas com um vocabulário técnico mistificador e saltos dedutivos intuitivamente implausíveis.

Uma discussão movida a teoria não é necessariamente circular, mas não é suscetível à prova no sentido comum. Um exemplo eloquente usado na defesa que Peter Gay faz da história psicanalítica é a conhecida inclinação de Gladstone a resgatar "mulheres caídas". Em vez de atribuir sua motivação a lascívia e parar por aí, Gay aponta adequadamente que essas campanhas eram um interesse filantrópico comum na Grã-Bretanha de final do período vitoriano e sugere que elas tiravam muito de seu ímpeto de um desejo inconsciente de reabilitar estranhos. Ele continua, afirmando que sua "fantasia de resgate" é, em si, um disfarce para o "desejo muito mais potente de restaurar a pureza da mãe que, embora fosse oficialmente um anjo, faz coisas misteriosas e terríveis com o pai por trás de portas fechadas".[17] Muitos historiadores subirão de bom grado a bordo da primeira proposição; a maioria provavelmente recuaria diante da segunda. Se aceitamos ou não depende, para começar, de aceitarmos a teoria freudiana.

O reducionismo é outro problema. A psicobiografia de Margaret Thatcher escrita por Leo Abse, *Margaret, daughter of Beatrice* (1990), pode ser uma leitura inesquecível (as políticas sociais de linha-dura identificadas com seu desmame supostamente abrupto por sua mãe distante, a filosofia monetarista atribuída a seu aprendizado supostamente difícil com o uso do peniquinho), mas mal começa a explicar o quê, em relação à condição política, econômica e eleitoral da Grã-Bretanha nos anos de 1980, permitiu três inéditas vitórias eleitorais sucessivas dos Conservadores.[18] Mais seriamente, a explicação de fenômenos como a ascensão do nazismo em termos de traumas evolutivos do indivíduo (no caso, Hitler) ou coletivo (a sociedade alemã) pode parecer assustadoramente superficial.

O fato de as psico-histórias serem quase que invariavelmente psicopatologias esforçando-se para nos contar muito sobre indivíduos, sociedades e épocas disfuncionais, mas pouco sobre a "vida normal", permanece sendo um problema. Se a abordagem psicanalítica é universal em sua aplicação, também deveria, com certeza, ter a mesma importância para explicar o comportamento racional?[19]

Em relação a mal interpretar os fatos relacionados a atitudes ou estilos de vida de épocas passadas, essa pode ser uma característica da má prática da psico-história, e não de sua teoria. Mas, para alguns, a própria historicidade da história

---

[17] Gay, *Freud for historians*, p. 188-9.
[18] L. Abse, *Margaret, daughter of Beatrice*, London, Jonathan Cape, 1989. Cf. seu *The man behind the smile: Tony Blair and the politics of perversion*, London, Robson Books, 1996.
[19] Sobre o problema da racionalidade e psico-história, ver G. Izenberg, "Psychohistory and intellectual history", *History and Theory*, 1975, vol. 14, p. 139-55.

psicanalítica está enraizada no paradoxo. Por um lado, oferece uma teoria cuja premissa é a imutabilidade da natureza humana e do desenvolvimento do caráter entre sociedades, culturas e épocas históricas, portanto, podendo ser chamada de não histórica em seu âmago. Por outro lado, os críticos afirmaram que a noção de Freud de desenvolvimento infantil está essencialmente baseada nas opiniões da classe média do final do século XIX e nas práticas de educação de filhos de Freud, de seus pacientes e de seu meio social, sendo pouco representativa da sociedade vienense de finais do século XIX como um todo, muito menos da europeia. Embora os teóricos depois de Freud tenham buscado acomodar uma perspectiva mais ampla, a psico-história está visivelmente exposta a acusações de paroquialismo cultural em formas extremas.[20]

A teoria freudiana, obviamente, não é uma simples crença. A edição padrão de suas obras psicológicas chega a 24 volumes. A maioria dos historiadores psicanalíticos tende a ser de freudianos convictos, mas as atitudes do próprio Freud mudaram bastante no decorrer de sua vida. Muitos de seus seguidores alteraram substancialmente partes de sua teoria (por exemplo, o trabalho de Adler sobre o complexo de inferioridade, a visão de Klein sobre desenvolvimento infantil), e muitos rivais postularam esquemas alternativos (como a teoria de Jung sobre o inconsciente coletivo). Os problemas técnicos de se aplicar uma disciplina historicamente situada, altamente teórica e internamente contestada ao estudo histórico são consideráveis.

Isso levanta a seguinte pergunta: longe de oferecer visões universais da condição humana, a teoria freudiana se revelará, não mais do que um fenômeno histórico? Com certeza, muitas das ideias psicanalíticas fundamentais de Freud (por exemplo, inveja do pênis, ou as raízes da homossexualidade) estão muito desacreditadas. À medida que o conhecimento científico aumentou, as explicações psicanalíticas dos fenômenos históricos podem ter recebido a companhia das médicas (por exemplo, as caças às bruxas da Europa medieval ou da cidade de Salém, em Massachusetts, no século XVII, foram desencadeados por envenenamento por ergotina, ou a irracionalidade de Guilherme II por porfiria hereditária?[21]) Os avanços do século XXI

---

[20] Stannard, *Shrinking history*, p. 30. Enquanto isso, como apontam os formalistas, o complexo de Édipo de Freud pode ser ou não uma teoria válida para o desenvolvimento infantil, mas pouco tem a ver com o Édipo da mitologia grega, que não sabia que o homem que matou era seu pai natural nem que a viúva com quem se casou depois era sua mãe natural até que fosse tarde demais. O "complexo de Electra", o equivalente feminino, quase não tem mais validade clássica: é verdade que Electra, filha de Agamenon, incita seu irmão Orestes a matar sua mãe culpada depois do assassinato de seu pai, mas por vingança, não por desejo. Os psico-historiadores podem, é claro, afirmar que o Édipo Rei, de Sófocles, e Oresteia, de Ésquilo, eram exposições sublimadas em vez de explícitas do subconsciente edipiano coletivo.

[21] L. Caporeal, "Ergotism: the satan loosed in Salem?", *Science*, 2 April 1976, vol. 192; M. K. Matossian, *Poisons of the past: molds, epidemics and history*, New Haven, Yale University Press, 1989; J. C. G. Rohl (historiador), M. Warren (bioquímico) e D. Hunt (geneticista), *Purple secret: genes, "madness" and the royal houses of Europe*, London, Bantam, 1998, p. 311.

nos campos da genética, da bioquímica ou das ciências comportamentais podem muito bem superar as explicações freudianas da ação humana tão características do século XX. O entusiasmo relativo dos historiadores norte-americanos no último terço do século XX – comparado com o ceticismo da maioria dos historiadores europeus – pela abordagem psicanalítica talvez possa ser considerada simplesmente mais um instrutivo fenômeno histórico, bem como historiográfico.

Uma acomodação? Pensamentos e conclusões

Mesmo assim, é fácil demais simplesmente descartar a psico-história como uma besteira. Nas palavras de um observador recente, "como estrutura dogmática, o freudismo pouco convence, mas, em sua forma difusa, as ideias freudianas se tornaram parte indispensável de nosso entendimento comum da humanidade".[22] Todos temos uma vaga noção das teorias freudianas, a linguagem da psicanálise já faz parte do vocabulário corrente, e os historiadores há décadas usam alegremente palavras como "repressão", "complexo de inferioridade", "transferência", "desejo de morte", etc., mesmo quando seu entendimento conceitual desses termos é impressionista, para dizer o mínimo.[23] E os historiadores ainda ficam com a charada: como se começa a explicar o irracional, o não racional, aquilo que é francamente desconcertante, na história humana? Mesmo que a psico-história tenha se mostrado algo como uma camisa de força teórica, talvez se possa considerar que a abordagem psicanalítica generalizada oferece, no mínimo, uma ampla tese de trabalho. Afinal de contas, a psicologia sempre fez parte das principais explicações históricas. O campo da psicologia social, isto é, o estudo das culturas, sistemas de crenças, identidades de gênero, etc., é uma área em que as fronteiras entre o psicológico e o psicanalítico muitas vezes parecem confusas.

Nos últimos anos, os próprios historiadores psicanalíticos elaboraram uma defesa considerável de seu campo. Eles afirmaram que a verdadeira história psicanalítica (e não a mera "psico-história") é uma abordagem de muitas camadas e sensível, que combina análises históricas "diretas" com "modelos das ciências sociais, sensibilidades humanísticas e teoria psicodinâmica, além de *insights* clínicos, para criar uma visão mais integral da vida no passado".[24] Eles apontam que a psicanálise deveria ser uma ferramenta entre muitas à disposição do historiador, e a história psicanalítica deve ser usada para complementar, e não substituir, os gêneros e métodos historiográficos tradicionais. Eles afirmam que o historiador psicanalítico deve ter formação como historiador e como psicanalista, e prestar a mesma atenção ao método histórico e à teoria psicanalítica. Alguns propõem um freudismo muito

---

[22] Ritchie Robertson, *Time literary supplement*, 27 October 2000, p. 11.
[23] Ironicamente, Lawrence Stone atribui a revolução sexual do século XX em parte ao próprio freudismo popular, a expressão da teoria sexual freudiana alimentando um aumento nas expectativas sexuais.
[24] Loewenberg, *Decoding the past*, p. 14.

modificado, no qual os preceitos básicos sejam filtrados através de uma perspectiva histórica – embora outros afirmem que isso reduz o elemento teórico a pouco mais do que a abordagem psicológica de "senso comum", que foi o que Freud tentou teorizar. Mais compensadores, talvez, são os estudos recentes que examinam o papel dos próprios psicanalistas na história em um contexto crítico e psicanalítico, como trabalhos recentes sobre o papel dos psicanalistas da época da guerra e o impacto da Blitz sobre as crianças de Londres.[25]

Entretanto, novas direções na história psicanalítica apenas parcialmente tratam o problema de forma diferenciada. Por exemplo, uma tendência recente em relação a "psicanalisar o psico-historiador" fez com que as principais obras de Freud fossem reinterpretadas em níveis significativos, como exercícios de autoanálise disfarçada ou simbólica.[26] Psico-historiadores como Erikson e Langer tem sido submetidos a estudos psicanalíticos para descobrir suas próprias vidas e motivações interiores. Como alerta Loewenberg, "nenhum fenômeno tem sentido inerente. A personalidade do historiador se reflete não apenas no material histórico e nos temas escolhidos, mas também nos esquemas conceituais conscientes e inconscientes que lhes são impostos".[27] Essa modificação bastante assustadora da velha injunção do historiador de se prevenir com relação ao viés pessoal leva a um paradoxo maior no centro do empreendimento psicanalítico moderno: é uma abordagem supostamente científica, mas cada vez mais reconhece seus praticantes não como observadores científicos, mas como consciências subjetivas em todo o empreendimento.

Longe de serem historiadores mantendo distância intelectual, em algumas obras, as personalidades dos próprios psico-historiadores ameaçam assumir tanta importância quanto os eventos que eles dizem abordar. Teme-se a *reductio ad absurdum* de uma historiografia que compreenda uma espiral interminável de psico-historiadores analisando outros psico-historiadores.

A história psicanalítica permanece uma subdisciplina cujas conclusões, aos céticos, parecem com muita frequência irremediavelmente banais ou impenetravelmente obscuras. Ao afirmar que os psico-historiadores devem ter formação como psicanalistas e como historiadores, a subdisciplina ganhou em rigor analítico, mas ao fazê-lo, pode-se dizer que reforçou sua exclusividade intelectual e continuou, na prática, a alienar os descrentes. Para alguns, a psicanálise continuará sendo fundamental para a compreensão histórica; para outros, continuará, sem dúvida, a ser besteira. Mesmo assim, se não conseguiu oferecer respostas convincentes, Freud certamente levantou perguntas sobre a motivação humana e a influência da

---

[25] A. Phillips, "Bombs away", *Historical Workshop Journal*, 1998, vol. 45, p. 183-98.

[26] Para um estudo recente, ver L. Breger, *Freud: darkness in the midst of vision*, Chichester and New York, John Wiley, 2000.

[27] Loewenberg, *Decoding the past*, p. 12. Loewenberg sugere que todos os estudantes de pesquisa se beneficiariam da psicanálise, e até vai mais longe: "Precisamos introduzir a educação psicanalítica em nosso currículo de graduação em ciências sociais"(p. 78).

irracionalidade e da emoção no empreendimento histórico que nenhum historiador pode ignorar com tranquilidade.

Leituras complementares

As discussões sobre a história psicanalítica entre historiadores raramente foram desinteressadas, tendendo a ser defesas ou ataques à noção de que a abordagem psicanalítica pode contribuir com o que quer que seja à compreensão da história. A mais importante das primeiras declarações de um historiador de destaque em apoio à história psicanalítica foi o discurso presidencial de William L. Langer à American Historical Association em 1957, reimpresso como "The next assignment", *American Historical Review*, 1958, vol. 63, p. 283-304; ver, também, o discurso de Bruce Mazlish à Royal Historical Society em 1970, reimpresso como "What is psycho-history?" *Royal Historical Society Transactions*, 1971, vol. 21, p. 79-100. Outras defesas da abordagem psicanalítica podem ser encontradas em P. Loewenberg, *Decoding the past: the psychohistorical approach*, New York, Alfred A. Knopf, 1983; em Loewenberg, "Psychohistory", em M. Kammen (ed.) *The past before us: contemporary historical writing in the United States*, New York, Cornell University Press, 1980; e na admiravelmente lúcida obra de Peter Gay, *Freud for historians*, New York, Oxford University Press, 1985.

Uma importante visão crítica da "psico-história" (que inclui uma crítica duríssima de Freud escrevendo sobre Leonardo da Vinci) é D. E. Stannard, *Shrinking History: on Freud and the failure of psychohistory*, New York, Oxford University Press, 1980; para uma crítica igualmente detalhada da obra de Erik Erikson, ver R. A. Johnson (ed.) *Psychohistory and religion: the case of young man Luther*, Philadelphia, 1977.

Outros panoramas são Geoffrey Cocks e Travis L. Crosby (eds) *Psycho/history: readings in the method of psychology, psychoanalysis and history*, New Haven and London, Yale University Press, 1987; G. Izenberg, "Pyschohistory and intellectual history", *History and Theory*, 1975, vol. 14, p. 139-55; F. Weinstein, "Psychohistory and the crisis of the social sciences", *History and Theory*, 1995, vol. 34, p. 299-319; T. G. Ashplant, "Psychoanalysis in historical writing", *History Workshop Journal*, 1988, vol. 26, p. 102-19. Para perspectivas feministas e de gênero, ver S. Alexander, "Feminist history and psychoanalysis", *History Workshop Journal*, 1991, vol. 32, p. 128-33; e R. Minsky (ed.) *Psychoanalysis and gender: an introductory reader*, London and New York, 1996.

Sobre Freud e teoria freudiana, ver S. Frosh, *The politics of psychoanalysis an introduction to freudian and post-freudian theory*, Basingstoke and London, Macmillan, 1999. Uma exploração breve, mas útil, das evoluções pós-freudianas das abordagens históricas psicanalíticas (com referência específica a Anna Freud, Melanie Klein, Lacan e Kristeva), pode ser encontrada em G. Walker, "Psychoanalysis and history", in S. Berger, H. Feldner and K. Passmore (eds) *Writing history: theory and practice*, London, Arnold, 2003, p. 141-60.

Sobre as "psico-histórias" em si, como aponta Walker (op.cit., p. 141), a teoria psicanalítica "deu uma contribuição específica aos campos da biografia histórica, aos estudos da bruxaria moderna e sobre o Holocausto". Uma lista de alguns dos mais importantes estudos de fôlego em história psicanalítica incluiria, portanto, B. Mazlish, *James and John Stuart Mill: father and son in the nineteenth century*, New York, Basic Books, 1975; J. Demos, *Entertaining Satan: witchcraft and the culture of early New England*, New York, Oxford University Press, 1982; L. Roper, *Oedipus and the Devil: witchcraft, sexuality and religion in early Modern Europe*, London and New York, Routledge, 1994; K. Theweleit, *Male fantasies*, Oxford, Polity, 1987/89; Dominick LaCapra, *History and memory after Auschwitz*, Ithaca NY and London, Cornell University Press, 1998.

Ver, também, *Journal of Psychohistory*, produzida pelo Institute for Psychohistory (www.psychohistory.com) em Nova York.

E, sua fina execução, esta autora também recomendaria a extraordinária psicobiografia de Leo Abse sobre Margaret Thatcher, *Margaret, daughter of Beatrice*, London, Jonathan Cape, 1990.

HISTÓRIA E SOCIOLOGIA
Robert Harrison

9

Entre as disciplinas aparentadas com a história, a sociologia sempre pareceu a mais próxima, mas, ao mesmo tempo, a mais invasiva, a mais intimidativa, a mais desdenhosa em relação à prática histórica. Este capítulo examina as origens e o desenvolvimento da sociologia, observando algumas das formas nas quais os sociólogos deram início à investigação da sociedade, como seu trabalho influenciou a escrita da história nas décadas recentes e, por fim, a crescente penetração dos vários tipos de pensamento histórico dentro da própria sociologia.

Segundo Anthony Giddens, "a sociologia é o estudo da vida social, dos grupos e das sociedades humanos". Seu tema é nosso próprio comportamento como seres sociais".[1] De que forma, porém, isso difere do tema da história, que o historiador francês do século XIX Fustel de Coulanges identificou como "a ciência das sociedades humanas"?[2] A diferença mais óbvia é que a história lida com o passado enquanto a sociologia lida com o presente. Embora essa generalização descreva com precisão as atividades de pesquisa da maioria dos historiadores e sociólogos, há uma sensação de que a construção que o sociólogo faz do "presente etnográfico" e das afirmações do historiador de excluir demandas do presente de sua investigação do passado são igualmente fictícias. Mais importante, há uma crescente escola de sociologia histórica que inclui em suas fileiras figuras influentes como Barrington Moore e Immanuel Wallerstein, que estudam eventos históricos para testar teorias sociológicas e construir modelos de transformação social. Eles estão fazendo não mais do que fizeram os fundadores da sociologia, incluindo Marx e Weber, que misturaram estudos de história e sociologia. Na verdade, a sociologia clássica surge como reação à transformação social, como forma de entender as revoluções sociais e políticas no século XIX.

Uma segunda distinção, igualmente óbvia, é que os historiadores se preocupam com a interpretação de eventos específicos, ao passo que os sociólogos buscam estabelecer padrões gerais. Isso também é verdadeiro, embora os historiadores costumem ser elogiados por trabalhos cuja "significação" transcende seus temas ime-

---

[1] A. Giddens, *Sociology*, Cambridge, Cambridge University Press, 1989, p. 7. Publicado pelo Grupo A sob o título Sociologia, Porto Alegre: Artmed, 2005.

[2] M. Bloch, *The historian's craft*, Manchester, Manchester University Press, 1954, p. 25, n.

diatos, uma "significação", afirma Gareth Stedman Jones, que depende, em última análise, de alguma teoria explícita ou implícita de causação social".[3] "Nos trabalhos de história", observa Richard Johnson, "as ideias e os pressupostos organizadores podem estar muito profundos.", mas existem.[4]

Entretanto, os sociólogos geralmente são mais explícitos na criação de seus modelos teóricos. A sociologia sempre reivindicou uma posição entre as ciências sociais, um *status* que a maioria dos historiadores tem relutado em assumir. A sociologia aspira ao *status* de "ciência" em sua tentativa de produzir uma linguagem precisa e desprovida de valores, em sua abordagem à coleta e análise de dados e na natureza elaborada e sofisticada de sua teoria. Muitos historiadores se sentem céticos com relação a essas pretensões. Eles podem questionar a utilidade do "jargão" da sociologia, a capacidade dos cientistas sociais de coletar evidências "científicas" sobre as sociedades humanas e o valor das teorias sociológicas que eles acham simplistas ou incompreensíveis. Eles podem questionar o *status* da sociologia como "ciência". Nesse caso, estariam fazendo nada mais do que ecoar as críticas de muitos sociólogos, entre os quais nem todos subscrevem a abordagem positivista a seu tema que prevaleceu, pelo menos na sociologia anglo-americana, durante grande parte do século passado. É importante reconhecer que há mais de uma forma de fazer sociologia. Na verdade, os departamentos de sociologia provavelmente abrigam uma maior diversidade de escolas conflitantes, que divergem muito em termos de metodologia e foco temático, do que os de história. Sendo assim, qualquer tentativa de examinar a relação entre história e sociologia deve ter em mente, todo o tempo, as variações na prática em ambas as disciplinas.

A razão para fazer uma pergunta que pode parecer elementar sobre as diferenças entre história e sociologia é que as duas disciplinas nem sempre estiveram separadas, já que têm origens comuns na filosofia do Iluminismo. Autores como Charles de Montesquieu, Adam Ferguson e John Millar escreveram obras comparativas sobre o que Millar chamou de "filosofia da sociedade", mas também se consideravam "historiadores filosóficos". Eles tinham em comum uma abordagem filosófica para a história e buscavam compreender as leis que comandam as sociedades por meio de estudos históricos.

Os teóricos sociais do século XIX continuaram com seu interesse no desenvolvimento histórico, ou seja, na evolução das instituições sociais. Augusto Comte, o estudioso francês que inventou a palavra "sociologia", considerava o estudo da história social indispensável à formulação da teoria social. Sua obra, que poderia ser descrita essencialmente como um exercício de filosofia especulativa da história, consistia em uma descrição das sucessivas etapas pelas quais a humanidade passou. Karl Marx produziu o que era, ao mesmo tempo, uma teoria da história e

---

[3] G. Stedman Jones, "From historical sociology to theoretical history", *British Journal of Sociology*, 1976, vol. 27, p. 296.

[4] P. Abrams, *Historical sociology*, Shepton Mallet, Open Books, 1982, p. xvi.

uma teoria da sociedade. Na verdade, ele afirmou que a estrutura da sociedade só poderia ser entendida historicamente, em termos de uma sequência de modos de produção e organização social. Herbert Spencer, o teórico inglês que empreendeu os esforços mais sistemáticos para aplicar as noções darwinianas de seleção natural à sociedade humana, fez um uso considerável dos materiais históricos para ilustrar o processo de evolução social. Emile Durkheim usou materiais sociológicos em seus estudos e também escreveu sobre a história da sociologia na França. O sociólogo alemão Max Weber escreveu inúmeras obras históricas, inclusive *A ética protestante e o espírito do capitalismo,* e seus estudos da organização social e econômica se baseavam muito em estudos de casos históricos.

Weber e outros fundadores da disciplina eram essencialmente sociólogos históricos. Eles estavam preocupados com o que era fundamentalmente um problema histórico, o de entender a nova sociedade que surgiu na onda do que Alexis de Tocqueville chamava de "a revolução continuada" do século XIX. As antigas instituições e os antigos valores perderam muito de seu sentido, resultando em um profundo sentimento de confusão social e "anarquia intelectual". "Estes são tempos de caos", observou Jules Lamartine durante os últimos anos da Monarquia de Julho na França: "as opiniões são uma confusão, os partidos são a mixórdia, a linguagem das novas ideias não foi criada ... É o problema do tempo para classificar as coisas e os homens. O mundo desorganizou seu catálogo".[5] O objetivo dos teóricos sociais era criar uma "linguagem das novas ideias", encontrar novas formas de "classificar as coisas e os homens" e, assim fazendo, reorganizar o catálogo do mundo. Eles tentaram entender a nova sociedade comparando-a com a antiga. Marx via a chave na estrutura do capitalismo e na formação de classes; Weber, na racionalização e no crescimento da burocracia; Durkheim, nas implicações sociais da divisão do trabalho, mas eles tinham uma preocupação comum com a interpretação da nova sociedade industrial.

Ainda que estivessem interessados em história, não tinham muito interesse no trabalho dos historiadores. No final do século XIX, os historiadores estavam se afastando da ampla gama de "historiadores filosóficos". Os novos modos de "história científica" exigiam estudar de perto os documentos oficiais. Tomando como tema central a evolução do Estado-Nação, membros da recém-estabelecida profissão histórica se limitavam quase que exclusivamente a tópicos políticos, definidos estreitamente em termos de tempo e lugar. O paradigma da história estatista que foi estabelecido junto com a profissionalização da disciplina no final do século XIX definiu a prática da maioria dos historiadores acadêmicos por uma geração ou mais.

Assim como a história se tornou menos sociológica, a sociologia ficou menos histórica. Na verdade, sob influência das teorias funcionalistas que grassavam no início do século XX, ela se tornou decididamente anti-histórica. O que era considerado como explicações verdadeiramente sociológicas tomou o lugar das explicações

---

[5] Citado em P. Abrams, "The sense of the past and the origins of Sociology"," *Past and Present,* 1972, vol. 55, p. 22.

históricas. Essa tendência foi reforçada pela institucionalização da sociologia como disciplina acadêmica, principalmente nos Estados Unidos, que foi o principal lar da pesquisa sociológica depois da Segunda Guerra Mundial. Os sociólogos, assim como os historiadores, estabeleceram seus próprios departamentos, suas próprias sociedades eruditas, as revistas nas quais refinavam seus conceitos, teorias e procedimentos de pesquisa, seus próprios padrões profissionais e modos de socialização. Em outras palavras, criaram uma forma de "sociologia normal". Assim, a institucionalização da vida acadêmica no final do século XIX e início do século XX tendia a separar os estudiosos em disciplinas aparentadas, cada uma ávida para estabelecer sua autonomia intelectual e institucional.

Havia, é claro, muitas formas diferentes de se fazer sociologia, mas duas abordagens prevaleceram no início e em meados do século XX. Uma era o funcionalismo estrutural, que foi tão dominante nos anos entre 1920 e 1960 a ponto de praticamente constituir o método sociológico. A outra era o positivismo. Embora analiticamente distintos, o funcionalismo estrutural e o positivismo tendiam a coabitar um único espaço intelectual. As teorias funcionalistas buscam explicar as instituições sociais e o comportamento social em termos de suas funções presentes em vez de seu desenvolvimento histórico. A sociedade é concebida como um todo integrado cujas várias partes se encaixam. Sua condição normal é a do equilíbrio. As instituições sociais devem ser investigadas em termos de suas funções, que é a maneira pela qual elas contribuem para a manutenção do equilíbrio social. Essas funções podem ser manifestas, ou seja, explícitas e intencionais, ou latentes, isto é, involuntárias e indiretas. O funcionalismo estrutural na sociologia devia bastante às teorias antropológicas de A. R. Radcliffe-Brown, que, por sua vez, se baseavam muito nos escritos do sociólogo francês do final do século XIX, Èmile Durkheim. Ele foi levado a sua conclusão última, a ponto de *reductio ad absurdum*, alguns poderiam dizer, nos sofisticados sistemas teóricos de Talcott Parsons.

O positivismo significa, acima de tudo, a crença de que a lógica de explicação nas ciências sociais deveria ser modelada a partir da que é empregada nas ciências naturais. Sob a influência de filósofos da ciência como Carl Hempel e Ernest Nagel, os cientistas sociais foram convencidos de que a única forma de explicação válida era a que recorresse a leis naturais, equivalentes às leis da ciência, e que seu dever era, o máximo possível, criar um corpo de conhecimento teórico sobre a sociedade. Em segundo lugar, os cientistas sociais deveriam encontrar métodos de testagem de hipóteses que fossem equivalentes aos que se mostraram tão bem sucedidos nas mãos dos cientistas naturais. Em outras palavras, tinham que encontrar algum tipo de análogo como método experimental.

Durkheim afirmou, em sua obra *As regras do método sociológico*, que "os fatos sociais devem ser tratados como coisas": "Considero extremamente frutífera a ideia de que a vida social deve ser explicada não pelas noções dos que participam dela, mas por causas mais profundas que não são percebidas pela consciência".[6] Em vez de usar as suas ideias e pré-concepções sobre a sociedade e as dos seus sujeitos, o investigador deveria se dispor a descobrir os padrões subjacentes observando o comportamento social. Por estar interessado em "fatos sociais", ele não poderia se basear em compreensões individuais para acessá-los. Para Durkheim, como para sociólogos posteriores de visão positivista, a forma de descobrir padrões e regularidades no comportamento humano era a aplicação de métodos quantitativos. Um exemplo conhecido é a análise de Durkheim do suicídio. Ao comparar a incidência de suicídio em vários países europeus com medidas de outras variáveis sociais, ele descobriu que os índices de suicídio eram maiores em países protestantes do que nos católicos. As duas variáveis, em suas palavras, "andam juntas". Isso, ele afirmava, acontecia porque as comunidades protestantes eram mais individualistas, menos bem integradas do que as comunidades católicas: "o suicídio varia de forma inversamente proporcional ao grau de integração da sociedade religiosa".[7]

Essa "análise de variáveis" era equivalente a um experimento científico. O pesquisador social obviamente não pode fazer experimentos com seres humanos (principalmente quando estuda o suicídio), mas pode usar medidas quantitativas das variáveis sociais para identificar correlações que indiquem pelo menos a possibilidade de uma relação causal. Embora a metodologia de Durkheim fosse crua e sua explicação tivesse falhas graves, seu estudo ofereceu um exemplo precoce e influente da forma que tomaria grande parte da investigação sociológica.

O século seguinte assistiu a uma grande sofisticação dos métodos de pesquisa sociológica quantitativa. Os sociólogos, cada vez mais fascinados, até mesmo obcecados, com a medição, se dedicaram a estudos empíricos cada vez maiores. As técnicas para coleta de dados por meio de questionários e levantamentos estatísticos sociais foram aprimoradas, enquanto os métodos estatísticos aplicados à análise de dados ficaram cada vez mais complexos. Uma grande quantidade da pesquisa sociológica realizada com a classe média nas décadas de meados do século dependia muito da análise quantitativa, com as tabelas e as equações ocupando muito espaço na produção publicada, não apenas como material ilustrativo, mas como termos centrais no argumento. Entre os dois polos do "empirismo abstraído" e "grandes teorias" identificados por C. Wright Mills em 1959, havia pouco espaço para a contemplação pela história dentro da sociologia.

Era essa a concepção de sociologia que predominava no período quando os historiadores na Grã-Bretanha e na América do Norte, em busca de novas ideias e abordagens, começaram a olhar com ciúmes as atividades dos cientistas sociais do outro lado do corredor. Embora os defensores da "nova história", como James

---

[6] Emile Durkheim, *The rules of sociological method*, New York, Free Press, 1964, p. xliii. Numerous editions, publicado originalmente em 1895.

[7] E. C. Huff and G. C. E. Payne, *Perspectives in sociology*, 2nd edn, London, George Allen and Unwin, 1984, p. 197.

Harvey Robinson, tivessem exigido que seus colegas derrubassem as barreiras entre história e ciências sociais, e mesmo que os historiadores dos *Annales* na França tivessem feito progressos notáveis nessa direção, pouco trabalho prático se fez usando os métodos ou teorias sociológicos na Grã-Bretanha e nos Estados Unidos dos anos de 1950. Por que os historiadores nesse momento começaram a mostrar interesse no que poderiam aprender da sociologia, em contraste com a indiferença, quando não repugnância, que a maioria dos membros de sua tribo tinham demonstrado no passado?

Em parte, os historiadores agiam a partir de um sentido de autodefesa em relação à autoridade com que as ciências sociais predominavam no pós-guerra. Acreditando que os sociólogos poderiam encontrar respostas definitivas para muitos dos problemas sociais continuados daquela época, os governos e as fundações privadas derramaram sobre eles recursos com que os acadêmicos das humanidades mal poderiam sonhar. Muitos historiadores sofreram de uma espécie de complexo de inferioridade diante da positividade autoconfiante com que os colegas das ciências sociais afirmavam ter compreendido profundamente o funcionamento da sociedade. Em contraste, os historiadores lamentavam a "flacidez", a natureza "intelectualmente invertebrada", o tradicionalismo cansado da maior parte do trabalho feito em seu próprio objeto. Geoffrey Barraclough, analisando o estado da disciplina em 1955, achou que "a ciência histórica atolou fundo em uma lama agitada pelas rodas pesadas da historiografia do século XIX".[8] Os historiadores da geração mais jovem em particular – produto do que se pode chamar de explosão populacional da educação superior, trazidos ao ensino universitário pela enorme expansão do pós-guerra – eram atraídos por abordagens interdisciplinares em sua busca de sujeitos para pesquisa e sobre os quais escrever.

No fermento político dos anos de 1960, a sociologia apelou a jovens rebeldes, ávidos por desafiar o *establishment* histórico. Pelo menos na Grã-Bretanha, a disciplina tinha uma certa imagem de radical. Enquanto nos Estados Unidos ela era uma disciplina universitária consolidada e, na ausência de uma forte tradição marxista nativa, muito conservadora, nas universidades britânicas foi ensinado pouca sociologia antes da década de 1960, e ela surgiu principalmente nas universidades mais novas, associada às transformações sociais e políticas dessa década. Para os historiadores, uma disposição de aprender com a sociologia assumiu uma espécie de significado simbólico: era algo que distinguia as ambições inovadoras de jovens historiadores progressistas do pedantismo rançoso da velha guarda.

Acima de tudo, os historiadores passaram a se interessar pela sociologia quando o alcance de sua própria pesquisa se tornou mais amplo. Mais importante foi a ascensão da história social.[9] Uma vez que os historiadores assumiram como seu tema questões de estrutura e relações sociais, uma vez que começaram a investigar

---

[8] G. R. Barraclough, *Main trends in history*, New York, Holmes and Meier, 1979, p. 206.
[9] Ver, também, p. 91-92.

padrões familiares, religião, classe social, criminalidade e desvio comportamental, urbanização e aculturação, uma vez que redirecionaram sua atenção do indivíduo ao grupo, parecia tolo não levar em conta o que os cientistas sociais tinham a dizer sobre os mesmos tópicos. Muitas das perguntas às quais os historiadores se voltavam agora vinham sendo investigadas há muito pelos sociólogos. Em cada caso, já havia um corpo teórico, uma gama de conceitos e um arsenal de métodos disponíveis. Era tentador para os historiadores, lutando com problemas de pesquisa paralelos, pegar os conceitos, os métodos e as teorias explicativas sociológicas, por assim dizer, do varal, nem sempre reconhecendo até onde, em quase todos os casos, esses métodos, conceitos e teorias foram contestados em sua disciplina-mãe.

Quando se voltaram ao estudo de pessoas comuns e, às vezes, mais especificamente, à "história a partir de baixo", os historiadores consideraram que as fontes e métodos históricos tradicionais decididamente não ajudavam e por isso recorreram a métodos diferentes, muitos deles vindos das ciências sociais. Por um tempo, a quantificação teve mais destaque. As pessoas comuns geralmente não falam por meio de registros documentais, mas são listadas em registros paroquiais, formulários de censo, listas militares e cadastros de contribuintes. Às vezes, a única maneira de aprender sobre elas é por meio da análise dessas fontes. É por isso que os historiadores sociais recorreram a métodos estatísticos para processar grandes quantidades de dados extraídos desses registros, em vez de se ater a manuscritos e jornais. Os métodos da análise quantitativa desenvolvidos nas ciências sociais pareciam apontar o caminho à frente. O crescente interesse nos métodos quantitativos entre os historiadores nas últimas décadas foi consequência do destaque cada vez maior da história social.

As demandas mais entusiasmadas pela interdisciplinaridade assumiram um tom um tanto messiânico. Por exemplo, em um ensaio, entre um grupo deles, sobre "New Ways in History", publicado pelo suplemento literário do *Times* em 1966, Keith Thomas expressava seu desprezo pela "velha tradição imperial", cujos praticantes, com seus conceitos confusos, sua linguagem impressionista e sua metodologia obscurantista, condenaram a história ao *status* de "uma ocupação, e não uma ciência cumulativa".

Ele conclamou os historiadores a fazer empréstimos das "novas ciências da sociedade": refinar seus termos com mais precisão e clareza, utilizar teorias sociológicas e antropológicas experimentadas e testadas, e aplicar técnicas mais rigorosas de verificação, particularmente por meio de métodos quantitativos, os quais, ele insistia, já tinham provado ser "respostas definitivas" a antigas polêmicas históricas, principalmente no campo da história econômica. "Uma abordagem estatística mais autoconsciente possibilitará que os historiadores sejam objetivos onde houver fatos disponíveis e deixem de fazer pronunciamentos não verificáveis onde não houver". "As ferramentas de reconstrução estão à mão", proclamou, e faltava ver se os historiadores teriam "vontade de usá-las".[10] Embora a maioria dos historiadores que recorreram às ciências sociais, provavelmente inclusive o próprio Thomas, tenha feito isso em busca de novas ideias para aprofundar sua compreensão histórica, houve alguns que esperavam reviver o sonho mais antigo de uma história científica, substituindo os métodos "impressionistas da historiografia tradicional" pelos procedimentos mais rigorosos da ciência social positivista.

Os conceitos e métodos sociológicos influenciaram em muito a escrita da história nas décadas de 1960 e 1970. A "nova história", como a chamaram nos Estados Unidos, caracterizava-se por um interesse no comportamento das massas em vez do das elites, na estrutura analítica em vez de na narrativa, em uma disposição de fazer perguntas explícitas para as evidências e produzir hipóteses explícitas formuladas com referência na teoria das ciências sociais, maior precisão no uso da linguagem e uma prontidão para adotar novos métodos de coleta e análise de dados, incluindo entrevistas orais, análise de conteúdos, biografia coletiva e quantificação, e ser muito mais explícito com relação a sua metodologia de pesquisa. Os inúmeros exemplos incluem os estudos de demografia histórica de E. A. Wrigley e D. V. Glass, de história da família de Lawrence Stone e Edward Shorter, de mobilidade social de Stephan Thernstrom, de violência coletiva de Charles e Louise Tilly, da feitiçaria na Nova Inglaterra de Paul Boyer e Stephen Nissenbaum. A influência da sociologia também ficou evidente nos trabalhos de história urbana, no estudo das instituições de "controle social", como prisões e sanatórios, no estudo de movimentos sociais e em muitos outros campos.[11]

Várias dificuldades demandavam a aplicação de técnicas e métodos sociológicos a dados históricos, e foram apontadas com franqueza por "profissionais convencionais" (para usar a expressão de Arthur Marwick), como Geoffrey Elton e Jack Hexter. Algumas de suas críticas eram simplesmente de caráter obscurantista, mas outras tinham mais força. A história, afirmou E. P. Thompson, "é uma disciplina de contexto",[12] que envolve situar os eventos e textos em seu contexto histórico adequado. Ao tentar aplicar quadros comparativos e teorias gerais do comportamento humano, os historiadores provavelmente perderão de vista a particularidade dos eventos. A história está preocupada com a mudança no decorrer do tempo. Como a maior parte da teoria das ciências sociais tem caráter não histórico, ela não pode, por sua própria natureza, dar uma explicação da mudança. "As atitudes em relação à teoria sociológica entre historiadores de inclinação sociológica muitas vezes beiraram o crédulo", queixou-se Gareth Stedman Jones: "Eles olharam de forma acrítica para a sociologia como armazém teórico do qual poderiam simplesmente selecionar os conceitos que mais servissem a suas necessidades individuais".

---

[10] K. V. Thomas, "The tools and the job", *Times Literary Supplement*, 7 April 1966, p. 275-6.
[11] Ver, também, p. 140-141.
[12] E. P. Thompson, "Anthropology and the discipline of historical context", *Midland History*, spring 1972, vol. 1:3, p. 45.

Os historiadores, em lugar de tomar emprestadas teorias inadequadas dos sociólogos, deveriam desenvolver suas próprias; "o trabalho teórico em história é importante demais para ser terceirizado".[13]

Em 1979, Lawrence Stone, em um artigo muito divulgado, publicado em *Past and present*, observou que alguns dos que com mais entusiasmo tomavam emprestado das ciências sociais estavam se desiludindo com a análise numérica de grande escala e os modelos deterministas de comportamento humano. Seus vários projetos de grande porte não tinham subvertido as "proposições centrais" da interpretação histórica. Suas tentativas de oferecer "explicações científicas coerentes sobre as transformações do passado" e suas esperanças de que a metodologia das ciências sociais revolucionasse o estudo de história não se realizaram. Em vez disso, ele observou, historiadores como Emmanuel Le Roy Ladurie, para fazer justiça com a complexidade da experiência humana, estavam se voltando a estudos mais dirigidos de comunidades e eventos específicos (como o estudo de Ladurie sobre Montaillou). Em lugar de analisar o comportamento de massas, eles estavam se interessando na cultura e na mentalidade. Em lugar de aplicar teorias sociológicas e métodos quantitativos, buscavam sua inspiração na antropologia cultural e na teoria literária. E, em vez de estabelecer suas conclusões em formato analítico, retornavam a modos narrativos de apresentação.[14] Como apontaram vários autores, Stone exagerou em muito o grau de desilusão dos historiadores das ciências sociais e deu muita importância a dois ou três microestudos destacados, mas seu artigo sobre "The revival of narrative", enquanto de forma alguma marcava o fim da fascinação dos historiadores pelas ciências sociais, talvez tenha denotado uma apreciação mais sofisticada das possibilidades da história interpretativa e uma visão mais realista de suas limitações do que tinha ficado evidente uma ou duas décadas antes. Ele também identificou corretamente a "virada cultural" na história, que significava que, a partir dos anos de 1980, a sociologia se tornou muito menos influente do que a disciplina vizinha da antropologia cultural, assim como os estudos literários e culturais.

Outro problema com que os historiadores se depararam foi que as próprias ciências sociais estavam em alvoroço, e não menos a sociologia. A tradição positivista competia com várias formas de "sociologia interpretativa", incluindo interacionismo simbólico, fenomenologia e etnometodologia – cada uma das quais, de formas diferentes, parte da posição de que as ações humanas tinham sentido. Enquanto isso, no fermento social e político dos anos de 1960 e 1970, deu-se uma atenção sem precedentes a várias formas de sociologia marxista. Mas, aos olhos da maioria dos profissionais, a teoria marxista não era mais bem-sucedida do que o paradigma funcionalista anteriormente dominante para entender uma realidade

---

[13] Jones, "From historical sociology to theoretical history", p. 300.
[14] Lawrence Stone, "The revival of narrative", *Past and Present*, 1979, vol. 85, p. 3-24. Ver, também, abaixo, p. 154-7.

social cada vez mais fragmentada. A sociologia foi exposta, não menos do que a história, às repercussões da "virada linguística" nas ciências humanas e, em seu momento, ao impacto desgastante do pós-estruturalismo. Nos anos de 1980, a disciplina, pelo menos no mundo anglófono, perdeu muito da coesão que possuíra, e com ela, a autoconfiança e a autoridade social das décadas do pós-guerra.

Era um sinal dos tempos em que prestigiosas universidades em ambos os lados do Atlântico decidiram fechar seus departamentos de sociologia.

Uma resposta à crise dentro da sociologia foi um retorno à história, e os últimos 30 anos assistiram a um ressurgimento da sociologia. O trabalho de Barrington Moore, Perry Anderson, Immanuel Wallerstein, Theda Skocpol e Charles Tilly fez reviver uma antiga e ilustre tradição que remonta a Marx e Weber. Ela foi suprimida nas décadas iniciais e intermediárias do século XX, quando os sociólogos ignoravam a história ou a percebiam em termos de um simples e invariável processo descrito como "modernização", mas os eventos desde os anos de 1960 incentivaram um ressurgimento. As frustrações vivenciadas pelos cientistas sociais que buscavam entender e facilitar o processo de desenvolvimento econômico no Terceiro Mundo demonstravam que não havia caminho único à modernidade. As teorias não históricas se mostraram incapazes de explicar as formas pelas quais as diferentes sociedades se desenvolveram e não ofereciam respostas claras aos problemas sociais dos países ocidentais como os Estados Unidos em uma era de protestos estudantis, agitação racial e conflito de gerações. Como apontou Abrams, "muitos dos problemas mais graves enfrentados por sociólogos precisam ser resolvidos historicamente".[15] Os teóricos sociais se encontraram em uma situação semelhante à que havia sido vivenciada pelos sociólogos do século anterior, na qual o mundo tinha "desorganizado seu catálogo" e os antigos preceitos tinham perdido força. Nem os modelos marxistas ortodoxos nem os ocidentais foram totalmente adequados para explicar a complexidade do mundo no final do século XX. Sendo assim, a sociologia histórica é construída em grande parte em torno de uma série de diálogos com as grandes teorias do passado – Anderson e Wallerstein com a tradição marxista, S. N. Eisenstadt e Reinhard Bendix com o funcionalismo estrutural – para refiná-las e modificá-las com vistas a responder a mudanças nas circunstâncias históricas.

O número de sociólogos interessados no desenvolvimento histórico cresceu consideravelmente. O número de artigos com conteúdo histórico nas páginas da *British Journal of Sociology*, da *American Journal of Sociology* e da *American Sociological Review* aumentou de praticamente nenhum em 1970 para quase um quarto em 1980. Reconhecendo essa tendência, em 1982 a American Sociological Association estabeleceu uma seção dedicada a Sociologia Comparativa e Histórica. Ao mesmo tempo, um número cada vez maior de sociólogos interessados em tópicos especializados, como criminalidade, demografia, estrutura familiar, estudos de migração e

---

[15] Abrams, *Historical sociology*, p. ix.

urbanização participavam de reuniões na Social Science History Association, onde agora superam os historiadores em número.

Pode-se perguntar como as iniciativas dos sociólogos históricos diferem daquelas dos historiadores sociais. Como explica Skocpol, os sociólogos históricos "fazem perguntas sobre estruturas ou processos sociais considerados concretamente situados no tempo e no espaço", "eles tratam dos processos no tempo", eles "prestam atenção à interação de ações e contextos estruturais dotados de sentido" e "destacam as características *particulares* e *variáveis* dos tipos especiais de estruturas sociais e padrões de mudança".[16]

O mesmo fazem os historiadores. Os sociólogos históricos às vezes realizam pesquisa histórica altamente detalhada e conduzem diálogos com os historiadores interessados nas mesmas questões substantivas. Não há definição de sociologia histórica que a diferencie claramente da história. Muitos concordariam com Anthony Giddens em que "simplesmente não existem distinções lógicas nem mesmo metodológicas entre as ciências sociais e a história – concebidas adequadamente".[17] Mesmo assim, ainda que tenham se tornado confusas, as fronteiras disciplinares ainda são claramente discerníveis. O trabalho dos sociólogos históricos tende a ser mais explicitamente teórico do que o dos historiadores. Eles fazem análise comparativa de forma mais frequente, mais sistemática e com uma intenção claramente teórica. A análise histórica é usada de forma a testar e desenvolver a teoria social, em vez de explorar eventos históricos específicos. Mais além, a maioria dos sociólogos históricos deixa claro, em suas reações às críticas de seus companheiros de profissão, que considera que seu lar intelectual e institucional está situado firmemente dentro das fronteiras de sua disciplina de origem.

Stuart Hughes, escrevendo em 1964, predisse que "o estudo da história hoje em dia está entrando em um período de rápidas transformações e avanços, como os caracterizados na ciência da física nas primeiras três décadas do século XX".[18] Quando a poeira baixou, depois do surto de inovação nos anos de 1960 e 1970, ficou claro que a mudança de paradigma sugerida por Hughes não aconteceu. Com certeza, os defensores do tradicionalismo estavam bem entrincheirados. Em 1978, Barraclough estimava que 90% dos historiadores eram tradicionalistas, impedidos, de várias formas, de adotar os novos métodos por um conservadorismo inato, um desejo de empatia com o passado, um amor por contar histórias e o individualismo arraigado da pesquisa histórica. Diferentemente, Charles Tilly estimou que apenas cerca de 1.000 entre mais de 15.000 historiadores profissionais nos Estados Unidos se consideravam praticantes de história como ciência social. Hexter encontrou a escrita de história quase inalterada pelos esforços para transformá-la. Ela parecia

---

[16] T. Skocpol, "Sociology's historical imagination", in *idem* (ed.) *Vision and method in historical sociology*, Cambridge, Cambridge University Press, 1984, p. 1.

[17] A. Giddens, *Central problems in social theory*, London, Macmillan, 1979, p. 230.

[18] Barraclough, *Main trends in history*, p. 44.

absorver as pressões que recebia e retomar sua forma original como uma almofada de espuma. Do ponto de vista do novo milênio, essas rejeições parecem infundadas. Fora das fileiras minguantes dos historiadores políticos de velho estilo, a escrita da história se tornou mais sensível aos problemas de conceituação e metodologia, mais sintonizada com o trabalho de disciplinas adjacentes, mais eclética na escolha de fontes e métodos. Os historiadores exploram obras relevantes em disciplinas relacionadas quase como algo natural. Entretanto, eles tendem a fazê-lo de forma pragmática, *ad hoc*. Como observa Dorothy Ross, "Esse modo frouxo e eclético de operar muitas vezes reflete o envolvimento superficial dos historiadores com a teoria social, mas também resulta de sua preferência pela riqueza empírica e pela complexidade".[19] Até mesmo seu ecletismo e sua própria diversidade de temas e métodos significam que a relação entre história e sociologia, ainda mais entre histórica e ciências sociais em geral, é complexa e se transforma. O resultado, como explica Tilly, "não é uma grande síntese, e sim várias sínteses diferentes da prática histórica e sociológica", à medida que historiadores interessados em diversos corpos temáticos desenvolvem relações com esses segmentos das ciências sociais que parecem mais aplicáveis à suas necessidades.[20]

Essas sínteses têm mudado continuamente à medida que mudaram os pressupostos e as agendas dos historiadores e as próprias ciências sociais evoluíram de formas dramáticas, às vezes inesperadas, e continuarão a fazê-lo.

Leituras complementares

Para uma discussão geral sobre a relação entre história e sociologia, ver P. Burke, *History and social theory*, Cambridge, Polity Press, 1992 (da qual foi publicada uma versão anterior como *History and sociology*); P. Abrams, *Historical sociology*, Shepton Mallet, Open Books, 1982. Uma explicação útil da diferenças entre as duas disciplinas pode ser encontrada em K. Erikson, "Sociology and the historical perspective", in M. Drake (ed.) *Applied social studies: an introductory reader*, London, Methuen, 1971. Sobre a história e o desenvolvimento inicial da sociologia na Grã-Bretanha e nos Estados Unidos, ver P. Abrams, "The sense of the past and the origins of sociology", *Past and Present*, 1972, no. 55, p. 18-32; D. G. Ross, *The origins of American social science*, Cambridge, Cambridge University Press, 1991.

A crescente disposição dos historiadores para "tomar emprestado" da sociologia e de outras ciências sociais pode ser rastreada em S. Martin Lipset e R. Hofstadter (eds) *Sociology and history: methods*, New York, Basic Books, 1968; G. Barraclough, *Main trends in history*, New York, Holmes and Meier, 1979, p. 45-93;

---

[19] D. G. Ross, "The new and newer histories: social theory and historiography in an American key", in A. Molho and G. S. Wood (eds) *Imagined histories: American historians interpret their past*, Princeton, Princeton University Press, 1998, p. 96.

[20] C. Tilly, *As sociology meets history*, New York, Academic Press, 1981, p. 4.

J. Morgan Kousser, "Quantitative social-scientific history", in M. Kammen (ed.) *The past before us: contemporary historical writing in the United States*, Ithaca NY, Cornell University Press, 1980; L. Stone, "History and the social sciences", in idem, *The past and the present revisited*, London, Routledge, 1987; C. Tilly, *As sociology meets history*, New York, Academic Press, 1981. Uma expressão particularmente entusiasmada do otimismo associado às primeiras etapas do processo é K. V. Thomas, "The tools and the job", *Times Literary Supplement*, 7 April 1966, p. 275-6. Uma crescente desilusão com algumas das mais grandiosas versões da história como ciência social foi identificada por Lawrence Stone em um artigo de 1979 em *Past and present*, reimpresso em *The past and the present revisited*. Para um olhar retrospectivo sobre a relação entre as disciplinas, ver A. Abbott, "History and sociology: the lost synthesis", in E. H. Monkkonen (ed.) *Engaging the past: the uses of history across the social sciences*, Durham NC, Duke University Press, 1994; D. G. Ross, "The new and newer histories: social theory and historiography in an American key", in A. Molho and G. S. Wood (eds) *Imagined histories: American historians interpret their past*, Princeton, Princeton University Press, 1998.

O surgimento, ou melhor, o ressurgimento, da sociologia histórica pode ser visto em Abrams, *Historical sociology*, T. Skocpol (ed.) Vision and method in historical sociology, Cambridge, Cambridge University Press, 1984; D. Smith, *The rise of historical sociology*, Cambridge: Cambridge University Press, 1991.

10

HISTÓRIA E ANTROPOLOGIA
John Davidson

Segundo Bernard S. Cohn, um norte-americano estudioso do sul da Ásia que percorreu essas disciplinas mais do que a maioria das pessoas,

> os historiadores e os antropólogos têm um tema em comum: a "alteridade". Um dos campos constrói e estuda no espaço, o outro, no tempo. Ambos têm uma preocupação com texto e contexto. Ambos visam, independentemente do que mais façam, explicar o sentido das ações de pessoas enraizadas em um tempo e um espaço a pessoas de outro.[1]

A maioria dos historiadores praticou seu ofício sem ser influenciada pelos desdobramentos na antropologia e, em muitos casos, ignorando-os. Mas, desde os primeiro dias da história profissional acadêmica, alguns deles têm demonstrado um interesse na antropologia e mesmo visualizado uma indefinição das divisões entre as disciplinas. Os antropólogos, principalmente os antropólogos sociais britânicos, eram mais céticos, mas, nos anos de 1960 e depois, à medida que alguns antropólogos se afastavam dos modelos das ciências naturais, E. E. Evans-Pritchard e Clifford Geertz afirmavam que a antropologia social e cultural tinha que se alinhar com a história e as humanidades, e não com as ciências sociais positivistas. No período posterior a 1945, os historiadores começaram a se interessar pelas histórias das sociedades na África e na Ásia até então consideradas terreno exclusivo dos antropólogos. No contexto intelectual e político pós-colonial do final dos anos de 1960 e durante os de 1970, os antropólogos começaram a pesquisar sociedades complexas com histórias bem documentadas. No início dos anos de 1980, alguns historiadores sociais e intelectuais deram uma "virada cultural" marcada. No final do século XX, tinha de fato acontecido uma importante "mescla de gêneros", para usar a expressão de Geertz.

---

[1] B. S. Cohn, "History and anthropology: the state of play", *Comparative Studies in Society and History*, 1980, vol. 22, reimpresso em Bernard S. Cohn, *An anthropologist among the historians and other essays*, Delhi, Oxford University Press, 1987.

Assim como a história, a antropologia surgiu em sua forma moderna no pensamento dos iluminismos francês e escocês. Em comum com todas as suas definições está a noção de que a antropologia lida basicamente com sociedades simples, pequenas, geralmente caracterizadas no século XIX e depois como "primitivas", selvagens" ou "tribais". Essas sociedades foram encontradas principalmente no mundo além da Europa e particularmente na Oceania, África e nas Américas. O processo de acumular os dados necessários por meio de residência e observação e a descrição subsequente dessas sociedades foi chamado de etnografia.

No século XIX, o aumento na escala e na densidade da formação sobre a diversidade nas sociedades humanas estimulava autores, com destaque para J. H. Maine, E. B. Tylor e L. H. Morgan, com origens intelectuais nos clássicos ou no direito para produzir sínteses, que formavam a base da nova disciplina acadêmica. Foram estabelecidas associações acadêmicas unificadas: o British Anthropological Institute, em 1871, e o United States Bureau of Ethnology, em 1879. Os "evolucionistas clássicos" diferiam substancialmente em ênfase e argumento, mas todos buscavam construir um quadro evolutivo unilinear que levasse do barbarismo à civilização, do *status* ao contrato, da promiscuidade à monogamia. As sociedades selvagens contemporâneas eram consideradas ancestrais vivas, preservadas quase como fósseis, presas a um nível inferior da escada evolutiva, por razões talvez ambientais, mas mais provavelmente, biológicas.

No início do século XX, nos Estados Unidos e na Grã-Bretanha, aconteceram importantes mudanças na prática e nos alicerces teóricos da antropologia, que incluíam uma forte reação contra o evolucionismo clássico e o difusionismo geográfico alemão. Em ambos os casos, as mudanças intelectuais andavam juntamente com a profissionalização acadêmica. Também em ambos, fundadores predominantes foram pioneiros das transformações intelectuais e formaram gerações de profissionais.

Franz Boas nasceu em 1858, em uma família judia alemã liberal. Foi educado na Alemanha, mudou-se para os Estados Unidos e foi indicado para uma cátedra em Columbia, em 1899. Sua principal contribuição foi afirmar que a cultura e a biologia eram radicalmente separadas. Atacou o pensamento racista, ainda bem vivo entre antropólogos, bem como no discurso público nos Estados Unidos, e afirmou que a cultura humana era aprendida, e não herdada. As culturas apresentadas por povos específicos – Boas trabalhou principalmente com indígenas dos Estados Unidos – tinham de ser entendidas no contexto de seu desenvolvimento histórico específico.

A grande inovação de Bronislaw Malinowski foi estabelecer amplo trabalho de campo como o método definidor da antropologia profissional. Nas Ilhas Trobriand, de 1915 a 1916 e, mais uma vez, de 1917 a 1918, ele se tornou fluente no idioma nativo e morou entre os ilhéus, como verdadeiro observador participante. Sua primeira monografia importante, *Os argonautas do pacífico ocidental*, apresentava uma visão de uma sociedade exótica "selvagem" sem paralelo, com riqueza de detalhes e uma compreensão simpática. Malinowski acreditava que aquela sociedade tinha sentido em seus próprios termos. A chave para entender era observar a sociedade local de perto por longos períodos, esclarecer a função dos elementos separados da estrutura social e mostrar como cada elemento se encaixava para formar um todo integrado. A importância central atribuída à fluência nas línguas locais e à longa residência em campo, e a aspiração em oferecer uma visão holística completa da sociedade estudada, limitavam a gama de sociedades estudadas. O "povo" do antropólogo tinha de ser pequeno e bem limitado – não é acidente que tantos dos primeiros pesquisadores de campo trabalhavam em ilhas. A visão apresentada era inevitavelmente sincrônica, estática e atemporal. A história e qualquer consideração dos processos de transformação contemporâneos do trabalho de campo ficavam bastante excluídas.

A ênfase não histórica foi bastante reforçada pela influência de outro fundador da antropologia social britânica, A. R. Radcliffe-Brown. Ele se baseava muito em Durkheim e enfatizava a importância central da estrutura social como objeto de análise e da busca de desenvolver generalizações sólidas, semelhantes a leis, de uma verdadeira antropologia científica.[2] Essa aspiração dominou a antropologia social britânica até a década de 1960.

De muitas maneiras diferentes, a antropologia cultural boasiana e a antropologia social estrutural-funcionalista ofereceram aos estudiosos da sociedade humana um modo de análise que desconectava a cultura e a sociedade da biologia, e oferecia um possível quadro para comparação sistemática. Mas, no período entre as duas guerras mundiais, os contatos entre historiadores e antropólogos eram marginais. Antes de 1945, foram forjadas na França as mais importantes conexões entre os historiadores e algumas das preocupações teóricas da antropologia. Lá, a preocupação com um entendimento da sociedade "primitiva" era menos diferenciada em relação à sociologia como um todo do que no caso da academia anglo-saxônica. Èmile Durkheim e seu sobrinho Marcel Mauss escreveram trabalhos significativos de antropologia. O importante livro de Mauss sobre *Le Don* (1923) se baseava na etnografia Trobriand de Malinowski e na Kwakiutl de Boas. Lucien Levy-Bruhl escreveu sobre religião e sobre "mentalidade primitiva". Todos foram importantes para a primeira geração de historiadores dos *Annales*, como professores e como influências intelectuais. *Os reis taumaturgos* de Marc Bloch (1924) e *O problema da incredulidade no século XVI: a religião de Rabelais*, de Lucien Febvre (1942) mostram mais claramente a influência das preocupações dos antropólogos com rituais e sistemas de crenças e, no caso de Bloch, com a história comparativa. Mas Braudel também usou Mauss em sua discussão sobre trocas culturais, enquanto a aspiração à *histoire totale* deve algo ao ímpeto antropológico de descrever as sociedades como todos integrados.[3] Alguns historiadores não franceses leram Mauss ou Levy-Bruhl, como,

---

[2] Ver, também, p. 171-172.
[3] P. Burke, *The French historical revolution: the Annales school*, 1929-89, Oxford, Polity Press, 1990, p. 12-30, 38, 42.

por exemplo, o holandês Huizinga, pioneiro da história cultural mais ampla,[4] mas antes de 1939, o contato interdisciplinar fora da França era parcial e fragmentado.

As transformações políticas, sociais e econômicas no período de 1939 até cerca de 1975 mudaram a forma da academia e de muitas das disciplinas que a compunham. Particularmente depois do início da Guerra Fria, passou a ser muito mais importante ter uma maior compreensão acadêmica sobre o que veio a ser conhecido como Terceiro Mundo. O número de antropólogos e historiadores interessados em Ásia, África, Oceania e América Latina se expandiu como proporção do total, e o trabalho de campo atraiu financiamentos em escala inédita.

Os benefícios da relação entre história e antropologia não foram imediatos. As principais monografias produzidas pela escola britânica entre 1935 e 1965 são os exemplos clássicos de trabalhos escritos no "presente antropológico", um tempo verbal atemporal no qual o antropólogo descreve a estrutura social do povo em questão. Quando essas "sociedades" estavam situadas no tempo, esse tempo era uma percepção de "pouco antes da chegada dos europeus", embora, na maioria dos casos, o trabalho de campo tivesse sido realizado muito depois.

Poucos chegaram a ponto de afirmar que as sociedades africanas não mudavam, mas as monografias atemporais que fixavam os nuer e os tallensi eternamente no cânone antropológico junto com os trobriandenses eram consideradas contribuições maiores à teoria do que os estudos sobre a vida urbana jamais conseguiriam ser.[5] Nos Estados Unidos, também, as afirmações de uma ciência social positivista avançaram muito no período posterior à guerra, particularmente no Institute of Social Sciences de Harvard. Aqui, muitos dos membros da geração seguinte de antropólogos foram formados sob a influência de Talcott Parsons.

Os historiadores deram os primeiros passos que levaram à mescla dos gêneros no estudo do mundo para além da Europa e da América do Norte. Uma das consequências da transformação política na Ásia e depois na África foi que as novas nações precisavam de uma história emancipada da estrutura colonial. O impacto que isso teve na historiografia pode ser ilustrado com referência à África. A primeira geração de historiadores acadêmicos da África teve necessidade de se voltar a outras disciplinas e, em particular, à antropologia. A dívida para com a antropologia envolveu tomar emprestados modos de análise, métodos e, particularmente, a prática do trabalho de campo. A principal expressão das implicações teóricas da nova prática veio do trabalho de Jan Vansina, um historiador belga, com formação medievalista, que foi estudar antropologia na University College London e se tornou pioneiro em técnicas de trabalho de campo no então Congo Belga, Ruanda

---

[4] P. Burke, *Varieties of cultural history*, Ithaca NY, Cornell University Press, 1997, p. 184ff.
[5] Falk Moore, *Anthropology and Africa: changing perspectives on a changing scene*, Charlottesville and London, University Press of Virginia, 1994, p. 40.

e Burundi.⁶ Em 1960, Vansina assumiu um cargo na Universidade de Wisconsin, onde dirigiu sucessivas gerações de estudiosos norte-americanos que tinham novas maneiras de trabalhar em campo.⁷ O ímpeto inicial de grande parte do trabalho dos pioneiros era refutar a calúnia, então comum, de que a África não tinha história. Foram feitos grandes esforços para coletar material de tradições orais de importantes sstados africanos e construir o que, de certa forma, era uma metanarrativa estatista da história do continente. Surgiram dúvidas subsequentes, entre os estudantes de Vansina bem como em outros lugares, sobre a confiabilidade da tradição oral e as limitações da concentração exclusiva na história política.

Contudo, uma vez forjados, os vínculos entre história e antropologia não podiam ser rompidos. Seja qual for o *status* que se atribua às relações formais, o trabalho de campo e a coleta de todo o tipo de textos orais continuaram centrais à pesquisa sobre a história recente e pré-colonial e à história social, cultural e econômica, bem como política. A aliança entre história e antropologia recebeu também a ajuda de uma ampla redescoberta da história por parte de antropólogos preocupados com a África. Já nas décadas de 1950 e 1960, alguns antropólogos africanistas estavam escrevendo o que, em aspectos essenciais, era história, lidando com longos períodos e com processos de mudança e usando um amplo leque de fontes escritas e orais. Em meados da década de 1970, quando os estudos africanos estavam bem estabelecidos, particularmente nos Estados Unidos, as divisões intelectuais importantes não se davam entre as disciplinas, e sim entre história e antropologia. A partir dos anos de 1980, os desenvolvimentos teóricos caracterizados de forma ampla como "pós-modernismo" tiveram um impacto sobre os estudos africanos. A gama de tópicos estudados tem sido, como em outros lugares, consideravelmente ampliada em sua concentração anterior nos Estados e comércio, para incluir a história da doença, da religião, das mulheres, da etnicidade e do uso de álcool.⁸

Os grandes Estados continuam a ser estudados, mas com bases teóricas muito diferentes.⁹ Mas, seja qual for o tópico, seja qual for o propósito teórico, os antropó-

---

⁶ J. Vansina, *De la tradition orale: essai de méthode historique*, Tervuren, Musée Royal de l'Afrique Centrale, 1961, traduzido como Oral Tradition, London, Routledge and Kegan Paul, 1965; J. Vansina, *Oral tradition as history*, London, James Currey, 1985, é uma versão bastante revisada que chega quase a ser um livro novo.

⁷ J. Vansina, *Living with Africa*, Madison, University of Wisconsin Press, 1994; C. Keyes Adenaike and J. Vansina (eds) *In pursuit of history: fieldwork in Africa*, Portsmouth NH and Oxford, Heinemann and James Currey, 1996.

⁸ Para análises recentes do estado da história africana, ver J. C. Miller, "History and Africa: Africa and history", *American Historical Review*, 1999, vol. 104. S. Feierman, "Colonizers, scholars and the creation of invisible histories", in V. E. Bonnell and L. Hunt (eds) *Beyond the cultural turn: new directions in the study of culture and society*, Berkeley, University of California Press 1999.

⁹ J. D. Y. Peel, *Ijeshas and Nigerians: the incorporation of a Yoruba Kingdom 1890s-1970s*, Cambridge, Cambridge University Press, 1983; T. C. McCaskie, *State and society in pre-colonial Asante*, Cambridge, Cambridge University Press, 1995. Em ambos os casos, capítulos introdutórios estabelecem o contexto historiográfico.

logos e os historiadores da África estão engajados em um empreendimento comum. As etnografias clássicas já se tornaram parte dos recursos disponíveis aos historiadores modernos e aos antropólogos que revisitam lugares de trabalhos anteriores. Portanto, Douglas Johnston e Sharon Hutchinson, através de um estudo de arquivo diligente e um trabalho de campo heroico, resgataram os nuer de Evans-Pritchard para a história.[10]

O desenvolvimento de uma historiografia mais rica sobre o mundo para além da Europa e da América do Norte necessariamente demandou historiadores em um encontro com a antropologia e antropólogos considerando mais de perto o passado. Foi o caso de estudos sobre a Ásia, América Latina e Oceania, bem como a África. O contato e a fertilização cruzada entre antropólogos e o campo mais amplo de historiadores preocupados com as histórias da Europa, América do Norte e Australásia foram muito mais episódicos. Somente no último quarto do século XX, quando passaram a estar disponíveis traduções de uma grande quantidade de trabalhos importantes em francês e se intensificou o intercâmbio acadêmico internacional foi que se estabeleceu uma conversação única, ainda que fragmentada, entre ciências sociais e humanas.

Na Grã-Bretanha, os historiadores tomaram emprestadas ideias de trabalhos específicos de teoria antropológica ou de determinadas monografias. Em 1963, Keith Thomas enfatizou que a história poderia aprender lições gerais com a antropologia.[11] Os historiadores poderiam desenvolver consciência das amplas possibilidades de comparações. Particularmente, a comparação entre sociedades radicalmente diferentes poderia render novas visões, tanto oferecendo pistas para entender aspectos do passado "ocidental" que os deixam perplexos quanto apontando que elementos da sociedade ocidental, a estrutura da família, por exemplo, que são tidos como normais, são, na verdade, muito incomuns. Um argumento importante para Keith Thomas foram as crenças e os padrões de acusação relacionados à feitiçaria. A monografia principal foi *Bruxaria, oráculos e magia entre os Azande* (1937), de E. E. Evans-Pritchard. O autor afirmou que as crenças dos azande sobre magia – essencialmente, que os infortúnios humanos, desde a morte até uma má colheita, têm que ser entendidos a partir de fatores sobrenaturais, que podem, contudo, ser manipulados recorrendo-se a oráculos e ao uso de boa magia – compõem um padrão que tem sentido para os azande e pode ser explicado a outros. Ao se concentrar no pensamento desse povo e prestando íntima atenção aos problemas de tradução, Evans-Pritchard antecipou os desdobramentos teóricos muito posteriores à "virada linguística". Na época, quando o funcionalismo estrutural de Radcliffe-Brown continuava sendo a teoria dominante na antropologia social britânica, a etnografia dos

---

[10] D. H. Johnson, *Nuer prophets: a history of prophecy from the upper Nile in the nineteenth and twentieth centuries*, Oxford, Clarendon Press, 1994; S. E. Hutchinson, *Nuer dilemmas coping with money, war and the state*, Berkeley, University of California Press, 1996.

[11] K. Thomas "History and anthropology", *Past and Present*, 1963, vol. 24.

azande incentivou o trabalho de campo africano que situava a caça às bruxas em contextos sociais específicos. Essa etnografia estimulou os historiadores a acreditar que valia a pena levar a sério a bruxaria medieval e moderna e que ela poderia ser explicada por analogia com descrições feitas no âmbito da análise social-estrutural das monografias africanas. No início dos anos de 1970, dois livros importantes, *Religião e o declínio da magia*, de Keith Thomas, e *Witchcraft in Tudor and Stuart England: a regional and comparative study*, de Alan Macfarlane, baseavam-se na antropologia.

Em *Salem possessed: the social origins of witchcraft*, Boyer e Nissenbaum ampliaram o estilo da análise ao caso mais famoso da Nova Inglaterra. A conjunção entre as disciplinas e o lugar ocupado pelos estudos de bruxaria nesse contexto foi, contudo, bastante breve. O estilo de análise antropológica no qual os historiadores tinham se baseado, principalmente Macfarlane, estava saindo de moda entre os antropólogos. Os historiadores continuavam interessados em bruxaria, mas cada vez mais concentrados nas questões relativas aos sistemas de crenças, consoante com as preocupações da história cultural e intelectual que cada vez estava mais na moda, em vez de continuar a enfatizar o contexto social das acusações de bruxaria.[12]

Outros historiadores, trabalhando dentro da tradição marxista inglesa, com mais destaque para Eric Hobsbawm em *Rebeldes primitivos* (1959) e Edward Thompson, em *A formação da classe operária inglesa* (1963) desenvolveram um interesse na noção de cultura como algo que pode ser útil para ampliar e complicar os modelos de análise existentes. Ambos estavam cientes do uso que os antropólogos faziam da cultura, bem como de seu uso literário, mais inglês, no trabalho de Raymond Williams. Hobsbawm apresentou versões preliminares de *Rebeldes primitivos* como artigos ao seminário de Max Gluckman em Manchester, o centro do grupo dos antropólogos ingleses mais interessados em processos de mudança social.[13] Essa obra foi lida e apreciada por antropólogos, principalmente norte-americanos que buscavam injetar um sentido claro de passado em seus trabalhos sobre cultura. Renato Rosaldo descreve como o trabalho de Thompson o ajudou a escrever sua obra no quadro essencialmente histórico que ele deu a Ilongot Headhunters.[14] Panoramas gerais de teoria antropológica, principalmente a partir de meados dos anos de 1980, referem-se a Thompson como uma influência importante sobre os antropólogos e como exemplo de uma forma de analisar as sociedades do passado em um estilo que dá lugar a um entendimento antropológico da cultura.

---

[12] S. Clarke, *Thinking with demons*, Oxford, Clarendon Press, 1999; and I. Bostridge, *Witchcraft and its transformations*, Oxford, Oxford University Press, 1997, dão duas versões muito diferentes de uma abordagem intelectualista. Desdobramentos recentes na África fizeram ressurgir o interesse dos antropólogos e dos historiadores no tópico. Ver P. Geschiere, *The modernity of witchcraft: politics and the occult in postcolonial Africa*, Charlottesville and London, University of Virginia Press, 1997.

[13] E. Hobsbawm, *Interesting times: a twentieth century life*, London, Allen Lane, 2002 p. 347.

[14] R. Rosaldo, "Celebrating Thompson's heroes: social analysis in history and anthropology", in H. J. Kaye and K. McClelland (eds) *E. P. Thompson: critical perspectives*, Oxford, Polity Press, 1990.

Na França do pós-guerra, como mostra a contribuição de Michael Roberts para este livro, os historiadores dos *Annales* se estabeleceram em posições fundamentais dentro da profissão de história.[15] O estruturalismo de Claude Lévi-Strauss exerceu uma influência dominante bem além da antropologia. Outras escolas de antropologia, como o marxismo estrutural desenvolvido por Godelier e outros, floresceram nos anos de 1970. Paul Bourdieu, um proponente posterior da teoria da "prática", começou sua carreira como antropólogo da África do Norte. Para a história escrita na França, a maior importância da antropologia sustentava a ênfase nos temas intelectuais e culturais que ressurgiram com tanta força nos anos de 1970 e 1980, na terceira geração dos *Annales*, com a diminuição da confiança nos poderes dos métodos quantitativos. Em 1975, Le Roy Ladurie, até então comprometido com o uso de dados quantitativos, publicou o melhor trabalho francês conhecido de antropologia histórica. *Montaillou*, uma descrição de uma vila cátara nos Pireneus, com base no registro de um interrogatório inquisitorial de início do século XIV, tratado como o caderno de um etnógrafo e apresentada à maneira de uma monografia antropológica.[16] A partir de início da década de 1970, estudiosos na América do Norte a na Grã-Bretanha conheceram o espectro da prática histórica francesa e a importância dos teóricos pós-estruturalistas franceses, Derrida, Barthes, Foucault e Bourdieu.

Tradições nacionais até então diferentes começaram, se não a suprimir as arestas, pelo menos a apará-las.

Apesar do impacto dos teóricos franceses, para os historiadores, particularmente na América do Norte, as relações do final do século XIX com a antropologia giraram em torno de um antropólogo, Clifford Geertz, cujas raízes intelectuais estavam em Boas e Weber. Mas Geertz tentava separar a antropologia das ciências sociais parsonianas e definir a cultura essencialmente como um "conceito semiótico", cuja análise "não é uma ciência experimental em busca de leis, e sim uma ciência interpretativa em busca de sentido".[17] Em 1970, Geertz se mudou de Chicago para o Institute of Advanced Studies, em Princeton. Daquela esplêndida torre, Geertz exerceu influência e patronagem, pelo resto do século. Seu principal impacto não veio de uma brilhante peça de etnografia, à maneira de Malinowski ou Evans-Pritchard, mas de dois volumes de ensaios temáticos e de escrita elegante. *A interpretação das culturas* (1973) e *Saber local: novos ensaios em antropologia interpretativa* (1983). Da forma como o leram alguns historiadores, o argumento de Geertz parecia novo e sugestivo, dando suporte de dentro da cidadela das ciências sociais a uma visão antipositivista do estudo da sociedade e da cultura huma-

---

[15] Ver p. 107-113.

[16] E. Le Roy Ladurie, *Montaillou: Cathars and Catholics in a French village, 1294-1324*, London, Scolar Press, 1978; para uma resposta de antropólogo, ver R. Rosaldo, "From the door of his tent: the fieldworker and the inquisitor", in J. Clifford and G. E. Marcus (eds) *Writing culture: the poetics and politics of ethnography*, Berkeley, University of California Press, 1986. Ver, também, p. 175 (Capítulo 9).

[17] C. Geertz, "Thick description: towards an interpretive theory of culture" in *The interpretation of cultures*, New York Basic Books, 1973, p. 5.

nas. Em sua obra madura, Geertz afirma que as culturas humanas são compostas de um sistema de símbolos expressos em linguagem, rituais e em outras *performances* públicas, observáveis, como a famosa briga de galos balinesa*. A tarefa do antropólogo é ler e interpretar aspectos exóticos e familiares das culturas, como estudiosos da literatura podem ler e desconstruir um texto. Aparentemente menos importantes, mesmo episódios triviais podem proporcionar ricas visões, se lidos de perto e descritos de forma "densa".

Vários historiadores medievais e modernos, familiarizados com os temas culturais a partir dos *Annales*, foram simpáticos aos argumentos de Geertz. Uma figura fundamental foi Robert Darnton, que coordenava um importante seminário com Geertz em Princeton. Em 1984, Darnton publicou *O grande massacre dos gatos e outros episódios na história cultural francesa*, no qual a dívida dele com Geertz fica muito clara e afirma-se que ele proporciona a rigorosa teoria da cultura que faltara ao trabalho anterior. Natalie Davis também reconhece a influência de Geertz. Em outros casos, como na *microstoria* italiana, os desdobramentos se deram segundo linhas muito semelhantes, mas independentes: *O queijo e os vermes*, de Carlo Ginzburg, oferece uma "descrição densa". O impacto de Geertz se estendeu a outros historiadores. Estudiosos do período colonial nos Estados Unidos, com destaque para Rhys Isaac, produziram história antropológica. O impacto mais importante sobre os modernistas se deu nos historiadores norte-americanos da Europa, por exemplo, Lucy Hunt e William Sewell, mas os europeus também foram influenciados; por exemplo, Hans Medick, uma figura fundamental na preocupação alemã com a história do cotidiano. Alguns, particularmente os afetados não apenas por Geertz, mas também pela teoria social e literária francesa, buscavam estabelecer a história cultural como um empreendimento distinto, emancipado dos traços positivistas da história social e econômica. Nas últimas décadas do século, ampliou-se muito o leque da publicação da "nova história cultural", da qual grande parte consistia em "histórias culturais" de elementos particulares da cultura, indo desde ciência e tecnologia, a doença, açúcar e lápis.[18]

Os estilos de antropologia que não o interpretativo simbólico continuaram a ser aplicados e cresceram os questionamentos a Geertz de dentro da antropologia, mesmo que sua influência fora da disciplina chegasse ao pico. Uma geração mais jovem de antropólogos influenciados pela teoria literária, que primeiro marcou um importante ponto com a publicação de *Writing culture* em 1986, levou o interpretativismo de Geertz ainda mais longe na via do pós-modernismo, rumo à preocupação reflexiva autoconsciente com o processo pelo qual a etnografia é produzida. Mas, mesmo nos Estados Unidos, outras tradições sobreviveram. A tradição neoevolu-

---

[18] J. Goodman, "History and anthropology", in M. Bentley, *Companion to historiography*, London, Routledge, 1997, p. 792-4, apresenta uma lista substancial e comentário.

* N. de R.: No original, *Balinese cockfight*. Refere-se à obra seminal de Geertz: *Deep play: notes on the Balinese cockfight*, em que ele analisa o significado das brigas de galo na cultura balinesa.

cionista continuou, com uma ênfase específica nos limites ecológicos, na obra de Eric Wolf e Sidney Minz. Essa tradição implicava uma preocupação com a história particularmente na longa duração, como exemplificado por *Europe and the peoples without history*, de Eric Wolf. Nos Estados Unidos e na Europa, alguns antropólogos mantinham preocupação com as estruturas sociais e políticas, com modos de produção e com a vida econômica em geral. E, em toda parte, os antropólogos manifestavam um interesse crescente em lidar com o passado e em levar a história a sério como forma de entender a sociedade e a cultura.

Já no início dos anos de 1960, foram feitas tentativas de promover a cooperação entre historiadores e antropólogos. A revista *Comparative Studies in Society and History*, fundada em 1958, compôs seu comitê editorial com antropólogos e historiadores norte-americanos. No último quarto de século, a maior facilidade de manter redes informais e a "virada histórica" mais ampla melhoraram a cooperação e ampliaram as oportunidades para publicação. Novas revistas e séries monográficas na Europa, bem como na Grã-Bretanha e nos Estados Unidos, prestaram cada vez mais atenção à antropologia histórica.

Grande parte daquele material lidava com o mundo fora da Europa e da América do Norte e muitas vezes interessava principalmente a especialistas regionais. A análise de Marshall Sahlins sobre a morte do Capitão Cook no Havaí atraiu atenção por oferecer um exemplo de alguém na tradição culturalista norte-americana envolvido diretamente com questões de história. A obra de Bernard Cohn, durante muito tempo conhecida principalmente por especialistas no sul da Ásia, foi reimpressa como livro em 1987. O estudo da história tsuana em dois volumes, de Jean e John Comaroff, *Of revelation and revolution* (1991/1997) e seu volume de ensaios sobre *Ethnography and the historical imagination* (1992) encontraram leitores fora dos Estados africanos.[19] Na Grã-Bretanha, antropólogos como Jack Goody, Ernest Gellner e Alan Macfarlane publicaram sobre temas históricos importantes. O impacto da antropologia histórica escrita por antropólogos foi aumentado pela crescente tendência dos antropólogos em trabalhar com as sociedades europeias. *The presence of the past in a Spanish village: Santa Maria del Monte*, de Ruth Behar, e *The making of the basque nation* de Marianne Heiberg, por exemplo, usavam uma combinação de trabalho de campo e estudos em arquivos para esclarecer questões de interesse de antropólogos e historiadores.

Cada vez mais, os antropólogos e os historiadores habitam o mesmo mundo intelectual, lidando de formas diferentes com desafios semelhantes da teoria e de pressões externas. As disciplinas, contudo, permanecem separadas. Os antropólogos são mais comprometidos com a teoria do que os historiadores. Todos os antropólogos lecionam no contexto da teoria, mas muitos historiadores não. Estes, embora reconheçam os ganhos em amplitude e autoconsciência trazidos pelo contato com a

---

[19] Ver, também, S. E. Memy, "Hegemony and culture in historical anthropology", *American Historical Review*, 2003, vol. 108.

antropologia, continuam devidamente conscientes dos riscos de fazerem empréstimos imprudentes. Os métodos de trabalho de campo, mesmo quando complementados por estudos de arquivo, levam a análise em direção à sincronia. Grande parte da análise antropológica permanece, segundo a expressão de Nicholas Thomas, "fora de época". Isso se aplica tanto a Geertz quanto a Radcliffe-Brown. A obra *Negara*, descrição de Geertz do "estado-teatro" balinês do século XIX, está situada no passado, mas apresenta uma análise essencialmente sincrônica de um "tipo ideal". Os historiadores escrevem descrições sincrônicas de um sistema – *Structure of politics in the age of George III*, de Namier, por exemplo, mas a história, como disciplina, lida com a mudança no tempo e busca apresentar o aspecto particular do passado que esteja sendo examinado em um contexto mais amplo e dar uma visão desse processo de mudança.

Os antropólogos poderiam responder que a preocupação dos historiadores de explicar a mudança sugere um compromisso, muitas vezes não cumprido, de teorizar o processo de mudança. A teoria importa, e o argumento teórico continuará a complicar o diálogo entre as disciplinas e colocar em dúvida o *status* da antropologia histórica ou da história antropológica. Mas a tradição de ambas as disciplinas permite uma fuga da anomia que pode ser gerada pela preocupação exclusiva com a teoria e traz seus praticantes de volta ao arquivo e ao campo e, às vezes, a ambos. Reconhecendo o impacto de trabalhos recentes, eles chegam lá ainda mais conscientes da natureza problemática dos arquivos, dos textos, da experiência de campo e do *status* do observador, etnógrafo ou historiador. Mas a maioria dos historiadores e muitos antropólogos ainda aspiram acrescentar o registro útil do que os seres humanos disseram e fizeram e a produzir trabalhos que possam estar ao lado da etnografia clássica e da historiografia mais duradoura, serem lidos no contexto dos debates teóricos aos quais foi dirigido, mas dando uma contribuição duradoura ao entendimento de sociedades passadas.

Leituras complementares

Nenhuma obra isolada conta a relação entre história e antropologia. Esse relato tem que ser seguido nas descrições do desenvolvimento das duas disciplinas e no trabalho daqueles que tentaram construir pontes entre elas.

A antropologia tem muitas descrições gerais da natureza e da história da disciplina. T. H. Eriksen, *Small places and large issues: an introduction to social and cultural anthropology*, 2nd edn, London, Pluto Press, 2002, oferece um panorama amplo. A. Bernard e J. Spencer (eds) *Encyclopedia of social and cultural anthropology*, London, Routledge, 1996, é um bom trabalho de referência. T. H. Eriksen e F. S. Nielsen, *A history of anthropology*, London, Pluto Press, 2001, é abrangente. A. Kuper, *Anthropologists and anthropology: the modern British school*, 3rd edn, London, Routledge, 1996, e T. C. Patterson, *A social history of anthropology in the United States*, Oxford, Berg, 2001, para eventos na comunidade britânica e nos Estados

Unidos. M. Auge, *The anthropological circle: symbol, function, history*, Cambridge, Cambridge University Press, 1982, para a França. Um importante historiador de antropologia faz um apanhado breve em modo kuhniano em G. W. Stocking Jnr, "Paradigmatic traditions in the history of anthropology", in idem, *The ethnographer's magic and other essays in the history of anthropology*, Madison, University of Wisconsin Press, 1992, p. 342-61. A. Kuper, *Culture: the anthropologists' account*, Cambridge MA, Harvard University Press, 1999, discute o desenvolvimento de um conceito antropológico fundamental, particularmente no trabalho de antropólogos norte-americanos modernos.

Para o desenvolvimento da conversação entre história e antropologia: E. E. Evans-Pritchard, "Anthropology and history", in idem, *Essays in social anthropology*, London, Faber, 1962, p. 46-15. K. Thomas, "History and anthropology", *Past and present*, 1964, vol. 24, p. 3-24.1. M. Lewis (ed.) *History and social anthropology*, London, Tavistock, 1968, na série de monografias da Association of Social Anthropologists of the Commonwealth, tratou principalmente da exploração por parte dos antropólogos do passado africano. Um volume posterior da mesma série, E. Tonkin, M. McDonald e M. Chapman (eds) *History and ethnicity*, London, Routledge, 1989, indica a mudança de interesse nos anos intermediários. T. K Raab and R I. Rotberg (eds) *The new history: the 1980s and beyond; studies in interdisciplinary history*, Princeton, Princeton University Press, 1982, contém uma série de artigos importantes de, por exemplo, B. S. Cohn a N. Z. Davies.

Os desdobramentos na história cultural são examinados em L. Hunt (ed.) *The new cultural history*, Berkeley, University of California Press, 1989, e em S. B. Ortner (ed.) *The fate of "culture": Geertz and beyond*, Berkeley, University of California Press, 1999. J. Goodman, "History and anthropology", in M. Bentley (ed.) *Companion to historiography*, London, Routledge, 1997, p. 783-804, apresenta um levantamento com ricas referências da relação entre as disciplinas do ponto de vista do historiador.

Alguns participantes apresentaram uma descrição de suas carreiras principalmente J. Vansina, *Living with Africa*, Madison, University of Wisconsin Press, 1994, que dá uma descrição envolvente, ainda que idiossincrática, da historiografia na África, e C. Geertz, *After the fact: two countries, four decades, one anthropologist*, Cambridge MA, Harvard University Press, 1995.

E. R. Wolf, "Introduction: an intellectual autobiography", in idem, *Pathways of power: building an anthropology of the modern world*, Berkeley, University of California Press, 2001, p. 1-10, faz uma introdução pessoal a uma coletânea de seus artigos pessoais.

11

HISTÓRIA E LITERATURA
Tim Woods

A nova senha nos recentes estudos literários foi a virada de volta à história, em parte comandada por uma gama de pressões institucionais: por exemplo, a necessidade frenética de garantir verbas de pesquisa, o novo utilitarismo ideológico que permeia os estudos literários em resposta a auditorias de qualidade e classificações de pesquisas e a necessidade de ser visto produzindo pesquisa de natureza "inovadora", que pressiona inexoravelmente os acadêmicos e as verbas de pesquisa em direção a arquivos históricos (com frequência "intocados"). Mesmo assim, o debate sobre pesquisa "histórica" *versus* "literária" está em uma gangorra nos estudos literários pelo menos durante os últimos 25 anos. Já houve discussões acirradas no campo dos estudos literários sobre as formas com que a teoria negligencia a história, principalmente entre pós-estruturalistas e marxistas: quanto mais importância se dá à teoria, mais se excluem a "textualidade" e "o real".[1]

Diante do imperativo do "retorno à história", muitos ficaram em um dilema sobre onde essa história deve realmente estar situada. Está claro que a própria categoria da história, que já foi invocada com tanta segurança, na verdade é profundamente problemática. Dentro dessa crise do referencial que se tornou tão atormentado com as reelaborações da relação entre o verbal e o social, este capítulo examinará brevemente as formas com que as novas práticas hermenêuticas nos estudos literários podem oferecer perspectivas úteis a quem estuda a história. Por exemplo, o que os historiadores podem ver nos estudos literários (se for o caso) que eles próprios não poderiam estar fazendo? De que forma a escrita da história pode aprender com as práticas críticas dos estudos literários? Em que aspectos a historiografia é alterada pelas preocupações dos estudos literários? Como se pode vislumbrar uma interdisciplinaridade entre história e estudos literários? E, finalmente, para tentar dar uma virada, como o estudo literário aprende com as práticas dos historiadores?

"Historicizar, sempre!" Assim exorta o enorme *Political Unconscious*, de Fredric Jameson, como a principal lei que organiza todos os estudos críticos marxistas e materialistas realizados nos últimos 30 anos. O imperativo histórico de Jameson

---

[1] Para um bom estudo desses debates, ver J. Hawthorn, Cunning Passages, *New historicism, cultural materialism and marxism in the contemporary literary debate*, London, Edward Arnold, 1996.

foi a característica da crítica literária materialista que tentou se distinguir da crítica literária "tradicional" e sua afirmação esteticista de valores literários eternos e abordagens formalistas, psicanalíticas ou pós-estruturalistas. Na verdade, a escrita da história – a historiografia – tem sido uma preocupação perene dos estudos literários, mas foi principalmente nos últimos 20 anos que o pensar da história como uma preocupação especificamente *textual* entrou na consciência histórica dos estudos literários.

Como já foi amplamente documentado,[2] o historicismo, de uma ou de outra forma, dominou o início dos estudos literários, até que a Nova Crítica os virou em direção à análise *textual* na década de 1940. As primeiras formas de historicismo estudavam os vínculos explícitos ou ocultos entre literatura e eventos tópicos ou descreviam como uma obra literária corporificava o "panorama mundial" (os valores e visões dominantes) de sua época, no qual esses textos geralmente eram entendidos como um *reflexo* da história de forma inerte e passiva.[3] Sob a influência dessas abordagens humanistas de críticos literários influentes como F. R Leavis e I. A. Richards na Grã-Bretanha e os Novos Críticos nos Estados Unidos, os estudos literários trabalharam sob os pressupostos de que os textos tinham algum significado universal e verdades essenciais não históricas para transmitir, e que a história era algo de que a análise literária deveria ser protegida.

No final dos anos de 1970 e início dos 1980, marxistas e feministas, particularmente, lideraram um "retorno à história", mas seu foco estava mais na política da forma do que na preocupação anterior com os fatores determinantes da história social e econômica. Raymond Williams definiu a história como "uma visão de eventos passados reais" e "o conhecimento organizado do passado". Mesmo assim, isso não está muito bem adequado a visões mais contemporâneas de "história".

> É necessário distinguir um importante sentido de história que é mais do que o conhecimento organizado do passado, embora o inclua. ... Uma forma de expressar esse novo sentido é dizer que eventos passados não são considerados histórias específicas, e sim um processo contínuo e articulado. Sendo assim, várias sistematizações e interpretações desse processo contínuo e articulado se tornam história em um novo sentido geral e, afinal, abstrato. Mais além ... a história, em muitos desses usos, perde sua associação exclusiva com o passado e se conecta não apenas com o presente, mas também com o futuro.[4]

---

[2] Ver L. Gossman, *Between history and literature*, Cambridge MA, Harvard University Press, 1990; P. Hamilton, *Historicism*, London, Routledge, 1996.

[3] Um clássico de seu tipo, esse tipo de abordagem histórica é melhor exemplificado por E. M. W. Tillyard, *The elizabethan world picture*, London, Chatto and Windus, 1943.

[4] R. Williams, *Keywords*, London, Fontana, 1976, p. 146.

Mesmo assim, as forças ideológicas conservadoras em operação no âmbito da crença no "processo contínuo" da história já tinham sido esvaziadas por Walter Benjamin em suas "Teses sobre a filosofia da História", e foram mais questionadas pela análise do poder feita por Michel Foucault, que redirecionou o interesse das macronarrativas, da política e da economia às práticas discursivas micrológicas e aos regimes de poder/conhecimento que constroem diferentes formas de dominação. O trabalho de Foucault insiste na necessidade de alterar as divisões disciplinares para as do discurso. Em vez de estudar o talento individual dos autores, agora somos chamados a examinar forças anônimas de dissipação, contradições em vez de totalidades, enquanto se privilegia a retórica de descontinuidades, lacunas e rupturas em detrimento da continuidade, do desenvolvimento e da evolução. Citando a influência de *Uso e abuso da história*, de Nietzsche, a preocupação de Foucault é com as irregularidades que definem o discurso e as muitas interconexões possíveis do discurso na cultura. Marxistas e feministas se juntaram a Foucault para insistir na pressão exercida por contextos históricos que geralmente foram ignorados em estudos literários formalistas.

Mesmo assim, o discurso não é simplesmente um lapso em uma generalidade textual, um mundo de texto e nada mais do que texto, e sim uma afirmação do particular e do específico. É um ataque às forças centralizadoras da continuidade e da unidade na teoria e na prática e a todas as formas de pensamento totalizador que não reconheçam seu papel na própria constituição de seus objetos de estudo. As narrativas pós-modernas foram céticas em relação a visões de "história contínua", descritas por Mark Poster como "uma forma de controlar e domesticar o passado na forma de conhecê-lo", e o problema é que o historiador (e o romancista histórico realista) obtém controle sobre o passado "sem colocar a si próprio em questão".[5] A principal vantagem de Foucault ao enfatizar a *descontinuidade* no processo histórico é o desafio que isso apresenta à posição do historiador. Para Poster, Foucault "tenta mostrar como o passado era diferente, estranho, ameaçador. Ele se esforça para distanciar o passado do presente, para desagregar a intimidade fácil e aconchegante de que os historiadores têm desfrutado tradicionalmente na relação do passado com o presente".[6] Isso fez parte do grande ataque à tendência dos historiadores a "fetichizar" os fatos e serem hostis à história.

No início da década de 1980, estavam dadas as condições para uma réplica ao textualismo dominante com um "retorno à história". Em grande parte como resultado de suas teorias, pelo menos nas mentes dos pós-estruturalistas, a história não era mais o que costumava ser – um pano de fundo de ideias ou um campo de fatos empíricos. Muito influenciados por Foucault, os Novo Historicistas defendiam, em lugar disso, uma visão de história que enfatizasse o papel da representação e do discurso na vida social. Subjacente à sua posição estava a visão de que nem a

---

[5] M. Poster, *Foucault, marxism and power*, Cambridge, Cambridge University Press, 1984, p. 75.
[6] *Ibid.*, p. 74.

história nem a literatura ofereciam uma base firme a partir da qual a outra poderia ser pesquisada. O Novo Historicismo tem sido uma força importante na reavaliação da história e da literatura nos últimos 20 anos. Não tão "novo" agora, ele assumiu como seu ímpeto principal o fracasso da *New Left* nos anos de 1960 em instigar transformações sociais e políticas.[7] O termo "Novo Historicismo" pode se referir a todas aquelas teorias historicistas da história e da literatura que são informadas por ideais textualistas e pós-estruturalistas e que rompem com os historicismos mais tradicionais; mas também pode se referir mais especificamente àqueles autores (em grande parte, norte-americanos) como Stephen Greenblatt, Louis Montrose, Catherine Gallagher e Joel Fineman, que assim se diferenciam dos materialistas culturais (majoritariamente britânicos), como Jonathan Dollimore, Alan Sinfield e Catherine Belsey, cujo próprio Novo Historicismo deve muito a uma tradição de análise marxista, em relação à qual seus colegas dos Estados Unidos tem sido antipáticos ou hostis. Um crítico britânico diferencia o "velho historicismo" do "Novo Historicismo" da seguinte forma:

> Enquanto o velho historicismo se baseava em uma forma basicamente empirista de pesquisa histórica, confiante em sua capacidade de escavar e definir os eventos do passado, o Novo Historicismo partia da teoria pós-estruturalista e aceitava a "história" somente como atividade contemporânea de narrar ou representar o passado.[8]

Outra definição em uma recente coletânea de ensaios dedicada ao Novo Historicismo reforça essa ideia:

> Em grande parte, o novo historicismo pode ser diferenciado do "velho" historicismo por sua falta de fé na "objetividade" e na "permanência" e por sua ênfase não sobre a recriação direta do passado, e sim nos processos pelos quais o passado é construído ou inventado. Desestabilizador, transgressor, por vezes contraditório, o novo historicismo tende a considerar os textos em termos materiais, como objetos e eventos no mundo, como parte da vida humana, da sociedade, das realidades históricas do poder, da autoridade e da resistência. Ao mesmo tempo, rejeita a ideia de "História" como um passado unitário diretamente acessível e a substitui pela concepção de "histórias", uma série contínua de construções humanas,

---

[7] Ver C. Gallagher, "Marxism and the New Historicism", in H. Aram Veeser (ed.) *The new historicism*, London, Routledge, 1989, p. 37-48, onde a autora afirma que o Novos Historicismo tem sim, uma dívida específica para com as campanhas radicais da *New Left* nos anos de 1960 e nos 1970.

[8] G. Holderness, *Shakespeare recycled: the making of historical drama*, Hemel Hempstead, Harvester, 1992, p. 32.

cada uma representando o passado em momentos presentes específicos, para propósitos específicos.⁹

Partindo de Foucault, a escola dos *Annales* de história social, a antropologia cultural de Geertz e teóricos Novos Historicistas da desconstrução, como Greenblatt, abandonaram determinadas noções de trabalho esteticamente autônomo, o ícone literário formalmente completo, o gênio artístico na origem e a noção de uma leitura completa ou integral. Em lugar disso, sugeriram uma abordagem na qual a crítica se preocupava com as crenças coletivas, as práticas sociais e o discurso cultural que moldam uma determinada obra. Isso deixa "traços culturais" em uma obra de literatura (intrometendo-se de forma rude na "pureza" do trabalho) e a conectando aos sistemas de representação extraliterários da cultura na qual está inserido.

Embora o desenvolvimento, pelo Novo Historicismo, de posições antifundacionais e não transcendentais tenha surgido a partir de estudos sobre o Renascimento e o Romantismo, a ficção pós-moderna também demonstrou ter posições semelhantes. Narrativas como as de E. L. Doctorow, John Barth, Thomas Pynchon, Salman Rushdie e Angela Carter também forçaram um repensar da escrita da história. Como demonstraram os estudos magistrais de Paul Ricoeur sobre a narrativa, na verdade, é a própria escrita da história que "é *constitutiva* do modo histórico de compreender".¹⁰ Aquilo que consideramos fatos históricos é estabelecido pelas estruturas explicativas e narrativas da historiografia sobre eventos passados. Esse é o contexto no qual a consciência histórica "pós-moderna" se insere: abstendo-se das noções do Iluminismo de progresso e desenvolvimento, do processo hegeliano de história do mundo idealista, ou de quaisquer noções marxistas essencialistas de história. Aquilo que Linda Hutcheon chamou de "metaficção historiográfica"

> coloca em questão, ao mesmo tempo em que explora, o embasamento do conhecimento histórico no passado real. ... Com frequência, pode trazer à tona a natureza problemática da relação entre escrever história e uma narrativa e, portanto, uma ficção, levantando assim as mesmas questões em relação ao *status* cognitivo do conhecimento histórico que os atuais filósofos da história também estão enfrentando. Qual é a natureza ontológica dos documentos históricos? São eles os substitutos do passado? O que se quer dizer – em termos ideológicos – com nossa visão "natural" da explicação histórica?¹¹

---

⁹ J. N. Cox and L. J. Reynolds (eds) *New historical literary study, essays on reproducing text, representing history*, Princeton, Princeton University Press, 1993, p. 1.
¹⁰ P. Ricoeur, *Time and narrative*, Volume 1, trad. K. McLaughlin and D. Pellauer, Chicago and London, University of Chicago Press, 1984, p. 162.
¹¹ L. Hutcheon, *A poetics of postmodernism*, London, Routledge, 1988; p. 92-3.

Como afirma Hutcheon, a metaficção historiográfica especula abertamente sobre a forma como a representação desaloja o passado e as consequências ideológicas desse movimento, sobre as formas como se escreve sobre o "passado real", sobre o que constitui "os fatos conhecidos" de qualquer evento determinado.

Essa ansiedade textual sobre a história se manifesta como uma ansiedade na qual os intérpretes têm que estar autoconscientes sobre sua postura cúmplice com o objeto de sua investigação. Claramente influenciado pela obra de Hayden White, que defendia uma visão textual e narrativista de história já em 1973, em *Meta-história*, um dos principais Novos Historicistas, Louis Montrose, faz uma importante diferenciação entre "historicidade de textos" e a "textualidade da história":

> Com *a historicidade dos textos*, quero sugerir a especificidade cultural, a inserção social, de todos os modos de escrever ... não apenas os textos que os críticos estudam, mas também aqueles nos quais nós os estudamos. Com *textualidade da história*, quero sugerir, em primeiro lugar, que não podemos ter acesso a um passado integral e autêntico, uma existência material vivida, não mediada pelos traços textuais sobreviventes da sociedade em questão ... traços cuja sobrevivência não podemos pressupor ser meramente contingentes, mas, em vez disso, presumir ser pelo menos parcialmente consequência de processos complexos e sutis de preservação e obliteração; e, em segundo lugar, que esses traços textuais são, eles próprios, sujeitos a mediações textuais subsequentes quando interpretados como os "documentos" sobre os quais os historiadores baseiam seus próprios textos, chamados de "histórias".[12]

Buscando uma renegociação das relações entre textos e outras práticas significantes, chegando a dissolver a "literatura" no contexto histórico que os estudos acadêmicos literários tradicionalmente deixavam em suspenso, os novo-historicistas turvaram as águas convencionais dos estudos literários. Um aspecto central ao desafio apresentado pelo "Novo Historicismo" foi que ele deu aos estudiosos novas oportunidades de atravessar as fronteiras que separam a história, a antropologia, a arte, a política, a literatura e a economia. Na descrição de um autor sobre o Novo Historicismo:

> Ele atacou a doutrina da não interferência que proibia os humanistas de se intrometerem em questões de política, poder, na verdade, em todas as questões que afetam profundamente a vida prática das pessoas – questões que seria melhor deixar, diz a sabedoria predominante, para especialistas confiáveis que preservariam a ordem e a estabilidade de "nossos" domínios globais e intelectuais.[13]

---

[12] L. Montrose, "Professing the Renaissance: The Poetics and Politics of Culture", in H. Aram Veeser (ed.) *The New Historicism*, London, Routledge, 1989, p. 20.

[13] H. Aram Veeser, "Introduction", *The new historicism*, p. ix.

Nesse aspecto, o Novo Historicismo é suspeito das tendências dos primeiros historiógrafos a usar métodos totalizantes ou atomizantes:

> Ao descartar o que consideravam historiografia monológica ou míope, ao demonstrar que os eventos sociais e culturais se mesclam de forma desorganizada, ao expor rigorosamente as inúmeras compensações, as jogadas conflitantes e os intercâmbios de cultura, os Novo Historicistas afirmam ter estabelecido novas formas de estudar a história e uma nova consciência de como a história e a cultura se definem.[14]

Apesar da heterogeneidade de abordagens dos profissionais, H. Aram Veeser resumiu as seguintes questões como características predominantes do Novo Historicismo:

- que todos os atos expressivos estão inseridos em uma rede de práticas materiais;
- que todos os atos de desmascaramento, crítica e oposição usam as ferramentas que condenam e arriscam cair nas presas da prática que expõem;
- que os "textos" literários e não literários circulam de forma não separada;
- que nenhum discurso, seja imaginativo ou arquivístico, dá acesso a verdades imutáveis nem expressa a natureza humana inalterável.
- por fim, que o método crítico e uma linguagem adequada para descrever a cultura sob o capitalismo participam da economia que descrevem.[15]

Embora corram o risco de homogeneizar as práticas de críticos diferentes, essas definições mostram até onde há uma des-hierarquização do texto especificamente literário em favor de uma perspectiva mais relativista sobre os documentos culturais. Também mostra o alto grau em que os Novos Historicistas reconhecem cumplicidade crítica com seu objeto interpretativo.

Essa retórica impressionante do Novo Historicismo faz parte de uma formulação mais ampla segundo a qual um reconhecimento cada vez maior de que o passado é muito mais complexo, diferente e descontínuo do que foi reconhecido anteriormente por teorias mais positivistas e empiristas da história. Essas várias mudanças em nossas noções de escrita e concepção de história têm, por um lado, incentivado o surgimento de visões muito personalizadas do passado – histórias étnicas e histórias de gênero, em que há uma grande dependência da autenticidade e da experiência direta. Isso parece ter sido, em parte, uma consequência da elevação da micronarrativa ou da *petite histoire* estimulada por teorias pós-modernistas da história. Mesmo assim, paradoxalmente, essas mesmas histórias também são dis-

---

[14] *Ibid.*, p. xiii.
[15] *Ibid.*, p. xi.

tintamente opostas a qualquer caso de discurso autêntico, a qualquer reivindicação de experiência pessoal autorizada, baseada no que se percebe como um fundamentalismo questionável do qual está investido o sujeito que narra, como fica evidente em qualquer literatura testemunhal. Essa é uma das contradições dessas teorias da história, o que teoricamente abre caminho para micronarrativas, mas também cancela sua validade ao minar a própria base em que elas são reconhecidas por sua voz. Como resultado, a literatura florescente da "consciência pós-colonial" em todo o mundo, de autores como Ngugi wa Thiong'o, Chinua Achebe, Maxine Hong Kingston, Mudrooroo Narogin, Sandra Cisneros, Leslie Marmon Silko, M. Scott Momaday, Salman Rushdie e Toni Morrison (para citar apenas alguns), vê-se em um ajuste político e ético que envolve inscrever uma contra-história pessoal como forma de dar aos fatos históricos variações raciais e de gênero.

Parte da razão para essa percepção da complexidade maior da história em estudos literários nas duas últimas décadas é a preocupação crescente com o papel da memória na relação com a história. Isso não apenas ajuda a esclarecer as iniciativas na literatura histórica pós-guerra, principalmente a investigação de "sua própria construção historicamente relativa da história", mas também dá oportunidade de situar o compromisso cada vez maior com o historicismo nos estudos literários dentro da cultura mais ampla.[16] O Historicismo, "novo" e "velho", pós-colonial e feminista, é amplamente considerado "a última via para o avanço da teoria literária",[17] apesar das aparentes contradições entre relativismo histórico e a temporalidade abstrata de alguma teoria. Em casos em que o sentido coletivo predominante do passado é expressamente deficiente em seu reconhecimento de outros grupos sociais, isso já é reconhecido. Determinados textos literários de autores negros, feministas ou de classe trabalhadora, por exemplo, apresentaram narrativas tão lúcidas e instigantes de passado até então suprimidas que ajudaram a criar áreas inteiras de estudo literário. Essa literatura contribui de forma explícita para o conhecimento histórico e direciona a atenção a outros textos literários semelhantes cuja situação na história pode ser menos acessível.

Enquanto isso, um evento sincrônico dentro dos estudos históricos contemporâneos tem sido a preocupação com a persistência perturbadora de modos de pensamento que tradicionalmente constituíram a reserva dos estudos de artes e literatura: narrativa, imaginação e memória. "Não seria possível", pergunta Hayden White na sequência final de um ensaio sobre história narrativa, "que a questão da narrativa em qualquer discussão de teoria histórica seja sempre, no final, sobre a função da imaginação na produção de uma determinada verdade humana?".[18] A imaginação e a narrativa são perturbadoras também para os estudos literários e

---

[16] S. Connor, *The english novel in history 1950-1995*, London, Routledge, 1996, p.143.

[17] P. Hamilton, *Historicism*, London, Routledge, 1996, p. 2.

[18] H. White, The *content of the form, narrative, discourse and historical representation*, Baltimore, Johns Hopkins University Press, 1987, p. 57.

culturais, principalmente por causa de sua longa genealogia e dos sentidos vestigiais ligados a elas, e assim, apesar de seu potencial para aproximação, a memória é o campo em que atualmente há maior convergência entre as duas disciplinas. O interesse que cresce rapidamente entre os historiadores é como o trauma, "que inclui visivelmente o postergado reconhecimento de séries traumáticas de eventos" e lugares de memória cumpriram um papel fundamental na construção coletiva do passado e sua administração por parte de tutores profissionais, tem um equivalente no interesse de teóricos literários e culturais pela memória como importante vínculo entre teoria (principalmente na psicanálise e nas teorias da identidade) e a história.[19]

Entre críticos literários e culturais contemporâneos, bem como historiadores, tem-se difundido uma convicção de que o passado foi morto, destruído ou perdido, ou pelo menos tão diluído que não parece mais relevante. Eras e epistemes desapareceram e foram substituídas por novas textualidades inexploradas. Consequentemente, afirmam, as pessoas necessitam urgentemente fazer novo "trabalho de memória", "desenhar linhas da vida ao passado e contra-atacar a tendência inquestionada de nossa cultura em direção à amnésia sob o signo do lucro imediato e da política de curto prazo".[20]

Os contemporâneos literários também fazem perguntas sobre o passado, mas sugerem, de forma incomum, imagens mais complexas da relação deslocada ou traumática com o passado. Alguns textos literários afirmam que o passado não está onde esperamos encontrá-lo, em função de mudanças na experiência comum do espaço e do tempo, e essas ideias poderiam nos ajudar a melhor entender as consequências da ciência e da tecnologia para nossas atuais teorias da pós-modernidade. Outros mostram que o que parece amnésia histórica pode ser um reconhecimento equivocado de novas tecnologias de memória que parecem ser só ruído de fundo aos que esperam que a memória funcione em ritmos tradicionais. Em nosso livro recente intitulado *Literatures of memory*, Peter Middleton e eu afirmamos que os novos gêneros de escrita sobre o passado desenvolveram fenomenologias de "espaço-tempo" que ainda não são totalmente reconhecidas nem legitimadas pela teoria nem pelas instituições da história pública.[21] Narrativa, memória, desempenho e a produção e circulação de textos estão, todos, implicados nos novos "espaço-tempos" e, assim, a história assume muitas formas na literatura contemporânea, algu-

---

[19] Ver D. LaCapra, *History and memory after Auschwitz*, Ithaca NY and London Cornell University Press, 1998, p. 8. Ver, também, T. Woods, "Mending the skin of memory: ethics and history in contemporary narratives", *Rethinking History*, 1998, vol. 2:3, p. 339-48.

[20] A. Huyssen, *Twilight memories: marking time in a culture of amnesia*, New York, Routledge, 1995, p. 254.

[21] P. Middleton and T. Woods, *Literatures of memory, time, space and history in postwar writing*, Manchester, Manchester University Press, 2000, apresenta uma ampla discussão sobre o conceito de "memória textual", ausência do passado, reconfiguração do tempo e do espaço e a relação entre história e literatura.

mas das quais estão longe de serem óbvias. Middleton e eu afirmamos que algumas das mais originais investigações da historicidade estão acontecendo nas práticas literárias, particularmente cientes das mudanças nas condições de vida no tempo e no espaço, mas, mesmo assim, não se anunciam como literaturas históricas. A nova literatura histórica das décadas recentes faz parte de uma virada histórica nos estudos literários e a virada em direção à memória nos estudos históricos. *Literatures of memory* mostra que a literatura histórica articula várias questões que podem contribuir para o atual debate sobre as conexões entre literatura e história: a necessidade de abordar a representação do passado como um problema ético complexo, a necessidade de reconhecer que a memória é praticada segundo os paradigmas econômicos que estão profundamente imbuídos de características estéticas e temporais, principalmente a "codificação postergada" do passado; a complexidade da situabilidade temporal e espacial do passado e a ainda não mapeada variedade cultural da narratividade do passado. Nem uma abordagem puramente materialista, nem uma integralmente discursiva são suficientes, porque ambas acarretam muitas premissas em relação à memória, tempo e espaço para reconhecer adequadamente sua participação diversificada na produção social e cultural.

O historiador Jacques Le Goff chama os "especialistas [contemporâneos] em memória ... a fazer da luta pela democratização da memória social um dos imperativos básicos de sua objetividade científica".[22] A democratização poderia não significar mais do que uma popularização responsável, mas também pode nos apontar para uma relação ética com o passado, e dali para uma atividade política de lembrar, reconstruir e textualizar o passado. Mesmo assim, Le Goff só fala de objetividade. Uma democratização pode muito bem abrir o trabalho emocional através da memória, bem como o processo estético da fantasia autorreflexiva, subjetiva. Isso porque a narrativa ficcional muitas vezes tem a capacidade de transformar e reconfigurar o passado, um processo de reconfiguração que não é somente uma seleção criteriosa do registro documental, mas também uma mudança de relação com o passado. O novo foco dos estudos literários na memória social e na memória textual visa nos libertar do jugo do tempo linear e da fixidez do passado, ambos obstruem o desenvolvimento de novas rotas em direção ao futuro.

A narração ficcional não visa enjaular a besta do passado, e sim transformá-la.

Uma razão para essa reconfiguração tem sido a atenção cada vez maior que se dá aos estudos culturais da "vida cotidiana" e ao anedótico. É possível apontar aqui um caso em que os debates em história ofereceram aos estudos literários equipamento metodológico e conceitual útil para conceber novas práticas literárias. Isso porque a recente atenção às "práticas da vida cotidiana" deriva, em parte, da prática anedótica dos Novos Historicistas, em parte de teóricos como Michel de Certeau e Henri Lefebvre, e também do trabalho histórico de Raphael Samuel na

---

[22] J. Le Goff, *History and memory*, trad. S. Rendall e E. Claman, New York, Columbia University Press, 1992, p. 99.

Grã-Bretanha e do movimento *Alltagsgeschichte* na historiografia alemã.[23] Como observei anteriormente, há um interesse cada vez maior nas narrativas testemunhais, nos gêneros autobiográficos e nas histórias pessoais que percorrem a escrita literária e histórica ortodoxa, como formas que estão buscando escrever uma espécie de história que escape ou que vá além das práticas até então entendidas como literárias ou historiográficas. Assim como Foucault, de Certeau é contrário à tradição hermenêutica que busca estabelecer um sentido geral por trás dos textos. Em *A escrita da história*, de Certeau afirma que a historiografia moderna é um processo de isolar um corpo de conhecimento causando uma fenda entre passado e presente que constrói o passado como um "outro" para estabelecer o presente.[24] Como afirma Claire Colebrook, de Certeau considera o ritual de escrita da história

> um ato de silêncio e recuperação; a especificidade do passado é silenciada enquanto uma forma e uma ordem são dadas aos eventos desse passado. A historiografia se torna um ato performativo de exorcismo no qual a perda do passado (seu silêncio e mistério) é tornada presente e reificada no discurso histórico.[25]

Para se contrapor ao ordenamento conceitual, às formas estratégicas de representação e às histórias textuais conquistadoras que *teorizam* o (outro) passado, de Certeau afirma que devemos prestar mais atenção à memória, às lendas e às histórias populares, às práticas e aos atos que resistem à autoridade historiográfica ao ocorrer nos interstícios e nas margens do texto histórico. Sendo assim, o autor tenta pensar o outro da história, resistir ao conhecimento institucionalizado que organiza, objetifica e "doma" as contingências e as singularidades da vida cotidiana.

Entretanto, esse argumento de que a forma com que as pessoas experimentam a identidade (individual e coletivamente) está profundamente ligada ao que elas imaginam que a história seja aponta em uma direção bem diferente do excepcionalismo heroico, direcionando-nos ao entendimento cotidiano do que significa ser historiador. Contrapondo-se à aparentemente difundida sensação de fracasso ético da consciência histórica na virada do século, esse imperativo ético nos usos e abusos da história é o tema atual de ampla discussão e debate nos estudos literários.[26] Os estudos literários têm se dedicado a encontrar uma forma de ler o passado a partir do presente sem se apropriar dele *para* o presente. Têm buscado um

---

[23] Ver S. Berger, "The rise and fall of "critical" historiography?", *European Review of History*, vol. 3:2, 1996, p. 213-32; R. Samuel, *Theatres of Memory*, vol. 1, London, Verso, 1994.

[24] M. de Certeau, *The writing of history*, trad. T. Conley, New York, Columbia University Press, 1988, p. 3.

[25] C. Colebrook, *New literary histories: new historicism and contemporary criticism*, Manchester, Manchester University Press, 1997, p. 132.

[26] Ver *Rethinking history*, vol. 2:3, Outono de 1998, edição especial "The Good of History", que trata dessas questões.

método e uma prática que consigam respeitar verdadeiramente a especificidade e a diferença radical do passado social e cultural, enquanto expõem suas polêmicas, formas, estruturas e lutas.

Para o "bem da história", é eticamente crucial que o leitor mantenha uma postura interrogativa aberta em relação a seu tema, se não quiser que o passado seja dominado ou apropriado pelas preocupações predominantes do presente.

Leituras complementares

A relação entre literatura e história tem sido amplamente discutida de várias formas. As abordagens historicistas à literatura ficaram evidentes desde o princípio da crítica literária nas visões reflexionistas da história na literatura em textos influentes como E. M. W. Tillyard, *The Elizabethan world picture*, London, Chatto and Windus, 1943; B. Willey, *The seventeenth-century background*, London, Chatto and Windus, 1934; e idem, *The eighteenth-century background*, London, Chatto and Windus, 1940. O redirecionamento do uso muito afirmativo do singular nesses velhos modelos reflexionistas, para abordagens informadas especificamente por noções marxistas de história onde há um uso mais experimental do plural, ocorre nas obras de críticos materialistas culturais britânicos como A. Sinfield, *Faultlines: cultural materialism and the politics of dissident reading*, Oxford, Oxford University Press, 1992; J. Dollimore e A. Sinfield (eds) *Political Shakespeare: new essays in cultural materialism: theory and practice*, Manchester, Manchester University Press, 1985; e J. Dollimore, *Radical tragedy: religion, ideology and power in the drama of Shakespeare and his contemporaries*, Brighton, Harvester, 1984. Investigações e discussões úteis sobre o materialismo cultural ocorrem em S. Wilson, *Cultural materialism*, London, Routledge, 1995; e J. Higgins, *Raymond Williams: literature, marxism and cultural materialism*, London, Routledge, 1999.

Depois do pós-estruturalismo, desenvolveu-se uma "virada linguística" para a história pela obra de estudiosos agora agrupados como "Novos Historicistas". Textos seminais são S. J. Greenblatt, *Renaissance self-fashioning: from more to Shakespeare*, Chicago, University of Chicago Press, 1980; idem, *Shakespearian negotiation*, Berkeley, University of California Press, 1988; T. Healy, *New latitudes: theory and English Renaissance literature*, London, Arnold, 1990; D. LaCapra, *Rethinking intellectual history: texts, contexts, Language*, Ithaca NY, Cornell University Press, 1983; J. J. McGann, *Social value and poetic acts*, Cambridge MA, Harvard University Press, 1988; L. Montrose, 'Renaissance Literary Studies and the Subject of History,' *English Literary Renaissance*, 1986, vol. 16, pp. 5-12; C. Gallagher, *The making of the modern body: sexuality and society in the nineteenth century*, Berkeley, University of California Press, 1987.

Muitos desses autores são compilados de forma exemplar em H. A. Veeser (ed.) *The new historicism*, London, Routledge, 1989 e idem (ed.) *The new historicism Reader*, London, Routledge, 1994. Ver, também, J. Cox and L. J. Reynolds, *New historical literary study: essays on reproducing texts, representing history*, Princeton NJ, Princeton University Press, 1993; e R. D. Hume, *Reconstructing contexts: the aims and principles of archaeo-historicism*, Oxford, Oxford University Press, 1999.

Boas explicações da abordagem crítica dos materialistas culturais em sua distinção da dos novos historicistas são apresentadas em P. Barry, *Beginning theory*, 2nd edn, Manchester, Manchester University Press, 2002, Cap. 9; J. Hawthorn, *Cunning passages: new historicism, cultural materialism and marxism in the contemporary literary debate*, London, Edward Arnold, 1996; C. Colebrook, *New literary histories: new historicism and contemporary criticism*, Manchester, Manchester University Press, 1997. Outros textos úteis são K. Ryan, *New historicism and cultural materialism: a reader*, London, Hodder, 1996; J. Brannigan, *New historicism and cultural materialism*, Basingstoke, Palgrave Macmillan, 1998; e uma boa discussão geral da relação entre história e literatura também pode ser encontrada em P. Hamilton, *Historicism*, London, Routledge, 1996.

PARTE IV

OS MOVIMENTOS SOCIAIS E A TEORIA ENTRANDO NA HISTÓRIA

Teóricos de todos os tipos circulam ao redor dos tranquilos rebanhos que se alimentam nas ricas pastagens de suas fontes primárias ou ruminam entre si suas publicações. De vez em quando, até os menos combativos se sentem impelidos a enfrentar seus detratores.[1]

Eric Hobsbawm talvez não estivesse falando totalmente a sério ao imputar características bovinas aos historiadores e os atributos do caçador (e até do abutre) aos teóricos. Porém, havia um aspecto sério em suas alegações, já que Hobsbawm falava muito seriamente quando afirmou que "o século XIX, a era da civilização burguesa, tem como crédito diversas realizações intelectuais importantes, mas a disciplina acadêmica de história que cresceu naquele período não é uma delas".[2] A insistência dos historiadores nas evidências empíricas tinha se transformado, com prontidão, em empirismo dogmático. A inclinação antiteórica continuava a ser a marca de muitos historiadores desde então, mas a disciplina como um todo não continuou a ignorar a teoria e mesmo quando provocada para além da tolerância possível, não costuma confrontá-la agressivamente. Na verdade, houve muitos historiadores dispostos a abrir portões aos teóricos e mesmo a derrubar algumas cercas. O próprio Eric Hobsbawm muito fez para nos estimular a ver as fronteiras daquilo que constitui a história não como obstáculos, e sim como locais de troca intelectual. Da mesma forma, as próprias fronteiras não estão estabelecidas na natureza ou eternamente, mas são negociáveis. O simples ato de imaginá-las dessa forma ajudou os historiadores a ter uma postura de resposta não somente às teorias como tal, mas também a alguns dos veículos que servem para conduzi-las. Na Parte II e, mais particularmente, na Parte III, já encontramos as formas em que as outras disciplinas acadêmicas serviram para transmitir teoria para dentro da história, e também observamos casos em que movimentos sociais e políticos o fizeram. Nos capítulos que seguem, examinamos esses movimentos de forma mais sistemática.

Os movimentos dos trabalhadores, as visões de mundo socialistas e, especificamente, a teoria marxista foram tão influentes que o formato geral da produção acadêmica histórica do século XX não pode ser entendido sem eles. O marxismo fornece o exemplo clássico de um movimento intelectual cujo desenvolvimento não foi imanente à disciplina da história. Os marxistas entraram na profissão de história já equipados com as ferramentas de análise elaboradas por Marx e seus seguidores e tendo aprendido a usá-las em partidos políticos de esquerda.

O capítulo de Phillipp Schofield mostra como a perspectiva do materialismo histórico que eles trouxeram ajudou a transformar as perguntas feitas sobre o passado assim como a forma como foram respondidas.

---

[1] E. Hobsbawm, "Preface", *On history*, London, Weidenfeld and Nicolson, 1997, p. vii.
[2] Ibid., p. 141 (from "What do historians owe to Karl Marx?", apresentado inicialmente como um artigo em 1968 e reimpresso aqui, p. 141-56).

Schofield se concentra especificamente na historiografia marxista britânica. Nas décadas de 1960 e 1970, quando sua ascensão aconteceu paralelamente à das escolas dos *Annales* e de Bielefeld, os historiadores marxistas nas universidades britânicas exerciam uma influência sobre a profissão em seu país e internacionalmente que estava fora de qualquer proporção em relação a seu número relativamente pequeno. Sua força dentro da academia, segundo um autor alemão, é testemunho da "tolerância e da capacidade de aprender dos ingleses".[3] E, na verdade, eles *eram* pragmáticos e não dogmáticos na aplicação da teoria marxista – que é precisamente a razão pela qual suas versões de marxismo podiam apelar onde a historiografia do bloco soviético, que decaiu para uma ciência subserviente do regime comunista, não conseguia.

Um exame da relação entre a atratividade geral do marxismo em uma determinada sociedade e sua atratividade particular aos historiadores dessa sociedade rende resultados surpreendentes. Curiosamente, na Grã-Bretanha o Partido Comunista era pequeno e a influência do marxismo sobre o Partido Trabalhista, o principal partido do movimento dos trabalhadores, era desprezível, ao passo em que a influência dos marxistas – especialmente dos comunistas – sobre a historiografia, era importante. Em contraste, a França tinha um Partido Comunista forte e o marxismo sempre foi uma corrente forte dentro do socialismo francês, mas os historiadores marxistas não levaram sua presença institucional muito além da Sorbonne, ou sua presença intelectual muito além de trabalhos sobre a Revolução Francesa. Além disso, como mostra Schofield, a marcha à frente dos historiadores marxistas britânicos pode ter começado sob os auspícios do Partido Comunista, mas acelerou à medida em que o partido sangrava. Seus historiadores que saíram o fizeram porque não conseguiam aguentar permanecer em uma organização cuja força líder – a União Soviética – estava se comportando de forma tão evidente como opressora em grande parte da Europa do leste-central e institucionalizando, mais do que uma ditadura do proletariado, uma ditadura *sobre* o proletariado.

Com o consequente colapso da fé no "papel de liderança" dos partidos comunistas como forças para transformação revolucionária verdadeira, e da crença de que eles eram instrumentos necessários ou até concebíveis de libertação, veio a possibilidade de atribuir agência diretamente à classe trabalhadora. Isso, por sua vez, facilitou o desenvolvimento de uma perspectiva da "história desde baixo", à qual a obra de E. P. Thompson contribuiu de forma decisiva. Ela se tornou uma marca do movimento *History Workshop* e sua publicação na Grã-Bretanha, que proporcionava uma "história socialista", fora isso, mal definida. Inicialmente unindo historiadores profissionais e amadores, e sinalizando uma mudança de geração dentro da esquerda britânica, seus produtos característicos proporcionam um contraste claro em relação aos panoramas históricos majestosos nos quais Hobsbawm, entre outros historiadores mais velhos, distinguiam-se. O *History Workshop* buscou histórias perdidas de grupos oprimidos nos cantos perdidos da história.

---

[3] H.-U. Wehler, *Historisches Denken am Ende des 20. Jahrhunderts*, Göttingen, Wallstein Verlag, 2001, p. 32.

Onde Thompson ainda tinha conceituado "baixo" e "cima" apenas em termos de classe, os ativistas do *History Workshop* não o fizeram. O *Workshop* proporcionou um dos ambientes de onde surgiu a história das mulheres. Como mostra o capítulo de Michael Roberts, vários historiadores das mulheres começaram precisamente nas mesmas proposições materialistas dos marxistas. A história das mulheres, não menos do que o marxismo, foi injetada na história acadêmica pelas agulhas das teorias de um movimento social: o feminismo. Para alguns historiadores homens mais velhos, ela ainda parece um corpo estranho na profissão. Hobsbawm alega que – como o movimento *History Workshop* – as feministas "eram pessoas para quem a história não era tanto uma forma de interpretar o mundo, e sim um meio de autodescoberta coletiva ou, na melhor das hipóteses, de conquistar reconhecimento coletivo". Isso, ele alega, "prejudica a universalidade ... que é a essência de toda a história como disciplina acadêmica e intelectual".[4] Mas as historiadoras feministas, como Roberts deixa claro mais uma vez, problematizaram, elas mesmas, sua posição entre os postulados das motivações políticas apaixonadas e práticas acadêmicas sólidas. À medida que o fizeram, seu trabalho sofreu transformações. Uma noção não diferenciada de "patriarcado" e uma dependência da biologia como determinantes do tema de investigação histórica foram jogadas ao mar quando papéis de gênero socialmente construídos, relações entre gêneros e as histórias de homens, bem como de mulheres, decolaram. A história de gênero é mais aceita pelos historiadores homens do que a história feminista tinha sido nos anos de 1970.[5] Devemos perguntar se isso se dá porque ela tem paixão compensadora pela respeitabilidade acadêmica e, portanto, torna-se uma corrente segura dentro da "correnteza principal" de uma profissão *ainda* predominantemente masculina.

Uma historiografia florescente de etnicidade não é um exemplo menos impressionante de impulsos enfaticamente políticos que movem os interesses acadêmicos. John Davidson discute a "interação de contexto e teoria" característica desse corpo de trabalho, principalmente a partir dos anos de 1970. Seu capítulo é uma visão das formas com que os historiadores responderam ao impacto mensurável dos padrões de migração e às mudanças não quantificáveis que eles trouxeram à cultura política e à identidade nacional. Mesmo as definições includentes, como afirma Davidson em relação aos Estados Unidos, mostraram que estão baseadas em ilusões confortáveis sobre a capacidade do país de funcionar como uma sociedade em que todos podem participar. Os que acreditavam que ela demonstrara uma capacidade infinita de rapidamente integrar novos grupos imigrantes entraram em colisão não apenas com o racismo nativo, mas também com uma política assertiva de identidade por parte de grupos desfavorecidos que se definiam em termos de etnicidade e ascendência – e também de história. O trabalho dos historiadores não apenas refletiu esses problemas como eles foram expostos, como também debateu a natureza da etnicidade. Esse

---

[4] E. J. Hobsbawm, *Interesting times. A twentieth-century life*, London, Allen Lane, 2002, p. 296. Hobsbawm, deve-se ter em mente, teve seus próprios problemas para dar conta seus compromissos políticos e acadêmicos, *ibid.*, p. 291.

[5] Ver Wehler, *Historisches Denken*, p. 24.

é um tema que Davidson aprofunda no contexto da África, cujos historiadores sucessivamente assumiram identidades "tribais" como algo dado, depois as trataram como invenções e construtos e, por fim, tenderam a concluir que, enquanto as "tribos" podem ter as qualidades de "comunidades imaginadas", sua existência não se imaginou a partir do nada.

As primeiras gerações de pesquisadores profissionais africanos foram formadas nas técnicas e estimuladas a adotar os hábitos mentais da historiografia europeia. O processo de descolonização trouxe à tona a questão de quais categorias e unidades eram adequadas para se entender a África.

Assim como os historiadores que pesquisam "tribos", havia pan-africanistas e nacionalistas buscando historicamente legitimar seus vários Estados pós-coloniais. Eles lutavam entre si para produzir descrições viáveis e convincentes do passado. A perda do império, enquanto isso, foi um fator para convencer os historiadores britânicos – e os historiadores da Grã-Bretanha – a repensar as formas em que eles conceituaram seu tema.

A contribuição de Paul O'Leary disseca uma "nova história britânica" que empregou não a etnicidade, mas sim a identidade nacional como princípio organizador. Ela os torna vulneráveis a duas acusações no início. Em primeiro lugar – e essa é uma fragilidade que eles compartilham com muitos historiadores da etnicidade – que a própria "identidade" é um instrumento muito obtuso para cumprir os propósitos de análise histórica;[6] segundo, que os historiadores britânicos estão involuntariamente dando exemplos de seu isolamento.[7] Embora sejam certamente influenciadas por legados de império – como testemunhado pelas sintomáticas contribuições descritas por O'Leary de um historiador neozelandês para a redefinição da "britanicidade" – os defensores da "nova história britânica" responderam mais diretamente às reconfigurações da comunidade política britânica da forma proposta nas campanhas pela devolução de autonomias e concretizada na criação de um Parlamento Escocês e uma Assembléia Galesa. Eles conseguiram expor o velho truque de dizer "britânico" mas querer dizer apenas "inglês" – no sentido amplo – e ao mesmo tempo se esforçaram para transcender tradições historiográficas nacionais fechadas da Irlanda, Escócia, País de Gales e Inglaterra. Em outros aspectos, contudo, a expressão "nova história britânica" descreve um debate continuado e não um paradigma. Não surgiu um consenso sobre se a Grã-Bretanha deve ser vista em um contexto atlântico ou europeu, se tem funcionado como um conservante para quatro identidades nacionais inter-relacionadas ou se forjou uma nova identidade, dissolvendo as quatro em seu caldeirão para fazer uma mistura. Em todo caso, observadores das disputas ofereceram críticas agudas sobre os termos com os quais elas são conduzidas. Elas se relacionam mais prontamente, aponta O'Leary, às preocupações da história política e constitucional do século XIX do que às da história social do século XX e tendem a ter em comum a perspectiva de cima para baixo, a postura teleológica, mesmo a convicção de que a Grã-Bretanha é a unidade adequada de análise característica da

---

[6] Cf. L. Niethammer, *Kollektive Identität. Heimliche Quellen einer unheimlichen Konjunktur*, Reinbeck, 2000.
[7] K. Robbins, *Insular outsider? "British history"* and European integration, Reading, Reading University, 1990.

primeira. É questionável se a "nova história britânica" será de muito interesse para além da Grã-Bretanha e algumas partes de seu império, ou se realmente rompeu as margens do longo e lento córrego da "história política ... convencional, completamente centrada na Inglaterra, que se encontra, por exemplo, na *English Historical Review*, a pílula para dormir absolutamente eficiente disponível no armário de remédios de qualquer família".[8] Pode-se acrescentar que a "nova história britânica" carece da sofisticação teórica que encontramos nos temas de todos os outros capítulos nesta parte do livro. O empirismo parece estar muito vivo entre os colaboradores deste debate. Mas pode-se argumentar que ele permanece sendo um pecado que acossa com mais frequência a Grã-Bretanha do que outras culturas nacionais da historiografia.

Em sua segunda contribuição a esta parte do livro, Michael Roberts retorna à teoria com força e a um movimento intelectual e uma comunidade de estudiosos que é decididamente internacional: o pós-modernismo.

Paradoxalmente, o pós-modernismo também dividiu os historiadores entre os que levaram a cabo seu trabalho voluntária ou involuntariamente sem ver seu desafio e os que responderam a ele. Entre os últimos, atraiu uns, repeliu outros e seduziu muitos que não assinariam embaixo de todas as suas proposições, para se basearem ecleticamente em seu campo. Tanto em nível geográfico quanto intelectual, o avanço do pós-modernismo entre os historiadores ilustra o truísmo de que a integração e a fragmentação, as forças centrípetas e centrífugas, são dois lados da mesma moeda. Isso porque o pós-modernismo também é associável com a recente voga para se formular — na verdade, para celebrar — múltiplas identidades e insistir em que não deve haver hierarquia em relação a elas. Suas origens residem na estética, mas ele também está envolvido com a história da esquerda acadêmica internacionalmente no final do século XX, na forma como refletiu as derrotas que a esquerda sofreu, em uma longa linha de vitórias com saber de derrota e em sua fragmentação.

---

[8] Wehler, *Historisches Denken*, p. 29.

12

HISTÓRIA E MARXISMO
Phillipp Schofield

Um modelo básico de determinismo econômico, fabricado a partir das obras de Marx, apresentou aos historiadores uma atraente ferramenta explicativa que poderia ser usada com particular eficácia nas novas áreas temáticas surgidas desde o final do século XIX. Os historiadores sociais e econômicos encontraram um uso ou uma necessidade para Marx onde seus antecessores estatistas não tinham encontrado. Um "marxismo vulgar" incentivou os historiadores a levar em consideração os chamamentos por uma interpretação econômico-determinista da história. Por sua vez, o envolvimento e o conflito com um marxismo determinista também levaram os historiadores a insistir na importância da luta de classes como agência histórica e a desenvolver uma perspectiva sobre o passado que admitia pelo menos alguns dos que nem sempre pareciam maduros para estudo. Eventos como esse sinalizaram a criação de uma distinção entre o marxismo ortodoxo, direcionado para modos de produção, e um marxismo "cultural" ou humanismo socialista, que revisitaremos abaixo. Para historiadores no final do século XIX, o impacto dos preceitos fundamentais do marxismo "vulgar" foi descrito como "cargas concentradas de explosivo intelectual", enquanto, para os historiadores de gerações posteriores, o conhecimento do materialismo histórico marxista poderia ter um "efeito libertador".[1] As possibilidades intelectuais que o marxismo oferecia aos historiadores, tanto como modelo a ser aplicado quanto como teoria do desenvolvimento a ser testada, inspiraram pelo menos três gerações deles, como imitadores e elaboradores, mas também como defensores e críticos. Nesta discussão, será dada uma ênfase específica à forma como os historiadores marxistas no Ocidente e, específica, mas não exclusivamente, na Grã-Bretanha, ofereceram um ímpeto indicativo à disciplina desde meados do século XX. Houve uma aplicação muito diferente da historiografia marxista na Europa do leste durante o mesmo período – uma questão da qual também trataremos brevemente.

Embora uma historiografia marxista "profissionalizada" não esteja muito evidente no Ocidente antes de meados do século XX, a primeira aplicação histórica do pensamento marxista foi, previsivelmente, da parte do próprio Marx. Análises, por exemplo, da ascensão do capitalismo levaram a amplos levantamentos de eventos de

---

[1] E. Hobsbawm, "What do historians owe to Karl Marx?", in idem, *On History*, London, Weidenfeld and Nicolson, 1997, p. 147.

longo prazo, como no caso de seu exame da mudança na duração da jornada de trabalho, que mapeia a legislação trabalhista no contexto da mudança socioeconômica do século XIV ao XIX (Capital, Tomo 3, 5).

Embora essas perspectivas históricas tenham sido subsumidas dentro de uma discussão econômica mais ampla, Marx também escreveu história em um sentido mais estrito. O Dezoito de Brumário de Luiz Bonaparte foi, como observou Engels em seu prefácio à terceira edição, "uma compreensão eminente da história viva da época". Engels, na verdade mais do que Marx, e outros comentadores e estudiosos de Marx também trouxeram perspectivas históricas para suas análises.[2] Uma ortodoxia marxista, aplicada à mudança histórica e baseada no determinismo das forças produtivas, também ficou muito evidente na geração seguinte de autores, incluindo, é claro, figuras políticas de calibre como Lenin e Trotsky.[3]

No final do século XIX e início do XX, quando era empregada uma dialética marxista ortodoxa (um modelo de desenvolvimento histórico baseado em uma sucessão de "modos" econômicos, com seu desenvolvimento explicado em termos de mecanismos de transição, principalmente a luta de classes), ela tendeu a ser aplicada por autores russos e no contexto histórico específico da história russa.[4] Sendo assim, a obra de Plekhanov, e depois, de Lenin (em seu *O desenvolvimento do capitalismo na Rússia* [1907]) pretendia explorar, dentro de uma concepção marxista de história, as mudanças nas condições da população rural da Rússia. O fato de que, como veremos abaixo, as demandas do Estado soviético passaram a ditar, na mais agressiva das formas, uma agenda histórica na Rússia, é prenunciado pela precoce e clara associação do trabalho dos historiadores marxistas com o *establishment* do Estado e suas reivindicações de identidade e legitimidade próprias. Na Rússia, na década de 1920, os vínculos remanescentes com um historismo relativamente neutro ou "burguês" acabaram sendo rompidos em favor de uma agenda enérgica e ideológica.

No final do século XIX no Ocidente, em contraste, a concepção marxista de desenvolvimento histórico estava praticamente ausente da historiografia profissionalizada, desenvolvendo-se para além da academia, por exemplo, nas aulas da Workers' Educational Association (WEA). Onde, para além da Europa do leste e da Rússia no final do século XIX, a dialética marxista conseguiu se enraizar na historiografia predominante, ela era com frequência importada por historiadores russos, oferecendo perspectivas comparativas e teoricamente engajadas sobre experiências históricas

---

[2] E. Breisach, *Historiography. Ancient, medieval and modern*, Chicago, University of Chicago Press, 1983, p. 298.

[3] Embora eles também, é claro, tenham trazido suas próprias novidades; ver, para uma recente discussão breve da contribuição de Trotsky, M. Perry, *Marxism and history*, Basingstoke, Palgrave, 2002, pp. 66-72.

[4] Isso, apesar da negativa do próprio Marx, para a Europa oriental, de um modelo de materialismo histórico que postulasse o surgimento da produção capitalista e um processo de expropriação, T. Shanin (ed.) *Late Marx and the Russian road. Marx and "the peripheries of capitalism"*, London, Routledge and Kegan Paul, 1983, p. 105, 124, citação em resosta a Vera Zasulich.

diferentes. A análise de Kosminsky sobre a economia e a sociedade da Inglaterra rural da Idade Média, realizada nas décadas de 1930 e de 1940, oferece um bom exemplo dessa aplicação inicial da teoria histórica marxista-leninista a uma sociedade passada específica, não russa.[5] Kosminsky investiga o modo feudal de produção na Inglaterra do século XIII e examina até onde o feudalismo mostra traços de relações pré-feudais e, mais importante para ele, "os germes das novas relações, sinais das transformações em andamento dentro do feudalismo em direção a um novo modo de produção – capitalista".[6] Para Kosminsky, a evolução na forma de arrendamento, como uma "relação de produção", refletia um "modo de produção" em mudança. No prefácio da versão inglesa *Studies in the agrarian history of England*, ele define seu objeto de estudo detalhadamente e sua metodologia já que, embora o trabalho feito pelos marxistas ingleses tivesse "até certo ponto familiarizado o leitor inglês com essa terminologia ... Acho que devo dizer mais sobre o sentido de determinados termos fundamentais".[7]

Nas décadas intermediárias do século XX, uma geração de historiadores no Ocidente, operando dentro da academia e empregando os métodos de pesquisa, instrução e disseminação compartilhados com os praticantes da "historiografia burguesa", começaram a promover as afirmações da teoria marxista dentro das correntes predominantes da história. Enquanto as primeiras movimentações de história econômica e social na Grécia, por exemplo, atraíram uma boa quantidade de reflexão marxista por parte de historiadores profissionais, e isso já na década de 1920, o processo ficou particularmente visível na Grã-Bretanha nos anos imediatamente posteriores à Segunda Guerra Mundial.[8] Naquele contexto, uma geração mais ou menos contemporânea de historiadores – Hill, Hobsbawm, Hilton, Thomas, Thompson – alimentava agendas de pesquisa que, se não vieram a dominar a historiografia da Grã-Bretanha na década de 1960, com certeza ficaram muito visíveis na paisagem historiográfica.[9]

Em termos do que era percebido como importante e energético na historiografia britânica de meados do século XX, certamente se poderia dizer que as ramificações das obras de historiadores marxistas eram centrais. Começando com análises de processos de mudança em grande escala no passado, os historiadores marxistas, durante duas ou três décadas desde o final da Segunda Guerra Mundial até o início dos anos de 1970, deixaram que seus interesses se direcionassem cada vez mais àquelas vidas que moldaram e foram moldadas por esses desdobramentos e transições. Essa mudança de ênfase, para o que alguns descreveram como "história a partir de

---

[5] E. A. Kosminsky, *Studies in the agrarian history of England in the thirteenth century*, Oxford, Blackwell, 1956.

[6] *Ibid.*, pp. vi-vii.

[7] *Ibid.*, p. vi.

[8] Para a Grécia, ver E. Gazzi, *Scientific national history. The greek case in comparative perspective (1850-1920)*, Frankfurt, Peter Lang, 2000, p. 133.

[9] Mas veja os comentários de Hilton com relação à fria recepção da obra de Maurice Dobb, *Studies in the development of capitalism* (1946), R. H. Hilton, "Introduction", *The transition from feudalism to capitalism*, London, Verso, 1976, p. 10.

baixo", deu aos historiadores amplas estruturas analíticas, mas também, agendas de pesquisa novas e específicas. Em termos de publicações, a revista *Past and present*, fundada em 1952 por marxistas (sem ser uma revista marxista), em pouco tempo ganhou paridade com a *English Historical Review* e a *Economic History Review*, e ainda é amplamente reconhecida como uma das três mais importantes revistas britânicas de história. Ao mesmo tempo, a primeira geração de historiadores marxistas tomou de assalto as torres de marfim. Escrevendo em 1968, às vésperas das revoluções estudantis, Hobsbawm pôde refletir que "os marxistas que atingiram o ponto de publicar livros amplamente lidos e ocupar importantes cargos na vida acadêmica na década de 1950 muitas vezes eram simplesmente os estudantes radicalizados dos anos de 1930 e 1940 que chegavam ao pico normal de suas carreiras".[10] Naquele momento, havia professores marxistas em importantes departamentos de história, incluindo os das Universidades de Oxford (Thomas), Londres (Hobsbawm), Cambridge (Hill), Birmingham (Hilton) e Warwick (Thompson).

Em nenhum outro país do Ocidente a massa crítica de historiografia marxista gerada no pós-guerra imediato estava à altura da que se poderia encontrar na Grã-Bretanha. Os historiadores, como indivíduos ou como grupos, encontraram posições para si dentro da profissão, de onde conseguiam lidar com questões da dialética marxista e, em alguns casos, gerar debates de proporções internacionais. A discussão, por exemplo, da transição do feudalismo ao capitalismo, iniciada pela publicação por Maurice Dobb, em 1946, de *Estudo sobre o desenvolvimento do capitalismo*, empregou ortodoxias marxistas para explorar o processo de desenvolvimento entre períodos históricos.

Esses períodos eram definidos por seus respectivos modos de produção dominantes. Respondendo à afirmação de Dobb, de que o colapso do feudalismo é explicável em termos de suas próprias contradições econômicas, historiadores italianos, franceses, britânicos e norte-americanos, marxistas e não marxistas, participaram de uma interação carregada de conteúdo teórico.

Algumas décadas depois, uma outra iniciativa de parte de um marxista norte-americano, Robert Brenner, que também direcionou atenção a explicações de mudanças de longo prazo na Europa do final da Idade Média e início do período moderno, gerou um debate igualmente poderoso e provocativo, o qual, mais uma vez, excitou o interesse de um corpo internacional de historiadores marxistas e não marxistas.[11] Mas, na época do debate de Brenner, o marxismo tinha causado mais uma mudança na historiografia ocidental, da qual a obra dele é exemplo com sua ênfase na experiência para a formação da classe, a saber, a "história a partir de baixo". A abordagem socialista-humanista, associada mais de perto em seu ponto de

---

[10] Hobsbawm, "What do historians owe to Karl Marx?", p. 156.
[11] *The transition from feudalism to capitalism*, London, Verso, 1976.

origem com E. P. Thompson, veio a influenciar muitos estudos entre meados e o final dos anos de 1960.¹²

Essa energia da historiografia marxista não se sustentou no século XXI por uma série de razões, como veremos. A partir dos anos de 1980, os interesses da história radicalizada passaram a uma nova geração de historiadores sociais, feministas e de gênero, bem como historiadores da cultura. Não seria apropriado sugerir, contudo, que esses desdobramentos avançam no sentido contrário ao dos primeiros historiadores marxistas. Embora certamente se possa dizer que, em determinados casos, uma geração de historiadores escrevendo após a primeira onda de historiografia marxista no Ocidente viu nesse trabalho algo contra o que reagir e o que corrigir – como na obra de Scott e Clark, que destacaram a limitada consciência de gênero nos trabalhos marxistas, incluindo as dos defensores da "história a partir de baixo"¹³ – também fica evidente uma dívida importante com os que estabeleceram uma agenda que demandava exploração das condições de mulheres e homens trabalhadores.

Se quisermos explicar o processo de formulação de uma historiografia marxista no último século ou por volta dessa época, está claro que não se pode identificar uma única nem uma primeira iniciativa, principalmente porque a identificação de uma única historiografia "marxista" é, sob todas as intenções e propósitos, uma impossibilidade. Entretanto, é bastante evidente que, no mínimo, deve-se fazer uma diferença entre o desenvolvimento de uma historiografia marxista no Ocidente capitalista e no bloco comunista da Europa do leste. Também podemos preferir diferenças entre historiadores que promovem uma ortodoxia marxista, centrada nos modos de produção, e os historiadores socialista-humanistas, que se distanciam em sua obra da abordagem dos grandes temas do marxismo e se concentram, em vez disso, em um detalhe específico da luta de classes.

A discussão de Raphael Samuel sobre o surgimento de uma tradição marxista britânica destaca uma série de fatores complementares e conflitantes que ajudaram a gerá-la. Entre eles, as raízes intelectuais de uma dialética histórica, um debate com não marxistas e historiadores anteriores que, embora não fossem marxistas, identificaram perguntas históricas ou áreas de pesquisa que os marxistas puderam explorar posteriormente, uma tradição não conformista protestante, uma tradição de ativismo político, de ateísmo radical.

Acima de tudo, as vicissitudes políticas do século XX obviamente tiveram uma importância no desenvolvimento de uma historiografia marxista que não foi menor

---

¹² T. H. Aston and C. H. E. Philpin (eds) *The Brenner debate: agrarian class structure and economic development in pre-industrial Europe*, Cambridge, Cambridge University Press, 1985. Sobre a "história a partir de baixo", ver, por exemplo, a discussão de Jim Sharpe, "History from below", in P. Burke (ed.) *New Perspectives on Historical Writing*, Cambridge, Polity, 1991.

¹³ J. W. Scott, *Gender and the politics of history*, New York, Columbia University Press, 1988; A. Clark, *The struggle for the breeches: gender and the making of the British working class*, Berkeley, University of California Press, 1995. Ver, também, T. Koditschek, "The gendering of the British working class", *Gender and History*, 1997, vol. 9.

do que em outros ramos da disciplina. "Onde", ponderou Eric Hobsbawm ao analisar o surgimento precoce de um empreendimento histórico marxista na Grã-Bretanha, "nós, intelectuais, teríamos nos tornado o que nos tornamos, que não nas experiências da guerra, da revolução e da depressão, do fascismo e do antifascismo, que nos cercaram em nossa juventude?".[14] As décadas anteriores e posteriores à Segunda Guerra Mundial, é claro, assistiram a mudanças importantes nas percepções do comunismo e no papel do Estado comunista. Associado a esses desdobramentos, houve uma mudança na moda política que testemunhou uma ascensão e uma subsequente queda, se não um fim, da historiografia marxista.

Para os historiadores marxistas operando no Ocidente, os primeiros encontros com a política vieram por meio da família – uma tradição liberal radical, muitas vezes desenvolvida a partir do inconformismo, sendo uma característica quase constante da formação dos marxistas britânicos nascidos nas primeiras décadas do século XX – e também durante a universidade, principalmente Oxford nos anos de 1930. Ali, um corpo discente politizado testemunhou a Depressão e a ascensão do fascismo. Eles também, como produto da mudança nas políticas comunistas, vivenciaram as Frentes Populares que, como mais de um autor observou, realizaram seu próprio desenvolvimento na historiografia: especificamente uma identificação da história do homem e da mulher comuns com "um esforço incessante rumo à libertação".[15] Os historiadores no Ocidente que aderiram a Marx e ao marxismo também tinham probabilidades de serem membros ativos do Partido Comunista. Sua associação política levou a uma contenção de seu envolvimento com a história, por exemplo, sob as Frentes Populares, quando os partidos comunistas em toda a Europa, em uma tentativa de garantir alianças com socialistas não marxistas e estimular o nacionalismo em países democráticos parlamentares, buscaram tradições democráticas nacionais e determinaram que seus historiadores escrevessem o tipo de história que complementasse sua postura. O trabalho de toda a vida que fez Christopher Hill com a "Revolução Inglesa" e sua persistência nas correntes do radicalismo podem ser identificados com o clima criado pela política de Frentes Populares, e fica clara uma inspiração semelhante no trabalho de outros historiadores ligados ao PC que aprenderam seu ofício durante e em torno da Segunda Guerra Mundial.[16]

Ainda que tenha sido uma causa de contenção, o partido também proporcionou um ímpeto e uma dinâmica ao trabalho de historiadores marxistas britânicos,

---

[14] E. Hobsbawm, "The historians" group of the communist party", in M. Cornforth (ed.) *Rebels and their causes. Essays in honour of A. L. Morton*, London, Lawrence and Wishart, 1978, p. 26.

[15] R. Samuel, "British marxist historians I", *New Left Review*, 1980, vol. 120, p. 41-2.

[16] G. Eley, *Forging democracy. The history of the left in Europe*, 1850-2000, Oxford, Oxford University Press, 2002, p. 266, onde o autor observa que a política de Frentes Populares estimulou, na Grã-Bretanha, o trabalho sobre o cartismo e os Levellers. Ver, também, Samuel, "British marxist historians I", p. 41. C. Hill, *The English revolution*, London, Lawrence and Wishart, 1940; idem, "From Lollards to Levellers", in Cornforth (ed.) *Rebels and their causes*. Observe, também, R. H. Hilton, "Peasant movements in medieval England", *Economic History Review*, 1949, 2nd series, vol. 2.

principalmente por meio do trabalho coletivo do Grupo de Historiadores do Partido Comunista entre 1946 e 1956, o período de início e de contribuição seminal do grupo. Uma resposta ao trabalho dos primeiros marxistas e não marxistas britânicos, os historiadores dentro do partido foram, pela influência de uma primeira geração incluindo Maurice Dobb e Donna Torr, mobilizados para investigar uma dialética marxista no contexto de subperíodos históricos. Rodney Hilton (1916-2002), para citar um exemplo óbvio de um historiador sujeito a essa combinação de influências, veio de uma origem socialista politicamente ativa, foi educado na Manchester Grammar School e na Universidade de Oxford, esta de 1935 a 1939, onde lecionou história, especializando-se em tópicos medievais.

Durante seu tempo em Oxford, ele também entrou para o Partido Comunista e foi um ativo participante, como membro do Grupo dos Historiadores.

Além das demandas da família, da educação e da participação no Partido, a experiência da guerra e da política da Guerra Fria muitas vezes teve influências dramáticas sobre o desenvolvimento de historiadores marxistas no leste Europeu e no Ocidente. A Segunda Guerra Mundial ofereceu, para muitos historiadores marxistas, um confronto direto com o fascismo. E. P. Thompson (1924-1993), autor de *A formação da classe operária inglesa*, nascido de origens liberais, formado em Cambridge e membro do Partido Comunista a partir do final dos anos de 1930, serviu na Itália e na França, e depois passou algum tempo como voluntário na construção dos Estados da Iugoslávia e da Bulgária. A experiência da guerra, também se sugeriu, pode ter aprofundado, em suas frustrações, seus sucessos e seus horrores compartilhados, uma sensação de igualdade que informou iniciativas posteriores de dar voz aos que não a tinham.[17] Depois da guerra, a combinação do experimento comunista fracassado no leste, o levante dos trabalhadores na Hungria em 1956 e a invasão soviética da Tchecoslováquia em 1968 introduziu dúvidas. Vários marxistas, incluindo Hilton e Thompson, saíram do Partido Comunista na Grã-Bretanha, assim como do Grupo dos Historiadores do Partido, e reconsideraram o uso que faziam de um esquema marxista-leninista ortodoxo. Nos Estados Unidos, em comparação, um processo político vivenciado em outras partes do Ocidente, mas não com a mesma intensidade, também teve muita influência sobre o estabelecimento de uma historiografia marxista. Como aponta Eric Foner, uma investigação ativa, liderada por comunistas, por exemplo, sobre a natureza da escravidão anterior à guerra civil nos Estados Unidos, foi questionada, mas não frustrada, pela postura agressiva do Estado contra o comunismo. O pai e o tio de Foner, historiadores do City College, em Nova York, perderam o emprego no início dos anos de 1940 por serem membros do Partido Comunista.[18] As mudanças políticas dos anos de 1950 e 1960 também ocasionaram mais um dis-

---

[17] Samuel, "British marxist historians I", p. 27.
[18] E. Foner, Who owns history? *Rethinking the past in a changing world*, New York, Hill and Wang, 2002, p. 4 6. Ver, também, p. 138-139 (Capítulo 7).

tanciamento da história acadêmica da ideologia comunista ortodoxa. A tendência se acelerou desde 1989 e da queda do comunismo no leste europeu.

Paradoxalmente, esse "distanciamento" também promoveu, em vários momentos, um tipo diferente de "envolvimento" com o marxismo. A "história a partir de baixo" se revoltou contra o marxismo cruamente econômico dos historiadores que estavam na tradição da social democracia e contra a quase excludente ênfase do Partido Comunista como guardião único do sucesso revolucionário, característica da historiografia comunista. Para citar um desses exemplos, a discussão de Hilton sobre a revolta dos camponeses de 1381 tentava situar o campesinato da sociedade pré-industrial e, principalmente, da sociedade medieval, junto com o proletariado da era moderna, como base necessária para o movimento social. Para isso, Hilton examinou em profundidade a estrutura social da revolta de 1381, incluindo análise prosopográfica detalhada de seus participantes, uma abordagem voltada a estabelecer a base de classe do movimento e do esforço coletivo para melhorar a condição dessa classe.[19] Esse envolvimento mais simpático com as sociedades do passado – um desejo de descrever as vidas de homens e mulheres trabalhadores, escravos, rebeldes camponeses – era, em nível importante, resultado do desconforto e da decepção dos intelectuais marxistas com o experimento comunista dos anos de 1950 e o crescimento da *New Left* nos anos de 1960.[20]

Mais além, desde o final dos anos de 1960 e durante os anos de 1970 e 1980, a ascensão de outros "movimentos sócio-políticos" novos e poderosos, especificamente o desenvolvimento enérgico dos movimentos de mulheres e pela paz no Ocidente, também causou um distanciamento da história acadêmica em relação à ideologia comunista.

Gerações anteriores de historiadores marxistas foram influenciadas mais de perto em seu trabalho pelas demandas para que seguissem imperativos políticos. No Ocidente, os historiadores marxistas que eram membros do Partido Comunista, em certa medida, foram restringidos pelas expectativas de Partido. Como aponta Hobsbawm, por exemplo, os membros do grupo dos historiadores do PC trabalharam, no final dos anos de 1940, na preparação de uma série de volumes sobre a história do movimento dos trabalhadores na Grã-Bretanha, voltados a cumprir as necessidades dos leitores nos sindicatos e na educação de adultos.[21] Em última análise, a proximidade aos desígnios da liderança do Partido criou tensões insuperáveis para os historiadores acadêmicos que operavam no âmbito do Partido, "já que", como também escreve Hobsbawm, "o tema Stalin era literalmente uma questão de história".[22]

---

[19] 19 R. H. Hilton, *Bond men made free. Medieval peasant movements and the English rising of 1381*, London and New York, Methuen, 1973; para um exemplo modernista da mesma abordagem, ver E. Acton, *Rethinking the Russian revolution*, London, Edward Arnold, 1990.

[20] Ver R. Johnson, "Edward Thompson, Eugene Genovese, and socialist humanist history", *History Workshop Journal*", 1978, vol. 6.

[21] Hobsbawm, *"Historians group"*, p. 28-9.

[22] *Ibid.*, p. 41.

Quando, em 1956, a consciência profissional do historiador e a simpatia pela classe trabalhadora entraram em confronto com as demandas por lealdade ao Partido, o resultado foi a dizimação do grupo dos Historiadores do Partido Comunista.

No bloco do leste, as políticas do partido e do Estado impunham demandas muito maiores aos historiadores. A intervenção de Stalin, em 1931, em uma disputa sobre a história do bolchevismo, concretizou os termos da futura historiografia russa sob o comunismo.[23] Mas aqueles temas já tinham surgido na década posterior à revolução, quando o trabalho de uma geração anterior de historiadores russos foi empregado para dar alicerce histórico a um esquema marxista-leninista. Sob Stalin, essa colaboração entre velho e novo historismo foi rejeitada, e os historiadores que representavam uma historiografia burguesa foram expurgados. Iggers sugeriu que, apesar de uma uniformidade postulada de programa conceitual dentro das ditaduras que se associaram ao marxismo-leninismo, a margem de manobra e a independência intelectual não eram necessariamente tão restritas quanto se poderia supor à primeira vista.[24] Com certeza é o caso de que, sob o stalinismo do início dos anos de 1930, mesmo os historiadores que estiveram na vanguarda de visões marxistas estritas do passado russo estavam vulneráveis. Pokrovsky, cuja *Breve história da Rússia*, escrita em 1920, aplicava um materialismo marxista ortodoxo, foi uma figura fundamental no estabelecimento de uma academia pós-revolucionaria, mas, no início da década de 1930, seu marxismo foi forçado a dar lugar ao stalinismo, assim como o paradigma do proletarismo substituiu o do determinismo econômico.[25]

De forma muito semelhante, a liderança do Partido Comunista Alemão, em 1945, passou a uma reinterpretação programática da história, visando afastar por meio de explicações o surgimento do fascismo e elogiar os aspectos positivos do passado alemão, incluindo um rico legado de democracia e revolução.

O papel do partido e do Estado para facilitar essa educação se estendia à implantação de institutos de pesquisa em Berlim e à montagem de equipes de historiadores que seriam empregadas na preparação de pesquisas marxista-leninistas de história alemã e sobre o trabalho na Alemanha. Naquela época, com o estabelecimento gradual da ditadura de partido único, veio a estalinização da Alemanha Oriental, a renúncia a uma "via alemã ao socialismo" e também um expurgo da academia, com os não marxistas substituídos por historiadores marxista-leninistas, alguns dos quais tinham sido equipados às pressas com as habilidades necessárias. Mais do que isso, foi estabelecido um Conselho para a História pelo Partido da Unidade Socialista, o

---

[23] Breisach, *Historiography*, p. 351.
[24] G. G. Iggers, *Historiography in the twentieth century: from scientific objectivity to the postmodern challenge*, London, Wesleyan University Press, 1997, p. 83.
[25] B. Williams, "Soviet historians and the rediscovery of the Soviet past", in W. Lamont (ed.) *Historical controversies and historians*, London, UCL Press, 1998, p. 227-8.

sucessor do Partido Comunista alemão, para dar aos historiadores uma orientação a seu trabalho que melhor cumprisse as necessidades do país.[26]

No entanto, embora a abordagem e o compromisso dos historiadores marxistas tenham sido forjados no fogo da "política" em vários níveis, os historiadores marxistas, um pouco como os temas sobre os quais costumavam escrever, não eram, claro, "sacos de batatas" sobre os quais se agia, mas incapazes de agir. Sua abordagem era coletiva, às vezes explicitamente: parte de um esforço voltado a cumprir as expectativas de agendas distintas. Mais do que trazer o marxismo à sua história, eles geralmente traziam sua história ao marxismo. Aliada à ideia de que a escrita teórica marxista oferecia um modelo explicativo vital, havia a convicção entre os historiadores marxistas de que uma narrativa histórica que fizesse as perguntas certas e abordasse os tópicos adequados ajudaria a servir a seus fins políticos.[27]

No início dos anos de 1950, essas convicções também se estenderam aos debates com historiadores não marxistas – diálogos esses que se mostraram altamente produtivos para a disciplina. Como observamos, os trabalhos de alguns dos primeiros historiadores marxistas, no Bloco do leste e no Ocidente, necessariamente partiam do trabalho de gerações presentes e anteriores de não marxistas. Nas décadas posteriores à Segunda Guerra Mundial, a extensão do marxismo também dependia da fertilização cruzada de perspectivas marxistas e não marxistas sobre o passado. O surgimento da revista *Past and Present* em 1952 ocorreu, por exemplo, pela iniciativa dos membros do Grupo de Historiadores do Partido Comunista, mas ela não era publicada pelo grupo, nem seu comitê editorial era formado totalmente por marxistas. Em vez disso, a revista surgiu do debate entre historiadores, marxistas e não marxistas, que buscavam ir além de uma concepção tradicionalista de passado e seu estudo. Embora tenha servido para direcionar a geração seguinte a temas e áreas potenciais de pesquisa, áreas que atrairiam os que trabalhavam dentro e além de tradições marxistas, esse empreendimento coletivo também estimulou mais discussões com relação à aplicação da teoria marxista e, na verdade, à própria natureza do empreendimento histórico.

Hilton, em sua introdução a *A transição do feudalismo para o Capitalismo*, oferece uma denúncia indignada da tradição histórica do século XIX. Em uma linguagem que fala de uma persistente frustração com a abordagem do passado por parte do que ele considerava o *establishment*, escreve o autor,

---

[26] A. Dorpalen, *German history in marxist perspective. The east german approach*, London, Tauris, 1985, p. 46-54.

[27] Portanto, por exemplo, Hobsbawm, "What do historians owe to Karl Marx?", p. 142-3,
Mesmo nos modestos padrões das ciências humanas e sociais, a história era... uma disciplina extremamente – pode-se dizer, deliberadamente, atrasada. Suas contribuições [sic] ao entendimento da sociedade humana, passada e presente, foi desprezível e acidental. Como um entendimento da sociedade requer um entendimento da história, formas alternativas e mais frutíferas de explorar o passado humano tinham que ser encontradas, mais cedo ou mais tarde.

O que é favorecido na tradição acadêmica britânica, pelo menos desde o final do século XIX, é o trabalho acadêmico exato e detalhado, voltado a coletar dados verificáveis. A formação do historiador não reside na discussão das hipóteses pelas quais se podem explicar desdobramentos históricos importantes, e ainda menos na tentativa de penetrar na essência ou "motor inicial" de formações sociopolíticas.[28]

Se permitirmos que o marxismo britânico seja nosso exemplo de historiografia marxista, só podemos ser surpreendidos pela forma como ele demanda amplas concepções do passado, mesmo ao lidar com as minúcias da pesquisa histórica. Essa característica também se reflete, embora com alguma variedade, em outros exemplos nacionais da tradição marxista. Em seu núcleo está um estabelecimento da forma e da natureza da agência histórica, uma rejeição explícita de uma teleologia anterior que, como já se discutiu neste livro, estava no âmago da tradição historiográfica do século XIX. Com muita alegria, Hobsbawm registra como, ao se encontrar com o grande historiador dos *Annales* Fernand Braudel em 1950 pela primeira vez, este, uma figura verdadeiramente internacional, quis saber quem era esse Namier de quem seus colegas ingleses estavam falando. Para Hobsbawm, isso era uma confirmação de que uma "antiquada" história político-constitucional ou narrativa (representada aqui pelo Professor Lewis Namier, um historiador que desenvolveu uma abordagem prosopográfica da história parlamentar), contra a qual os marxistas estavam reagindo, foi posta de lado.[29] Em seu lugar, veio uma abordagem histórica teoricamente carregada e dependente de paixões políticas que iam muito além do arquivo e da sala de aula. Embora a continuada contribuição da historiografia marxista tenha sido limitada por uma inevitável proximidade com a postura política (fora) da moda, sua insistência na teoria e na essencialidade de explorar a história a partir de baixo fez com que o legado da historiografia marxista permanecesse vital.

Leituras complementares

Existe, é claro, um vasto corpo de textos escritos sobre o marxismo e sua relação com a história. Entre as contribuições recentes, estão S. H. Rigby, *Marxism and history. A critical introduction*, Manchester, Manchester University Press, 2nd edn, 1998; M. Perry, *Marxism and history*, Basingstoke, Palgrave, 2002; E. Hobsbawm, "What do historians owe to Karl Marx?", in idem, *On history*, London, Weidenfeld e Nicolson, 1997, p. 66-72. Outros panoramas recentes, curtos e acessíveis, incluem G. Eley, "Marxist historiography", in S. Berger, H. Feldner e K. Passmore (eds) *Writing history. Theory and practice*, London, Arnold, 2003, p. 63-82; S. H. Rigby, "Marxist

---

[28] Hilton, "Introduction", *Transition from feudalism to capitalism*, p. 10.
[29] Hobsbawm, "Historians' group", p. 38. Sobre Braudel, Ver também, acima, p. 108-112.

historiography", in M. Bentley (ed.) *Companion to historiography*, London, Routledge, p. 889-928.

Para exemplos de estudos nacionais de historiografia marxista, tanto no leste Europeu quanto no Ocidente, ver E. Gazzi, *Scientific national history. The Greek case in comparative perspective (1850-1920)*, Frankfurt, Peter Lang, 2000; B. Williams, "Soviet historians and the rediscovery of the Soviet past", in W. Lamont (ed.) *Historical controversies and historians*, London, UCL Press, 1998; A. Dorpalen, *German history in Marxist perspective. The East German approach*, London, Tauris, 1985.

Sobre o desenvolvimento da história marxista britânica, ver R. Samuel, "British marxist historians I", *New Left Review*, 1980, vol. 120; H. J. Kaye, *The British Marxist historians. An introductory analysis*, Basingstoke, Macmillan, 1995, introdução; para uma visão a partir de dentro sobre um fundamento institucional básico desses acontecimentos, E. Hobsbawm, "The historians' group of the communist party", in M. Cornforth (ed.) *Rebels and their causes. Essays in honour of A. L. Morton*, London, Lawrence and Wishart, 1978.

O desenvolvimento da história socialista-humanista no Ocidente, a partir dos anos de 1960 e a adoção da "história a partir de baixo", é sintetizada na obra de E. P. Thompson e, mais especificamente, em seu *The making of the English working class*, Harmondsworth, Penguin, 1968. Para algumas respostas à agenda estabelecida por Thompson, ver J. W. Scott, *Gender and the politics of history*, New York, Columbia University Press, 1988; A. Clark, *The struggle for the breeches: gender and the making of the British working class*, Berkeley, University of California Press, 1995. Ver T. Koditschek, "The gendering of the British working class", *Gender and History*, 1997, vol. 9; e para uma avaliação de Thompson e da história socialista-humanista, R. Johnson, "Edward Thompson, Eugene Genovese, and socialist-humanist history", *History Workshop Journal*, 1978, vol. 6. Para uma discussão geral sobre a "história partir de baixo", ver, também, J. Sharpe, "History from below", in P. Burke (ed.) *New perspectives on historical writing*, Cambridge, Polity, 1991.

Antes da via do humanismo socialista, um debate mais direto com o marxismo clássico e com a concepção materialista de história fica muito evidente no marxismo britânico. Os trabalhos centrais neste caso incluem Maurice Dobb, *Studies in the development of capitalism*, London, Routledge, 1946; e elementos do debate subsequente reunidos em *The transition from feudalism to capitalism*, London, Verso, 1976. A persistência dessa perspectiva fica evidente no debate posterior sobre a transição, T. H. Aston e C. H. E. Philpin (eds) *The brenner debate: agrarian class structure and economic development in pre-industrial Europe*, Cambridge, Cambridge University Press, 1985. A força de uma perspectiva marxista permanece clara na escrita e na construção de modelos da história; para um panorama recente de sua contribuição relativa, de uma perspectiva particular, ver J. Hatcher e M. Bailey, *Modelling the Middle Ages*, Cambridge, Cambridge University Press, 2002, Cap. 3.

13 HISTÓRIA DAS MULHERES E HISTÓRIA DE GÊNERO
Michael Roberts

A história das mulheres como campo de estudos organizado é um legado do final dos anos de 1960, quando um movimento de libertação emergente começou a buscar explicações para a opressão das mulheres, que se manifestava mesmo dentro das campanhas por direitos civis e contra a guerra na Indochina. Não era inevitável que a libertação envolvesse um retorno ao passado. Afinal de contas, nos Estados Unidos, as pressões sufocantes sobre as mulheres casadas descritas por Betty Friedan em *A mística feminina* (1963) eram, em grande parte, resultado de um período muito recente de afluência pós-guerra e sua "busca feroz de domesticidade privada".[1] Quando foi fazer pós-graduação em Columbia, em 1963, aos 43 anos, Gerda Lerner considerou algumas das estudantes mais hostis do que os homens à sua "postura de fazer das mulheres um cavalo de batalha constante".[2] Na Grã-Bretanha, mesmo no final dos anos de 1960, ainda não estava claro a Sheila Rowbotham que a "vida das mulheres eram importantes, ou que o que elas fizeram definiu este século".[3]

As mulheres foram levadas a olhar o passado para entender como seu acesso à educação superior tinha agitado, mas frustrado, expectativas: a bomba de Friedan se baseara em entrevistas com donas de casa que eram suas colegas no Smith College. Ao oferecer seu primeiro curso sobre História das Mulheres, ainda estudante de graduação na Nova York de 1962, Lerner não conseguiu reunir o número mínimo de 10 estudantes matriculados. Junto com a indiferença, houve incredulidade. A primeira conferência sobre Libertação das Mulheres na Grã-Bretanha foi realizada em reação à "History Workshop" de 1969 na faculdade Ruskin, em Oxford, onde as propostas para uma reunião separada para quem estivesse interessado em história das mulheres foram recebidas inicialmente com gargalhadas.[4] À medida que proliferavam em todo o mundo os seminários e as conferências, contudo, a história parecia

---

[1] Os dados de Friedan vem de S. M. Evans, *Born for liberty: a history of women in America*, New York, Free Press, 1989, p. 237.

[2] G. Lerner, "Autobiographical notes, by way of an introduction", in *The majority finds its past: placing women in history*, New York, Oxford University Press, 1979, p. xx.

[3] S. Rowbotham, *A century of women: the history of women in Britain and the United States*, New York, Viking, 1997, p. 3.

[4] J. Alberti, *Gender and the historian*, Harlow, Longman, 2002, p. 29, citando Sally Alexander.

estar em andamento e os "grandes homens" não eram mais os únicos que a faziam. Mesmo assim, "o espanto e o mistério cercavam o nascimento da libertação das mulheres",[5] à medida que se faziam perguntas às quais "não se poderiam encontrar respostas em livros".[6]

Quando, em 1971, Joan Kelly recebeu a solicitação de fazer uma palestra sobre as mulheres para uma nova disciplina que Gerda Lerner estava organizando, ela respondeu que "como trabalhava com história do Renascimento, não havia muito o que pudesse oferecer sobre mulheres". A determinada Lerner levou quatro horas de conversa para convencer Kelly do contrário.

Depois de um fim de semana de reflexões, Kelly foi convencida. Como ela se lembrou não muito antes de sua morte, em 1982,

> A transformação pela qual passei foi caleidoscópica, eu não tinha lido qualquer livro novo, não tinha encontrado um novo arquivo, nenhuma nova informação fora acrescentada a tudo o que eu sabia, mas eu agora sabia que todo o quadro que eu tinha do Renascimento era parcial, distorcido, limitado e profundamente falho.[7]

Ela comparou a revelação com a imaginação de Leonardo Da Vinci sobre nosso olhar sobre a Terra a partir da lua. O artigo que Kelly acabou escrevendo à versão publicada do currículo dessa nova disciplina perguntava: "As mulheres tiveram um Renascimento?".[8] Sugeria-se, já no título, o quanto a nova abordagem pode redefinir noções estabelecidas de periodização na historiografia ocidental: os grandes períodos de mudança para os homens simplesmente teriam passado pelas mulheres? Em sua conclusão, o artigo também mostrou como as preocupações atuais poderiam levar a reinterpretações do passado, à medida que o Renascimento de Kelly ficava mais parecido com os Estados Unidos de Betty Friedan:

> Todos os avanços da Itália renascentista, sua economia protocapitalista, seus estados e sua cultura humanista funcionavam para moldar a mulher da nobreza em um objeto estético: decorosa, casta e duplamente dependente de seu marido, bem como de seu príncipe.[9]

---

[5] S. Rowbotham, *Woman's consciousness, man's world*, Harmondsworth, Penguin, 1973, p. ix. Grande parte desse trabalho, originalmente parte de *Women, resistance and revolution*, London, Allen Lane, 1972 foi escrito em meados de 1971: p. vii.

[6] Rowbotham, *A century of women*, p. 4.

[7] J. Kelly, *Women, history, and theory*, Chicago, University of Chicago Press, 1984, p. xiii.

[8] R. Bridenthal and C. Koonz (eds) *Becoming visible: women in European history*, Boston MA, Houghton Mifflin, 1977, pp. ix, 161.

[9] *Ibid.*, p. 161.

Seguiram-se revisões semelhantes, com destaque para a reinterpretação da Reforma de Lyndal Roper através de seu impacto sobre as mulheres em *The holy household* (1989). Algumas vezes, o "mundo feminino" foi visto por uma lente mais positiva,[10] mas uma visão dos sexos vivendo mais ou menos em "esferas separadas" se revelou polêmica, por seu sentido *whig* de cronologia, sua tendência a se concentrar na vida das mulheres de classe média e sua indiferença em relação ao caráter relacional da experiência de ambos os sexos. Natalie Davis afirmou em 1975 que "deveríamos estar interessados na história de homens e mulheres ... não deveríamos estar trabalhando somente no sexo subjugado mais do que o historiador de classe pode se concentrar totalmente nos camponeses".[11] Os primeiros experimentos com história das mulheres muitas vezes derivavam suas formas explicativas de importantes modelos influentes da época, adotando-os à medida que emulassem a prática histórica profissional. As "esferas separadas" ofereciam uma elaboração e um substituto à estrutura existente de análise de classes. Judith Bennett lembrou-se de como sua geração de mulheres também tendia a enfatizar as evidências de mudanças e variedade no passado em reação às descrições essencialistas das mulheres como bruxas ou curandeiras com as quais elas cresceram. A ênfase na continuidade de longo prazo, que o artigo de Kelly prenuncia, levou algum tempo para se desenvolver.

As primeiras iniciativas em história das mulheres muitas vezes celebraram o processo da descoberta em si, buscando ajudar mulheres que tinham sido "escondidas" a se tornarem "visíveis".[12] A base colaborativa do trabalho ficava clara nas coletâneas de artigos pelas quais foi publicada e no reconhecimento aos autores (embora o artigo central de Mitchell de 1966 tenha conseguido ampla circulação em edições piratas).[13]

O pessoal e o público estavam misturados, como no trabalho inicial de Denise Riley, que explorava a história das creches da época da guerra como forma de refletir para ela mesma, como mãe solteira, sobre como melhor promover a provisão de cuidados às crianças na década de 1970.[14] Na época em que Rowbotham estava introduzindo sua própria síntese da história das mulheres a um público norte-americano em 1974, ela identificou nos arquivos duas abordagens amplas ao tema: uma, desafiadoramente popular, romanticamente identificada com as mulheres do passado, e a outra, um "refúgio silencioso, que ainda estava para ver a luz do dia, de inúmeras mulheres solitárias". A primeira forma corria o risco de

---

[10] C. Smith-Rosenberg, "The female world of love and ritual: relations between women in nineteenth-century América", *Signs*, 1975, vol. l:i, pp. 1-29.

[11] N. Z. Davis, ""Women's history" in transition: the European case", *Studies*, 1976, vol. 3, p. 90.

[12] S. Rowbotham, *Hidden from history: 300 years of women's oppression and the fight against it*, London, Pluto Press, 1973; Bridenthal and Koonz, Becoming Visible.

[13] J. Mitchell, *Women: the longest revolution: essays on feminism, literature and psychoanalysis*, London, Virago, 1984, p. 17.

[14] D. Riley, "Reflections in the archive?", *History Workshop Journal*, 1997, vol. 44, p. 238.

exagerar em sua identificação com o tema e de "se tornar impaciente com o tempo que leva para se fazer pesquisa cuidadosa". Mesmo assim, pela segunda, "podemos nos encontrar criando simplesmente outro tema acadêmico".[15] Como se poderiam combinar paixão e rigor?

Contudo, para as mentes convencionais a concentração nas mulheres e em seus interesses parecia estreitar ou rebaixar a visão dos historiadores. Gerda Lerner foi aconselhada a fazer avançar sua carreira apresentando-se como "historiadora social e especialista em história da reforma" em vez de historiadora das mulheres, mas se recusou.[16] Mary Beard observou como "a educação igual, pela qual as mulheres tinham clamado, significara apenas a extensão a elas da educação dos homens sobre sua própria história e seus julgamentos sobre eles mesmos".[17] Em vários momentos desde o final do século XIX, os historiadores mostraram a subordinação política das mulheres, sua posição econômica e suas responsabilidades "domésticas".[18] As mulheres tampouco foram totalmente negligenciadas durante a década de 1950.[19] Mas essas iniciativas nunca tinham amalgamado em uma presença duradoura na academia, nem nas prateleiras de livros. Depois dos anos de 1960, tudo isso mudaria e a novidade residiria menos em fazer história das mulheres em si, do que nas implicações de que ela fosse feita regularmente, por muitas pessoas, de forma concertada. Como também acarretava uma abordagem *interdisciplinar* e, muitas vezes, inovadora em relação às fontes, o estudo da história das mulheres se encontrou avançando em direção ao centro das preocupações intelectuais contemporâneas.

Ao mesmo tempo, seu desenvolvimento variou geograficamente. Nos Estados Unidos, uma campanha concertada para dar às mulheres mais espaço na profissão de historiador se juntou com a pesquisa empírica sobre a cultura política da república que amadurecia em inícios do século XIX, por exemplo, nas obras de

---

[15] S. Rowbotham, *Dreams and dilemmas collected writings*, London, Virago, 1983, p. 177.

[16] G. Lerner, *The majority finds its past placing women in history*, New York, Oxford University Press, 1979, p. xxiv.

[17] Citado em Lerner, *Majority*, p. xxii.

[18] B. G. Smith, *The gender of history: men, women, and historical practice*, Cambridge MA, Harvard University Press, 1998, Cap. 1-3. Para períodos anteriores, ver N. Z. Davit, "Gender and genre: women as historical writers, 1400-1820", in P. Labalme (ed.) *Beyond their sex: learned women of the European past*, New York, New York University Press, 1980, p. 153-83; J. Thirsk, "Introduction" to M. Prior (ed.) *Women in English society 1500-1800*, London, Methuen, 1985; M. Berg, *A woman in history: Eileen Power, 1889-1940*, Cambridge, Cambridge University Press, 1996.

[19] A história das ideias deu um impulso ainda anterior: A. L. Gabriel, "The educational ideas of Christine de Pisan", *Journal of the History of Ideas*, 1955, vol. 16, p. 3-21; K. Thomas, "The double standard", *Journal of the History of Ideas*, 1959, vol. 20, p. 195-216; G. J. Barker-Benfield, *The horrors of the half-known life*, 1974, 2nd edn, London, Routledge, 2000, p. xi-ii, resume o trabalho sobre a história das mulheres dos Estados Unidos feito pelos historiadores homens nos anos de 1950 e início de 1960.

Barbara Welter e Gerda Lerner.[20] Na década de 1960, a proporção de títulos de Ph.D. concedidos a mulheres tinha, na verdade, diminuído em relação a antes de 1939, de 15 para 10%,[21] e mesmo no final da década, os 10 mais conceituados departamentos de pesquisa em história não empregavam mulheres como professores titulares, e haveria apenas quatro associadas ou assistentes. Dentro da American Historical Association, a Berkshire Conference, fundada em 1930 para se contrapor ao isolamento que as mulheres vivenciavam no mundo acadêmico definido pela sociabilidade masculina, dedicou-se, a partir de 1972, ao trabalho com a história das mulheres, e foram tomadas medidas para monitorar o recrutamento delas para postos acadêmicos.[22] A proporção de mulheres com Ph.D. em história aumentou de 16% no início dos anos 1970, a 38% em 1988 e, embora ainda fossem apenas 12% dos professores, nessa época elas estavam representadas apenas nas posições mais destacadas na profissão.[23]

A profissionalização proporcionou alguma segurança para o futuro da história das mulheres no longo prazo, como tema de estudo, e para alguns daqueles capazes de se comprometer com ela (estimativas atuais sugerem que é necessária uma média de 11,3 anos depois da graduação para se obter um doutorado nos Estados Unidos).[24] O preço pago foi a assimilação do campo em estruturas disciplinares existentes, em uma época em que a relação entre variedades de teorias feministas e a prática de pesquisa permanecia fluida. Felizmente, isso deu espaço para um acalorado debate sobre os paradigmas conflitantes dentro dos quais a história das mulheres como suposta "ciência normal" viria a ser mais bem desenvolvida na década posterior a 1985. Uma das razões pelas quais a discussão fundamental de Joan Scott sobre *gênero* se mostrou tão desestabilizadora naquela época foi sua publicação como artigo principal na *American Historical Review*,[25] sinalizando a *presença* de mulheres no centro da academia e sua possível transformação e *deslocamento*.

---

[20] B. Welter, "The cult of true womanhood 1800-1860", *American Quarterly*, 1966, vol. 18; G. Lerner, "The lady and the mill girl: changes in the status of women in the age of Jackson", *Midcontinent American Studies Journal*, 1969, vol. 10.

[21] C. Farnham, "Foreword", in G. V. Fischer, *Journal of Women"s History Guide to Periodical Literature*, Bloomington IN, Indiana University Press, 1992, p. 2.

[22] J. W. Scott, "The problem of invisibility" in S. Jay Kleinberg (ed.) *Retrieving women's history: changing perceptions of the role of women in politics and society*, London and Paris, Berg/Unesco 1988, p. 9. Uma federação internacional para a pesquisa sobre a história das mulheres foi fundada em 1987 e sua primeira conferência em Madri, em 1990, foi uma marca global semelhante.

[23] Farnham, "Prefácio", p. 5.

[24] R. B. Townsend, "On the plateau's edge? Dramatic growth of history Ph.Ds. in the 1990s appears to be slowing", *American Historical Association*. Perspectives Online, January 2002, vol. 40:1.

[25] J. Scott, "Gender: a useful category of historical analysis", *American Historical Review*, 91, 1986, p. 1053-75.

No Reino Unido, esse tipo de impacto institucional levaria 20 anos e a história das mulheres permanece sendo periférica em relação à visão de muitas feministas.[26] Nesse meio-tempo, foram dadas contribuições muito importantes ao desenvolvimento da escrita histórica por mulheres como Averil Cameron, Jose Harris, Barbara Harvey, Margaret Spufford, Joan Thirsk e Dorothy Thompson, mas sem se concentrar especificamente na história das mulheres. Também houve avanços mais informalmente por parte da History Workshop, e através do crescente entusiasmo pela história social.[27] Durante o final da década de 1920, a Economic History Society se baseou em redes de historiadoras em escolas e aulas de extensão universitárias, e em 1927, um quinto dos 500 membros era de mulheres, a mesma proporção dos profissionais de ensino regulares na LSE quando Alice Clark lá estudou como aluna adulta, antes da Primeira Guerra Mundial.[28] Mas a contribuição dessa geração foi muito esquecida nos anos de 1960.[29] As contribuições à *Economic History Review* por parte das mulheres perfaziam pouco mais de 6% do total antes da década de 1980, crescendo a quase 14% nos anos de 1990.[30] O comitê de mulheres da Sociedade, que deveria realizar oficinas anuais, foi estabelecido em 1988 e o subtítulo da *Review* foi ampliado formalmente para incluir a história social em 1991. Nesse mesmo ano, foi estabelecida uma rede nacional de história das mulheres (Women's History Network). No final de 2001, as mulheres tinham os principais cargos das três mais importantes associações de historiadores do Reino Unido. Mas, nos primeiros tempos, a história das mulheres no Reino Unido devia muito mais ao socialismo, inclusive por contestar suas premissas.

O ensaio de 1966 de Judith Mitchell, "Women: the longest revolution", ofereceu a primeira estrutura analítica, examinando a interação entre produção, reprodução, sexo e criação de filhos:

> As variações na condição das mulheres através da história serão o resultado de diferentes combinações desses elementos – em grande parte como a análise de Marx sobre a economia em *Formações Econômicas Pré-capitalistas* é uma descrição das diferentes combinações dos fatores de produção, e não uma narrativa linear do desenvolvimento econômico.

Esse foi o Marx "mais jovem" editado dois anos antes pelo orientador de graduação de Sheila Rowbotham, Eric Hobsbawm. Mitchell considerava que seus

---

[26] Praticamente nenhum tratamento em S. Jackson e J. Jones (eds) *Contemporary feminist theories*, Edinburgh, Edinburgh University Press, 1998, por exemplo.
[27] Harold Perkin foi indicado primeiro professor titular em história social em Lancaster em 1967. A publicação *Social history* foi fundada em 1975 e a Social History Society, em 1976.
[28] A. Erickson, "Introdução" a A. Clark, *Working life of women in the seventeenth century*, 1919, reimpresso London, Routledge and Kegan Paul, 1982, p. xii, aponta 22% para o período de 1895 a 1932 como um todo.
[29] Berg, *A woman in history*, p. 167.
[30] E. A. Wrigley, "The review during the last 50 years", p. 19 at http://www.ehs.org.uk/.

elementos combinados constituíam uma "estrutura" específica, ao acompanhar o pensamento contemporâneo, enquanto seu título apontava para uma terceira influência fundamental da *New Left* no trabalho de Raymond Williams.[31] A combinação de elementos foi criativa e provocadora. Como lembra Sheila Rowbotham, as mulheres com filhos "eram nosso equivalente ao proletariado marxista".[32] A própria Mitchell, no livro poderosamente analítico em que republicou o artigo de 1971, buscava resolver a tensão entre as categorias de classe e gênero por meio de uma "política de opressão" unificada.[33]

A neozelandesa Mitchell também insistia em diferenciar o Movimento de Libertação das Mulheres, como fenômeno internacional, de seus "antecessores", considerando o movimento pelo sufrágio como mais insular e, assim, um precedente frágil na imaginação popular: "as mulheres já ficaram indignadas antes e estão de novo. É só uma faísca!".[34] Em 1970, Mitchell abriu mão de sua cátedra de inglês para escrever e fazer formação psicanalítica, passando de um sentido de história social a outro, muito mais pessoal. Um impulso contrário veio da esquerda do movimento dos trabalhadores. Uma campanha em 1968 para aumentar o controle dos trabalhadores sobre a produção das fábricas assistiu à publicação de um compêndio de obras de história do início do século XX sobre o tema.[35] No mesmo ano, foi reimpresso *Working life of women in the seventeenth century*, de Alice Clark, publicado originalmente em 1919, e em 1969, seguido de uma reimpressão de *Women workers and the industrial revolution 1750-1850* (1930), Ivy Pinchbeck. A inclusão de uma palestra sobre a história do trabalho fabril das mulheres na Ruskin History Workshop de 1969 levou indiretamente a planos de uma primeira conferência de libertação das mulheres para o seguinte mês de fevereiro. As mulheres continuam a cumprir um papel fundamental no movimento History Workshop, incluindo o jornal lançado em 1976, embora a insatisfação com as limitações da análise marxista em 1982 tenha feito com que o termo "feminista" fosse parar junto de "socialista" na descrição. Enquanto durou, contudo, a combinação de interesses sustentou um trabalho frutífero em ambos os lados do Atlântico. *Women, work and the family* (1978), de Joan Scott e Louise Tilly, tentava uma síntese de abordagens marxistas e feministas ao impacto da industrialização, enquanto *Eve and the New Jerusalem* (1979), de Barbara Taylor, mostrava os owenistas socialistas tendo chegado perto de uma crítica com consciência de gênero do capitalismo industrial emergente. Esse trabalho foi aprofundado mais recentemente por *The struggle for the breeches*, de Anna Clark (Berkeley CA, 1995), e *The first industrial woman*, de Deborah Valenze (Oxford, 1995).

---

[31] J. Mitchell, "Women: the longest revolution", *New Left Review*, 1966, vol. 40; R. Williams, *The long revolution*, London and New York, Columbia University Press, 1961.

[32] S. Rowbotham, *Promise of a dream: remembering the sixties*, London, Allen Lane, 2000, p. 214.

[33] J. Mitchell, *Women's estate*, Harmondsworth, Pelican Books, 1971, Preface.

[34] *Ibid.*, p. 11.

[35] K. Coates and T. Topham (eds) *Workers control*, London, Panther, 1970.

Os vínculos com um movimento político mais amplo, embora problemáticos em muitos aspectos, provavelmente foram cruciais na experiência do Reino Unido, já que a proporção da população que tinha acesso à educação nos anos de 1960 era muito pequena. Esse contexto sustentou a plausibilidade de uma análise de classe sobre a experiência das mulheres, bem como dos homens, durante boa parte dos anos de 1970.

Houve uma resistência correspondente a uma história separatista das mulheres, e a insistência de Rowbotham, em 1974, em que isso "pode acabar restringindo as implicações radicais de uma abordagem feminista do passado", arriscava colocá-la nas mãos de mulheres que não eram feministas e reduzir a consciência humana à biologia de forma determinista, esquecendo que um homem escrevendo história pode ser transformado pela existência de um movimento feminista".[36] A mesma sensação geral de possibilidade levou a suas suspeitas de "patriarcado" como forma de caracterizar a ordem masculina há muito dominante. Para ela, isso implicava "uma estrutura que é fixa, em vez de o caleidoscópio de formas dentro do qual mulheres e homens se encontraram".[37] Mas permanecia necessária uma discriminação positiva na indicação de mulheres a cargos de ensino para uma exploração organizada da experiência passada das mulheres. As primeiras publicações das mulheres incluíam a síntese pioneira *Hidden from history* e uma bibliografia crítica publicada separadamente sobre os trabalhos existentes sobre mulheres no passado. Trabalhos críticos sérios pareciam mais necessários do que nunca dado o tratamento superficial da experiência histórica nos textos fundadores do movimento das mulheres.[38]

Retrospectivamente, o avanço feito durante os anos de 1970 e 1980 parece muito desigual. Apenas algumas das 750 revistas pesquisadas pela primeira grande análise da literatura periódica em 1992 eram dedicadas especificamente à história das mulheres. A mais antiga revista britânica com um grande compromisso com o campo foi fundada em 1976, apenas um ano após *Signs*, nos Estados Unidos. Somente quando o desafio de "gênero" se tornou substancial foram acrescentadas outras publicações, o *Journal of Women's History* (1986) nos Estados Unidos, e na Grã-Bretanha, *Gender and History* (1989) e, em reação à virada em direção ao gênero, a *Women's History Review* (1992). Mesmo em 1992, revistas históricas importantes no Reino Unido mal dedicavam um décimo de suas páginas à história das mulheres.[39] Enquanto isso, na França, onde a atenção formal à história das mulheres veio relativamente tarde, no período de 1970-1982, cerca de 18,5% dos artigos na *Annales* eram escritos por mu-

---

[36] Rowbotham, *Dreams and dilemmas*, p. 177-8.
[37] *Ibid.*, p. 209.
[38] Ver os trabalhos de Greer, Figes e Millett submetidos a uma crítica histórica marxista de Branca Margas em *New Left Review*, 1970, vol. 66, e Anna Davin, "Women and history" in M. Wandor (ed.) *The body politic: women's liberation in Britain, 1969-72*, London, Stage One, 1972.
[39] Fischer, *Guide to periodical literature*, p. 9.

lheres, uma proporção equivalente à presença de mulheres na profissão, embora a concentração específica na história das mulheres fosse muito mais limitada.[40]

Sejam quais forem suas implicações para a cronologia, a história das mulheres não contraria o padrão amplo de pesquisa histórica na prática. Em 5.500 artigos publicados só na década de 1980, a história da própria cultura dos historiadores, e de períodos mais recentes, era a mais comum. Da mesma forma, mais de dois terços dos artigos propostos às Conferências de Berkshire nos anos de 1980 e 1990 tratavam de história dos Estados Unidos. A publicação sobre história das mulheres britânicas até 1992 proporcionou 588 itens sobre o período medieval, 974 sobre o início do período moderno e 1.632 sobre o período posterior a 1800. Os temas mais populares (ou com mais disponibilidade de pesquisa) eram os relacionados à política, poder e trabalho no período contemporâneo; política e poder no período moderno; seguidos do lugar das mulheres na família depois de 1800. Como lugar de atividade econômica e micropolítica nas sociedades pré-industriais, a família atraía mais interesse de medievalistas. Na conferência de Berkshire de 1999, houve mais de 200 apresentações sobre tópicos do século XX, outras 100 lidando com o século XIX e não muito mais de 50 sobre o período de 1500 a 1800.

Somente sete lidavam com qualquer período antes de 1500.[41] Essa concentração pode ter parecido exagerada pelo tema escolhido para a conferência, mas também reflete a forma com que uma história ampliada para abarcar as experiências pós-coloniais e pós-soviéticas contribui para uma mudança no centro de gravidade nos estudos históricos em termos gerais.[42]

A história das mulheres, portanto, moldou e foi moldada pelas visões mutantes do propósito de escrever história como um todo. Os temas explorados basicamente por meio de pesquisas empíricas convencionais, como a história do trabalho pré-industrial das mulheres, contribuíram para repensar a cronologia a longo prazo e os pontos fundamentais, como "Revolução Industrial". Uma abordagem diferente foi assumida examinando-se esferas onde a influência das mulheres foi considerada mínima, como em *Women and property in early modern England* (1993), de Amy Erickson. A exploração da experiência das mulheres na Europa medieval assistiu ao desenvolvimento de diferentes abordagens interpretativas, bem como uma crescente consciência da variação geográfica dentro da categoria ampla "cristandade, e entre variedades de heresia. Estudos de escrita medieval estão mostrando como as mulheres, na condição de clientes e leitoras, influenciaram autores e moldaram o texto".[43] Portanto, à ideia de "diferença" foi acrescentado o que Natalie Zemon Davis chamou

---

[40] A. Farge, "Method and effects of women's history", in A. Farge (ed.) *Writing women's history*, Oxford, Blackwell, 1992, French edn 1984, p. 16.

[41] 41 Calculado pelo autor a partir de catálogo na internet.

[42] O tema escolhido para a celebração do Mês da História das Mulheres em 2002 foi extraordinariamente patriótico: "As mulheres sustentando o espírito dos Estados Unidos".

[43] M. Rubin, "A decade of studying medieval women, 1987-1997", *History Workshop Journal*, 1998, vol. 46, p. 230.

de "mistura". Ao mesmo tempo, uma abordagem multicultural reinterpretou a história dos Estados Unidos em termos de diferentes perspectivas regionais sobre gênero, a partir do Nordeste, do Sudeste e do Oeste:[44] a Europa foi reconceituada da mesma forma, com o domínio não tanto de famílias, como de mulheres solteiras – uma reversão provocadora do paradigma até então dominante de demografia domiciliar.[45]

O interesse nas diferenças *entre* mulheres assim como entre elas e homens floresceu durante a década de 1980, quando os historiadores escreviam cada vez mais sobre essas distinções como reflexos de uma identidade de gênero socialmente construída (em vez de biologicamente determinada). Isso possibilitou que tópicos dos pioneiros anos de 1970, como a importância da "experiência", fossem revisitados à luz de novas visões nascidas da virada linguística, junto com um novo tema, o corpo. Excelentes estudos nessas bases, de Caroline Walkef Bynum, Lyndal Roper e Miri Rubin nos fizeram ver de outra forma a cultura medieval e moderna. O próprio termo gênero gerou inquietação ao parecer fragilizar as afirmações de mulheres como movimento político organizado, embora o trabalho sobre o corpo tenha demonstrado como elas podem ser redefinidas em termos de subjetividade situada. O mesmo se aplica aos homens. David Halperin sugeriu que 1992 poderia ser celebrado não como o 500º aniversário da descoberta da América por Colombo, mas como o centenário de uma invenção de Charles Gilbert Chaddock, o homem a quem o *Oxford english dictionary* credita a introdução do termo *homosexuality* na língua inglesa. Joanna Bourke usou o interesse na experiência e na emoção como forma de explorar e redefinir o terreno tradicional da história dos homens por excelência, a guerra, em *An intimate history of killing* (2000). A interação entre experiência corporal, orientação sexual e identidade de gênero foi elevada recentemente a novos níveis de sutileza na obra de Laura Gowing, *Common bodies: women, touch and power in seventeenth-century England* (2003).

Os estudos sobre masculinidade estão florescendo, mas ainda não se sabe até onde a História, como projeto, permanece sendo "masculina" em sua concepção geral. Bonnie Smith mostrou com que firmeza a historiografia profissional foi moldada pelos hábitos e pressupostos dos homens do século XIX, e aprendemos como as conquistas de Eileen Power e Lucie Varga foram subestimadas após suas mortes na década de 1940.[46] Joan Thirsk escreve com pesar sobre como as mulheres que

---

[44] V. L. Ruiz and E. C. DuBois (eds) *Unequal sisters. A multi-cultural reader in US women's history*, New York, 1990, 2nd edn, London, Routledge, 1994, uma coletânea de 36 artigos e quatro bibliografias sobre mulheres afro-americanas, asiático-americanas, latinas e nativo-americanas, com mais de metade dos artigos lidando com mulheres negras.

[45] J. M. Bennett and A. M. Froide (eds) *Singlewomen in the European past 1250-1800*, Philadelphia, University of Pennsylvania Press, 1999.

[46] Berg, *A woman in history*, p. 257; P. Schottler, *Lucie Varga: les autoritis invisibles. Une historienne autrichiennes aux annales dons les annies trente*, Paris, U Cerf, 1991; idem, "Lucie Varga: a central european refugee in the circle of the rrench 'Annales', 1934-1941", *History Workshop Journal*, 1992, vol. 33, p. 100-20; cf. N. Z. Davis, "Women and the world of the Annales", *History Workshop Journal*, 1992, vol. 33, p. 121-37.

mostram serem boas editoras "podem nunca sair desse papel".[47] E mesmo onde as mulheres mantêm seu terreno profissionalmente contra os homens, Luce Irigaray sugere que ainda deveríamos distinguir entre o sexo do autor e o gênero da obra: a maioria das mulheres faz obras de homens por eles, por exemplo, esforçando-se para manter uma voz autoral comedida.[48] Quando Sheila Rowbotham reclamou que "aspirações de felicidade ou fantasias de transgressão são muito mais difíceis de identificar historicamente do que salários",[49] seus críticos se preocuparam com um desvio em direção ao irracional.[50] Contudo, fica a dúvida sobre se as pressões do profissionalismo frustraram o desenvolvimento de uma historiografia mais expressiva e experimental por parte das mulheres, dadas as evidências de *Landscape for a good woman* (1986), de Carolyn Steedman, que mescla biografia, narração de histórias e história, e *Female fortune* (1998), de Jill Liddington, um comentário ampliado sobre os diários da proprietária de terras e estudiosa lésbica Anne Lister, ou ainda o conhecido *Am I that name?* (1988), de Denise Riley, um ensaio que combina sutilmente pós-estruturalismo com uma sensibilidade de poeta.

Parece provável que um modo mais experimental de escrita histórica seja requerido de todos nós para fazer justiça com a experiência do tempo em um mundo cada vez mais interconectado. O primeiro seminário de história das mulheres na China foi realizado na Universidade Normal de Tianjin em agosto (1999) e no mesmo ano o Centro de Estudos de Gênero da Universidade Europeia de Humanidades patrocinou uma conferência em Minsk, na Bielorrúsia, com o título "Escrevendo história das mulheres e história de gênero em países em transição". "Gênero", às vezes, revela-se uma categoria estrategicamente mais útil para esse tipo de trabalho do que "mulheres", embora também possa pressionar as mulheres em direção às margens.[51] Mas as primeiras iniciativas do Ocidente para lidar com essa imensa paisagem tem sido decepcionantemente prosaicas.[52] Parte do problema é simplesmente

---

[47] Thirsk, "Introdução", p. 4. entre as realizações de Thirsk estão editar a enorme *Agrarian history of England and wales*.

[48] T. Moi, *Sexual/textual politics: feminist literary theory*, London, Routledge, 1985, p. 108. M. E.-Wiesner-Hanks, *Gender in history*, Oxford, Blackwell, 2001.

[49] Rowbotham, *A century of women*, p. 538.

[50] J. R. Richards, *The sceptical feminist*, Harmondsworth, Penguin, 1980, p. 33, acusando Rowbotham de irracionalismo.

[51] A. Marwick, *The new nature of history: knowledge, evidence, language*, Basingstoke, Palgrave, 2001, (cinco referências no índice para "gênero", papéis de gênero, "teoria de gênero", quarto referências a "mulheres, história das (história feminista)", incluindo breves críticas de três obras recentes de historiadoras); J. H. Arnold, *History: a very short introduction*, Oxford, Oxford University Press, 2000, índice: "gênero" (nove páginas de referências, nenhuma para "mulheres"); L. Jordanova, *History in practice*, London, Arnold, 2000, índice: "gênero" (sete páginas de referências), "história das mulheres" (nove referências); A. Green e K. Troup, *The houses of history: a critical reader in twentieth-century history and theory*, Manchester, Manchester University Press, 1999, índice: "história das mulheres, ver história de gênero" (um capítulo de doze).

[52] P. Stearns, *Gender in world history*, London, Routledge, 2000; Wiesner-Hanks, *Gender in history*.

a acumulação de detalhes, que no Ocidente são agora tão grandes que a evolução da história das mulheres se tornou, em si, um fenômeno histórico, algo de que temos que nos afastar para poder apreciar. Uma história do mundo verdadeiramente integrada apresenta uma perspectiva incomensuravelmente mais complexa. Natalie Davis mostrou como essa tarefa pode ser tratada por meio de geografias e biografias interligadas em *Women on the margins* (1995).

Podemos terminar com três exemplos que tecem, em círculos concêntricos, uma estrutura de interpretação em torno das experiências de gênero da Europa moderna. Cynthia Herrup recontou a história do julgamento e execução do Conde de Castlehaven em 1631 por permitir o estupro de sua esposa e cometer sodomia com seus servos.

Reconstituindo cuidadosamente não apenas "os eventos", mas também os graus de liberdade com que as pessoas do século XVII conseguiam formular sua experiência, a autora reflete, por sua vez, sobre os graus de liberdade disponíveis ao historiador moderno e a seu público quando este imagina e interpreta essas experiências. Sara Mendelson e Patricia Crawford, trabalhando por correio eletrônico em diferentes continentes, construíram uma excelente síntese do que agora conhecemos como a sociedade de Castlehaven e seus contemporâneos, um trabalho que trata da história da sociedade como um todo, não como um contexto em que as mulheres viviam, e sim como um mundo cultural cuja forma elas ajudaram a definir. Olwen Hufton conseguiu alguma coisa semelhante em escala europeia, mais uma vez, aproveitando de forma imaginativa a oportunidade de realizar um trabalho do ponto de vista de uma mulher ao organizar sua grande quantidade de materiais em torno das simples, mas infinitamente variáveis, etapas do ciclo da vida. Evitando uma falsa redução das tensões entre história das mulheres e de gênero, entre subjetividade e objetividade, todos esse trabalhos nos dão formas de pensar sobre a experiência de gênero no tempo, que devem dar frutos duradouros.

Leituras complementares

O amadurecimento desse campo é demonstrado por uma colheita de estudos do tamanho de livros sobre sua evolução. J. P. Zinsser, *History and feminism*, New York, Twayne Publishers, 1993 concentra-se no período desde os anos de 1960, enquanto B. G. Smith, *The gender of history: men, women and historical practice*, Cambridge MA, Harvard University Press, 1998, é fascinante em termos do caráter de gênero da profissão histórica desde seu início no século XIX.

Ambos P. N. Steams, *Gender in world history*, London, Routledge, 2000, e M. E. Wiesner-Hanks, *Gender in history*, Oxford, Blackwell, 2001, pesquisam a impressionante, ainda que às vezes um pouco estranha emancipação da história das mulheres de agendas nacionais únicas. J. Alberti, *Gender and the historian*, Harlow, Longman, 2002, confirma que "gênero" se tornou a categoria preferencial de muitos historiadores jovens. Por vezes, estudos de ponta sobre o corpo e orientação sexual ainda são enquadrados em um contexto nacional, como em T. Hitchcock, *English sexualities 1700-1800*, Basingstoke, Macmillan, 1997. O interesse em gênero e sexualidade torna mais importante ainda registrar as contribuições vitais feitas anteriormente por historiadores das mulheres em si. Entre elas, S. Rowbotham, *Hidden from history: 300 years of women's oppression and the fight against it*, London, Pluto Press, 1973; R. Bridenthal e C. Koonz (eds) *Becoming visible: women in European history*, Boston MA, Houghton Mifflin, 1977; G. Lerner, *The Majority Finds its past: placing women in history*, New York, Oxford University Press, 1979. A. Forge (ed.) *Writing women's history*, Oxford, Blackwell, 1992 (primeira edição francesa de 1984) e S. J. Kleinberg (ed.) *Retrieving women's history: changing perceptions of the role of women in politics and society*, London and Paris, Berg/Unesco, 1988. O papel de um artigo individual para lançar uma nova gama de interpretações possíveis é bem captado em "Did women have a Renaissance?", de Joan Kelly, in J. Kelly, *Women, history and theory*, Chicago, University of Chicago Press, 1984, e em J. W Scott, "Gender: a useful category of historical analysis", *American Historical Review*, vol. 91, 1986, reimpresso em *Gender and the politics of history*, edição revisada, New York, Columbia University Press, 1999. Relativamente poucas historiadoras já receberam tratamento biográfico integral. Uma das melhores até agora é M. Berg, *A woman in history: Eileen Power, 1889-1940*, Cambridge, Cambridge University Press, 1996.

HISTÓRIA, IDENTIDADE E ETNICIDADE
John Davidson

14

É um dos clichês da discussão historiográfica dizer que indivíduos e sociedades usam o passado para sustentar suas identidades atuais. Os fundadores da moderna historiografia aceitaram como algo dado que o foco da identidade era o Estado-Nação, seja concebido em termos do conceito de *Volk*, seja como o construto de pais-fundadores heroicos, como no caso dos Estados Unidos ou da França pós-revolucionária. Nos últimos tempos, muitos tipos bastante diferentes de grupos têm demandado sua própria história e se juntado aos operários que fabricavam meias de E. P. Thompson na busca pela emancipação em relação à "enorme condescendência da posteridade". Os primeiros desafios à visão estatista vieram daqueles que defendiam grupos que não eram de elite dentro do Estado-Nação: a classe trabalhadora, mulheres, imigrantes. Mais recentemente, alguns procuraram desmantelar todo o paradigma e as grandes narrativas que ele sustentava. Esses desenvolvimentos são o produto da interação entre mudanças na teoria social e crítica, muitas vezes mediadas por disciplinas intimamente relacionadas, e mudanças no contexto político, social e cultural mais amplo. O aumento, desde cerca de 1970, da atenção que os historiadores e outros prestam às questões relacionadas a etnicidade e identidade demonstra particularmente bem a interação de contexto e teoria. A persistência – na verdade, o ressurgimento – de divisões comunitárias e linguísticas nos Estados pós-coloniais, o surgimento de nacionalismos novos e relembrados na Europa do leste depois de 1989, a reafirmação de identidades regionais/nacionais na Europa Ocidental, a importância cada vez maior das identidades religiosas, como nos Bálcãs, no mundo islâmico e no Ulster, o impacto da imigração na Europa Ocidental e na América do Norte, todos colocaram em questão antigas certezas. Particularmente, eles questionam a previsão implícita na teoria anterior da modernização de que identidades e lealdades mais antigas, tradicionais, habituais desvaneceriam diante do impacto de uma modernidade cada vez mais poderosa e global, da qual o Estado-Nação era um importante agente. A partir do início dos anos de 1980, a teoria social e crítica francesa, principalmente a de Foucault, junto com o *Orientalismo* de Edward Said, teve um grande impacto em várias disciplinas: na teoria literária e na antropologia, e especialmente nas disciplinas emergentes dos estudos culturais e pós-coloniais, mas também na sociologia, na ciência política e na história.[1] A ênfase dada por Foucault ao papel das elites poderosas interessadas em estruturar a ideia de nação e o entusiasmo dos seguidores de Said por desmascarar o "discurso de colonialismo" desviaram a atenção do Estado-Nação para identidades alternativas, subalternas, diaspóricas.

Os conceitos de "identidade" e "etnicidade" são problemáticos: ambas as palavras têm etimologias complexas e uso corrente variável. A raiz do sentido de identidade, do latim *idem*, é de similaridade; a palavra mantém o sentido em sua forma adjetival, "idêntico". A palavra passou ao uso acadêmico em meados do século XX, por meio da psicologia e, particularmente, do trabalho de Erik Erikson.[2] Da forma usada por Erikson, identidade é essencialmente individual, um núcleo coerente do eu que se desenvolve no decorrer do ciclo da vida. Para outros, principalmente os sociólogos, a identidade está relacionada à afinidade, implicando participação em uma comunidade, por exemplo, de classe, gênero ou nação. Em ambos os sentidos, a identidade tem a ver com a diferença, assim como com a similaridade. A raiz de étnico/etnicidade é o grego *ethnos*, que quer dizer povo, ou nação. No Velho Testamento, o grego *ethnos* significa os bárbaros, os "outros", uma tradução direta do hebraico *goyim*. A palavra inglesa "*ethnic*" foi usada pela primeira vez com o sentido de "não convertido". No século XIX, quando uma visão biológica das divisões raciais, incluindo aquelas entre celtas, saxões e eslavos, era aceita quase que universalmente, "étnico" se referia à raça. À medida que a visão biológica da variação humana se enfraqueceu no início do século XX, os termos "étnico" e "grupos étnicos" passaram a se referir mais à linguagem e à cultura, embora, em algumas versões, ainda tivessem que ver com descendência. O uso de "etnicidade" como categoria sociológica para fazer paralelo às de idade, gênero, religião ou classe data de estudos sobre a vida urbana nos Estados Unidos no início dos anos de 1940, de W. Lloyd Warner e outros, partindo de tradições mais antigas que vinham de Horace Kallen e Robert Park. Depois de 1945 e, principalmente, depois de cerca de 1970, o conceito foi muito usado por autores que escreviam sobre nacionalismo, por antropólogos e por críticos pós-colonialistas. Muitos esforços foram dedicados a encontrar uma definição precisa de o que constitui uma *ethnie* (etnia) – o substantivo francês cada vez é mais usado para substituir a expressão inglesa *ethnic group*. As definições variam em complexidade e precisão. Os principais elementos em comum são que o "sentido de povo" que é o núcleo da etnicidade constitui uma iteração autoconsciente de identidade por parte do "povo" envolvido, de que é assim reconhecido por seus vizinhos, e que os critérios definidores fundamentais são linguísticos e culturais.

---

[1] E. W. Said, *Orientalism*, London, Routledge and Kegan Paul, 1978. A literatura crítica é ampla. Para duas críticas recentes por parte de historiadores, ver J. M. Mackenzie, *Orientalism, history, theory and the arts*, Manchester, Manchester University Press, 1995 e D. A. Washbrook "Orients and occidents: colonial discourse theory and the historiography of the British empire", in R. W. Winks (ed.) *The Oxford history of the British empire: volume 5. historiography*, Oxford, Oxford University Press, 1999.

[2] E. H. Erikson *Childhood and society*, New York, Norton, 1950.

A palavra e o conceito escaparam da academia e ganharam uso jornalístico e popular, embora de formas bastante diferentes nos Estados Unidos e na Grã-Bretanha. Nos Estados Unidos, principalmente depois de 1970, *ethnics* significava, com efeito, "classe trabalhadora urbana branca e anglo-saxã". Na Grã-Bretanha, a mesma palavra, geralmente usada como um adjetivo para modificar "minoria", porta o subtexto "ser pessoa de cor". Em ambos os casos, o uso popular indica uma confusão entre a noção de etnicidade e a de raça. Trabalhos recentes, principalmente em genética, devolveram à biologia um papel importante na discussão da diferença humana. Poucos acadêmicos acreditam que o termo "raça" proporcione uma categoria útil dentro da qual descrever essa diferença: as diferenças biológicas dentro das "raças" são tão grandes quanto as diferenças entre "raças". Apesar disso, a crença na importância social da diferença biológica sobrevive na esfera popular e pública. Mais além, a raça existe como uma realidade socialmente construída. Em níveis variáveis, em lugares diferentes, as diferenças físicas percebidas, em sua imensa maioria as da cor da pele, afetam em muito as atitudes na estruturação da sociedade.

Uma grande divisão de entendimentos que está por trás de grande parte da discussão recente sobre identidades coletivas, particularmente a etnicidade, mas também, de forma um pouco diferente, da nacionalidade, é a do primordialismo e do construtivismo (às vezes também chamado de circunstancialismo ou instrumentalismo). Os primordialistas sustentam que as identidades estão profundamente enraizadas na história, têm relação com descendência, língua e cultura. Autores anteriores que operavam dentro de pressupostos racistas eram primordialistas por definição. Primordialistas mais recentes, como Clifford Geertz e Edward Shils, afirmam que os vínculos étnicos estão tão enraizados na descendência comum percebida, e em língua, território, costumes e religião compartilhados, que têm "um poder de coerção inefável e por vezes dominante em si".[3] Os construtivistas, em contraste, afirmam que as nações, no sentido moderno, são produto do Iluminismo e das revoluções de final do século XVIII, e que identidades étnicas e muitas outras características da vida social foram "construídas" por uma série de desdobramentos intelectuais e sociais, "inventados" ou 'imaginados" por elites, para responder a uma variedade de finalidades sociais e políticas.

Na discussão recente, as visões construtivistas têm sido dominantes, em uma série de versões bastante diferentes. Algumas, por exemplo, Adrian Hastings e Anthony Smith, promovem um primordialismo modificado, principalmente ao insistir nas raízes históricas profundas das identidades de vários tipos e ao enfatizar a importância das convicções primordialistas, às vezes mantidas de foram mortífera, dos

---

[3] C. Geertz "The integrative revolution: primordial sentiments and civil politics in the new states", in C. Geertz (ed.) *Old societies and new states: the quest for modernity in Asia and Africa*, New York, The Free Press of Glencoe, 1963, reimpresso em C. Geertz, *The interpretation of cultures*, New York, Basic Books, 1973 p. 259.

próprios atores étnicos. Esses pontos devem ser desenvolvidos sobre uma série de questões, com destaque para a do nacionalismo. Aqui, serão examinados em relação à historiografia de imigração e etnicidade nos Estados Unidos da América e de tribo e tribalismo na África.

Nos Estados Unidos, o diálogo no âmbito da academia afetou e refletiu os desdobramentos na esfera pública mais ampla. Apesar do forte sentido de excepcionalidade, de diferença unificada em relação à experiência europeia, que tem caracterizado o sentimento que muitos norte-americanos têm de si mesmos, a sociedade norte-americana sempre foi culturalmente diversificada. Os nativo-americanos precederam os imigrantes da Europa em muitos séculos. A imigração forçada dos afroamericanos data quase do início da colonização europeia. Ambos foram excluídos da narrativa-mestre da identidade norte-americana até o século XX. Nos séculos XVII e XVIII, uma série de povos do norte da Europa chegou para complementar, ainda que não para superar, os fundadores britânicos. A expansão ao sul e ao oeste incorporou assentamentos franceses e espanhóis anteriores dentro dos Estados Unidos. A imigração de todas as fontes declinou no período pós-revolucionário, mas reviveu em meados do século XIX e continuou, com uma diversidade cada vez maior, até 1924. No final do século XIX, o número crescente de novos imigrantes e a proporção cada vez maior dos que chegavam do leste e do sul da Europa ocasionaram fortes polêmicas. Em 1924, a Lei Johnson-Reed reduziu em muito a imigração e buscou, com argumentos eugenistas e racialistas, excluir grupos menos desejáveis.

De meados dos anos de 1920 a meados dos 1960, a imigração teve pouca importância em termos demográficos ou políticos. Em 1965 a Lei de Imigração Hart-Cellar modificou o elemento discriminatório no sistema de quotas e a imigração aumentou muito: no censo de 2000, 10% da população se declararou nascida no exterior, comparados com 14,7% em 1910 e só 4,7% em 1970. Os novos imigrantes vinham majoritariamente da América Latina e do Caribe, da Ásia e, mais uma vez, embora em menores quantidades, da África. O padrão mutante da imigração e os termos dos debates públicos associados a ela, desde o nativismo de final do século XIX até o multiculturalismo de fins do século XX, afetou muito o tratamento que os historiadores deram às questões envolvidas.

O estabelecimento da história acadêmica nos Estados Unidos durante o último período do século XIX coincidiu com o topo da onda de imigração e com os primeiros anos da controvérsia pública sobre o lugar ocupado pela migração na vida do país. Os primórdios da história acadêmica, que representava a elite anglo-saxônica dominante, nas pessoas que faziam parte dela e em suas perspectivas, ignorava a imigração e os imigrantes. Os novos historiadores progressistas do início do século XX ampliaram seu leque de interesses para incluir a história social, mas pouco tinham a dizer diretamente sobre a imigração.[4] O interesse inicial na história das comunidades de imigrantes era predominantemente amador e baseado em uma

---

[4] Ver acima, p. 110-11.

reverência exagerada pelos ancestrais, evidenciando uma preocupação em celebrar, mais do que analisar, a contribuição do imigrante à vida norte-americana. O interesse acadêmico ficou confinado à economia e à sociologia, ambas muito mais abertas do que a história ao recrutamento de descendentes de imigrantes para a profissão acadêmica. Os primeiros interesses dos historiadores acadêmicos na imigração derivaram da ênfase de Frederick Jackson Turner no papel da fronteira, e se concentravam nas comunidades agrícolas alemãs de outros países do norte da Europa no Meio-Oeste dos Estados Unidos. Entre meados dos anos de 1920 e meados dos anos de 1960, quando a imigração se reduziu muito, um americanismo patriótico forte foi forjado nos conflitos internacionais do século XX. Ao mesmo tempo, o termo "raça" veio a ser construído como algo que tratava essencialmente de cor, da diferença entre afroamericanos e todo o resto, e a noção de uma única raça "caucasiana" substituiu as diferenças raciais do século XIX entre celtas, eslavos e saxões. Em resposta a essas mudanças, os historiadores da imigração buscaram apresentar uma visão fortemente assimilacionista. Em *The uprooted*, Oscar Handlin, ele próprio filho de imigrantes judeus, resumiu o que então era a visão dominante. No famoso texto de Handlin: "Eu havia pensado em escrever uma história dos imigrantes nos Estados Unidos. Então, descobri que os imigrantes *eram* a história dos Estados Unidos".[5] Sua descrição registra o processo de americanização, da operação do *melting pot*, o caldeirão onde tudo derrete e se mistura – essa metáfora do amálgama que data de Crèvecoeur no século XVIII e foi muito bem recebida na peça de Zangwill, em 1908. Handlin e outros de sua geração consideraram como algo dado que o processo fosse inevitável e inexorável. Ele acreditava que o resultado era positivo, dando aos filhos dos imigrantes o "direito natural da individualidade" que os capacitava à cidadania de uma nação cívica baseada em direitos individuais.

Por tudo isso, muitos imigrantes, na visão de Handlin com origens principalmente camponesas europeias, adquiriram suas novas identidades ao custo considerável do trauma e da alienação de romper vínculos mais antigos, primordiais e rurais.

Nos anos de 1960, o consenso político e intelectual, que caracterizava os Estados Unidos desde 1945, passou a ser questionado. O principal fator novo era o surgimento do movimento pelos direitos civis, rapidamente seguido pelo desafio mais agudo do *Black Power*. A necessidade de acomodar a experiência afroamericana no entendimento do passado norte-americano questionava os pressupostos assimilacionistas. As disputas severas com relação ao Vietnã colocaram em questão a força moral da identidade distintiva norte-americana que estava na base da visão assimilacionista. A reação de grupos de classe trabalhadora, brancos e não anglo-saxões, principalmente italianos, poloneses e eslavos, hostis à cultura estudantil dos anos de 1960 e temerosos em relação à concorrência dos afroamericanos, confirmava uma

---

[5] O. Handlin, *The uprooted: the epic story of the great migrations that made the American people*, Boston MA, Little Brown, 1951, p. 3.

visão pluralista da identidade norte-americana. Essa visão recebeu expressão histórica polêmica em *The rise of the unmeltable ethnics*, de Michael Novak.[6] O caldeirão pode ter operado de alguma forma defendida em visões mais antigas; o que agora se questionava era a forma e a autoridade do molde.

O afastamento da ênfase da visão assimilacionista dominante pode ser detectado inicialmente entre cientistas sociais, principalmente em *Beyond the melting pot*, de Glazer e Moynihan, que buscava demonstrar como as identidades étnicas foram mantidas e, na verdade, reconstruídas, pelas circunstâncias da vida urbana.[7] Em 1964, Rudolph Vecoli, partindo do trabalho recente de Frank Thistlethwaite, lançou o primeiro questionamento direto por parte de um historiador à visão de Handlin.[8] Nas décadas que se seguiram, uma quantidade cada vez maior de novos trabalhos sobre imigração e etnicidade – parte de uma mudança muito maior da história política à social e intelectual – ampliou essa descrição. A nova visão, em função de uma declaração geral de John Bodnar em 1985, sustentava que a assimilação era um mito. O caldeirão não funcionou, os imigrantes mantiveram suas próprias culturas e suas próprias identidades e, muitas vezes, continuaram em contato com seu antigo país. As etnicidades foram desenvolvidas e reimaginadas no novo contexto, principalmente na criação de identidades singulares germânico-americanas e ítaloamericanas a partir de lealdades regionais divididas anteriores. Os imigrantes tinham contribuído para a vida norte-americana não se assimilando à norma anglo-saxônica, mas sim a questionando e ajudando a produzir a rica sociedade multicultural dos Estados Unidos contemporâneos.[9] O domínio da história étnica foi ampliado para incluir não apenas mais atenção às origens de novas ondas de imigrantes da Ásia e da América Latina, mas também para englobar a história dos afroamericanos e dos nativo-americanos, até então postas de lado como subcampos de menor importância. Os historiadores do trabalho e da classe trabalhadora também responderam a novas ênfases.[10] A ênfase na importância da etnicidade foi fortalecida pelo impacto da migração culturalmente diversificada do último quarto do século XX e pela importância do multiculturalismo no debate público sobre, por exemplo, educação. Isso aconteceu junto, no tempo e na ênfase intelectual, com o maior impacto, particularmente na antropologia e na literatura, da teoria do discurso e do pós-modernismo em termos gerais.

---

[6] M. Novak, *The rise of the unmeltable ethnics*, New York, Macmillan, 1971.

[7] N. Glazer and D. P. Moynihan, *Beyond the melting pot: the Negroes, Puerto Ricans, Jews, Italians and Irish of New York city*, Cambridge MA, MIT Press, 1963.

[8] R J. Vecoli, "Contadini in Chicago: a critique of the uprooted", *Journal of American History*, 1964, vol. 51, p. 404-17.

[9] J. E. Bodnar, *The transplanted: a history of immigrants in urban America*, Bloomington, University of Indiana Press, 1985.

[10] D. R. Roediger, *The wages of whiteness: race and the making of the American working class*, 1776-1863, London, Verso, 1991.

Muito trabalho sobre etnicidade já foi feito por antropólogos e por estudiosos da literatura, com destaque para Werner Sollors, o qual, por sua vez, alimentou o trabalho dos historiadores.

Está claro que no início do século XXI o balanço do debate público entre ênfase no multiculturalismo e nas peculiaridades da identidade norte-americana vai mudar mais uma vez, em resposta ao ressurgimento do patriotismo nos Estados Unidos. Ações visando as novas restrições à imigração começaram na década de 1980 e se intensificaram. Mas o tamanho aumentado das comunidades hispânicas e asiático-americanas, juntamente com uma crescente proporção de casamentos que cruzam as amplas linhas étnico-raciais, continuarão a questionar a clareza das noções norte-americanas de "etnicidade" e "raça", e sustentar uma ênfase na complexidade cultural. O impacto de uma maior consciência das identidades mutantes e variáveis e de contextos de migração mais amplos, até mesmo globais, sobre a historiografia parece ter probabilidade de ser duradouro. Para tomar dois exemplos entre as muitas possibilidades: os estudos de M. A. Gomez e Jon Gjerde oferecem algumas visões do processo de mudança no Novo Mundo, enraizados em uma compreensão da diversidade de culturas trazida do velho, de maneiras que afetarão permanentemente a visão dos historiadores.[11] As questões de identidade e etnicidade cumprem um papel ainda mais central na historiografia da África colonial do que na dos Estados Unidos. O caso africano aponta à questão do "discurso colonial" e mostra uma diferença nítida de visão entre primordialistas e construtivistas. A afirmação do controle colonial europeu na África tropical no final do século XIX implicou a criação de um corpo de conhecimento colonial, um "discurso africanista", montado de forma um tanto casual a partir das narrativas de viajantes, missionários, comerciantes, administradores, antropólogos e, embora isso tenha sido pouco reconhecido na época, dos próprios africanos. Um conceito fundamental na organização desse conhecimento, e que obscurece muito as visões da África vindas de fora e as ideias dos africanos acerca deles mesmos, era a noção de "tribo". A ideia de tribo combinava bem dois dos principais requisitos de uma teoria justificadora do estabelecimento do domínio colonial: proporcionava um sistema de classificação dentro do qual o conhecimento poderia ser organizado, os povos identificados, mapas desenhados e estruturas administrativas impostas. Além disso, já que a teoria evolucionista dominante da época situava as "sociedades tribais" em um degrau inferior da escada do desenvolvimento humano, parecia inevitável e correto que eles caíssem no controle dos Estados ocidentais desenvolvidos. A dominação do funcionalismo estrutural na antropologia do período colonial mantinha a importância fundamental de grupos tribais clara-

---

[11] M. A. Gomez, *Exchanging our country marks. The transformation of african identities in the colonial and ante bellum south*, Chapel Hill, University of North Carolina Press, 1998; J. Gjerde, The minds of the west: ethnocultural evolution in the rural mid west, 1830-1917, Chapel Hill, University of North Carolina Press, 1997.

mente ligados como unidades de análise. Ainda na década de 1960, continuavam a ser produzidos mapas nítidos da distribuição das tribos, em escala continental, como, por exemplo, no trabalho de G. P. Murdock e, em bases nacionais, no censo de 1960 em Gana.[12] O destaque da concorrência intra-africana, segundo linhas "tribais" no período imediatamente pós-independência e posteriormente, ganhou o interesse dos cientistas políticos em questões de etnicidade. A obra de Crawford Young, *Politics in the Congo*, foi particularmente indicativa disso.[13]

A linguagem baseada em "tribo", "tribal" e "tribalismo" é corrente no meio jornalístico e popular, mas passou a ser cada vez mais questionada por acadêmicos e, particularmente, por historiadores.

Intelectuais africanos do final do século XIX na Costa Dourada e em Lagos entenderam muito bem a importância das identidades que não as tribais.[14] Partindo de E. W. Blyden, eles tomaram consciência de uma identidade da África Ocidental, mesmo panafricana, enquanto jornalistas e advogados da Costa Dourada, como Mensah Sarbah e J. E. Caseley-Hayford, enfatizavam a importância de uma ampla identidade akan, comum aos povos das partes central e sul da região, apesar das claras divisões políticas entre fante e asante. Alguns antropólogos coloniais fora das correntes predominantes na academia exploraram a estrutura multilínguística, multiétnica dos estados pré-coloniais. Mas foi o desenvolvimento, nos anos de 1960, de uma historiografia mais rica do continente que disseminou o destaque dado a "tribos". Novas pesquisas mostraram que em muitas sociedades africanas de menor escala, bem como nos grandes Estados, o multilinguismo era comum, e os limites entre as comunidades eram variáveis e porosos. Redes comerciais ligavam grupos de elite em longas distâncias e atravessando divisões políticas e culturais. Cultos religiosos atraíam grupos multilíngues, culturalmente mistos, de aderentes de uma ampla região, por exemplo, ao grande oráculo em Aro-Chuku no leste da Nigéria e à sede do culto Mwari no Zimbábue. Até mesmo os clãs e linhagens fundamentais à visão dos antropólogos, sobre a sociedade africana, centrada no parentesco, passaram a ser entendidos como construtos ideológicos, bem como sociológicos. As regras de parentesco, particularmente as relacionadas à residência, não costumavam ser seguidas rigidamente. Relações de clientela, escravidão e outras formas de subordinação cumpriam um papel tão importante quanto o parentesco no recrutamento de grupos domésticos e alianças políticas. As casas-canoa do Delta do Níger (base das firmas africanas envolvidas no tráfico de escravos e de azeite de dendê) e as primeiras casas de fazenda da Cidade do Cabo (a partir das quais se desenvolveu

---

[12] Para a primeira, ver G. P. Murdock, *Africa: its peoples and their cultural history*, New York, McGraw Hill, 1959.

[13] C. Young, *Politics in the Congo: decolonization and independence*, Princeton, Princeton University Press, 1965.

[14] C. Lentz and P. Nugent, "Ethnicity in Ghana: a comparative perspective", in C. Lenz and P. Nugent (eds) *Ethnicity in Ghana: the limits of invention*, Basingstoke, Macmillan, 2000, pp. 7-8.

a comunidade Cape Coloured) citadas por Ranger são, sem dúvida, casos extremos, mas as características que apresentam são muito mais gerais.¹⁵ Nos anos de 1970, dois artigos, um de um historiador e outro de um antropólogo com visão histórica, problematizaram explicitamente a noção de "tribo".¹⁶ Ambos tratavam de exemplos da África Oriental e afirmavam que classificações tribais até então consideradas naturais foram, na verdade, construídas no decorrer da imposição do controle colonial britânico. Sendo assim, na Tanzânia do final do século XIX, "Nyamwesi" e "Sukumu" eram nomes adotados por quem chegava de fora para o "povo do oeste" e o "povo do norte". Essa divisão eliminava uma fronteira ecológica, com tsé-tsé/sem tsé-tsé, e era confirmada por estruturas administrativas coloniais. Dessa forma, Nyamwesi e Sukumu se tornaram "tribos". A área do Quênia Ocidental também oferece muitas ilustrações de considerações administrativas, políticas e infraestruturais sobrepujando as afinidades culturais e linguísticas centrais a qualquer noção primordial de comunidade na construção daquilo que se tornou os grupos étnicos do Quênia colonial e pós-colonial.

Em 1983, Terence Banger defendeu em termos gerais a ideia da "invenção" colonial em um ensaio muito citado que constou da influente coletânea *A invenção das tradições*.

Banger afirmou que "o que se chamava de direito consuetudinário, direito à terra consuetudinário, estrutura política consuetudinária e assim por diante, foi, na verdade, inventado pela codificação colonial".¹⁷ Ele reconheceu que a invenção também envolveu os africanos, bem como europeus, e enfatizou o uso que os chefes coloniais fizeram das novas estruturas para favorecer os interesses dos mais velhos em detrimento dos das mulheres e dos homens jovens. Vários trabalhos subsequentes, particularmente na África Oriental e do Sul, partiram daquilo que Banger reconheceu ser um esboço preliminar, e modificou. *The creation of tribalism in southern Africa*, de Leroy Vail, deu ampla popularidade à ideia da "invenção", como fez um corpo de trabalhos crescente sobre os zulu.¹⁸

À medida que as pesquisas se aprofundavam e se estendiam para outras áreas, as formulações um tanto rígidas dos primeiros questionamentos ao discurso colonial do tribalismo vieram a ser modificadas e, em alguma medida, contestadas. As visões do próprio Banger mudaram substancialmente, como ele deixou claro em

---

¹⁵ T. Ranger, "The nature of ethnicity: lessons from Africa", in E. Mortimer (ed.) *People, nation and state: the meaning of ethnicity and nationalism*, London, Tauris, 1999, p. 18.

¹⁶ A. W. Southall, "The illusion of tribe" in Peter C. W. Gutkind (ed.) *The passing of tribal man in Africa*, Leiden, Brill, 1970; J. Lonsdale, "When did the Gussi (or any other group) Become a tribe", *Kenya Historical Review*, 1977, vol. 5.

¹⁷ T. Ranger, "The invention of tradition in Colonial Africa", in E. Hobsbawm e T. Ranger (eds) *The invention of tradition*, Cambridge, Cambridge University Press, 1983, p. 250.

¹⁸ L. Vail, *The creation of tribalism in Southern Africa*, London, James Currey, 1989.

uma série de artigos posteriores.[19] Ele mesmo, junto com muitos outros, concentrou-se em tornar mais sofisticada a descrição do processo de etnogênese, enfatizando a importância dos missionários, particularmente no desenvolvimento de versões escritas das línguas africanas e, assim, na criação de um monolinguismo erudito junto com um multilinguismo mais velho, flexível. Essa linguagem nova e poderosa, associada ao acesso às instituições coloniais da Igreja e Estado, podia se tornar a base de uma etnicidade mais nítida, mais claramente definida, e com frequência se tornava. Mas o processo de produzir uma linguagem escrita dependia dos africanos como intérpretes, assistentes, catequistas e professores. E até onde a língua escrita criava raízes locais e passava a ser um veículo de uma vida religiosa cristã e de muitas outras coisas dependia inteiramente do grau em que esses africanos e as comunidades mais amplas das quais eles se tornaram líderes a adotassem como sua. Ranger, portanto, veio a preferir o conceito de Benedict Anderson de "comunidade imaginada" para transmitir a natureza complexa e cúmplice das novas identidades. Os governantes coloniais podem ter desenhado as fronteiras e indicado os primeiros chefes coloniais, mas os africanos escreveram as histórias "tradicionais", codificaram os costumes "tribais" e depois usaram essas identidades étnicas imaginadas como instrumento com o qual contestar a autoridade colonial.

Outros, buscando sustentar um argumento primordialista modificado, argumentaram que as novas identidades partiam não apenas da agência africana moderna, mas também de padrões sociais e culturais preexistentes. "A menos que (a tradição inventada) estabeleça um contato verdadeiro com a experiência real das pessoas, ou seja, com uma história que aconteceu, ela provavelmente não terá efeito".[20] Os historiadores da África Ocidental, onde regiões como Asante e Iorubá têm histórias longas, contínuas e complexas, sustentaram esses argumentos com especial firmeza. O iorubá moderno é claramente uma identidade "imaginada", sustentada em grande parte pelas circunstâncias da concorrência política dentro da Nigéria desde 1945, mas têm profundas raízes em elementos da cultura compartilhada, uma língua intimamente relacionada a uma tradição de origem comum, a qual caracterizava os povos que viviam nos Estados separados do que veio a se tornar a Nigéria Ocidental. A afirmação de uma identidade comum e o desenvolvimento de uma língua na qual formular essa identidade são comparativamente modernos. Os iorubá foram mencionados pela primeira vez como entidade única no exílio em Serra Leoa, onde alguns foram assentados no decorrer das tentativas britânicas de suprimir o tráfico de escravos.

---

[19] T. Ranger, "The invention of tradition revisited", in T. O. Ranger and O. Vaughan (eds) *Legitimacy and the state in twentieth century Africa*, Basingstoke, Macmillan, 1993; Ranger, "The nature of ethnicity: lessons from Africa;" T. Ranger, "Concluding comments", in P. Yeros (ed.) *Ethnicity and nationalism in Africa: Constructivist reflections and contemporary politics*, Basingstoke, Macmillan, 1999.

[20] J. D. Y. Peel, "The cultural work of yoruba ethnogenesis", in E. Tonkin, M. McDonald and M. Chapman (eds) *History and ethnicity*, London, Routledge, 1989, p. 200.

Lá, outros povos os chamavam de "Aku", um nome derivado de seu cumprimento convencional. Foram os "Aku" cristãos (e seus parceiros missionários) que voltaram à sua terra natal e completaram a "imaginação" da identidade iorubá. "Iorubá", o nome hausa para Oyo, o Estado ao norte do que se tornou a Nigéria Ocidental, foi usado por Samuel Crowther, que mais tarde viria a ser o primeiro bispo anglicano da África, no título de seu *Vocabulary of the Yoruba Language* (1843) para se referir à língua dos oyo. A língua foi adotada pela *Church Missionary Society* como o idioma padrão ao qual a Bíblia foi traduzida e que se tornou a língua escrita e, até certo ponto, falada, da elite paniorubá. No decorrer da segunda metade do século XIX, antes da imposição do domínio colonial britânico, essa elite, que incluía muitos religiosos e professores, desenvolveu a ideia de uma identidade iorubá que englobava lealdade aos Estados individuais, Oyo, Egba, Ijebu e assim por diante. Essa identidade recebeu o título histórico de *History of the Yorubas*, de Samuel Johnson, completado em 1897, embora só publicado em 1921. No século XX, a consciência de ser iorubá se espalhou mais na população, incluindo nos muçulmanos, e passou a ser um importante fator de mobilização política. Sejam quais forem as suas origens, a etnicidade veio a ser um fator de divisão poderoso e com frequência importante, às vezes confirmando outras solidariedades, por exemplo, a religião, como em algumas partes da Nigéria, outras vezes atravessando-as, como em Ruanda. Seja na África ou nos Estados Unidos, a etnicidade continuará a ser uma importante preocupação na análise acadêmica e no mundo real. Talvez, como sugeriu Adrian Hastings, as identidades religiosas venham a ocupar um lugar mais importante na análise acadêmica, como fazem cada vez mais na política de muitas partes do mundo,[21] mas em todos os lugares, para compreender, é necessário um contexto histórico. O que Peel sustenta em relação aos iorubá tem aplicação mais geral: "somente em uma análise histórica se pode ver ... a etnicidade pelo que ela é: um processo ou um projeto, em vez de uma estrutura".[22]

Leituras complementares

As questões de etnicidade tem sido preocupação de estudiosos de sociologia e estudos culturais, bem como história e antropologia. Dois leitores bastante diferentes dão uma boa ideia do leque de questões discutidas. W. Sollors (ed.) *Theories of ethnicity: a classic reader*, Basingstoke, Macmillan, 1996, é bom em questões e de teoria e tira grande parte do seu material ilustrativo da experiência dos Estados Unidos.

J. Hutchinson e A. D. Smith (eds) *Ethnicity*, Oxford, Oxford University Press, 1996, cobre uma faixa muito mais ampla, do ponto de vista geográfico e temático.

---

[21] A. Hastings, *Nationhood, ethnicity, religion and nationalism*, Cambridge, Cambridge University Press, p. 1-2 and ch. 8 passim.
[22] Peel, "Cultural work of Yoruba ethnogenesis", p. 200.

Pesquisas recentes sobre questões de dentro das disciplinas de história, política e antropologia são: A. Hastings, *The construction of nationhood: ethnicity, religion and nationalism*, Cambridge, Cambridge University Press, 1997; E. Mortimer, *People, nation and state: the meaning of ethnicity and nationalism*, London, Tauris, 1999; A. D. Smith, *The nation in history: historiographical debates about ethnicity and nationalism*, Oxford, Polity Press, 2000; e M. Banks, *Ethnicity: anthropological constructions*, London, Routledge, 1996.

A literatura sobre questões de raça, imigração e etnicidade na história dos Estados Unidos é imensa. Somente algumas pistas podem ser dadas com relação a materiais relevantes recentes, por sua vez todas com referências completas. D. R. Gabaccia, *Immigration and American diversity: a concise social and cultural history*, Oxford, Blackwell, 2002; e J. Gjerde, *Major problems in American immigration and ethnic history: documents and essays*, Boston and New York, Houghton Mifflin, 1998, oferecem boas introduções. A melhor descrição breve de historiografia é P. Gleason, "Crèvecoeur's question: historical writing on immigration, ethnicity and national identity", in A. Moelo and G. S. Wood (eds) *Imagined histories: American historians interpret the past*, Princeton, Princeton University Press, 1998, p. 120-43. Entre muitos trabalhos recentes, M. F. Jacobson, *Whiteness of a different color: european immigrants and the alchemy of race*, Cambridge MA, Harvard University Press, 1998, é particularmente interessante para dar uma visão sobre o processo de mudança nas definições da ideia de raça no século XIX. D. A. Hollinger, *Postethnic America: beyond multiculturalism*, 2nd edn, New York, Basic Books, 2000, oferece uma introdução útil e polêmica a debates mais recentes.

A literatura sobre questões africanas também é substancial. F. Cooper, *Africa since 1940: the past of the present*, Cambridge, Cambridge University Press, 2002, apresenta uma introdução a eventos recentes. P. Yeros (ed.) *Ethnicity and nationalism in Africa: constructivist reflections and contemporary politics*, Basingstoke, Macmillan, 1999, lida diretamente com uma série de questões. T. Ranger, "The Invention of Tradition in Colonial Africa", in E. Hobsbawm e T. Ranger (eds) *The invention of tradition*, Cambridge, Cambridge University Press, 1983, p. 211-62, é o artigo principal. C. Lentz e P. Nugent (eds) *Ethnicity in Ghana: the limits of invention*, Basingstoke, MacMillan, 2000, inclui vários capítulos sobre um país onde a etnicidade é importante, mas tem um impacto menos corrosivo do que em outros lugares. J. D. Y. Peel, *Religious encounter and the making of the Yoruba*, Bloomington, Indiana University Press, 2000, oferece uma descrição definitiva do importante caso nigeriano.

OS HISTORIADORES E A "NOVA" HISTÓRIA BRITÂNICA
Paul O'Leary

15

É raro que os editoriais de jornais apontem, e mais raro ainda que questionem, o trabalho de historiadores acadêmicos. Portanto, merece menção quando o *London Times* aproveita a publicação de um relatório financiado pelo governo sobre multiculturalismo para atacar interpretações revisionistas da história britânica. Em um editorial intitulado "Nation and race", de 12 de outubro de 2000, o jornal discordava veementemente de um grupo pouco definido de historiadores cuja obra passou a ser conhecida como a "nova história britânica". Particularmente, o *Times* escolheu autores como Linda Colley, cujo trabalho sobre a "invenção" da britanicidade como ideologia oficial do século XVIII foi considerado uma reinterpretação incompatível do passado nacional, reservando-se críticas especiais à sua ênfase na natureza construída da identidade nacional britânica. O jornal julgou que esse tipo de obra histórica era parte de uma tendência insidiosa que só poderia servir para minar a confiança na identidade britânica enraizada no que o jornal acreditava ser um passado mais longo e mais duradouro. A ideia de que as nações que constituíram o Reino Unido possam ter forjado uma identidade comum em parte com base no interesse próprio (e assim, implicitamente, poderiam se afastar dela à luz de mudanças em seus interesses) ofendeu especialmente o jornal.

Mais surpreendente do que a discordância do editorial em relação a essa abordagem da história britânica foi a afirmação de que ela carecia de originalidade. Segundo o editorial, a "natureza plural de nosso passado" era bem conhecida. Na realidade, contudo, a ênfase na diversidade nacional e na pluralidade cultural é relativamente recente na escrita acadêmica sobre a história britânica, e ainda não recebeu aprovação universal na profissão. É precisamente essa novidade que levou o epíteto "novo" a ser associado às obras de historiadores que, de maneiras diferentes, enfatizam a importância de entender a interação entre os diferentes agrupamentos nacionais nas Ilhas Britânicas. Seu trabalho questiona os pressupostos que fundamentam as tradições historiográficas de Inglaterra, Escócia, Irlanda e País de Gales e se coloca em oposição à tendência anglocêntrica dominante na escrita histórica entre os que afirmam ter escrito a história da Grã-Bretanha como um todo.

Tradições historiográficas

Em alguns aspectos, essa reavaliação do "passado nacional" atinge as tradições dominantes da escrita histórica britânica que foram estabelecidas quando a história se tornou uma disciplina acadêmica no século XIX. Na época, a adoção de um método histórico crítico coincidiu com a convicção de que nação era a única unidade de investigação adequada. Esse paradigma foi traduzido na academia britânica de forma muito particular. Uma interpretação *whig* da história, cujas características eram o orgulho das liberdades inglesas e uma crença na superioridade das instituições inglesas centralizadas, como a monarquia, o Parlamento e a Igreja da Inglaterra, fez com que se desse um ímpeto ao estudo da história constitucional britânica como a narrativa motriz do Estado. Em grande medida, as histórias de outras nações das Ilhas Britânicas foram tratadas como entidades separadas, relevantes apenas até onde se chocavam com o desenvolvimento da Inglaterra. Mais do que uma tentativa de formular uma história das Ilhas Britânicas, ou mesmo simplesmente da Ilha da Grã-Bretanha, em termos de sua diversidade cultural e nacional, deu-se ênfase à história de sucesso da ascensão das instituições e da cultura inglesas. As experiências históricas distintas da Escócia e do País de Gales – para não falar da Irlanda – foram consideradas marginais, se não irrelevantes à história britânica. O resultado é que quatro tradições historiográficas diferentes acabaram se tornando arraigadas nas universidades: as da Irlanda, da Escócia e do País de Gales, e uma tradição inglesa que às vezes era confundida com a história "britânica". Cada tradição desenvolveu suas próprias publicações, seus debates e suas discussões.

Na década de 1970, contudo, mudanças nas circunstâncias políticas e intelectuais conspiraram para produzir uma reavaliação da interpretação anglocêntrica do passado britânico e uma crítica separada das tradições historiográficas das Ilhas Britânicas. Esses eventos refletiram mudanças na natureza da sociedade britânica na segunda metade do século XX. A ascensão dos nacionalismos escocês e galês na década de 1960 e o debate que se seguiu nos anos de 1970 sobre a devolução da autonomia, levantaram questões importantes sobre a estrutura do Estado britânico, como fez o início da agitação civil na Irlanda do Norte e a abolição do parlamento dessa província. O fim do império, a atenuação dos vínculos com antigas colônias e o aumento da integração do Reino Unido às estruturas econômicas e administrativas europeias foi outra vertente dessa reorientação fundamental. Contra esse pano de fundo, seria surpreendente se os historiadores britânicos não tivessem começado a repensar a história da identidade nacional e do Estado britânico.

Foi nesse contexto que J. G. A. Pocock fez seu "chamamento por um novo tema", ou seja, a reinterpretação da história britânica em termos de sua diversidade cultural e nacional. Escrevendo em 1975, ele afirmou que a história britânica deveria denotar adequadamente a "história plural de um grupo de culturas situado ao longo da fronteira anglo-céltica e marcado por uma dominação política e cultural inglesa cada vez maior". Segundo essa visão, um entendimento adequado dos desdobramentos na Grã-Bretanha e na Irlanda, e entre elas, não poderia ser acomodado nas narrativas das histórias inglesa, escocesa, irlandesa ou galesa, centradas na ideia de nação. Essa nova perspectiva do passado exigia nova terminologia.

Em uma tentativa de cunhar um termo que evitasse a expressão "Ilhas Britânicas", que muitas vezes ofendia as sensibilidades irlandesas, Pocock sugeriu um termo geográfico neutro para o grupo de ilhas situadas na costa noroeste da Europa continental, que incluíam a Grã-Bretanha e a Irlanda: o Arquipélago Atlântico.[1]

A terminologia de Pocock enfatizava a dimensão atlântica da história britânica. Para ele, isso significava prestar a devida atenção às colônias da América do Norte, dessa parte do continente que se tornou os Estados Unidos e o Canadá, que permaneceram sendo um posto avançado britânico onde o conflito de culturas continuava da forma como havia sido construído nas Ilhas Britânicas. No contexto de sua época, com o Reino Unido se afastando de suas ex-colônias e se aproximando de uma relação mais próxima, embora refratária, com a Europa continental, essa afirmação do contexto atlântico da história britânica atraiu algumas críticas. Para historiadores como Raphael Samuel, a expressão "Arquipélago Atlântico" tem um "viés antieuropeu sutil e, sem dúvida, inconsciente".[2] Em parte por essa razão e, em parte, por razões de inteligibilidade, a maioria dos historiadores se afastou da expressão, embora ela ocorra esporadicamente na historiografia.

Raphael Samuel destaca as origens neozelandesas de Pocock (seu artigo seminal teve origem em uma palestra pública naquele país) e a importância da entrada do Reino Unido no que então se chamava de Comunidade Econômica Europeia para o enfraquecimento das relações com as ex-colônias. Pocock parecia dar alguma justificativa para essa visão quando usou uma metáfora galáctica para explicar as razões que demandavam um repensar da forma com que o passado britânico é mostrado:

> O agrupamento de estrelas britânico encontra-se, atualmente, em uma condição altamente dispersa, com várias partes sentindo a atração de galáxias adjacentes; o gigante central esfriou, encolheu e se afastou, e os habitantes de sua crosta parecem mais dispostos do que nunca a negar que o resto de nós jamais tenha existido. Como ela não emite mais aquelas radiações que nos sentíamos levados a converter em paradigmas, somos

---

[1] J. G. A. Pocock, "British history: A plea for a new subject", *Journal of Modern History*, 1975 vol. 47, p. 601-28.

[2] R Samuel, "Four nations history" in idem, *Island stories: unravelling Britain*, London, Verso, 1998, p. 26.

livres para construir nossas próprias cosmologias e, mais do que isso, necessitamos construí-las.³

A passagem revela muito sobre os impulsos por trás desse artigo seminal. A expressão "galáxias adjacentes" nessa passagem é uma referência oblíqua à Europa continental; "nós" significa os neozelandeses e, por implicação, outros povos no antigo império; as novas "cosmologias", enquanto isso, indicam formas diferentes de configurar um passado nacional. Sendo assim, a nova história britânica foi concebida como forma de produzir uma história para os tempos que estão mudando. Ela reconhecia o esgotamento das narrativas existentes da história britânica diante dos desafios de perspectivas mais excitantes sobre o passado, mas insistia em que permanecia havendo um problema válido a ser enfrentado, que os historiadores anteriores não foram capazes de abordar.

A proposta de um novo campo de estudos encontrou hostilidade em alguns setores e indiferença em outros, e demorou a decolar. Ao voltar ao tópico em 1982, Pocock deu a seu artigo o subtítulo de "Em busca do tema desconhecido".

Inicialmente, parecia que havia poucos entusiastas dispostos a repensar os parâmetros da história britânica. Em certa medida, a lacuna foi preenchida por interpretações sociológicas ambiciosas sobre o crescimento do estado britânico, cujo exemplo mais influente é *Internal colonialism: the Celtic fringe in ritish national development, 1536-1966 (1975),* de Michael Hechter, um livro que esteve um pouco em voga no final dos anos de 1970, com a intensificação do debate sobre a autonomia escocesa e galesa. A obra de Hechter preencheu uma lacuna deixada pela relutância dos historiadores em tratar do problema do desenvolvimento do Estado britânico de forma a tornar os desdobramentos posteriores inteligíveis.

Ainda em 1988, muito depois do chamamento original de Pocock – R. R. Davies alertava que, embora estivesse "muito em voga ultimamente", a nova visão da história britânica não "chegou a verdade alguma". Sua sóbria avaliação era de que a retórica dos historiadores sobre reconhecer integralmente a diversidade nacional que existia nas Ilhas Britânicas superou suas realizações em ensino e pesquisa. A nova história britânica ainda tinha uma existência um tanto quimérica.⁴ Contudo, apesar desse pessimismo justificável com relação às limitadas realizações da nova abordagem à história britânica até aquela data, o final da década de 1980 pode ser considerado, olhando agora, um período crucial para o desenvolvimento dessa perspectiva sobre o passado.

Os comentários de Davies apareceram em um livro seminal de ensaios que aplicavam o paradigma da nova história britânica (ou simplesmente, "história britânica", como a descreveu Davies) ao período entre 1100 e 1400. O livro não

---

³ Pocock, "British history: a plea for a new subject", p. 621.

⁴ R. R Davies, "In praise of british history", in idem (ed.) *The british isles, 1100-1500*, Edinburgh, John Donald, 1988, p. 9.

estava só, e rapidamente apareceram vários estudos detalhados de períodos específicos da história, bem como uma tentativa de formular uma interpretação abrangente da nova história. No mesmo ano em que Davies alertou sobre as limitações das realizações práticas, houve a publicação das análises de Keith Robbins sobre as tensões entre integração nacional e diversidade da Grã-Bretanha no século XIX, enquanto, no ano seguinte, surgiu o estudo de Robin Frame sobre o desenvolvimento político das Ilhas Britânicas no período de 1100 a 1400. Assim como esses estudos detalhados de períodos determinados, o final dos anos de 1980 assistiram à publicação do importante livro de Hugh Kearney, *The British isles: a history of four nations* (1989), um estudo que buscava mapear a pluralidade de culturas e sua interação em um longo período cronológico.

Desde o final dos anos de 1980, foram feitos avanços ainda maiores para dar a essa abordagem da história britânica uma realidade mais substantiva, tanto que em meados da década de 1990, Pocock podia afirmar com segurança que o novo campo estava "suficientemente bem estabelecido para ter seus paradigmas e seus críticos".[5] Seu autoproclamado "tema desconhecido" de 1982 agora estava mais reconhecido, mas se formos aplicar o conceito de paradigmas a esse campo de investigação, permanece sendo, em alguns aspectos importantes, um paradigma incompleto ou falho. Embora a nova história britânica tenha aberto importantes vias de acesso à pesquisa e ao pensamento históricos, ela permanece um tanto marginal a certos períodos da história. Também existem discordâncias fundamentais sobre o que, exatamente, constitui o mais adequado objeto de investigação da nova história.

Definindo o objeto de investigação

Uma tentativa inicial de dar corpo a uma abordagem diferente da história das Ilhas Britânicas foi apresentada por Hugh Kearney, que descreveu sua abordagem como sendo a da "história das quatro nações". Paradoxalmente, isso acarretou uma rejeição à nação como unidade de análise histórica. O autor viu um mérito maior em se começar considerando as Ilhas Britânicas como unidade geográfica, ou seja, adotar uma unidade de análise comparável ao vale do Danúbio ou à Península Ibérica, "na qual várias culturas lutaram por supremacia ou sobrevivência por mil anos ou mais".[6] Essa abordagem está menos preocupada em acompanhar as continuidades nas histórias dos povos ingleses, irlandeses, escoceses ou galeses do que com as complexas interações entre as culturas e subculturas das Ilhas Britânicas. Kearney enfatiza o alcance sobre toda a Grã-Bretanha de fenômenos

---

[5] J. G. A. Pocock, "Contingency, identity, sovereignty", in A. Grant and K. J. Stringer (eds) *Uniting the kingdom? The making of British history*, London, Routiedge, 1995 p.292.

[6] H. Kearney, *The British isles: a history of four nations*, Cambridge, Cambridge University Press, 1989, p. 286.

como a invasão normanda, a Reforma e a Revolução Industrial, e afirma que esses fenômenos não podem ser entendidos integralmente dentro dos parâmetros de histórias separadas das nações constituintes das Ilhas Britânicas. Há alguma coisa da abordagem holística dos *Annales* nessa interpretação, definindo-se cultura como algo que inclui estilo de vida, religião, costumes e atitudes. Kearney resumiu essa abordagem em termos da diferença entre enfatizar as particularidades das quatro nações e sublinhar o que elas têm em comum. Trabalhando com esse tema, Raphael Samuel viu "a história de quatro nações" como uma forma de questionar as grandes narrativas e as cronologias tradicionais da história britânica:

> A história britânica ou do "arquipélago" nos convida a abrir mão de nossas noções convencionais de período (o que significa "moderno" para as Ilhas Blasket, ou "Tudor e Stuarts" nas Trossachs?). Ela também exige positivamente que experimentemos novas noções de períodos de tempo.[7]

Na prática, poucos historiadores tentaram emular a iniciativa de Kearney aprofundando essas interpretações das Ilhas Britânicas.

Outros historiadores voltaram sua atenção a períodos e problemáticas específicas. Em seu ensaio "In praise of British history", R. R. Davies estabeleceu uma clara concepção de como a nova abordagem poderia mudar a percepção dos historiadores sobre o período medieval. Ele delineou as áreas em que uma abordagem britânica poderia dar nova visão sobre tópicos e tendências familiares, como as conexões com os membros da aristocracia que transcendiam fronteiras nacionais e as ondas de colonização inglesa nas ilhas como um todo. Ele afirmou que uma abordagem baseada nas Ilhas Britânicas com relação a essas questões prometia iluminar temas comuns que anteriormente tinham sido investigados mais dentro dos limites das tradições historiográficas inglesa, escocesa, irlandesa e galesa específicas. Mais polêmico, Davies afirmou que era inevitável algum grau de anglocentrismo na história britânica em função da hegemonia política, econômica e cultural inglesa nas Ilhas Britânicas no último milênio. Entretanto, ele também insistia em que as ilhas não representam a única unidade de análise nem necessariamente a mais adequada para algumas investigações sobre a Inglaterra, a Irlanda, a Escócia e o País de Gales.

Mais além, ao expressar seu entusiasmo pela história britânica, ele estava sendo cauteloso com relação a impor uma "uniformidade convincente" à diversidade dentro das Ilhas Britânicas e recomendou uma adoção de abordagens comparativas às teorias das diferentes nações das ilhas.

Em contraste, alguns historiadores de períodos posteriores defenderam uma problemática rigidamente definida, preferindo ver o processo de formação do Estado como o fulcro da história britânica. Steven G. Ellis, um dos primeiros moder-

---

[7] Samuel "Four nations history", p. 29.

nistas, resumiu essa abordagem em sua declaração de que a "história britânica ... deveria fazer a devida referência a todo o processo de construção de Estado no arquipélago.[8] O autor considera esse processo como um "contínuo de sucesso e fracasso, indo desde o sul da Inglaterra, passando pelo norte e pelo País de Gales, até a Escócia, Irlanda do Norte e, no extremo oposto, a atual República da Irlanda". Depois da consolidação do domínio inglês, as datas fundamentais desses desdobramentos são 1536 (o chamado Ato da União entre a Inglaterra e o País de Gales), 1541 (a criação do Reino da Irlanda), 1603 (a União das Coroas) e 1707 (o Ato da União anglo-escocês). Outros eventos tiveram menos sucesso, como a União Cromwelliana de 1654 e o Ato da União com a Irlanda, de 1800. Em sua visão, a aparente exceção da República da Irlanda em relação à história de sucesso da marcha à frente das instituições inglesas simplesmente prova a regra, porque não é menos britânica em suas tradições culturais, administrativas e jurídicas.

Enquanto R. R. Davies considerava que acrescentar a dimensão britânica ao passado medieval era complementar os trabalhos de historiadores que trabalhavam dentro de suas tradições nacionais, outros levavam menos em consideração as diferentes tradições historiográficas das Ilhas Britânicas. Steven G. Ellis assumiu uma atitude robusta em relação à história centrada na nação, e contrasta "história nacionalista" que, para ele, significa aquelas tradições historiográficas relacionadas à ascensão das nações separadas das Ilhas Britânicas, com tentativas de escrever a história do Estado. Ele protesta dizendo que as abordagens centradas na nação refletem ideias modernas de nação e fronteiras, em oposição às fronteiras variáveis de Estado existentes no passado, de forma que os historiadores que escrevem as histórias das nações constituintes das Ilhas Britânicas estariam realizando um exercício anacrônico. Alguns historiadores adotaram um tom mais conciliador. Por exemplo, enquanto compartilhava um interesse no empreendimento de escrever a história da construção do Estado, John Morrill foi menos contundente em suas críticas das diferentes tradições nacionais da escrita histórica dentro do Reino Unido. Ele escreveu que, além das histórias da Inglaterra, Escócia, Irlanda e País de Gales, há uma história britânica que examina as interações entre as partes componentes do arquipélago, enfatizando que há algumas questões resistentes, que só serão abordadas de forma satisfatória por essa segunda abordagem.

Na prática, muitos expoentes da nova história britânica contribuíram às histórias das nações individuais, bem como à história da construção do Estado. Uma área em que isso ficou bastante óbvio é na questão da nacionalidade: Pocock a identificou como um dos problemas metodológicos centrais do novo campo. Nesse "chamamento por um novo tema", ele teve o cuidado de apontar que "a existência de uma hegemonia não altera a existência de uma pluralidade, assim como a história de uma fronteira não significa negar que há história além da fronteira".

---

[8] S. G. Ellis "Introduction: the concept of British history", in S. G. Ellis and S. Barber (eds) *Conquest and union: fashioning a British state*, London, Longman, 1995, p. 4.

Sendo assim, a questão de que tipo de identidade política coletiva foi desenvolvido para acompanhar os novos Estados implica que se reflita não apenas sobre a criação de uma identidade britânica, mas também sobre a persistência de outras identidades nacionais nas Ilhas Britânicas. A forma como essa relação foi caracterizada pelos historiadores variou de período a período.

A britanicidade como identidade política unificadora é um construto relativamente recente, que em princípio foi mais presente entre a classe dominante do que entre a massa das pessoas até o século XIX. Consequentemente, há uma forte impressão de que o sentido definitivo de britanicidade estava ausente antes do século XVIII. Para alguns historiadores do período moderno, a característica dominante da identidade nacional na Grã-Bretanha foi a integração de suas nacionalidades separadas para formar uma identidade comum. A diferença crucial de opinião sobre esse assunto é a de Linda Colley e Keith Robbins. Em seu estudo sobre "forjar" a nação britânica depois do Ato da União de 1707, Colley afirmou que a britanicidade proporcionava uma identidade guarda-chuva sob a qual os diferentes povos da ilha poderiam se abrigar sem sacrificar suas próprias identidades. Sendo assim, a partir dessa perspectiva, um envolvimento na Grã-Bretanha e um vínculo com uma britanicidade abrangente não acarretavam uma erosão de outras identidades. Em comparação, Keith Robbins argumentou de forma convincente que o desenvolvimento de uma identidade britânica durante o século XIX envolvia uma "mescla", implicando a erosão parcial ou a combinação de identidades separadas. Em alguns aspectos, essas visões simplesmente refletiam o grau separado em que se mobilizava uma sensação de identidade nacional na sociedade europeia como um todo, nos dois períodos discutidos. Em outros aspectos, contudo, refletem diferentes abordagens à historiografia: uma que possibilita uma complementaridade entre britanicidade e as nacionalidades subordinadas do Reino Unido como entidades distintas; outra enfatizando que uma identidade britânica envolvia a criação de uma identidade híbrida.

Críticos da "nova história"

Em uma análise do avanço na implementação de sua visão de história britânica, Pocock observou que, em 1995, a "nova história" não ficou livre de críticas, que eram dirigidas a quatro áreas principais. A primeira crítica importante chama atenção para a forma com que muito do que se escreveu sob essa bandeira se concentra na alta política e no Estado. Por exemplo, Raphael Samuel reclamou que ela tendia a dar nova embalagem a velhas abordagens à escrita histórica em novas roupagens. Ele afirmava que, na prática, ela costuma ser "história de cima para baixo, e até, sem muita efetividade, uma história tradicional", na qual a agência histórica reside entre os poderosos e os privilegiados. O autor reclamou que "o povo, seja na forma de 'nacionalidades', de 'campesinatos' ou até os soldados do rei, é um pano de fundo mais ou menos inerte".⁹ Sua voz não é a única a discordar. Outros expressaram seu desconforto, protestando que a concentração da nova história na alta política tendeu a ampliar a lacuna existente entre a história política por um lado e a história econômica e social de outro.

Na verdade, poucos historiadores seguiram Kearney em seu afastamento da história centrada no Estado, embora uma coletânea recente de ensaios editada por S. J. Connolly (1999) tenha dado tanta atenção, se não mais, à história social, econômica e cultural das quatro nações das Ilhas Britânicas quanto deu à política.

A segunda grande crítica à nova história britânica é a acusação de que ela não é nova o suficiente e que, na prática, suas problemáticas centrais são determinadas pelas preocupações com o que aconteceu na história da Inglaterra. Um historiador escocês chegou a afirmar que ela poderia virar um "cálice de veneno" porque persiste a "dúvida de que mesmo com toda a boa vontade do mundo... o surgimento da história britânica parece a reencarnação da história do Estado inglês".¹⁰ Esse julgamento foi baseado no medo de que, em vez do reconhecimento da pluralidade da história das Ilhas Britânicas, a problemática central permanecesse sendo a ascensão da dominação inglesa sobre esses territórios, continuando, assim, a marginalizar a experiência histórica específica de escoceses, galeses e irlandeses. Algum apoio a esse ceticismo foi dado inadvertidamente pelo editor da coletânea de ensaios na qual os comentários apareceram. Nesse livro, Ronald G. Asch decidiu se concentrar nas três nações da Inglaterra, Escócia e Irlanda e omitir o País de Gales com base no argumento de que "durante o período em discussão aqui [1600-1920] nenhum *Covenanter*, Jacobita ou Confederado galês sequer ameaçou invadir a Inglaterra, muito menos conseguiu fazê-lo". Sua afirmação de que a história britânica deveria ser mais do que "história inglesa enriquecida" não combina muito com esse comentário.¹¹ A suspeita de que muitos expoentes da nova história estão mais preocupados com as semelhanças do que com as diferenças encontra algum apoio nessa declaração.

A terceira crítica, expressada com mais veemência por Nicholas Canny, sustenta que um foco nas Ilhas Britânicas implica uma integridade para essa unidade de estudo "provavelmente mais do que qualquer coisa que jamais existiu".¹² Em sua visão, isso tem o efeito infeliz de tirar a atenção das conexões entre a diferentes comunidades das Ilhas e o continente europeu. Embora as duas abordagens não sejam necessariamente incompatíveis, a concentração nas semelhanças entre

---

⁹ Samuel "Four nations history", p. 32-3.

¹⁰ K. M. Brown, "British history: a sceptical comment", in R G. Asch led.) *Three nations - a common history? England, Scotland, Ireland and British history c.1600-1920*, Bochum, Universitäts Verlag, 1993 p. 117.

¹¹ R. G. Asch, "Obscured in whiskey, mist and misery: the role of Scotland and Ireland in British history" in Asch (ed.) *Three nations*, p. 15-16, 17.

¹² N. Canny, "Irish, Scottish and Welsh responses to centralisation, c.1530-c.1640: a comparative perspective", in Grant and Stringer (eds) *Uniting the kingdom?*, p. 147-8.

as diferentes culturas das Ilhas Britânicas tendeu a subestimar a importância das conexões externas que não se enquadram nessa estrutura.

Talvez as críticas mais importantes do novo paradigma tenham vindo de alguns dos historiadores irlandeses, céticos em relação ao que percebem como uma tentativa de reafirmar, em nível de pesquisa histórica, a unidade de um passado que foi rejeitado em nível político. Essa quarta crítica vai ao coração da nova abordagem à história britânica das Ilhas Britânicas. A rejeição do Estado britânico pela maioria dos irlandeses torna particularmente problemática a noção de uma única história narrativa das Ilhas. Mesmo quando se considera o único período em que elas tiveram o mesmo governo, os anos entre 1801 e 1922, os defensores da nova história britânica, como Keith Robbins, David Cannadine e Linda Colley, rejeitaram ser adequado lidar com a experiência irlandesa dentro de seu paradigma.

Apesar de o Ulster ter abrigado o povo mais militante britânico no reino, poucos historiadores se dispuseram a incorporar essa experiência a seu tratamento da britanicidade na própria Grã-Bretanha. Além disso, a exclusão *a priori* da Irlanda católica da análise que se faz sobre a britanicidade pode ser interpretada como a apresentação de uma interpretação mais otimista do Estado britânico nesse período do que possa surgir de uma consideração do fracasso em integrar a maioria dos irlandeses.

Em alguns aspectos, contudo, é hábito da maioria dos historiadores simplesmente ignorar as implicações da nova história britânica que deveriam mais preocupar seus praticantes. Se alguns historiadores da Irlanda, Escócia e País de Gales expressaram suas dúvidas sobre as pretensões da nova história, Steven G. Ellis admite que a acolhida dos historiadores ingleses à remoção do sudeste inglês do centro do debate "não foi de todo coração", embora ainda em 1995, John Morrill pudesse afirmar que "os ingleses têm de superar sua indiferença em relação ao que está acontecendo em outras partes do arquipélago".[13]

Além dessas críticas e da indiferença de alguns historiadores, deve-se dizer que o sucesso da nova história britânica foi mais pronunciado em relação a alguns períodos do que a outros. Em termos amplos, foi mais atrativo aos historiadores dos períodos industriais do que aos dos séculos XIX e XX. Pode-se encontrar uma razão para isso na tendência de ver o projeto de construção do Estado como algo substancialmente completo já no século XIX, depois do qual se supôs que as identidades de classe, em vez das particularidades nacionais, tiveram mais destaque. Talvez a dominação do anglo-marxismo na escrita da história social da Revolução Industrial desde 1945 seja parcialmente responsável por isso. Para esses historiadores, a mobilização das identidades de classe na primeira sociedade de classes tem sido a prioridade.

---

[13] Ellis, "Introdução", p. 7; J. Morrill, "The fashioning of Britain", in Ellis and Barber (eds) *Conquest and union*, p. 39.

Acrescenta-se à questão o equilíbrio demográfico em mudança no Reino Unido no século XIX. Em 1841, 55,7% da população morava na Inglaterra, enquanto em 1901, essa proporção tinha aumentado para 73,6% e aumentaria de novo durante o século XX. Excluindo-se a Irlanda da equação, a dominação numérica da Inglaterra é ainda maior. Contra esse pano de fundo, os historiadores em uma disciplina baseada nas estatísticas, oriunda dos anos de 1960 e 1970, podem considerar os agrupamentos nacionais que não sejam dominantes como marginais em relação a uma história dominada pela Inglaterra. Porém, o que essas estatísticas revelam, sim, é que se deve dizer muito mais sobre a relação problemática da anglicidade com a britanicidade nesse debate. Em um sentido real, o Reino Unido era diferente de alguns Estados compostos da Europa, como o Império Austro-Húngaro, em função da dominação numérica muito superior de um único agrupamento nacional dentro de suas fronteiras.

À luz desse desequilíbrio cronológico na abordagem da nova história britânica, é mais fácil acusar seus defensores de sustentar uma visão teleológica da criação do Reino Unido, resultando "inevitavelmente" na integração bem-sucedida do século XIX e no surgimento de uma sociedade de classes integrada. Entretanto, permanecem raras as visões da Grã-Bretanha do século XIX, como a de Keith Robbins, que demonstram que os temas de integração e diversidade continuaram a ter destaque durante o século XIX.

Há alguns sinais de que esse estado de cosias pode estar mudando. Na segunda metade dos anos de 1990, o tom das contribuições aos debates questionava mais a história de sucesso do Estado britânico e era mais interrogativo em sua abordagem. À luz do processo de autonomia política no Reino Unido, um tom de incertezas começou a tomar conta das discussões da história britânica. A diferença percebida dos governos Conservadores de 1979-1997 em relação a Escócia e País de Gales gerou um questionamento das estruturas centralizadas de governo e acabou precipitando as reformas constitucionais do governo trabalhista de 1997-2001. Talvez os títulos dos estudos históricos como *Uniting the kingdom?* (1995), *Kingdoms united?* (1998) e *A disunited kingdom?* (1999) reflitam uma sensação crescente de que a direção do desenvolvimento do Estado britânico no presente pode estar mudando e que essas mudanças podem ser presságio de uma nova ênfase na diversidade e na pluralidade em nosso entendimento do passado. É possível que os historiadores considerem mais cuidadosamente a parte da formulação original da história britânica que enfatizou a dominação britânica e a pluralidade. No futuro, os historiadores poderão estar interessados em trajetórias alternativas nessa história, que não necessariamente levem a uma maior centralização e integração. Essa abordagem pode ter o benefício extra de facilitar a discussão da complexa e variável relação entre a Irlanda e as diferentes partes da Grã-Bretanha como parte integrante da história britânica.

Conclusão

Atualmente é possível formular e lecionar disciplinas que se baseiem nas pesquisas produzidas por praticantes da nova história britânica, mas seria equivocado acreditar que a abordagem anglocêntrica foi completamente substituída. No campo da moderna história política em particular, ainda existe uma tendência a escrever a história das instituições políticas como se elas só tivessem importância para a Inglaterra. Para a maioria dos historiadores, entender a pluralidade da história das Ilhas Britânicas implica ir além de tendências historiográficas e repensar as cronologias estabelecidas.

Uma consequência potencial dos atuais eventos políticos é que esses surtos de interesse em como os diferentes agrupamentos nacionais das Ilhas Britânicas interagiram entre si no decorrer dos séculos será substituído por um retorno a histórias nacionais independentes dos países constituintes do arquipélago. Afinal de contas, essas histórias continuam a florescer, apesar do crescente interesse na nova história britânica. Contudo, até mesmo isso demandaria uma reavaliação de o que constitui a história inglesa como entidade separada da comunidade política britânica mais ampla, principalmente no período moderno, e demandaria uma abordagem mais reflexiva do desenvolvimento da identidade nacional inglesa e sua relação com a britanicidade. O inegável, contudo, é que as tentativas de reconfigurar a historiografia das Ilhas Britânicas são resultado de um diálogo continuado entre historiadores e pressupostos que informavam a escrita histórica quando a história se tornou uma disciplina acadêmica no século XIX.

Eles também são intimamente ligados às mudanças nas percepções que acontecem no presente. Falta saber se a nova história britânica sobreviverá aos impulsos centrífugos das atuais transformações políticas.

Leituras complementares

A key article in the development of the new British history is J. G. A. Pocock, *British history: a plea for a new subject*', *Journal of Modern History*, 1975, vol. 47, p. 601-28. Pocock aprofundou seu argumento em "The limits and divisions of British history: in search of an unknown subject", *American Historical Review*, 1982, vol. 87, p. 311-36. Vários historiadores refletiram sobre qual deveria ser o alcance correto e o tema da história britânica, como R. R. Davies, "In praise of British history", in R. R. Davies (ed.) *The British Isles, 1100-1500*, Edinburgh, John Donald, 1988, p. 9-26. H. Kearney, *The British Isles: a history of four nations*, Cambridge, Cambridge University Press, 1989, defende a cultura como questão central de preocupação, enquanto S. G. Ellis enfatiza a centralidade da construção do Estado como foco adequado em sua "Introduction: the concept of British history", in S. G. Ellis e S. Barber (eds) *Conquest and union: fashioning a British state*, London, 1995, pp. 1-7.

Um foco semelhante também pode ser encontrado em B. Bradshaw e J. Morrill (eds) *The British problem c.1534-1707. State formation in the Atlantic archipelago*, London, Macmillan, 1996; e Glenn Burgess (ed.) *The new British history: founding a modern state, 1630-1715*, London, I. B. Tauris, 1999. A identidade nacional recebe destaque em B. Bradshaw e P. Roberts (eds) *British consciousness and identity: the making of Britain, 1533-1707*, Cambridge, Cambridge University Press, 1988, enquanto o caráter multinacional do Reino Unido é enfatizado em L. Brockliss e D. Eastwood (eds) *A union of multiple identities: the British Isles c.1750-1850*, Manchester, Manchester University Press, 1997. A interação entre diferentes nacionalidades é o foco de Keith Robbins, "Core and periphery in modern British history", *Proceedings of the British academy*, 1984, vol. LXX, p. 275-97. Um historiador situou a ascensão da nova história britânica no contexto da "história a partir de baixo": ver "Introduction", S. J. Connolly (ed.) *Kingdoms united? Great Britain and Ireland since 1500: integration and diversity*, Dublin, Four Courts Press, 1998, p. 9-12. A dimensão atlântica da história britânica é explorada em um grupo de artigos na *American Historical Review*, 1999, vol. 104, p. 426-500.

Várias monografias aplicaram essas ideias a períodos específicos: R. Frame, *The political development of the British Isles, 1100-1400*, Oxford, Oxford University Press, 1989; R. R. Davies, *Domination and conquest: the experience of Ireland, Scotland and Wales, 1093-1343*, Cambridge, Cambridge University Press, 1990; L. Colley, *Britons: forging the nation, 1707-1837*, London, Yale University Press, 1992; K. Robbins, *Nineteenth-century Britain: integration and diversity*, Oxford, Oxford University Press, 1988; R. Weight, *Patriots: national identity in Britain, 1940-2000*, London, Macmillan, 2002. Um livro-texto sobre o período é C. Kinealy, *A disunited kingdom? England, Ireland, Scotland and Wales*, 1800-1949, Cambridge, Cambridge University Press, 1999.

Para perspectivas críticas, ver: R Samuel, "Four Nations History", em sua obra *Island stories: unravelling Britain*, London, Verso, 1998, p. 21-40; N. Canny, "Irish, Scottish and Welsh responses to centralisation, c.1530-1640: a comparative perspective", in A. Grant e K. Stringer (eds) *Uniting the kingdom? The making of British history*, London, Routledge, 1995, p. 147-69; T. Claydon, "Problems with the British problem", *Parliamentary History*, vol. 16, 1997, p. 221-7. D. Cannadine afirma que a perspectiva britânica tem mais relevância para alguns períodos do que para outros em sua "British history as a 'new' subject: politics, perspectives and prospects", in A. Grant e K. Stringer (eds) *Uniting the kingdom? The making of British history*, London, Routledge, 1995, p. 12-28.

16 O PÓS-MODERNISMO E A VIRADA LINGUÍSTICA
Michael Roberts

A expressão "pós-moderno" foi usada a partir da década de 1930 para definir um estilo, especificamente um afastamento das linhas definidas do "estilo internacional" predominante anteriormente na arquitetura. O modernismo floresceu entre as guerras, quando o compromisso com o uso de novas técnicas e materiais para atender às necessidades de moradia para massas fez com que os antigos estilos de construção parecessem redundantes e elevou a arquitetura feita por máquinas a um princípio estético. Sua adaptação às necessidades de uma economia empresarial que ressurgia depois da guerra gerou uma reação. A nova abordagem pós-moderna se baseou na confusão cada vez maior de imagens que transbordava da afluência dos consumidores contemporâneos, na justaposição discordante de velhos signos e símbolos com os mais novos. Um dos primeiros tratados sobre o novo estilo, a obra de Robert Venturi, adequadamente intitulada de *Complexidade e contradição em arquitetura* (1966), celebrava a "vitalidade desordenada em detrimento da unidade óbvia". Os arquitetos pós-modernistas gostavam de enfatizar a *fachada* de um prédio, em vez de sua *estrutura*, e usar alusões históricas em fragmentos e detalhes no projeto.[1] Enquanto isso, sociólogos como Daniel Bell estavam estudando "a sociedade pós-industrial ... uma sociedade que passou de uma etapa de produção de bens a uma sociedade de serviços". No mesmo ano, 1959, C. Wright Mills refletiu sobre o interesse minguante do homem ocidental, como "um robô alegre e bem-disposto" na liberdade e na razão no "período pós-moderno".[2] A fascinação com o mundo da propaganda e com a obsolescência que já vem de fábrica eram outros estímulos, assim como sua rejeição nos *happenings* contraculturais dos anos de 1960. A nova maneira de pensar abandonou a abordagem totalizante associada ao marxismo em *A condição pós-moderna* (1979), de Jean-François Lyotard. Jean Baudrillard ironicamente reinventou o desenvolvimento histórico ocidental como uma sequência de "ordens de aparição", em que uma era da produção

---

[1] D. Ghirardo, *Architecture after modernism*, New York, Thames and Hudson, 1996, p. 7-40.
M. A. Rose, *The post-modern and the post-industrial: a critical analysis*, Cambridge, Cambridge University Press, 1991, oferece o panorama mais útil de vários usos desses termos.
[2] C. Wright Mills, *The sociological imagination*, Harmondsworth, Penguin, 1959, p. 184.

dava lugar a uma era do simulacro.³ Sendo assim, a "pós-modernidade" ficou na moda, dando nome à nossa época atual.

A discussão sustentada sobre o tema só ganhou ritmo nos anos de 1980, quando a confiança na possibilidade de administrar os mercados financeiros do mundo vacilavam sob o impacto dos dois choques do petróleo de 1973 e 1979, que tornaram mais plausíveis as dúvidas filosóficas em relação à certeza do conhecimento científico "ocidental", que vinha crescendo desde os anos de 1950. Ao separar a estrutura, o propósito e a aparência dos prédios, os arquitetos pós-modernistas pareciam estar correspondendo ao desacoplamento entre a "realidade" e nossos meios linguísticos de acesso a ela que disciplinas, que iam da matemática à antropologia, assumiram em nome do "estruturalismo" e de seus sucessores.

O estruturalismo substituiu as abordagens orgânicas e mecânicas das ciências sociais anteriores por um modelo *linguístico*, que via a sociedade como um sistema autorregulador e fechado, mas a ênfase mudou da estabilidade funcional ou estrutural do sistema para as transformações entre suas partes componentes, das quais o sistema era capaz. Podem-se encontrar versões desse tipo de abordagem na linguística de Saussure, na antropologia de Mauss, na filosofia mais tardia de Wittgenstein, nas estruturas profundas da gramática associadas a Noam Chomsky, e houve um desdobramento paralelo na filosofia da ciência, em que a "mudança de paradigma" de Kuhn ofereceu uma descrição dessa transformação estrutural.⁴ A erosão do interesse nas relações entre linguagem e mundo real foi disfarçada pela ampliação do conceito de linguagem para "cultura" como um todo: o *striptease* e a luta livre estudados por Roland Barthes em *Mitologias* (Paris 1957; tradução inglesa, Nova York, 1972).

A reação contra a rigidez do estruturalismo, de que Barthes, entre outros, foi pioneiro, também derivou seu caráter da centralidade da *linguagem* na experiência humana. Mas, embora os estruturalistas tenham enfatizado a regularidade subjacente aos sistemas linguísticos, os pós-estruturalistas começaram a se concentrar no hábito instável da linguagem de escorregar para além do controle de sentidos pretendidos ou pressupostos. Concluiu-se que a linguagem era o brinquedo das convenções sociais, das pressões psicológicas e do poder político, a principal tarefa do estudioso passou a ser mais a de catalogar e interpretar sentidos do que explicar e buscar as causas dos eventos. Os efeitos em muitas disciplinas têm sido o abandono do paradigma dominante das ciências físicas por um modelo em que a testagem de hipóteses, a experimentação e a prova foram substituídas pela interpretação e a comunicação entre os participantes de uma cultura, na condição de tema principal

---

³ Jean-François Lyotard, *The postmodern condition: a report on knowledge*, Manchester, Manchester University Press, 1984 (French edn 1979); Jean Baudrillard, *The mirror of production*, St Louis, Telos Press, 1975; and Simulation, New York, Semiotext(e), 1983.

⁴ J. L. Austin, *How to do things with words*, Oxford, Oxford University Press, 1962, 2nd edn, 1975; T. Kuhn, *The structure of scientific revolutions*, Chicago, University of Chicago Press, 1962.

e de atividades acadêmicas predominantes. Quando publicou sua melhor hipótese sobre o funcionamento da consciência humana em 1991, Daniel Dennett descobriu que tinha sido levado a ela pela sátira de um romancista do "materialismo semiótico": como admitiu, tanto ele quanto o protagonista ficcional, Robyn, "pensam de forma parecida – e, é claro, somos ambos, segundo nós mesmos, personagens ficcionais de alguma espécie, embora de espécies um pouco diferentes".[5] Essa é a enorme mudança em nossa perspectiva, que passou a ser conhecida como "virada linguística".[6]

A virada linguística contribui à pós-modernidade redefinindo as bases de nosso conhecimento do "mundo real". Como usuários sempre imperfeitos da linguagem, nossa melhor reação a um mundo constituído à sua imagem pode ser irônica, nossa resposta às grandes narrativas da civilização ocidental e do progresso, de incredulidade. A relação de textos e de prédios com as intenções de seus criadores e as necessidades de seus usuários é mais complicada, confusa e imprevisível do que parece ter sido o caso dos modernistas. Sendo assim, podemos aprender com a desconstrução, o procedimento crítico desenvolvido pelos pós-estruturalistas para desfazer a unidade ilusória de um texto e revelar aquilo que sua composição suprimiu ou deslocou.

A desconstrução atingiu o pico de sua influência na crítica transatlântica mais ou menos quando Lyotard estava diagnosticando a condição pós-moderna em 1979, antes de minguar quando começaram a surgir as notícias dos escritos antissemíticos do jovem Paul de Man em 1987. Naquela etapa, Gertrude Himmelfarb estava prevendo de forma sombria a aplicação da desconstrução na história.[7]

As aplicações autoconscientes de técnicas pós-estruturalistas ao trabalho histórico se desenvolveram, portanto, bastante tardiamente, mas a pós-modernidade já vinha moldando o caráter da escrita histórica em outros aspectos. A ideia de uma época pós-moderna, ao desconectar o presente da época "moderna" que começa com as descobertas europeias e a consolidação da tradição cultural "ocidental" durante o Renascimento e a Reforma, possibilita uma história do mundo na qual o domínio ocidental deixa de parecer inevitável, em um mundo de vários "centros" e nenhuma periferia. Essa ideia já era conhecida em várias roupagens a partir do trabalho de Spengler, Toynbee, Butterfield e, depois da guerra, Geoffrey Barraclough, que afirmou em 1955 que a ampla pesquisa histórica tinha "estilhaçado" e "descartado" essa estrutura.[8] Mas não se prestou uma atenção séria à história do mundo

---

[5] D. C. Dennett, *Consciousness explained*, Harmondsworth, Penguin, 1991, referência a David Lodge, *Nice Work*, 1988.

[6] R. Rorty (ed.) *The linguistic turn: recent essays in philosophical method*, Chicago, University of Chicago Press, 1967.

[7] D. Lehman, *Signs of the times: deconstruction and the fall of Paul de Man*, New York, Simon and Schuster/Poseidon, 1991; G. Himmelfarb, *On looking into the abyss*, New York, Alfred A. Knopf, 1994, p. xiii.

[8] G. Barraclough, *History in a changing world*, Oxford, Blackwell, 1955, p. 31-2.

como um todo até a década posterior a 1974, na obra de Fernand Braudel, William McNeil, John Roberts, Immanuel Wallerstein e Eric Wolf. O mesmo período assistiu à publicação de *Orientalismo*, de Edward Said (1978), que demonstrou o que os não historiadores que se baseavam em Foucault poderiam ter para oferecer, e a cumplicidade dos próprios historiadores na construção de uma tradição imperialista. Um apetite pela descentralização também surgiu dentro do próprio Reino Unido depois que a eleição geral de 1974 fez com que o governo trabalhista precisasse de alianças com os nacionalistas escoceses e galeses quando sua maioria se reduziu a nada no final de 1976.[9]

Também era possível encontrar uma abordagem descentrada, em um sentido mais sutil, na interrogação das categorias pelas quais a história tinha sido entendida até então. Na década de 1950, Keith Thomas previu a desconstrução do privilégio masculino em suas palestras em Oxford sobre "Dois pesos, duas medidas".[10] No início dos anos de 1960, sua disposição de buscar contrastes e paralelos com a Inglaterra de Shakespeare nas conclusões de antropólogos na África do final do século XIX e início do XX foi considerada profissionalmente irresponsável. A abordagem comparativa libertou o historiador de estar confinado ao estudo de eventos históricos singulares e específicos cujo sentido só poderia ser lido a partir do último estágio presente na sequência cronológica. A comparação requeria a interpretação das formas nas quais os ingredientes das sociedades humanas eram capazes de transformação, no espaço bem como no tempo. A popularidade da história social durante o final dos anos de 1960 e nos de 1970, portanto, estabeleceu as bases, inadvertidamente, para descentrar as histórias nacionais e a tradição "ocidental", ao proporcionar temas que fossem suscetíveis a uma análise ainda mais centrífuga.

Inicialmente, a história social foi escrita de formas agregadas, com a estrutura social, a multidão e as classes tomando o lugar dos atores individuais na história da alta política, mas ao levar a sério as palavras e os gestos da multidão, os historiadores se forçaram a inventar novas formas de organizar seu material e de reconhecer diferenças dentro dele. A "formação" da classe operária inglesa, como descrita por E. P. Thompson, foi, em parte, um processo de formulações linguísticas, de clubes, associações, senhas, bem como de autorreconhecimento.

O estudo de Richard Cobb sobre os exércitos populares da França revolucionária oferece "uma pilha de exemplos e uma lista de citações, listas de nomes, ocupações, lugares, respostas, situações".[11] Com o aumento da diversidade da história social, encontraram-se alternativas à ideia organizadora da *estrutura* social na pró-

---

[9] J. G. A. Pocock, "British history: a plea for a new subject", *Journal of Modern History*, 1975, vol. 47; T. Nairn, *The break-up of Britain: crisis and neonationalism*, London, New Left Books, 1977. A conferência Past and Present sobre a "Invenção da tradição" foi realizada em Londres, em 1977. Ver E. Hobsbawm e T. Ranger (eds) *The invention of tradition*, Cambridge, Cambridge University Press, 1983.

[10] K. Thomas, "The double standard", *Journal of the History of Ideas*, 1959, vol. 20, p. 195-216.

[11] R Cobb, *The people's armies*, New Haven, Yale University Press, 1987, 1st French edn, Paris, 2 vols, 1961/1963, p. xiii.

pria situação histórica passada, muitas vezes juntando paradoxalmente categorias que se haviam separado nos termos modernos, como no celebrado ensaio de Natalie Zemon Davis sobre "Os ritos da violência". Mesmo o imenso tratamento sociológico de Lawrence Stone sobre a nobreza elisabetana (*The crisis of the aristocracy, 1558-1641*, 1965) incluiu uma análise quase dramatúrgica de sua participação na violência de rua.

A obra prima de Stone foi relançada para um público mais amplo em forma resumida, assim como seu livro seguinte *The family, sex and marriage in England 1500-1800* (1977), embora houvesse alguma dificuldade em conciliar a escala dos projetos inspirados sociologicamente, realizados nos anos de 1960, com o novo interesse no drama social da história. Na verdade, o ensaio ressurgiu como um veículo de ponta para a nova abordagem, possibilitando um tratamento mais pessoal e exploratório de um determinado tema. A obra seminal do antropólogo Clifford Geertz, *A interpretação das culturas* (1973) foi composta dessa forma, assim como o foi o primeiro livro de Natalie Zemon Davis (*Culturas do povo: sociedade e cultura no início da França moderna*, 1975), e *O grande massacre dos gatos*, de Robert Darnton, ao qual Geertz contribuiu por compartilhar o ensino com o autor em Princeton, depois de 1972. Edward Thompson patrocinou um conjunto igualmente influente de abordagens à história da criminalidade e da desordem em *Albion's fatal tree* (1975). Todos esses trabalhos se organizaram em torno de um tema ou episódio fecundo e o combinaram com uma postura explícita, muitas vezes experimental, em relação à sua interpretação. A noção de Geertz de "descrição densa" e sua explicação da briga de galos balinesa cumpriram uma função figurativa nesse sentido, sinalizando um método no qual, por causa da heterogeneidade de exemplos explorada, não pode haver procedimentos em comum.

Estudar de perto episódios específicos aproximou os historiadores das biografias das pessoas comuns, embora elas muitas vezes só pudessem ser recuperadas por meios indiretos, por exemplo, por meio de momentos altos da narrativa, em suas apresentações a um tribunal. Os historiadores com interesse de longa data em fontes literárias estiveram entre os pioneiros dessa abordagem, como nos ensaios de Christopher Hill e parte de um livro como *O mundo de ponta-cabeça* (1972), ou em *Senhores e caçadores* (1975), de Edward Thompson. Sendo assim, enquanto os anos de 1970 foram inicialmente dominados pela variedade e pelo brilhantismo do trabalho concebido em grande escala em termos sociológicos ou marxistas,[12] estes foram logo ofuscados como ponto de referência pelo trabalho em menor escala, mas

---

[12] R Fogel and S. Engerman, *Time on the cross*, London, Wildwood House, 1974; I. Wallerstein, *The modern world system*, New York and London, Academic Press, 1974-80; tradução de *The mediterranean and the mediterranean world in the age of Philip II*, de F. Braudel, London, Collins, 1972-3; Moses Finley, *The ancient economy*, London, Chatto and Windus, 1973; Perry Anderson, *Passages from antiquity to feudalism*, London, New Left Books, 1977, e *Lineages of the absolutist state*, London, New Left Books, 1979.

maior profundidade, de Emmanuel Le Roy Ladurie (*Montaillou*, 1975 e 1978, em inglês) e Carlo Ginzburg (*O queijo e os vermes*, 1976, tradução inglesa. 1980).[13]

As evidências de uma virada mais autoconsciente em direção a uma interpretação simbólica foram resumidas por Lawrence Stone no final da década. Stone anunciou um tráfico mais complexo, de duas mãos, entre fatores quantificáveis estimados pelos historiadores sociais dos anos de 1960 (demografia, preços, suprimentos de comida, etc.) e "a cultura do grupo e até a vontade do indivíduo, (os quais) potencialmente, são agentes causais de transformação pelo menos tão importantes quanto as forças impessoais da produção material e crescimento demográfico".[14]

Ele reconheceu como a nova tendência arriscava produzir uma história que contava histórias fascinantes, mas atípicas e sensacionais, e se preocupava com as habilidades em que os historiadores poderiam ser formados para navegar nessas corredeiras: "Nas antigas artes da retórica? Na crítica textual? Na semiótica? Na antropologia simbólica? Na psicologia?".

As perguntas de Stone, e sua única referência, um tanto nervosa, à *Meta-história* (1973), de Hayden White, indicavam que a disciplina estava em uma espécie de encruzilhada. Stone estava escrevendo do alto da influência do pós-estruturalismo na crítica literária, e o trabalho de White expôs o caráter figurativo profundamente arraigado da escrita histórica. Ao mesmo tempo, outra corrente com reivindicações em relação ao método histórico estava surgindo na forma de materialismo cultural, cristalizado nos Estados Unidos por meio de *Renaissance self-fashioning* (Chicago, 1980), de Stephen Greenblatt, e recebendo inspiração da "descrição densa" de Geertz.[15] O trabalho de Carlo Ginzburg e o de Natalie Zemon Davies em *O retorno de Martin Guerre* (1983) tinham terreno em comum com o Novo Historicismo por mobilizar de forma brilhante as complexidades técnicas da interpretação para envolver o leitor, e traçavam paralelos repetidos entre as escolhas disponíveis aos atores históricos, bem como aos historiadores de hoje em dia e seu público.[16] Ao tornar o ato de interpretação mais explícito e aberto ao leitor, os historiadores estreitaram tacitamente a distância entre o profissional e o pessoal "comum". Ao mesmo tempo, a forma como se obtém o efeito de realidade e quais pedaços de história vieram a ser submetidos à interpretação passaram a ser questões mais públicas, como eram seus equivalentes em outras disciplinas. Clifford Geertz observou, sobre

---

[13] Cf., também J. Barren, *The dark side of the landscape: the rural poor in English painting*, 1730-1848, Cambridge, Cambridge University Press, 1980; W. Sewell Jr, *Work and revolution in France: the language of labor from the old regime to 1848*, Cambridge, Cambridge University Press, 1980; Natalie Zemon Davis, *The return of Martin Guerre*, Cambridge MA, Harvard University Press, 1983.

[14] Lawrence Stone, "The revival of narrative: reflections on a new old history", em seu *The past and the present*, London, Routledge e Kegan Paul, 1981, p. 80; publicado originalmente em *Past and present*, 1979, vol. 85.

[15] H. Aram Veeser (ed.) *The new historicism*, London, Routledge, 1989, p. xi-xiii.

[16] Christopher Hill usou uma abordagem semelhante em seu *mordant* post-Thatcher, *The experience of defeat: Milton and some contemporaries*, London, Faber, 1984.

a antropologia, em 1983, que "a atenção a como ela obtém seus efeitos e quais são eles, à antropologia na página, não é mais uma questão secundária, reduzida por problemas de método e questões de teoria".[17] Expor essas questões ao escrutínio prometia enriquecer a experiência do leitor, mas ameaçava a autoridade profissional em uma época em que governos, grupos de pressão e campos acadêmicos rivais estavam competindo por autoridade sobre o terreno do historiador. Quando uma abordagem abertamente "pós-moderna" da escrita histórica fez um cerco à prática da "ciência normal" no campo, surgiram as controvérsias.

Mesmo assim, muito do que seria debatido não era novo. Hayden White descobriu, por meio de seus primeiros trabalhos sobre Croce nos anos de 1950, como a história profissional, tendo reivindicado o estudo de toda a experiência humana no decorrer do tempo, mas ainda se colocando entre a arte e a ciência, não poderia reivindicar integralmente qualquer dessas formas de conhecimento.[18] Seu trabalho subsequente, principalmente um ensaio de 1966 sobre "O fardo da História", continuou desconstruindo as afirmações feita em nome da certeza do conhecimento histórico desde o século XIX. O modernista precoce norte-americano J. H. Hexter também insistia em 1961 em que

> Boa parte dos problemas do historiador resulta da forma com que as pessoas usam as palavras. As pessoas cujos escritos são as principais fontes contemporâneas de informação sobre um período de interesse do historiador muitas vezes usam as palavras com descuido. O mesmo fazem muitos historiadores que escreveram sobre aquele período, seja qual for.[19]

Hexter promoveu uma revisão, por parte de J. G. A. Pocock, demandando mais atenção à linguagem do historiador, não tanto à sua lógica e sua verificabilidade quanto à "linguagem como instrumento social e pensamento como comportamento social".[20] Hexter continuou, tentando uma defesa sistemática da narrativa contra as afirmações de conhecimento relativistas e baseadas em leis em "The rhetoric of history" em 1967.[21] Na época em que White apresentou sua própria abordagem na forma de livro, ele estava se baseando no trabalho de Roland Barthes, cujo *Michelet* (1954) fora seguido de uma tentativa de decodificar "O discurso da história"

---

[17] C. Geertz, *Works and lives*, Stanford CA, Stanford University Press, 1988, p. 149.

[18] C. Antoni, *From history to sociology*, com tradução e introdução de H. White, Detroit, Wayne State University Press, 1959.

[19] J. H. Hexter, Reappraisals in history, London, Longmans, 1961, p. 187.

[20] *History and theory*, 1964, vol. 3, p. 121.

[21] *History and theory*, 1967, vol. 6, p. 3-13, depois ampliado em muito na *International encyclopaedia of the social sciences*, 1968, vol. 6, p. 368-94, e em *Doing history*, London, Allen and Unwin, 1971, onde é contada a história da evolução do artigo na p. 2-4. R T. Vann elogia a presciência de Hexter, mas enfatiza o isolamento de sua posição em "Turning linguistic: history and theory em *History and theory*, 1960-1975", in F. Ankersmit and H. Keller (eds) *A new philosophy of history*, Chicago, University of Chicago Press, 1995, p. 56.

(1967), bem como a obra de Levi-Strauss, Foucault e o crítico canadense Northrop Frye. O interessante trabalho de Frye aplicava uma visão blakeana da figuração bíblica ao estudo de todas as formas de escrita e, assim, proporcionava uma forma de revisitar a observação croceana sobre a posição anômala da história entre outras "formas" de conhecimento. Em 1969, o historiador Richard Berkhofer Jr. deu início a um grande projeto de "como melhor apresentar a história à luz das técnicas ficcionais modernistas".[22] Esses desenvolvimentos tiveram paralelo na filosofia da ciência, com o reconhecimento de que os relatórios de observação são dependentes do contexto teórico no qual são feitos e, em última análise, no chamamento de Paul Feyerabend à dissolução da filosofia da ciência no estudo mais amplo da história cultural.[23] Mas com a ida do homem à lua em 1969, a "ciência normal" podia continuar sem ser perturbada, enquanto, por um tempo, uma história amplamente realista floresceu nos *campi*.

A escrita histórica manteve seu compromisso com a prosa realista durante grande parte do século XX, muito tempo depois que a prosa modernista do tipo escrito por James Joyce promoveu de forma tão direta uma relação entre ficção e realidade.[24] Autores pós-modernos como Don DeLillo, de fato, compunham o que Linda Hutcheon chamou de "metaficção historiográfica", na qual fatos "validados" historicamente são reapresentados de forma ficcional, como Theodore Zeldin inventa conversas com Newton em sua jornada rumo ao paraíso, em *Happiness*.[25] O personagem potencialmente ficcional da escrita do historiador foi mais exposto a partir de outra direção, desde 1967, pelas ideias de Jacques Derrida, ao sugerir como as histórias escritas profissionalmente se baseiam em categorias privilegiadas "Ocidentais" de presença, proximidade e plenitude perfeitas. Os historiadores se comprometeram a contar a história de nações *inteiras*, contando-a "como *realmente* foi" (von Ranke), com sua completude em permanente expansão de detalhes factuais "*contando* o final" (Bury). Ao mesmo tempo, as histórias modernistas são assombradas pela imensa diversidade dos dados empíricos à medida que o tema da história se expandiu, pela estranheza pouco vista do "Povo sem história" de Eric Wolf, as múltiplas maneiras, para homens e mulheres, de ser "como realmente foi" e pela crescente perda das esperanças, à medida que a quantidade de trabalho aumentava, de se ter uma síntese final única.

---

[22] R. F. Berkhofer Jr, *Beyond the great story: history as text and discourse*, Cambridge MA, Harvard University Press, 1995.

[23] P. K. Feyerabend, "Philosophy of science: a subject with a great past", in R. Struewer (ed.) *Historical and philosophical perspectives on science*, Minneapolis, University of Minnesota Press, 1970; Against Method, London, New Left Books, 1975.

[24] E. D. Ermarth, *The English novel in history 1840-1895*, London, Routledge, 1997, explora com brilhantismo como os romancistas victorianos contribuíram para uma crescente sensação de experiência que acontece em série, "in" *History*.

[25] T. Zeldin, *Happiness*, London, Collins Harvill, 1988; L. Hutcheon, *A poetics of postmodernism: history, theory, fiction*, London, Routledge and Kegan Paul, 1988.

A sensação de progresso histórico que sustentava a disciplina de história apareceu desse ponto de vista como uma forma de falsa consciência, uma afirmação da vontade humana com direção equivocada, ocultando-nos a situação, na verdade, mais complexa, da espécie humana em relação ao tempo. Essa é uma percepção muito difícil de absorver, de tão "natural" que a noção de tempo histórico linear veio a parecer em nossa cultura.

Essa dificuldade explica, por sua vez, por que os próprios historiadores contribuíram tão pouco para os debates sobre a pós-modernidade. O pós-moderno oblitera a relação linear segura entre presente e passado, da qual depende a interpretação histórica convencional (a busca de Stone por "agentes causais da transformação"). Os historiadores cada vez mais preferem reinterpretar o próprio passado à luz da virada linguística, em vez de teorizar sobre a areia sobre a qual seus edifícios são construídos.[26] O interesse na história das mentalidades, da alfabetização e das práticas de leitura se ampliou. O consumo de mercadorias tendeu a substituir o trabalho e a produção como foco de estudo, ao passo que a cultura e as palavras dos próprios trabalhadores foram desconstruídas por Stedman-Jones, Rancière, Biernacki e outros. Depois de Foucault, o corpo humano foi anatomizado de novo

---

[26] G. Stedman Jones, *Languages of class*, Cambridge, Cambridge University Press, 1983; S. Bonn, *The clothing of clio*, Cambridge, Cambridge University Press, 1984. W. A. Reddy, *The rise of market culture*, Cambridge, Cambridge University Press, 1984; P. Corrigan e D. Sayer, *The great arch: English state formation as cultural revolution*, Oxford, Blackwell, 1985; A. Appadurai (ed.) *The social life of things: commodities in cultural perspective*, Cambridge, Cambridge University Press, 1986; N. Z. Davis, *Fiction in the archives: Pardon tales and their tellers in sixteenth-century trance*, cambridge, Polity, 1987; P. Burke e R. Porter (eds) *The social history of language*, Cambridge, Cambridge University Press, 1987; R. Chartier, *Cultural history: between practices and representations*, Ithaca NY, Cornell University Press, 1988; A. Marwick, *Beauty in history*, London, Thames and Hudson, 1988; L. Hunt (ed.) *The new cultural history*, Berkeley, University of California Press, 1989; P. Aries e G. Duby (eds) *A history of private life*, 5 vols, Cambridge MA, Harvard University Press, 1989-92; C. Ginzburg, *Myths, emblems, clues*, London, Radius, 1990; J. Bossy, *Giordano Bruno and the embassy affair*, New Haven, Yale University Press, 1991, uma verdadeira história de detetives escrita autoconscientemente no contexto de debates sobre "discurso"; C. Walker Bynum, *Fragmentation and redemption: essays on gender and the human body in medieval religion*, New York, Zone Books, 1991, apresentado como história no "modo cômico"; J. Bremmer e H. Roodenburg (eds) *A cultural history of gesture*, Ithaca NY, Cornell University Press, 1991; S. Schama, *Dead certainties (unwarranted speculations)*, New York, Alfred A. Knopf, 1991; P. Burke e R Porter (eds) *Language, self, and society: a social history of language*, Cambridge, Cambridge University Press, 1991; P. Corfield (ed.) *Language, history and class*, Oxford, Blackwell, 1991; P. Joyce, *Visions of the people: industrial England and the question of class 1848-1914*, Cambridge, Cambridge University Press, 1991; idem, *Democratic subjects: the self and the social in nineteenth-century England*, Cambridge, Cambridge University Press, 1994; S. Lubar e W. David Kingery (eds) *History from things: essays on material culture*, Washington DC, Smithsonian Institution Press, 1993; J. Demos, *Unredeemed captive: a family story from early America*, New York, Alfred A. Knopf, 1995; C. Kudlick, *Cholera in post-revolutionary France: a cultural history*, Berkeley, University Presses of California, Columbia and Princeton, 1996; D. Purkiss, *The witch in history: early modern and twentieth-century representations*, London, Roudedge, 1996.

como apenas mais um espaço de cultura. Enquanto isso, os interesses e abordagens anteriormente associados aos medievalistas e aos primeiros modernistas foram transferidos para períodos posteriores, na obra de Alain Corbin sobre o século XIX, por exemplo, e como aponta, divertindo-se, Umberto Eco, "o pós-moderno passou a parecer mais 'medieval'".[27]

Na primavera de 1988, o pós-modernismo na arquitetura tinha se tornado parte da história segundo o *New York Times*,[28] exatamente quando a hegemonia da desconstrução se desfazia na esteira da reputação comprometida de Paul de Man. A história, de um tipo reconhecível, tinha recomeçado, e os historiadores se preocupavam com ser deixados para trás.[29] A detecção do "fim da história"[30] pelo cientista político Francis Fukuyama foi rapidamente atropelada pelo fluxo renovado de eventos históricos, dando acesso a novas fontes e uma série de novos problemas políticos e étnicos nas chamadas "sociedades de transição".[31] Era hora da relação entre pós-modernidade e história se tornar, ela própria, um tema histórico,[32] estimulado em parte pela reforma de currículo[33] e, em parte, pela súbita "superprodução" de obras históricas.[34]

Quando, portanto, mais de 20 anos depois de sua celebração do "ressurgimento da narrativa", Lawrence Stone anunciou em 1991 uma "crise de autoconfiança" na profissão histórica causada pela excessiva aplicação da desconstrução, da antropologia cultural e o Novo Historicismo, a primeira coisa que chocou àqueles que responderam foi o *tom* das alegações de Stone.[35] Em um esclarecimento, ele explicou sua preocupação de negar "a posição extrema de que não há realidade fora da linguagem", e identificar um ponto além do qual "fato e ficção passam a ser indistinguíveis". Essa visão "torna totalmente inútil o sujo e tedioso trabalho de ar-

---

[27] U. Eco, "The return of the Middle Ages" in idem, *Travels in hyper-reality*, New York, Harcourt Brace, 1986, p. 62.

[28] D. Harvey, *The condition of postmodernity*, Oxford, 1989, p. 356.

[29] Ver a discussão dos editoriais da *Annales*.

[30] O ensaio de Fukuyama foi publicado originalmente em *The national interest*, verão de 1989.

[31] Orlando Figes, *A people's tragedy: the Russian revolution 1891-1917*, London, Viking, 1996, foi escrito a partir deesse arquivos recém-abertos.

[32] D. Attridge, G. Bennington e R Young (eds) *Post-structuralism and the question of history*, Cambridge, Cambridge University Press, 1987; B. D. Palmer, *Descent into discourse: the reification of language and the writing of social history*, Philadelphia PA, Temple University Press, 1990.

[33] Para questões levantadas pelo Currículo Nacional, foi introduzido pela Lei de Reforma Educacional de 1988, ver K. Jenkins and P. Brickley, "'A' level history: from 'skillology' to methodology", *Teaching history*, October 1986, vol. 46, p. 3-7; idem, "'A' level history: on historical facts and other problems", *Teaching History*, July 1988, vol. 52, p. 19-24; idem, "Empathy and the Flintstones (GCSE in History)", *Times Educational Supplement*, 13 May 1988, p. A25. Discussion, 27 May 1988, p. A25.

[34] F. Ankersmit, "Historiography and postmodernism", *History and Theory*, vol. 28:2, 1989, reimpresso em K. Jenkins (ed.) *The postmodern history reader*, London, Routledge, 1997, p. 279.

[35] L. Stone, "History and postmodernism", *Past and Present*, 1992, vol. 135, reimpresso em Jenkins, Reader, p. 257. O artigo original de 1991, e réplicas, são reimpressos nas p. 242-54.

quivo do historiador para escavar 'fatos' a partir de textos". Parecia particularmente preocupante que até um historiador tão brilhante como Simon Schama tivesse escolhido a "deliberada obliteração da diferença entre fatos de arquivo e pura ficção em seu livro *Dead certainties*".

Uma década ou mais depois, as palavras de Stone representam o próprio fenômeno linguístico que ele tentou negar. Contra a ligeireza irresponsável da construção linguística, o historiador "desenterra" fatos com muito trabalho de arquivo. Tão dotado de valor, o "fato de arquivo" está posicionado no extremo oposto da ficção "pura". O que Stone nega é "que não haja nenhuma realidade fora disso, que nada vá além de uma criação subjetiva do historiador". Falando em termos literários, como é de amplo consenso, não existe um passado "lá fora" com o qual possamos entrar em contato, mas o vazio da afirmação de Stone é preenchido com a figura do historiador criativo, mas estereotipadamente "subjetivo". O medo da criatividade, da subjetividade, ao lidar com os traços do passado que sobrevivem, como nós, no presente, oculta um desconforto na relação do historiador com o público potencial, uma relutância em reconhecer sua humanidade compartilhada e a provável fragilidade de seu entendimento do sentido das palavras.[36]

Essas foram exatamente as questões exploradas em *The gift in sixteenth-century France* (2001), de Natalie Zemon Davis, que começou como uma resposta à economia da era Reagan, outra forma de ver as mercadorias como expressões de afinidade, de interesses e visões compartilhadas. Mesmo a forma desse livro foi preparada para ter o apelo de um presente, uma réplica moderna dos livros-presente sobre os quais Davis escreve com tanta sensibilidade. Isso é história criativa, abertamente subjetiva em sua inspiração, forjando de forma imaginativa um terreno comum entre os resquícios do passado no século XVI e os livros que pegamos em nossas mãos hoje em dia. A ventriloquia, é claro, não é um mecanismo inteiramente novo: Christopher Hill fundiu o puritanismo predestinacionista e a dialética marxista há meio século, persuadindo-nos a pensar como um deles enquanto habitava mentalmente o outro. Também é capaz de desencadear revelações. *Dust* (2001), de Caroline Steedman, parte da representação metafórica de Derrida sobre o anseio ocidental por origens como um tipo de febre e, inteligentemente, recupera uma história material da pesquisa histórica na qual as doenças industriais dos artesãos do século XIX, a aspiração da poeira dos arquivos por Michelet e os próprios desconfortos corporais do historiador moderno figuram como os componentes de uma atividade em constante movimento entre passado e presente, entre metáfora e epidemiologia.[37]

---

[36] Para uma reconstrução um pouco diferente do estilo de Stone, dos anos de 1960, ver A. Easthope, *Englishness and national culture*, London, Routledge, 1999, p. 145-51.

[37] C. Steedman, *Dust*, Manchester, Manchester University Press, 2001. Cf. *American Historical Review*, December 2001, vol. 106:5, p. 1744; cf. J. A. Amato, *Dust: a history of the small and the invisible*, Berkeley, University of California Press, 2000.

Esse tipo de trabalho produz um acesso mais rico e mais multifacetado "ao passado" do que a fortaleza barricada de tantos trabalhos "normais" de história, cuja plausibilidade é posta em dúvida assim que a "realidade" de um passado efetivo é questionada. Em seu máximo de eficácia, o trabalho de história pós-modernista ocupa um espaço intelectual entre passado e presente, uma base para refletir sobre como aquilo que pode realmente ter acontecido pode ter afetado o que somos atualmente. A distância entre passado e presente não é apagada por seu estreitamento, e sim mais marcada, à medida que os historiadores usam cada vez mais imagens visuais e reproduções de fontes para concretizar diferenças e semelhanças.[38] O aparato do trabalho acadêmico foi, ele próprio, exposto dessa forma,[39] bem como a descoberta de "fatos"[40] e formas alternativas de representação mostrada.[41] Negar a obviedade da adequação entre prosa e história pode ser compensador.[42]

Às vezes, é a imagem visual que sustenta "a reivindicação do historiador de ser testemunha autêntica e, consequentemente, um analista sério".[43] Os historiadores que adotaram dispositivos ficcionais em seu trabalho escrito, como Natalie Davis e Simon Schama, também trabalham bem com materiais visuais e novas mídias.

A confusão entre trabalho e lazer acarretada pelo uso do computador por parte do estudioso está permitindo aos historiadores romper os limites autoimpostos de um gênero fundado mais de um século atrás. Os historiadores sempre apresentaram verdade "virtual", abrindo uma janela para um passado que, na verdade, não existe, mas hoje podem fazê-lo com a consciência limpa. Ao dizer, sobre o Holocausto, que "não há base a ser encontrada nos registros históricos, em si, para se preferir uma forma de construir seu sentido em detrimento de outras",[44] Hayden White aponta nossa obrigação moral de usar esse registro, através de discussões

---

[38] Compare a apresentação da marcas e assinaturas originais em D. Hay, P. Linebaugh e E. P. Thompson (eds) *Albion's fatal tree*, Harmondsworth, Penguin, 1975; e A. Macfarlane, *The justice and the mare's ale*, Oxford, Blackwell, 1981.

[39] A. Manguel, *A history of reading*, New York, Viking, 1996; H. Petroski, *The book on the shelf*, New York, Alfred A. Knopf, 1999; A. Grafton, *The footnote: a curious history*, Cambridge MA, Harvard University Press, 1997.

[40] S. Shapin, *The social history of truth*, Chicago, University of Chicago Press, 1994; M. Poovey, *A history of the modern fact*, Chicago, University of Chicago Press, 1998.

[41] R Samuel, *Theatres of memory, in past and present in contemporary culture*, London, Verso, 1994.

[42] Compare o trabalho empírico de Gabrielle Spiegel sobre historiografia do século XIII e a relação entre prosa e ideologia: *Romancing the past: the rise of vernacular prose historiography in thirteenth-century France*, Berkeley, University of California Press, 1993.

[43] S. Bonn, *Under the sign: John Bargrave as collector, traveler, and witness*, Ann Arbor, University of Michigan Press, 1994, p. 123.

[44] H. White, "The politics of historical interpretation", 1982, citado por Saul Friedlander em sua obra *Probing the limits of representation: Nazism and the "final solution"*, Cambridge MA, Harvard University Press, 1992, reimpresso em Jenkins, Reader, p. 389.

em tribunais se for necessário, para que estabeleçamos nós mesmos o sentido.⁴⁵ Há muitos sinais de que isso esteja acontecendo. O trabalho de Michael Kammen revisita reflexivamente temas como o excepcionalismo norte-americano, o papel pessoal do historiador, as definições culturais e políticas da história e o papel da memória coletiva.⁴⁶ Um ponto de vista descentrado e pós-moderno nos equipa para dar um novo sopro de vida aos estudos de civilizações ou períodos mais sujeitos à condescendência moderna do Ocidente.⁴⁷ Mas o próprio Ocidente também pode ser virado de ponta-cabeça, como pela aplicação inteligente de Roy Porter da descrição de Baudrillard sobre "o mundo dos objetos" como "um mundo de histeria geral" aos escritos de início do século XVIII de Bernard Mandeville, demonstrando o quanto as chamadas características pós-modernas surgiram cedo e o quanto o irracional sempre foi fundamental à natureza do capitalismo.⁴⁸ Ou os cânones do Ocidente podem ser relidos de longe.⁴⁹

Por fim, aos Mares do Sul com Greg Dening, cuja "história etnográfica" é "uma tentativa de representar o passado como ele foi realmente vivenciado, de forma que entendamos suas naturezas ordenadas e desordenadas".⁵⁰ Revisitando o motim no *Bounty*, Dening faz uso do teatro como metáfora para um espaço em que tanto ele quanto seu público e seu protagonista podem ser temporariamente abrigados em uma apresentação interpretativa em múltiplas camadas. A "teatralidade" da postura do historiador está vinculada às várias representações passadas sobre o motim, incluindo as de filme e, como Prospero, Dening inclusive transmuta o caráter remoto do passado inacessível: "O Bounty e o que aconteceu nele e ao seu redor são agora transferidos para textos, transcrições de tribunal e matérias de jornal".⁵¹

Ciente de que o que está fazendo pode ser desconsiderado como *claptrap* (conversa fiada), Dening resgata um sentido do termo no século XVIII, observando a capacidade de dizer a verdade do palco dramático e a limitação subjetiva do

---

⁴⁵ Friedlander (ed.) *Probing the limits of representation*; R. J. Bernstein, *The new constellation: the ethical political horizons of modernity/postmodernity*, Cambridge MA, MIT Press, 1992; D. Lipstadt, *Denying the Holocaust: the growing assault on truth and memory*, New York, Free Press 1993.

⁴⁶ M. Kammen, *In the past lane: historical perspectives on American culture*, Oxford, Oxford University Press, 1997.

⁴⁷ M. Bernal, *Black Athena*, New Brunswick NJ, Rutgers University Press, 2 vols, 1987/1991; A. Frantzen, *The desire for origins*, New Brunswick NJ, Rutgers University Press, 1990; O. Giollain, *Locating Irish folklore*, Cork, Cork University Press, 2000, p. 182.

⁴⁸ R. Potter, "Baudrillard: history, hysteria and consumption", in C. Rojek and B. S. Turner (eds) *Forget Baudrillard?*, London, Roudedge, 1993, p. 2.

⁴⁹ C. Ginzburg, *No island is an island: four glances at English literature in a world perspective*, New York, Columbia University Press, 2000; S. Federici (ed.) *Enduring Western civilization: the construction of the concept of Western civilization and its "others"*, Westport CT, Greenwood Press, 1995.

⁵⁰ G. Dening, *Mr. Bligh's bad language: passion, poorer and theatre on the bounty*, Cambridge, Cambridge University Press, 1992, p. 5.

⁵¹ *Ibid.*, p. 376.

olhar etnográfico do Iluminismo. O livro também explora a violência simbólica das punições do navio, os palavrões de Bligh, e um vocabulário intraduzível com que os nativos polinésios encontraram os "estranhos" europeus. As notas ao final oferecem não tanto citações de autoridade, e mais um comentário fluido sobre o texto e seu papel como uma etnografia da história e do ato de se lembrar, completado entre celebrações do bicentenário.[52]

As ambições de Dening para seus estudantes são adequadas às do livro, um uso mais eficaz e sensível da linguagem para entender o que pudermos daquilo que o passado nos deixou:

> Quero que sejam etnográficos – que descrevam com o cuidado e o realismo de um poema o que observam do passado nos sinais que ele nos deixou ... que representem a agência humana da forma como ela acontece, combinando misteriosamente o totalmente particular e o universal.

Leituras complementares

As raízes do que veio a ser chamado de abordagem "pós-moderna" da história podem ser identificadas na desconstrução que Hayden White fez de historiadores do século XIX em *Metahistory*, Baltimore, Johns Hopkins University Press, 1973, e a J-F. Lyotard em seu manifesto pós-68, *The postmodern condition*, Manchester, Manchester University Press, 1984 (1ª edição francesa Paris, 1979). Em termos da disseminação de ideias "pós-modernas", no Reino Unido, Keith Jenkins começou uma sequência de estudos polêmicos com *Re-thinking history*, London, Routledge, 1991; Sobre *"What is history?" From Carr and Elton to Rorty and White*, London, Routledge, 1995; *Why history? Ethics and postmodernity*, London, Routledge, 1999; e *Refiguring history*, London, Routledge, 2002. Jenkins também organizou uma coletânea valiosa de extratos, *The postmodern history reader*, London, Routledge, 1997; e, com Alan Munslow, *The nature of history reader*, London, Routledge, 2003. Por sua vez, Munslow foi importante para estabelecer a publicação *Rethinking history* e também publicou *Deconstructing history*, London, Routledge, 1997; e *The routledge companion to historical studies*, London, Routledge, 2000. Em escala internacional, F. Ankersmit e H. Kellner (eds) *A new philosophy of history*, London, Reaktion Books, 1995, é uma variada coletânea de qualidade muito alta, dedicada ao impacto da virada linguística.

R. M. Burns e H. Rayment-Pickard (eds) *Philosophies of history from enlightenment to postmodernity*, Oxford, Blackwell, 2000, apresenta as font primárias com as quais situar o ceticismo pós-moderno em um contexto histórico que chega a David Hume. Respostas críticas a abordagens pós-modernas vieram de muitas direções, no Reino Unido, de R J. Evans, *In defence of history*, London, Granta Books, 1997 (re-

---

[52] *Ibid.*, p. 378-9.

vised edn 2001); e Arthur Marwick, *The new nature of history: knowledge, evidence, language*, Basingstoke, Palgrave, 2001; e dos Estados Unidos, em E. Fox-Genovese e E. Lasch-Quin (eds) *Reconstructing history: the emergence of a new historical society*, New York and London, Routledge, 1999.

PARTE V
PARA ALÉM DA ACADEMIA

Nesta última parte do livro, quatro historiadores exploram a relação da história como é ensinada nas universidades e praticada na academia com a história "além da academia". Esse "além da academia" — em outras palavras, tudo o que reside além da universidade — oferece claramente uma gama quase infinita de possibilidades. Nesta parte, os quatro capítulos apresentam análises dos aspectos muito específicos daquilo que espreita "além". Mas, em sua reflexão sobre cinema, cultura popular, "história amadora" e herança, esses capítulos funcionam como estudos de caso e vias rumo a outras abordagens ao estudo histórico e um amplo interesse no passado, que sobrevive e muitas vezes floresce para além dos professores de história.

Os quatro colaboradores da Parte V adotam abordagens distintas em relação à sua tarefa. Peter Miskell oferece uma análise da maneira que o cinema e o estudo de história se juntaram. O autor discute formas que historiadores e cineastas empregaram ou contemplaram o emprego de filmes como meio para retratar o passado e como fonte para estudá-lo. À medida que os historiadores testam a metodologia de sua disciplina, as promessas do filme, tanto como fonte quanto como modo de expressão têm, ele afirma, cada vez mais probabilidades de se realizar. Para Miskell, o grau em que os historiadores trabalharam com o cinema é um teste do potencial que a disciplina tem para refletir sobre suas próprias afirmações de que representa o passado de formas que sejam objetivas e verdadeiras. A própria natureza do cinema, como modo alternativo de representar o passado, apresenta aos historiadores um desafio a sua hegemonia. Alguns historiadores, relativamente poucos, aceitaram esse desafio e trabalham junto com cineastas; outros não tiveram inclinação para buscar essas oportunidades. Enquanto afirma que a visão dos cineastas sobre o passado não é mais nem menos do que a de um historiador, Miskell também sugere que o uso de filmes como fontes para os historiadores reflete, e pode ter incentivado, uma disposição dos historiadores de empregar outros materiais que não os tradicionais. Se o cinema abriu as oportunidades para os historiadores sociais e políticos, pelo menos para os do último século, ele também foi produto da "cultura popular". O nível em que a mídia, em particular os documentários de televisão, informa e infecta o ensino e a escrita da história é uma questão que se debate atualmente na academia.[1] Mas o que esses debates refletem é uma consciência do truísmo de que a história, mesmo a história acadêmica, não é nem pode ser separada de seu contexto cultural.

O capítulo de Gareth Williams sobre "cultura popular" examina essa relação imediata entre o "popular" e o trabalho do historiador. Em contraste com o capítulo de Miskell, com seu foco no impacto dessa "cultura popular" sobre os temas da história em termos gerais, o texto de Williams tem mais a dizer sobre a historiografia da "cultura popular" em si. Ele observa que já se estava avançando bastante na segunda metade do século XX quando os historiadores dirigiram sua atenção ao esporte como um tema válido de estudos. Embora esse evento historiográfico seja explicável em termos de expansão e diversificação da nova história social, Williams nos lembra que ele também reflete o desenvolvimento de formas de "cultura popular". Onde estaria o historiador de rúgbi sem o jogo e sua difusão? Como esse historiador daria conta de sua tarefa

---

[1] Ver *History today*, August 2003, p. 55.

sem o aparato intelectual, a consciência das evidências, a abordagem ao tema de estudo de sua disciplina? É do casamento entre o "popular" e o "acadêmico" que nasce o historiador da cultura popular. Mas o que dizer, também, das formas em que a "cultura popular" proporcionou não apenas os temas da história, mas também sua força motriz? Os historiadores são incentivados a trabalhar em determinadas áreas mais do que em outras porque o que é popular condiciona sua ideia do que é correto? Eles moldam sua postura para acomodar o mais típico e, portanto, perdem de vista o nuançado? Os historiadores abandonariam o rigor com o objetivo de entreter? Enquanto alguns claramente expressam sua preocupação de que uma ampla cultura popular apresente esses desafios não apenas aos historiadores, mas também a seus alunos ("os estudantes que assistiram TV demais têm expectativas de que lhes contem histórias em vez de adquirir as habilidades do historiador"[2]), há outros que verão, nas formas de transmissão da "cultura popular", oportunidades para diálogo e incentivo ao estudo do passado.

Como ilustra o capítulo de Rubinstein sobre "historiadores amadores", há um público vibrante para o trabalho dos historiadores, mas uma audiência que não se contenta com só sentar e escutar, assistir ou ler; ela também quer participar. A participação do público implica que as principais figuras no palco sejam um pouco diferentes e, às vezes, esse é visivelmente o caso. Há um encontro de histórias amadora e acadêmica, como aponta Rubinstein, nas sociedades históricas locais e através de outros projetos coletivos. Embora os historiadores acadêmicos e amadores compartilhem elementos de abordagem do passado, incluindo a definição inicial de seu tópico de escolha, é uma contextualização mais ampla, o envolvimento com a historiografia e aplicação das regras de tratamento das fontes que separam grande parte da história acadêmica da não acadêmica. Os historiadores acadêmicos, onde têm teses específicas para desenvolver, tendem a empregar os historiadores amadores como coletores de dados mais do que parceiros intelectuais na busca de respostas a perguntas históricas.[3] Mas, com a mesma frequência, os historiadores não trabalham com grandes equipes de pesquisadores, acadêmicos ou não, e a colaboração próxima entre acadêmico e amador é relativamente rara (fora da sala de aula). Em vez disso, os historiadores "amadores", como também mostra Rubinstein, aram seus próprios sulcos, em campos onde os historiadores raramente labutam. A diferença que Rubinstein nos convida a considerar entre, por exemplo, o trabalho de um historiador amador sobre "Jack, o estripador" e de um acadêmico tratando dos assassinatos na Zona Leste de Londres reside no cálculo do que pode ser deduzido a partir do material histórico que está disponível.

A maioria dos historiadores acadêmicos não buscaria a identidade do Estripador porque reconhece que o material histórico não sustenta essa busca. Os historiadores amadores fazem outras escolhas ou tomam outras direções. Uma razão possível para que as respectivas aborda-

---

[2] *Ibid.*

[3] Ver E. A. Wrigley e R Schofield, *The population history of England, 1541-1871. A reconstruction*, Cambridge, Cambridge University Press, 1989, p. xxxv-vi, 490-2. Esse livro é dedicado aos "historiadores da população local da Inglaterra"; foi o trabalho de "várias centenas de homens, mulheres e crianças em idade escolar", como reconhecem integralmente Wrigley e Schofield, que proporcionou os dados agregados de batismos, enterros e casamentos que facilitaram essa pesquisa demográfica altamente sofisticada.

gens se mantenham tão diferentes é um cálculo de êxito final e uma compreensão dos termos desse êxito: para o historiador acadêmico, a plausibilidade à luz das regras de evidência; para o amador, prazer na busca, a qual pode ser tão infatigável quanto irrefletida.[4] Mas seria profundamente inadequado sugerir que a história acadêmica teve ou tem mais força do que a história "amadora". Entretanto, a menos que simplesmente tenham preconceito contra o trabalho dos amadores, os historiadores o julgarão – muito adequadamente – segundo os mesmos critérios da "boa" história acadêmica: coerente e adequada em seu uso das fontes bibliográficas, sensivelmente estruturada e robusta na apresentação do argumento, tratando adequadamente a literatura secundária relevante e assim por diante. Há menos percepção, apesar da sugestão de Miskell em seu capítulo, de que o trabalho dos cineastas tenha estimulado os historiadores a repensar a abordagem do passado ou que os historiadores amadores, através de seu método, tenham feito com que os acadêmicos reavaliassem como estudam esse passado.

Embora o "método" possa não ter sido questionado em aspectos fundamentais pelo trabalho e pelo interesse dos historiadores "além da academia", com certeza é possível conceber formas em que a demanda tenha afetado as escolhas dos historiadores acadêmicos. Especificamente, como indica Susan Davies em seu capítulo sobre herança e história, o "passado" organizado e cada vez mais estruturado que se define como "legado" ou "patrimônio histórico" depende de um processo educativo. Para os que vierem a ser empregados como guardiões do patrimônio, para os que vão instruir esses guardiões e para um público mais amplo que precisa entender o valor de seu legado histórico e desejar sua preservação, há necessidade de educação e formação. Onde, como no caso do patrimônio no Ocidente, o Estado sustenta essas iniciativas, os historiadores dentro da academia se sentem incentivados a pensar em adequar seu ensino e, como ensino e pesquisa são inseparáveis, suas pesquisas. Sendo assim, a expectativa de orgãos externos, incluindo as expectativas percebidas de um público mais amplo, influenciam o trabalho de historiadores acadêmicos. Voltaremos, na conclusão, às formas com que os historiadores estão submetidos ao poder de outras pessoas, mas o capítulo de Davies, escrito da perspectiva de um historiador que também é arquivista, oferece um exemplo das formas em que o trabalho dos historiadores pode ser condicionado para atender às demandas que não residem no âmbito da disciplina. Mais uma vez, não parece que as expectativas venham a afetar a natureza da disciplina, exceto quando – e desde que – ajudem a determinar seu conteúdo. Entretanto, em outra dimensão, o trabalho dos historiadores, apresentado através da linguagem da indústria do patrimônio, pode muito bem parecer diferente daquele apresentado de forma acadêmica mais tradicional. Nesse aspecto, a indústria do patrimônio e o trabalho de assessoria ou formação do historiador que está dentro dela faz com que voltemos a questões de "cultura popular" e seu impacto potencial sobre a história dentro da academia.

---

[4] Ver P. Cornwell, *Portrait of a killer. Jack the ripper - case closed*, New York, Putnam, 2002.

17 OS HISTORIADORES E O CINEMA
Peter Miskell

Sejamos diretos e admitamos: os filmes históricos incomodam e perturbam os historiadores profissionais, e assim tem sido por um bom tempo.[1]

Em um exame da relação entre história profissional e versões do passado criadas e apresentadas fora da academia, o cinema é forte candidato a receber nossa atenção. Não apenas oferece uma via para quem não tinha conexões com a academia exibir publicamente sua própria versão de história, como também permite que a história seja apresentada e consumida de uma forma totalmente nova ao século XX.[2] Além disso, a imensa popularidade internacional dos filmes fez com que a história, como se vê nas telas, tenha atingido um público muito mais amplo do que a escrita dos historiadores profissionais. Este capítulo não discutirá teoricamente, em detalhes, se os historiadores acadêmicos têm mais direitos do que os cineastas de afirmar que seu trabalho oferece uma interpretação válida do passado. A intenção aqui é oferecer uma visão do relacionamento variável dos historiadores com o cinema no decorrer do século XX, questionando por que os "filmes históricos têm incomodado e perturbado os historiadores profissionais". Até que ponto suas atitudes em relação à história apresentada na tela se desenvolveram durante o século XX? A popularidade do filme histórico, na verdade, teve um efeito sobre a forma com que os próprios historiadores profissionais apresentam seu trabalho? Essas perguntas serão examinadas a partir da perspectiva dos historiadores que trabalham na Grã-Bretanha e na América do Norte, e o foco principal estará em sua atitude com relação aos filmes comerciais de longa metragem.

O cinema como meio de expressão histórica

É possível identificar três abordagens diferenciadas sobre a relação entre cinema e história. Em primeiro lugar, há o estudo do desenvolvimento do cinema como indústria, como forma de arte ou como instituição cultural no século XX. Em segundo, os filmes podem ser estudados como documentos históricos ou "textos"

---

[1] R. A. Rosenstone, *Visions of the past: the challenge of film to our idea of history*, Cambridge MA, Harvard Universitt Press, 1995, p. 45.

[2] O cinematógrafo foi, na verdade, inventado no final do século XIX, mas o primeiro filme histórico de longa-metragem não surgiu antes da segunda década do século XX.

que oferecem uma visão importante das sociedades que os fizeram e os assistiram. Terceiro, o cinema pode ser tratado seriamente em si, como um meio para apresentar versões do passado. Como diz Robert Rosenstone, "as mais populares entre essas duas [as duas primeiras] estão bem dentro dos limites da prática histórica tradicional", mas a terceira é muito mais radical em suas implicações".[3]

Na Grã-Bretanha, foi nos anos de 1960 que a história do cinema passou a ser considerada uma área legítima de pesquisa histórica. Era uma época em que ocorreu uma espécie de mudança de paradigma dentro da profissão, à medida que os limites tradicionais da pesquisa histórica foram ampliados. Não só se abriram novos campos de estudo histórico (como história das mulheres, história do trabalho, história das minorias étnicas ou da cultura popular), mas também se buscaram novas fontes (romances, revistas populares e fontes não escritas, como cartuns e cartazes de propaganda). A história do cinema se beneficiou desses dois acontecimentos. Como instituição social/cultural e como indústria, ela pode, com certeza, ser considerada mais um aspecto da história social trazido à tona pelas mudanças dos anos de 1960. Além disso, os filmes também foram uma das fontes não escritas negligenciadas anteriormente, que ajudaram a esclarecer sociedades do passado. A importância do cinema como uma nova fonte (a segunda das abordagens à indústria listadas acima) foi assumida por vários historiadores nos anos de 1960 e 1970. Seu trabalho não será discutido detalhadamente aqui, mas incluiu Anthony Aldgate, Nicholas Pronay e K. R M. Short,[4] e vários outros seguiram essa onda. Os interessados em examinar novos campos de pesquisa histórica, em vez de novas fontes, levaram mais tempo para prestar atenção ao cinema. Nos anos de 1980, contudo, Jeffrey Richards, Michael Chanan, Margaret Dickenson e Sarah Street estavam entre os que produziam trabalhos nessas áreas.[5]

Isso ainda nos deixa a terceira abordagem à história do cinema: seu uso como meio de expressão histórica. As mudanças na profissão histórica nos anos de 1960 podem ter alterado atitudes em relação ao que constituía a pesquisa histórica, mas pouco fizeram para mudar a forma como a história era apresentada. Os filmes feitos *no* passado começaram a ser considerados documentos históricos úteis, mas os filmes *sobre o* passado ainda eram tratados com suspeição, como interpretações secundárias de eventos históricos. Os filmes históricos, achava-se, ensinavam muito sobre as sociedades que os produziam e assistiam, mas muito pouco sobre os períodos que buscavam retratar. Daí o comentário de Pierre Sorlin, em 1980,

---

[3] Rosenstone, *Visions of the past*, p. 3. Cambridge MA, Harvard University Press, 1995, p. 45.

[4] A. Aldgate, *Cinema and history: British newsreels and the Spanish civil war*, London, Scolar Press, 1979; N. Pronay, "British newsreels in the 1930s. 1: audiences and producers", *History*, 1971, vol. 56, p. 411-18; idem, "British newsreels in the 1930s. 2: their policies and impact", *History*, 1972, vol. 57, p. 63-72; K. R M. Short (ed.) *Feature films as history*, London, Croom Helm, 1981.

[5] J. Richards, *The age of the dream palace: cinema and society in Britain 1930-1939*, London, Routledge and Kegan Paul, 1984; M. Chanan, *The dream that kicks: the prehistory and early years of the cinema in Britain*, London, Routledge, 1980, 2nd edn 1996; M. Dickinson e S. Street, *Cinema and state: the film industry and the British government*, 1927-1984, London, BFI, 1985.

de que "ao refletir sobre erros cometidos em um filme histórico, os historiadores profissionais estão se preocupando com uma questão sem importância".⁶ Para que esse pensamento mudasse – para que a terceira abordagem da relação entre cinema e história fosse aceita – seria necessária mais uma mudança de paradigma dentro da profissão. É por isso que Rosenstone a descreveu como sendo "radical em suas implicações". Porém, antes de investigar se essa mudança de paradigma realmente ocorreu, deve-se dizer algo sobre as atitudes tradicionais com relação aos filmes históricos.

As reclamações dos historiadores profissionais em relação à precisão dos filmes históricos data do período em que o cinema surgiu como um influente meio de entretenimento popular de massas, e tem sido manifestada em intervalos regulares desde então. Os historiadores acadêmicos certamente tiveram uma postura de proteger seu território, mas mesmo assim, sua atitude em relação ao cinema não foi unanimemente hostil.

Já em 1927, um colaborador da publicação britânica *History* expressava sua perplexidade diante da razão pela qual, na reunião anual da Historical Association no ano anterior, "houve muito preconceito contra qualquer tentativa de usar o cinema no ensino de história".

> Nossa expectativa é que o professor torne a história viva por meio de descrições vívidas. Elogiamos a escrita histórica realista, a Historical Association inclusive incentiva romances históricos. As fotos também são toleradas, mas basta que se movam para que muitos deixem imediatamente de considerar historicamente satisfatório.⁷

Esse autor, especificamente, pode ter sentido que suas visões estavam fora de sintonia com as da Historical Association, mas há evidências que sugerem que, na primeira metade do século XX, os filmes, em si, eram amplamente aceitos como forma potencial de retratar eventos passados.

O cinema, como argumentou convincentemente Michael Chanan, não foi inventado com um claro propósito em mente, os filmes, embora tenham se tornado imediatamente populares entre o público que frequentava os teatros das feiras, ou como parte do entretenimento em teatro de variedades, inicialmente não foram considerados um novo meio de entretenimento de massas. Muitos dos pioneiros que lutaram para aperfeiçoar um meio de projetar imagens em movimento no século XIX, como Janssen, Muybridge e Marey, estavam mais interessados em avançar o conhecimento científico do que em atrair um público de massas.⁸ Quando o apelo comercial dos filmes começou a ficar cada vez mais claro nas décadas seguintes,

---

⁶ P. Sorlin, *The film in history: restaging the past*, Oxford, Blackwell, 1980, p. 21.

⁷ W. T. Waugh, "History in moving pictures", *History*, 1927, vol. 15, p. 326-7.

⁸ Chanan, *The dream that kicks*, ver, também, R. Armes, *Film and reality: an historical survey*, Harmondsworth, Penguin, 1974, pp. 17-21.

com públicos de milhões de pessoas frequentando os cinemas projetados especialmente em busca de entretenimento noturno, o valor educacional ou científico do cinema ficou um tanto obscurecido, mas não se perdeu de todo.

O uso do cinema como ferramenta educacional era o que o colaborador de *History* citado acima tinha em mente quando disse que os historiadores deveriam tratar o cinema mais seriamente. (Ele acabava de voltar do Canadá, onde "tinha dado palestras sobre o General Wolfe para a Ordem das Filhas do Império Britânico, com o auxílio de um filme que ilustrava a conquista do Canadá pelos britânicos")[9] Outro professor de história afirmou em *Sight and sound* (uma publicação do British Film Institute) que os dois filmes animados de curta metragem, *The development of the English railways* e *The expansion of Germany 1870-1914*, ajudariam muito os professores em sala de aula. Ele argumentava que estes "não apenas combinavam as virtudes do Atlas e do quadro verde, mas também superavam o que estes não tinham em função de suas propriedades estáticas".[10]

Parece que a ideia de usar filmes como meio adequado de apresentar o passado não era um conceito radical em si. O que perturbava os historiadores profissionais não era tanto o meio dos filmes, mas a forma como eles eram produzidos e consumidos. Há três observações que podem ser feitas aqui sobre a forma como os filmes históricos foram vistos por quem estava dentro da academia durante grande parte do século XX. Em primeiro lugar, era bastante possível que o cinema fosse considerado uma nova forma de ensinar história para alunos de escolas, o que poderia incentivar um interesse mais profundo no tema, mas não se achava que os filmes históricos tivessem qualquer coisa a ver com a formação de historiadores profissionais.

Em segundo, os filmes mostrados em um ambiente de sala de aula, com um professor presente para garantir que as crianças interpretassem a mensagem "corretamente", não podiam ser comparados com os épicos históricos assistidos por públicos de milhares de pessoas nos cinemas comerciais. Terceiro, os filmes que foram feitos sob a orientação de historiadores profissionais não eram iguais aos produzidos como entretenimento para as massas pelos estúdios cinematográficos comerciais. Dado que a ampla maioria dos filmes era produzida como entretenimento e assistida em cinemas comerciais, não surpreende que os historiadores acadêmicos se distanciem das versões de história geralmente apresentadas na tela. Quando davam algum reconhecimento aos longas-metragens, geralmente era para que as imprecisões pudessem ser apontadas.

Sue Harper documentou com algum detalhamento as intervenções da Historical Association na produção de longas-metragens históricos na Grã-Bretanha nas décadas de 1930 e 1940. A Associação, diz a autora, "era organizada para professores de história. ... os que estavam no centro eram figuras eminentes, como pro-

---

[9] Waugh, "History in moving pictures", p. 324.
[10] F. Wilkinson, "New history films", *Sight and sound*, 1936, vol. 5, p. 100.

fessores universitários; os da periferia eram professores de escolas ou historiadores locais". Um professor universitário interessado em cinema era F. J. C. Hearnshaw, que ocupava uma cátedra na Universidade de Londres e que foi presidente da Associação em meados dos anos de 1930. Harper menciona uma carta que ele escreveu ao *The Times* em 1936, e vale a pena citar a passagem aqui porque parece sintetizar a atitude diante do cinema, não apenas da Historical Association, mas da comunidade acadêmica de historiadores em termos gerais.

> Ele afirmava que o cinema histórico estava posicionado entre a "precisão meticulosa" e a "intensidade dramática". Ele disse que a atividade era prejudicada por sua necessidade de contar uma história e pelas limitações do público, e considerava impossível reformar o gosto pela imprecisão. A única esperança estava nos filmes educativos, e mesmo eles eram "imaginativos demais, de precisão duvidosa e exageradamente coloridos". Ele insistia em uma rígida categorização de discursos, sugerindo que ninguém poderia assistir a um filme e esperar aprender boa história.[11]

Os filmes históricos, segundo sua visão, eram inferiores à história intelectual porque sua preocupação com o entretenimento escapista os tornava incapazes de se ater à verdade. Mas era realmente a verdade em si que os historiadores profissionais estavam tão ávidos para proteger ou seu controle sobre o que consideravam verdadeiro?

Controle da mídia para expressão histórica

Pergunta: Por que os historiadores não acreditam no filme histórico? As respostas explícitas: os filmes são imprecisos. Distorcem o passado. Ficcionalizam, trivializam e romantizam as pessoas, os eventos e os movimentos. Eles falsificam a história.

As respostas não explícitas: O cinema está fora do controle dos historiadores, mostra que não somos donos do passado e cria um mundo histórico com o qual os livros não podem competir, pelo menos em popularidade. O cinema é um símbolo perturbador de um mundo cada vez mais pós-literário (no qual as pessoas sabem ler, mas não leem).[12]

A primeira parte deste capítulo afirmou que as mudanças na profissão histórica na Grã-Bretanha da década de 1960 levaram ao desenvolvimento de novos estudos sobre cinema e história, mas pouco fizeram para alterar a arraigada suspeição em relação ao filme histórico. Nesta parte, afirmaremos que as pressões de fora da profissão histórica e, na verdade, de fora da academia, levaram vários historiadores a tratar a história apresentada na tela com mais seriedade.

---

[11] S. Harper, *Picturing the past: the rise and fall of the British costume film*, London, BFI, 1994, p. 65.
[12] Rosenstone, *Visions of the past*, p. 46.

O desafio pós-modernista à atividade histórica é tratado mais detalhadamente em outra parte deste livro.[13] Para os propósitos deste capítulo, contudo, é necessário voltar a enfatizar uma de suas principais características. Correndo o risco da supersimplificação, apresentaremos o caso de forma muito breve. No centro, está a afirmação de que não existe verdade histórica. A tarefa do historiador não é descobrir uma única versão ("verdadeira") de eventos passados que constituem a "história"; pelo contrário, os estudos do passado que os historiadores fazem são influenciados fundamentalmente pela perspectiva política/intelectual a partir da qual são escritos. A história, portanto, é "criada" para se adequar às necessidades daqueles que desejam usá-la; não é algo que "está aí", esperando para ser descoberto. Sendo assim, é impossível afirmar que qualquer visão histórica seja mais verdadeira ou confiável do que outra. Pode haver mais pessoas que acreditam nela, mas isso não é a mesma coisa. Portanto, os historiadores não podem reivindicar qualquer direito exclusivo à propriedade do passado. Suas visões, na verdade, não são mais válidas do que as de qualquer outra pessoa, incluindo as dos cineastas.

Essa é uma linha de argumentação que os historiadores acadêmicos muitas vezes consideram desconfortável, mas não há muito que eles possam fazer para refutá-la. Poucos discordariam de que a verdade histórica absoluta é inatingível, e que qualquer visão histórica é uma criação de seu autor e, assim, moldada por suas opiniões. (Quanto mais tempo se gasta na pesquisa em arquivos, mais isso fica visível: nossas decisões sobre quais documentos são interessantes ou relevantes não podem ser tomadas de forma imparcial; mesmo que tentemos ser objetivos na forma em que os usamos.) Desde a década de 1960, os historiadores estão bastante abertos com relação ao ponto de vista do qual escrevem. Historiadores marxistas ou feministas, por exemplo, às vezes parecem tão interessados em mostrar como versões mais consolidadas da história foram, elas próprias, moldadas pelos interesses específicos daqueles por quem (e para quem) foram escritos – geralmente, homens brancos de classe média – quanto em explicar o passado "como realmente foi".

Mesmo assim, embora haja uma ampla aceitação entre historiadores do caráter escorregadio do conceito de verdade histórica e de que os fatos estão aí para serem interpretados de maneiras diferentes, a maioria considera difícil aceitar que *todas* as versões históricas sejam igualmente válidas. Nossas decisões com relação a quais são mais confiáveis podem ser baseadas em nossas próprias crenças políticas, culturais e morais, mas isso não quer dizer que as decisões não sejam importantes. Os historiadores, pode-se dizer, têm preservado o direito de questionar e desafiar versões do passado. Ainda assim, mesmo se acreditando amplamente que nenhuma visão pode ser chamada de "verdadeira", algumas podem "conter mais verdade" do que outras.

---

[13] Ver Capítulos 11 e 16.

Os historiadores profissionais, portanto, aceitaram que não são proprietários do passado. Eles não estão mais em posição de afirmar que têm o direito exclusivo de produzir e distribuir versões dos eventos históricos. O professor de história que viajou pelo Canadá com o filme sobre o General Wolfe nos anos de 1920 afirmou com segurança que "era um filme bom e preciso" porque foi supervisionado de perto por historiadores com boa formação".[14] Essa visão estaria fora de lugar no final do século XX. O mesmo se poderia dizer dos pensamentos expressos por Louis Gottschalk, da Universidade de Chicago, em uma carta aos estúdios MGM em 1935: "Não se deveria apresentar filmes de natureza histórica ao público", disse ele, "sem que um historiador reconhecido tivesse a chance de criticá-lo".[15] A sugestão de Gottschalk, obviamente, não foi aceita e, sem conseguir controlar as versões da história que conseguiram chegar à tela grande, os historiadores acadêmicos geralmente desconsideravam seu valor. No final do século XX, o valor histórico dos filmes também passou a ser reavaliado.

A ideia de que os filmes oferecem uma interpretação tão válida do passado quanto a história acadêmica não é, de forma alguma, uma opinião dominante dentro da profissão, mas é uma visão que ganhou cada vez mais crédito nos últimos anos. Tony Barta observou, em 1998, que "há alguns anos, era relativamente simples para os historiadores criticar as interpretações equivocadas de versões dramatizadas do passado". No final dos anos de 1990, contudo, ele considerou a ideia de que o cinema era mais "resultado das pressões históricas do que a história acadêmica", como sendo meramente "um delírio ainda encontrado em alguns cantos da academia".[16] Barta pode ter exagerado o quanto a opinião realmente mudou, mas a tendência geral com certeza é clara o suficiente. "Trinta anos atrás", escreveu Robert Rosenstone em 1995, "a ideia de que o filme histórico poderia merecer atenção como um meio para representar com seriedade o passado era impensável".[17] Mesmo assim, em 1990, publicações como *American Historical Review* e Journal of American History, além de orgãos como a American Historical Association e a Organisation of American Historians, estavam tratando os filmes com seriedade. Longe de desconsiderar a "história feita por Hollywood", estudiosos como Rosenstone, Robert Brent Toplin e Natalie Zemon Davis a estavam tratando como um tema em si.

Também na Grã-Bretanha houve algum movimento nessa direção. Não é incomum que os estudantes universitários assistam a longas-metragens, bem como a palestras, apresentados por seus professores. Os filmes históricos muitas vezes são discutidos atentamente em publicações como *History Today* e também come-

---

[14] Waugh, "History in moving pictures", p. 324.
[15] Rosenstone, *Visions of the past*, p. 45-6.
[16] T. Barta (ed.) *Screening the past: film and the representation of history*. Westport CT and London, Praeger, 1998, p. ix.
[17] Rosenstone, *Visions of the past*, p. 2.

çaram a aparecer livros acadêmicos sobre o tema dos filmes históricos.[18] Também vale mencionar que a publicação *Historical Journal of Film, Radio and Television* foi fundada na Grã-Bretanha em 1980, embora fosse transferida desde então para os Estados Unidos.

Está claro que os historiadores profissionais aceitaram que as versões do passado apresentadas em filmes não podem ser ignoradas, mas até que ponto a prática real dos historiadores acadêmicos foi influenciada pela produção de filmes comerciais?

O filme histórico e o historiador profissional

Durante boa parte do século XX, os filmes foram considerados não confiáveis como história, precisamente porque o processo de fazê-los estava muito afastado do ato de compilar uma descrição histórica (escrita) mais confiável. Restam poucas dúvidas de que trabalhar com um filme requer habilidades bem diferentes das necessárias para escrever um livro. Os cineastas precisam saber lidar com muitos problemas práticos que surgem diariamente: calendários de filmagem, trabalho com atores, edição e continuidade, som, cenografia, políticas de estúdios e até mesmo o clima. Em grau muito maior do que os historiadores acadêmicos, os cineastas precisam ser gestores de pessoas. Isso, junto com a questão mais óbvia de que os cineastas têm que expressar suas ideias visualmente, significa que os historiadores profissionais geralmente não estão bem preparados para fazer filmes históricos.

Os historiadores acadêmicos e os cineastas claramente trabalham com meios diferentes e têm habilidades bem diferentes, mas isso não significa que eles não enfrentem problemas semelhantes, nem que o propósito de seu trabalho seja necessariamente tão diferente. Cineastas e acadêmicos estão em posição de influenciar a forma como a sociedade pensa sobre o passado. Nenhum dos dois grupos pode afirmar que as versões da história que apresentam sejam absolutamente verdadeiras, e ambos têm que enfrentar problemas metodológicos semelhantes: o que fazer com as lacunas nas evidências, o que deixar de fora, como decidir qual é a mensagem mais importante a transmitir e o que o público realmente vai querer ver/ler. A forma como esses problemas foram superados, todavia, geralmente tem variado entre os que trabalham com cinema e os que usam a palavra impressa.

Os cineastas muitas vezes precisam inventar situações, personagens e diálogos para dar uma personalidade a suas figuras históricas. Além disso, para atingir a coerência narrativa e a intensidade dramática, é necessário permitir algum grau de licença artística com relação às evidências históricas. Por exemplo, muitas vezes é necessário simplificar eventos ou combinar muitas figuras históricas em alguns

---

[18] Por exemplo, Harper, *Picturing the past*, Barta (ed.) *Screening the past*; Rosenstone, *Visions of the past*, M. Landy (ed.) *The historical film: history and memory in media*, London, Athlone Press, 2001; A. Kuhn e J. Stacey (eds) *Screen histories: a screen reader*, Oxford, Oxford University Press, 1998.

personagens centrais para expressar o tema do filme de forma mais clara e intensa. Essas "imprecisões" históricas geralmente seriam criticadas em um livro, mas deveriam ser levantadas contra um filme? Robert Rosenstone, por exemplo, acha que não, afirmando que "na tela, a história deve ser ficcional para ser verdade". Segundo o autor, os historiadores devem aceitar a criatividade se quiserem aceitar os filmes históricos. Isso não quer dizer que eles devam abandonar a noção de verdade histórica como um todo, e sim que devem aceitar que ela é *criada* pelas visões do passado, em vez de ser *refletida* nelas. A forma como uma visão histórica "verídica" está presente na tela é necessariamente diferente da forma como os textos históricos são escritos. O que se torna importante não é tanto os detalhes factuais e sim o sentido transmitido pelo filme, ou seja, a mensagem que envia aos expectadores e a autenticidade histórica daquela mensagem.

Robert Brent Toplin diz assim:

> Minha opinião é que os elogios e as críticas são essenciais ao se julgar o trabalho de historiadores relacionados ao cinema... Simplesmente criticá-los, esperando que eles operem sob os padrões acadêmicos mais rígidos de apresentação de evidências, não contribui. Ao mesmo tempo, precisamos estar cientes dos perigos de demasiada tolerância. A criatividade artística pode sofrer abusos.[19]

Ao aceitar a validade do filme histórico e assim, que pessoas de fora da academia possam ter algo útil e interessante a dizer sobre o passado, os historiadores profissionais começaram, com efeito, a ampliar as fronteiras do que pode ser chamado de prática da história. No que tange ao filme histórico, o papel do historiador não é apenas criar versões do passado, mas criticá-las e analisá-las, com a intenção de garantir que as interpretações do passado oferecidas de fora da academia sejam coerentes com as informações e as evidências disponíveis a quem está dentro dela. Nesse sentido, o papel do historiador profissional passa a ser tanto o de crítico cultural quanto o de pesquisador que trabalha com os arquivos. Sendo assim, não surpreende que a tendência é de que os historiadores mais interessados em explorar as possibilidades de se fazer filmes históricos sejam aqueles mais interessados em cultura, simbolismo e percepção.

Uma historiadora que fez mais do que a maioria para trabalhar com os cineastas é Natalie Zemon Davis. Ela conceitua seu papel como o de alguém que realiza um diálogo não apenas com suas fontes históricas, mas também com outros acadêmicos e os consumidores de história. A tarefa do historiador, na opinião de Davis, não é apenas informar, mas também escutar. Em seu trabalho sobre história moderna, ela fez todos os esforços para escutar as histórias de personagens até

---

[19] R. B. Toplin, *History by Hollywood: the use and abuse of the American past*, Chicago, University of Illinois Press, 1996, p. 2.

então negligenciados (freiras, mendigos, homens vestidos com roupas de mulher), e também se dispôs a escutar contribuições dadas à "conversação" histórica por pessoas de fora da academia – notadamente os cineastas. Davis não faz qualquer afirmação de que a história acadêmica seria mais confiável do que as versões filmadas do passado. Os historiadores, ela afirma, são mais capazes de "contar o passado" do que "recriá-lo" ou "representá-lo". Sua mensagem aos cineastas (transmitida em uma palestra ao American Film Institute) era para que não produzissem filmes que fossem mais precisos ou autênticos, e sim desenvolvessem mais espaço para a complexidade, a ambiguidade e as interpretações alternativas dos eventos mostrados. Os cineastas, ela afirmou, deveriam se valer do equivalente a termos como "talvez" ou "pode ter sido", e em seguida citou vários exemplos de como isso foi (ou poderia ter sido) atingido.[20]

Para historiadores como Davis, o diálogo com os cineastas é uma parte importante do processo pelo qual as versões do passado são criadas e oferecidas ao público. Em seu caso, esse "diálogo" assumiu a forma de consultoria histórica no filme *Le retour de Martin Guerre*, e em falar ao American Film Institute.

Davis não tentou se tornar uma cineasta, mas, como Rosenstone e Toplin, considera a crítica aos filmes históricos e o envolvimento com os cineastas parte da prática da história.

Quando a legitimidade das versões não escritas foi aceita por pelos menos alguns dentro da profissão, também concluímos que um número cada vez maior de historiadores busca apresentar seu trabalho na tela, bem como em forma impressa. Os historiadores podem não ter se tornado cineastas, mas, pelo menos no Reino Unido, estão entre os mais procurados (e, em alguns casos, muito bem remunerados) apresentadores de programas de televisão. Pessoas como Simon Schama e David Starkey são mais conhecidos por seus programas de TV do que por seus livros. Nada há de novo no aparecimento de documentários na televisão, ou em os historiadores usarem a TV para atingir um público mais amplo. Mesmo assim, enquanto, digamos, A. J. P. Taylor usou a televisão nos anos de 1960 para dar uma série de palestras sobre a história da guerra, os programas escritos e apresentados por Schama e Starkey contêm uma gama muito mais ampla de imagens visuais, incluindo reconstruções de eventos históricos e, para cobrir todas as possibilidades, trechos de filmes históricos. Não são simplesmente casos de historiadores narrando documentários de televisão; são historiadores que estão escolhendo apresentar seu trabalho na tela, além de impresso, sabendo que será na primeira que eles serão julgados pela ampla maioria do público.

Em muitos aspectos, a prática da história não mudou durante a maior parte do século XX. A história continua a ser predominantemente (embora, de forma

---

[20] N. Z. Davis, "'Any resemblance to persons living or dead': film and the challenge of authenticity", *The Yale Review*, 198, vol. 76, pp. 457-82.

alguma, totalmente) uma disciplina literária, os historiadores ainda dependem de registros de arquivos como base de suas pesquisas (embora o leque de evidências usado tenha aumentado muito) e a maioria deles continua a conduzir a pesquisa sozinho (ou com ajuda de um pequeno número de assistentes de pesquisa). Seria difícil afirmar que os cineastas tenham gerado uma mudança radical na forma como a maioria dos historiadores faz seu trabalho. Esta análise da relação da evolução entre historiadores profissionais e filmes históricos, contudo, tentou ilustrar algumas das formas nas quais a prática da história se desenvolveu no último século.

A relutância dos historiadores em aceitar a validade de versões filmadas do passado durante grande parte do século XX refletiu um desconforto geral com a ideia de que qualquer pessoa de fora da profissão histórica estava em posição de comentar o passado com conhecimento de causa. Enquanto os historiadores tiverem a opinião de que sua tarefa é revelar algum tipo de verdade histórica (ainda que incompleta), haverá relutância em aceitar que qualquer um de fora da profissão (muito menos da academia) esteja qualificado para embarcar nesse empreendimento. Se os historiadores estiverem dispostos a afirmar que noções como "verdade" e "objetividade" são problemáticas, e que pode haver muitas interpretações válidas do passado, torna-se muito mais fácil, para eles, rejeitar a noção de que a boa história tem que ser a história acadêmica.

Portanto, a disposição dos historiadores de aceitar que visões do passado produzidas por não acadêmicos podem ser válidas e valiosas se deve, em grande parte, aos eventos que aconteceram dentro da própria academia. Ao estender esse reconhecimento aos filmes históricos, os historiadores também estão aceitando que a boa história nem precisa ser história escrita. Esse é um evento muito recente e potencialmente muito significativo. Já vimos que alguns historiadores se envolvem muito mais ativamente em discussões e colaborações com cineastas; também vimos uma série de historiadores buscando apresentar seu trabalho na televisão, além da forma impressa. Os princípios fundamentais da pesquisa histórica podem não ter mudado muito, mas a forma em que essa pesquisa é apresentada e a gama de fontes secundárias a que os historiadores se referem mostram sinais de estarem se tornando ainda mais diversificadas.

Leituras complementares

As primeiras tentativas por parte de historiadores profissionais na Grã-Bretanha de examinar seriamente filmes como documentos históricos aconteceram no final dos anos de 1960, e inicialmente, o foco de atenção foram principalmente os filmes "factuais", como cinejornais e documentários. Por exemplo, N. Pronay, "British newsreels in the 1930s", *History*, 1971, vol. 56, p. 411-18, e em *History*, 1972, vol. 57, p. 63-72; também A. Aldgate, *Cinema and history: british newsreels and the Spanish civil war*, London, Scolar Press, 1979. No começo da década de 1980, começava a surgir nos Estados Unidos e no Reino Unido um corpo de literatura que tratava dos longa-metragens comerciais como importantes documentos históricos. Por exemplo, P. Smith (ed.) *The historian and film*, Cambridge, Cambridge University Press, 1976; P. Sorlin, *The film in history: restaging the past*, Oxford, Blackwell, 1980; K. R. M. Short (ed.) *Feature films as history*, London, Croom Helm, 1981; R. Sklar, *Movie-made America*, New York, Vintage Books, 1975; L. May, *Screening out the past: the birth of mass culture and the motion picture industry*, Oxford, Oxford University Press, 1980. O crescente interesse dos historiadores por filmes é bem resumido no capítulo de abertura de A. Aldgate e J. Richards, *Best of British: cinema and society in Britain from 1930 to the present*, London, I. B. Tauris, 1999 edn.

S. Harper, *Picturing the past: the rise and fall of the British costume film*, London, BFI, 1994, mostra como os filmes históricos feitos na Grã-Bretanha nos anos de 1930 e 1940 foram considerados pelos historiadores profissionais da época, embora sua principal preocupação seja o contexto no qual os filmes foram criados, mais do que os eventos e as sociedades que eles mostravam. Entre os primeiros exemplos de historiadores acadêmicos começando a se envolver com o cinema como meio para interpretar e apresentar os eventos históricos estão: N. Z. Davis, "'Any resemblance to persons living or dead': film and the challenge of authenticity", The Yale Review, 1987, vol. 76, p. 457-82. Desde meados dos anos de 1990, uma série de livros foi produzida por historiadores profissionais nos Estados Unidos e no Reino Unido (alguns dos quais trabalharam como "consultores históricos" em filmes comerciais) que refletiram cuidadosamente sobre representações da história em telas de cinema: R. A. Rosenstone, *Visions of the past: the challenge of film to our idea of history*, Cambridge MA, Harvard University Press, 1995; R. B. Toplin, *History by Hollywood: the use and abuse of the American past*, Chicago, University of Illinois Press, 1996; T. Barta (ed.) *Screening the past: film and the representation of history*, Westport CT and London, Praeger, 1998; M. Landy (ed.) *The historical film: history and memory in media*, London, Athlone, 2001.

Assim como os que estão dentro da própria profissão histórica, também há estudiosos no campo dos estudos de mídia que demonstraram interesse nas representações cinematográficas do passado. Por exemplo, G. Nowell-Smith, "On history and the cinema", Screen, 1990, vol. 31, p. 160-71; A. Kuhn e J. Stacey (eds) *Screen histories: a screen reader*, Oxford, Oxford University Press, 1998.

18 A CULTURA POPULAR E OS HISTORIADORES
Gareth Williams

A cultura popular é mais fácil de explorar, ou de deplorar, do que de definir, e desacoplar seus dois elementos constituintes não ajuda a tarefa de definição, já que nenhum dos dois tem uma definição consensual.

No nível mais reconhecível, a cultura é o que faz os cultos, desfrutando, apreciando e praticando trabalhos artísticos, musicais e literários. Por outro lado, o conceito de "modo de vida como um todo" derivado da antropologia faz da cultura praticamente um sinônimo de sociedade: como expressou E. B. Tylor em 1871, "esse complexo que inclui conhecimento, crença, arte, moralidade, direito, costumes e quaisquer outras capacidades e hábitos adquiridos pelo homem como membro da sociedade", ou o que o teórico da cultura Stuart Hall chamou de "as práticas vividas que possibilitam que uma sociedade, um grupo ou uma classe vivencie, defina, interprete e entenda suas condições de existência".[1]

Uma cultura que abarque a comunidade como um todo deve supostamente ser popular, embora, para Peter Burke, especialista na Europa moderna, cultura popular seja a cultura das pessoas que não pertencem às elites.[2] Raymond Williams, de cuja observação sobre cultura – que ela é ao mesmo tempo "comum" e "uma das duas ou três palavras mais complicadas da língua inglesa" – não se pode prescindir para fazer qualquer discussão de cultura popular com segurança, considerava que o termo *popular* denotava *low* (baixo) ou *base* (inferior) já no século XVI, com a mudança para o sentido mais moderno de "amplamente estimado" (matizado com "um sentido de cálculo") tendo ocorrido no século XIX.[3] Segundo essa leitura, a cultura popular é definida sutilmente não pelas próprias pessoas, mas por outras, e implica inferioridade, uma interpretação que persuadiu toda uma geração de historiadores no último quarto do século XX a considerar a história da cultura popular como a história das tentativas de mudá-la.

A dificuldade, neste caso, é que uma história da cultura popular que a aborde pelos olhos rigorosos de seus policiais mostra as pessoas não tanto *fazendo* coisas, e sim com as coisas sendo *feitas para* elas: uma forma de vida se transforma em uma

---

[1] Ambos citados em T. Eagleton, *The idea of culture*, Oxford, Blackwell, 2000, p. 34.
[2] P. Burke, *Popular culture in early modern europe*, London, Temple Smith, 1978.
[3] R. Williams, *Keywords: a vocabulary of culture and society*, London, Fontana, 1976, p. 76.

forma de luta. Essa abordagem conflituosa é formulada, mais uma vez, por Stuart Hall, que compartilha dela, como "uma tensão continuada", essencial à definição de cultura popular, "um dos lugares onde a luta por uma cultura dos poderosos e contra ela é travada".[4] Hall está em companhia de historiadores como Peter Bailey, Raphael, Samuel, Gareth Stedman Jones, Stephen e Eileen Yeo e, acima de tudo, Edward Thompson, que usa metáforas não apenas de conflito, mas também bélicas, de uma zona de guerra cultural com suas batalhas por território e contraofensivas – com certeza mais campos de luta e contestação do que de louvor e celebrações.[5]

É importante, contudo, como nos alertou Peter Burke, estar ciente da substancial sobreposição entre cultura de elite/dominante/culta e cultura popular/dominada/inculta, e que muitas vezes se pode discernir um tráfego de duas mãos. Dias de santos, eventos paroquiais, festejos e celebrações do calendário pré-industrial não eram meramente oportunidades para relaxar as pressões; eram incentivados ativamente pela pequena nobreza. Mais além, rituais que tinham o objetivo de constranger, como *charivaris* (ritual dos aldeões que perturbavam com barulho e paradas casamentos ou recasamentos que iam contra seus costumes sociais), *skimmingtons* (exposição de casamento onde houvera traição ou dominação) e rodeios podiam sair ilesos de campanhas para reformar a cultura popular porque as manifestações ativas dessas culturas na verdade endossavam uma sociedade patriarcal. Estudiosos de história moderna apontam a maneira como essas formas de sanção via constrangimento complementavam as que eram decretadas oficialmente pelos tribunais porque sustentavam conceitos e símbolos expressos nas inversões de opostos binários que Stuart Clark demonstrou estarem entre os pressupostos intelectuais organizadores do período.[6]

Mesmo assim, a história da cultura popular, embora possa ser definida por opostos simbólicos, não *tem* que ser concebida em termos de oposição. Richard Suggett, embora concorde integralmente que a cultura popular tem que estar "baseada firmemente na experiência das relações sociais", mostra como a pequena pressão para reformar a cultura popular no País de Gales do século XVIII veio dos vilões de sempre, a pequena nobreza e o clero, porque reconheciam as compensações sociais que adviriam de tolerar e patrocinar as atividades populares características do Vale of Glamorgan. Suggett mostra que os passatempos culturais populares são tão integradores quanto conflituosos, com algumas festividades voltadas à diferenciação *dentro de* grupos e outras, a estruturar as relações *entre* eles. Ele argumenta expondo os significados contrastantes entre a celebração do dia do seu santo padroeiro

---

[4] S. Hall, "Notes on deconstructing the popular", in R Samuel (ed.) *People's history and socialist theory*, London Routledge and Kegan Paul, 1981, p. 235, 239.

[5] P. Burke, "Revolution in popular culture", in R Porter and M. Teich (eds) *Revolution in history*, Cambridge, Cambridge University Press, 1986, p. 212, 223 n. 28.

[6] S. Clark, *Thinking with demons: the idea of witchcraft in early modern Europe*, Oxford, Clarendon Press, 1997, p. 38-42.

(*gwyl mabsant*) que era expressão da natureza competitiva antagônica das relações interparoquiais, e festividades como os carnavais, que expressavam o ordenamento ou reordenamento interno de relações sociais *dentro* de um grupo.[7]

A distinção proposta por Matthew Arnold entre uma alta cultura elevadora e uma cultura de massas rebaixadora se presta a muitas formas paralelas de expressão: alta e baixa, respeitável e grosseira, patrícia e plebeia, refinada e vulgar, de elite e popular, dominante e dominada, um jogo reversível em que o segundo elemento da combinação sempre é pejorativo e, às pessoas comuns consideradas vítimas, nega-se um papel ativo na formação de sua própria cultura. Os plebeus musculosos do século XVIII mostrados por Edward Thompson estão longe de ser submissos: a cultura popular – um termo que ele nunca usa, preferindo "plebeia" – é para ele um lugar de resistência à cultura daqueles de cujos interesses se fez a Revolução Industrial.

Um outro Thompson chega à mesma conclusão de uma direção diferente. Ao revisar os mecanismo de controle social pelos quais a plebe da Grã-Bretanha do século XIX era policiada, Michael Thompson exige que "se dê o devido peso ao desenvolvimento autônomo da cultura da classe trabalhadora": essa classe gerou seus próprios valores e atitudes – em resumo, sua própria resposta cultural – para responder às demandas da sociedade industrial.

"Na verdade", escreve *este* Thompson, "é uma atitude condescendente injustificável, com relação às massas humildes e anônimas, supor que elas eram incapazes de desenvolvimento cultural exceto como resultado de instrução ou coerção de fora". As pessoas, por mais humildes e desfavorecidas que fossem, não precisavam ser instruídas sobre limpeza ou que se insistisse com elas sobre a importância da vida familiar. A classe trabalhadora não era feita de marionetes dançando penduradas por cordas burguesas; ao contrário, reflete Thompson, como a classe média adaptava e modificava o que a classe trabalhadora desejava, alguns aspectos da cultura popular podem ter sido sugeridos pela segunda à burguesia.[8]

Esse pode muito bem ter sido o caso do que no século XIX se transformou nos esportes organizados, codificados, do futebol, do críquete e do boxe, como sugere a surpreendente, ainda que relativamente recente, história dos esportes.[9] A surpresa reside no caráter recente, e não no tópico: os historiadores demoraram para apreciar a importância da observação do marido de Anna Karenina de que "o esporte tem um valor profundo e, como sempre acontece, só vemos seu aspecto superficial".[10] À medida que o século XX avançava, os esportes se tornaram

---

[7] R. Suggett, "Festivals and social structure in early modern Wales", *Past and Present*, 1996, vol. 152, p. 108-9.

[8] F. M. L. Thompson, "Social control in Victorian Britain", *Economic History Review*, 1981, vol. 34, pp. 189-208.

[9] Para um panorama útil, ver N. Tranter, *Sport, economy and society in Britain 1750-1914*, Cambridge, Cambridge University Press, 1998, p. 13-31.

[10] L. Tolstoy, *Anna Karenina*, cap. 28.

um fenômeno comercial, um significante de gênero, nacionalidade e etnicidade, e cada vez mais global. Mas enquanto os esportes estavam por toda a parte, seus estudiosos sérios não estavam em parte alguma. Quando, na década de 1960, o antropólogo Max Gluckman levava seus alunos da Universidade de Manchester ao Old Trafford, era para ver a massa, e não o futebol. Ainda em 1971, Eugen Weber observou que "os relógios dos avós, os balões e as batatas foram alvo de estudos dos quais o futebol ainda carece".[11]

Essa carência estava por ser solucionada. Os anos de 1960 assistiram ao surgimento de uma nova legitimidade para a história social. Christopher Hill, Eric Hobsbawm e Edward Thompson abriram caminho, e outros desbravadores começaram a abrir caminhos em territórios inexplorados, muitas vezes ainda invisíveis. Ao mesmo tempo, uma nova onda de crítica cultural, concebida no contexto de uma ampla teoria marxista e influenciada pelo trabalho de Richard Hoggart e Raymond Williams, testemunhou o surgimento de uma sociologia britânica do lazer. Os esportes, como a cultura popular em geral, acabariam encontrando seus historiadores (e seus sociólogos), principalmente entre os de matiz marxista – um desdobramento de eventos um tanto inesperado, dado que os historiadores da classe trabalhadora geralmente se mostravam mais à vontade com o trabalho do que com o lazer, com levantar segunda de manhã do que com o futebol de domingo à tarde.[12] A história dos esportes estava perdendo o caráter antiquado, comemorativo e estatístico para explorar "as formas como o esporte foi historicamente constituídos e moldado por forças socioeconômicas, políticas e ideológicas".[13] Nos anos de 1970 e início dos de 1980, uma geração que foi exposta à cobertura de massas dos esportes na televisão escreveu os primeiros estudos históricos sobre corridas de cavalos, futebol inglês e rúgbi galês.[14] Fundamental para mudar o paradigma foi Tony Mason, cuja obra *Association football and English society 1863-1915*, publicada em 1980, penetrou áreas até então inexploradas, como a origem e o padrão de vida dos jogadores, a composição das multidões que os idolatravam e os aviltavam, e a estrutura econômica dos clubes. Em outras palavras: quem jogava, quem assistia e quem controlava o esporte do povo.

Com essa clara sensação, por um lado, da relação orgânica entre esportes e questões sociais mais amplas e, por outro, das tensões e dos prazeres intrínsecos à sua prática como atividade social, Mason abriu as comportas a uma enorme quantidade de estudos escritos por historiadores que estavam claramente conseguindo navegar na maré de cultura popular mediada pelas massas, que saturava pratica-

---

[11] E. Weber, "Gymnastics and sport in fin-de-siècle France", *American Historical Review*, 1971, vol. 76, p. 70.
[12] K. O. Morgan no *Times Literary Supplement*, 13 February 1981, p. 157.
[13] S. G. Jones, *Sport, politics and the working class*, Manchester, Manchester University Press, 1988, p. 2.
[14] W. Vamplew, *The turf. A social and economic history of horse racing*, London, Allen Lane, 1976; T. Mason, *Association football and English society 1863-1915*, Brighton, Harvester Press, 1980; D. Smith e G. Williams, *Fields of praise*, Cardiff, University of Wales Press, 1980.

mente todos os aspectos de suas existências cotidianas.[15] Portanto, os historiadores e sociólogos que lançaram e mantiveram flutuando as novas publicações históricas sobre cultura popular e esportes foram incluídos na cultura popular cujo estudo eles próprios estavam definindo e legitimando.

A amplitude dessa literatura pode ser medida a partir dos guias bibliográficos de R. W. Cox, principalmente seu *Sport in Britain: a bibliography of historical publications* (1991) e sua atualização regular em *The sports historian*, a revista da British Society of Sports History (fundada em 1983), integrante da nova série de publicações como *The International Journal of the History of Sport* (1984-) que tem equivalentes nos Estados Unidos (*Journal of Sport History*, 1984-), Canadá (*The Canadian Journal of the History of Sport*, 1986-), Austrália (*Sporting Traditions*, 1984-) e, fora do mundo anglófono, França (*Sport Histoire*, 1988-). Durante os anos de 1990, a editora Frank Cass construiu um importante catálogo de história dos esportes, e a Manchester University Press tem uma série chamada *International studies in the history of sport*, organizada por J. A. Mangan, e outra chamada *Studies in popular Culture*, organizada por Jeffrey Richards. Um exemplo da mídia usando para seu benefício os novos amigos da cultura popular na academia ocorreu quando os historiadores elaboraram o roteiro, assessoraram e apareceram com frequência na bem recebida série da BBC2 *The union game*, que buscava "costurar a história social e a atividade esportiva como um todo" e foi apresentada junto com a *Rugby World Cup* em Cardiff, no final de 1999.[16] Em outros casos, museus e os centros de patrimônio específicos começaram a dar cada vez mais destaque ao lazer, enquanto as instituições que no passado teriam considerado os artefatos do esporte irremediavelmente vulgares também responderam ao novo clima cultural. A *Christie's* fez seu primeiro leilão de objetos históricos relacionados ao esporte em 1995 e, entre outubro de 1998 e janeiro de 1999, a National Portrait Gallery montou uma exposição de *British sporting heroes*. Ela foi acompanhada de um livro e uma análise lindamente ilustrados de Richard Holt,[17] um dos primeiros praticantes da história dos esportes no mundo, membro do pioneiro International Centre for History and Culture da De Montfort University; significativamente, sua obra *Sport and the British: a modern history* (1989) foi publicada pela primeira vez em *Studies in social history*, da Oxford University Press, sob a rigorosa organização geral de Keith Thomas, ele próprio tendo sido destaque da equipe infantil de críquete da Barry Grammar School.

---

[15] Ver a apreciação de Richard Holt e outros em *The sports historian*, Maio de 2002, vol. 22:1, uma edição especial intitulada *Sporting lives: essays in history and biography* apresentada por Tony Mason.

[16] D. Smith, "Introduction", in S. Smith, *The union game: a rugby history*, London, BBC Consumer Publishing, 1999, p. 8.

[17] Richard Holt, "Introduction", p. 10-25, in *The book of British sporting heroes*, London, National Portrait Gallery, 1998, compilado por James Huntington-Whiteley.

Ainda que fosse relativamente novo que as universidades e suas editoras, livrarias de prestígio e editoras comerciais assumissem o popular, uma definição de cultura que o acomodasse já podia ser encontrada em lugares igualmente improváveis.

Os primeiros oito interesses entre os 13 que T. S. Eliot aponta como "característicos do povo" eram esportivos: "corrida de cavalos, a regata Henley, as regatas em Cowes, o início da temporada de caça aos gansos em Doze de Agosto, uma final de campeonato, corridas de cachorros, fliperama e o jogo de dardos", assim como "queijo Wensleydale, repolho cozido e cortado em pedaços, beterraba em conserva, igrejas góticas do século XIX e a música de Elgar".[18] O críquete no parque da cidadezinha regado a cerveja à temperatura ambiente e visões de velhas senhoras de bicicleta em meio à bruma matinal podem ter sido a ideia de cultura inglesa do primeiro-ministro John Major, mas o homem que viria a sucedê-lo argumentou de forma mais sucinta quando disse à Football Association, por ocasião do 80º aniversário de Stanley Matthews, que este era, "em si, uma cultura", a corporificação dos valores esportivos cujo aparente declínio o orador, Tony Blair, lamentava.[19] Mas o historiador Mason já tinha apresentado uma avaliação histórica mais precisa de Sir Stan, que evitava a nostalgia ou a crença em uma era dourada.[20]

O trabalho sobre a história social do rúgbi no País de Gales é um caso notável de toda a história como história contemporânea e de cultura popular impondo seus próprios interesses aos historiadores, já que não era difícil para pessoas da geração pós-guerra, com formação universitária, que fossem entusiastas dos esportes, privilegiadas pela oportunidade educacional e empolgadas pela nova história social, ficar intrigadas por seu desenvolvimento em uma sociedade industrial, como Gales do Sul nos cem anos anteriores, e que, nesse caso específico, parece ter atingido sua apoteose impressionante na capacidade pirotécnica de Gareth Edwards, Gerald Davies, Barry John e outros magos da "era dourada" do rúgbi galês nos anos de 1970.[21] O colapso subsequente da narrativa desse esporte em um pântano de disputas indignas com relação a direitos de televisão e profissionalismo sugere, já que coincide com a súbita desindustrialização de seu país,[22] a clássica condição pós-moderna. Como aponta Jeffrey Hill, uma história pós-moderna dos esportes terá que se concentrar, como sempre fez a melhor história dos esportes, no que os heróis esportivos "significam" para seu público em termos de capital emocional investido, e em como um astro, uma apresentação, uma reunião de seguidores, um

---

[18] T. S. Eliot, *Notes towards a definition of culture*, London, Faber and Faber, 1948, p. 31.

[19] M. Polley, *Moving the goalposts: a history of sport and society since 1945*, London, Routledge, 1998, p. 1.

[20] T. Mason, "Stanley Matthews", in R. Holt (ed.) *Sport and the working class in modern Britain*, Manchester, Manchester University Press, 1990, pp. 159-78.

[21] Smith and Williams, *Fields of praise*, p. 407-58.

[22] D. Smith and G. Williams, "Beyond the fields of praise", in H. Richards, P. Stead e G. Williams (eds) *More heart and soul - the character of Welsh rugby*, Cardiff; University of Wales Press, 2000, p. 205-32.

funeral[23] podem ser lidos como textos onde uma série de discursos conflitantes e interconectados pode ser identificada, "artefatos culturais em relação aos quais o significado é discutido".[24] Pois, embora fosse possível afirmar que isso significa simplesmente seguir a moda na teoria literária, é obrigação do historiador estar ciente do contexto histórico específico em que a leitura está acontecendo.[25] É no que o público recebe – o que lhe é mediado, diferentemente do que o público quer – que deve começar, com certeza, qualquer desconstrução de um herói cultural popular como o astro dos esportes.

Estamos de volta à mediação, que tem um papel crucial a cumprir – para tomar um exemplo que não é dos esportes – no "ressurgimento" da música *folk* inglesa no século XX. A coleta e a preservação dessas músicas no final do século XIX, por religiosos antiquários como os reverendos John Broadwood e Sabine Baring-Gould, demandou procurar velhos cantores *country* em *pubs*, albergues e asilos. Muitos ficavam constrangidos com relação a essas canções e relutavam em cantá-las a estranhos, principalmente vestidos de religiosos a acompanhados por uma autoridade.

Muitas vezes, o que se oferecia aos visitantes não era uma canção *folk* verdadeira, e sim uma memória de juventude. Baring-Gould sucumbiu ao desejo de aprimorar as baladas segundo os critérios literários e musicais da época e suas noções de decência. Uma outra complicação surgiu quando o interesse de Cecil Sharp em publicar suas descobertas o levou a acreditar que as canções só poderiam viver e ter sentido se fossem memorizadas e cantadas, e considerou as escolas como seu principal mercado, bem como a melhor esperança de preservação. Isso implicou arrumar as palavras para o consumo escolar, limpando-as e fazendo arranjos da melodia para piano. Dessa forma, a *folksong* se tornou uma invenção, a *fakesong*, (de *fake*, falsa)) com muito pouco da criação orgânica, autêntica e verdadeiramente espontânea do povo que afirmava ser.[26]

A mediação apresenta problemas para o rígido modelo binário de opostos culturais de alto e baixo, respeitável e grosseiro. Uma dificuldade específica para os discípulos de Gramsci é o pouco espaço que uma representação bipolar dá à "negociação", um processo sutil em que a classe trabalhadora é persuadida, em vez de coagida, a adotar de forma aparentemente voluntária, os valores da classe média, como cumprir as regras ou mesmo a própria noção de esporte amador. Assimilados e reinterpretados, eles se transformam em tradições da classe trabalhadora e se

---

[23] Ver a descrição do funeral do boxeador Jim Driscoll em P. O'Leary, *Immigration and integration: the Irish in Wales 1789-1922*, Cardiff, University of Wales Press, 2000, p. 1-2.

[24] J. Hill, "Reading the stars: a post-modernist approach to sports history", *The Sports Historian*, 1994, vol. 14, pp. 45-55.

[25] *Ibid.*, p. 54.

[26] D. Harker, *Fakesong: the manufacture of British "folksong" from 1700 to the present day*, Milton Keynes, Open University Press, 1990.

atinge a hegemonia por meio de uma pronta aceitação dos valores burgueses; o esporte então se torna parte de um processo cultural mais amplo que faz com que os trabalhadores sejam submissos à hierarquia enquanto aceitam sem pensar o princípio competitivo. Essa visão se recusa a considerar as pessoas comuns como sempre moldadas, reprimidas e reformadas; o que ele vê é a produção ativa de cultura acima de seu consumo passivo. Ignorar os elementos da integração, bem como a resistência, e considerar a população em geral como consumidores que simplesmente se apropriam do que lhes é oferecido, é negar-lhe qualquer função criativa, quando, na verdade, a apropriação e a seleção, em si, podem constituir um processo criativo. Portanto, é muito derrotista considerar os esportes e a composição de música – por exemplo, o surgimento de orquestras de metais conhecidas como *brass bands* e do canto coral nas comunidades industriais da Inglaterra e do País de Gales no século XIX[27] – como uma cultura de consolação à qual aderem os despossuídos, os subordinados, os desfavorecidos e os reprimidos. John Fiske aprofunda o tema dando uma virada sutil à hegemonia em sua proposta de que a cultura popular é formada por grupos subordinados aparentemente em seu próprio interesse, a partir de recursos oferecidos por um sistema social que, na verdade, lhes retira poder: portanto, as antenas parabólicas, as roupas de *estilista*, os *videogames* e os telefones celulares de hoje são buscados avidamente pela classe trabalhadora para benefício econômico dos citados acima.[28]

Obviamente, esses visíveis objetos de consumo não são muito "tradicionais", outra palavra arriscada para o historiador. A cultura popular está constantemente se refazendo. Os costumes, os esportes e os rituais tradicionais, depois que seu final no estilo Mark Twain foi anunciado no início do século XIX, tiveram uma impressionante capacidade de sobrevivência, embora não necessariamente da mesma forma, mas com adaptações e ajustes a novos limites e pressões. Fomos bem avisados para sermos "sensíveis a possíveis mudanças em contexto e conteúdo e não confundir a continuidade aparente na forma com uma continuidade de função e sentido".[29]

Temos que estar sempre alertas contra afirmações de que um determinado costume vinha sendo praticado dessa forma desde tempos imemoriais, ou que algum outro tinha com os dias contados. O passado é um alvo fácil para a sentimentalidade e é muito cômodo abrigar a comunidade de classe trabalhadora industrial no aconchegante manto da camaradagem ou vizinhança comunitária, assim como imaginar um suposto idílio rural, sendo que ambas as perspectivas ignoram as evi-

---

[27] D. Russell, *Popular music in England 1840-1914: a social history*, Manchester, Manchester University Press, 1987; G. Williams, *Valleys of song: music and society in Wales 1840-1914*, Cardiff; University of Wales Press, 1998.
[28] J. Fiske, *Understanding popular culture*, London, Routledge, 1982, p. 1-2.
[29] T. Harris, "Problematising popular culture", in T. Harris (ed.) *Popular culture in England c.1500-1850*, London, Macmillan, 1995, p. 1-27, citação na p. 23.

dências da violência, abuso, negligência e exploração que com tanta frequência caracterizam o mundo que perdemos.

Uma cultura popular "tradicional" de *maypoles* (os postes para as danças comemorativas), bolo e cerveja, cujo óbito se deu no início do século XIX, também se choca com os estudos acumulados das duas últimas décadas sobre a comercialização do lazer na Inglaterra dos séculos XVII e XVIII. Já se passaram 30 anos desde que J. H. Plumb chamou a atenção para esse fenômeno, citando uma pequena nobreza que buscava incentivar, promover e lucrar a partir das corridas de cavalos, lutas e críquete, esportes que já estavam atraindo grandes quantidades de espectadores.[30] O que aprendemos desde então sobre o "renascimento urbano" pré-industrial acrescentou um brilho a esse quadro.[31]

Com relação a recreações populares, o trabalho pioneiro de Robert Malcolmson não se saiu tão bem no teste do tempo.[32] As ideias de base antropológica que o autor aplicou à função social de um rico calendário de dias festivos, jogos e passatempos gerais certamente ajudaram a esclarecer o quadro de uma florescente cultura rural do século XVIII. A dúvida surge em sua prontidão a subscrever à teoria do vácuo sobre o lazer: que entre 1780 e 1830, as forças combinadas dos senhores que cercavam as terras, dos reformadores evangélicos e as demandas de uma nova disciplina do trabalho marcaram o fim de formas de lazer como o antigo jogo de futebol, junto com esportes violentos e passatempos "tradicionais" em geral. Pode-se questionar se a vida recreativa foi transformada de forma tão dramática, já que o costume é tenaz e há poucas evidências de a cultura popular ter tido muita influência sobre Glamorgan do século XVIII, onde, como vimos, as festas dos santos padroeiros, como *maypoles*, *bandy-ball*, *bull-baiting* e luta livre continuavam a desfrutar do patrocínio entusiasmado dos governantes locais. O que aconteceu a rituais como o *twmpath* (dança popular), *ceffyl pren* (punições aplicadas pela comunidade) e *cwrw bach* (bares informais) foi sua mudança do Vale de Glamorgan ao ambiente bruto das planícies onde se fabricava o ferro, nas quais foram assumidos com rigor renovado. A conhecida zona criminosa de Merthyr Tydfil, "China", era pura Beggar's Opera ("Ópera dos Mendigos". Balada satírica de 1728 que ironiza política, pobreza, injustiça e corrupção em todos os níveis da sociedade), onde passatempos tão diferentes como pedestrianismo e Mari Lwyd (a Égua Cinza, uma celebração em que se brinda com muita bebida) ganharam vida nova.[33]

---

[30] J. H. Plumb, *The commercialisation of leisure in eighteenth century England*, Reading, University of Reading Press, 1973.

[31] P. Borsay, *The English urban renaissance: culture and society in the provincial town*, Oxford, Oxford University Press, 1989.

[32] R. W. Malcolmson, *Popular recreations in English society 1700-1850*, Cambridge, Cambridge University Press, 1973.

[33] Gwyn A. Williams in Glanmor Williams (ed.) *Merthyr politics*, Cardiff; University of Wales Press, 1966, pp. 17-18.

Aqui, mais uma vez somos compelidos a enfrentar a dificuldade inerente ao uso da tão carregada expressão "sociedade tradicional". Para começo de conversa, a Revolução Industrial não foi uma grande disjunção entre o moderno e o contemporâneo. Tradicional não é sinônimo de imutável e, em qualquer caso, raramente vai além de três gerações. É de duvidar se qualquer sociedade conheceu um período anterior ao início de mudanças. Nosso sentido histórico demanda que façamos uma pausa antes de aceitar uma Inglaterra (ou País de Gales) estereotipadamente feliz, de festejos animados, pouco sofisticada e imutável, ainda que seja porque a natureza altamente capitalista de uma zona rural inglesa penetrada por relações comerciais desde, pelo menos, o século XVI, é aceita pela maioria dos estudiosos de história moderna.

Idealizando a animada e organizada cultura popular de uma era de ouro pré-industrial ocupada por muitos John Miltons mudos e inglórios é polarizar, à moda de F. R. Leavis, Denys Thompson e os editores da *Scrutiny* da década de 1930, um "povo" espontâneo e ativo de um lado e um público entorpecido e passivo, empapando-se de forma inerte na moderna cultura de massas, de outro. A única conclusão sensata deve ser a de que nunca houve uma cultura popular tradicional, já que, sendo um produto popular, como a própria sociedade, ela está sempre em mudança.

Embora a descrição de Malcolmson sobre uma reconstrução forçada da vida recreativa esteja em sintonia com a interpretação pessimista das consequências sociais da Revolução Industrial por parte de seu mentor, Edward Thompson, ela também ia contra o núcleo da insistência de Thompson na capacidade das pessoas comuns de fazer e refazer sua própria cultura. Hugh Cunningham, ao insistir na capacidade da classe trabalhadora de pensar e agir por conta própria (e confessar seu desconforto ao se encontrar, portanto, jogado no "abraço inoportuno" da escola otimista de historiadores) não pode aceitar que *houvesse*, em 1850, um vácuo nas recreações populares.[34] Esportes e passatempos muito antigos, como as celebrações de 5 de novembro*, podem ter adquirido novos sentidos – lembremo-nos do argumento de Tim Harris sobre confundir continuidade de forma e função – mas a ascensão da sociedade industrial tampouco assinou sua sentença de morte. Pelo contrário: dado que as novas condições econômicas proporcionavam novas oportunidades e um novo ambiente para sua continuação, o advento da ferrovia gerou públicos ainda maiores para enforcamentos públicos, passeios ao litoral se tornaram literalmente mais comuns, e as corridas de cavalos foram transformadas, de exclusividade das elites, em um esporte de expectadores comuns. E, à medida que essas corridas se difundiram para baixo, outros esportes como o pugilismo e o

---

[34] H. Cunningham, *Leisure in the industrial revolution: c.1780-c.1880*, New York, St Martin's Press, 1980, p. 9.

* N. de R.: Chamada "Noite da Fogueira" a "Noite de Guy Faukes", celebra a conspiração da Pólvora (*Gunpouder Piot*), uma tentativa malsucedida de assassinar o Rei James I, da Inglaterra, em 1605.

críquete ascendiam socialmente: o que antes eram atividades específicas de classes altas, em meados do século XIX, estava em ritmo acelerado para se tornar entretenimento das massas, porque agora havia mais pessoas para participar e assistir, e melhores meios de transporte para levá-las até lá. As ferrovias garantiram não apenas a limitação dos costumes, mas também sua sobrevivência. As festividades de Lancashire foram revitalizadas, e a identidade comunitária, reforçada, quando as estradas de ferro transportaram ruas inteiras em Oldham para pensões adjacentes em Blackpool, de propriedade de pessoas de sua própria cidade.[35]

Essas fontes "tradicionais" de sociabilidade, cervejeiros e donos de bares, aos quais a diversão popular há muito era uma oportunidade para vantagens comerciais, personificavam com prazer esse tipo de continuidade pré-industrial. É surpreendente que, no século XIX, muitos deles tenham diversificado suas atividades para circos, teatros ambulantes e de variedades, pois essas eram as expressões institucionais de uma cultura de folia, profana, lúdica, sensual, libertária e, muitas vezes, ofensiva, que desafiava implicitamente uma ordem social repressiva e disciplinar. Se a generosidade e a espontaneidade da cultura popular são o que predispõem os historiadores a falar dela de forma apreciativa, essa é uma apreciação derivada do estudo de Bakhtin sobre Rabelais e do desafortunado Menocchio de Ginzburg, um moleiro até então obscuro – racional, anticlerical e obstinado – do Friuli no nordeste da Itália, que caiu em desgraça com a Inquisição em 1599 e cujas ideias escandalosas mostram uma convergência impressionante com as dos grupos intelectuais mais instruídos de seu tempo.

Há traços da forte irreverência de Menocchio no obsceno mundo anárquico, carnavalesco de Breughel, bem como de Rabelais, que faz pensar que a alta cultura europeia do século XVI pode ter tido raízes populares e que o que realmente estamos vendo aqui é um intercâmbio cultural de duas mãos a que Bakhtin chama de "circularidade", uma relação recíproca entre as classes dominantes e subordinadas da Europa pré-industrial.[36]

Por fim, por que temos tanta disposição de apreciar atividades passadas cujos equivalentes atuais causam constrangimento, quando não hostilidade explícita? É relativamente fácil aplaudir aquilo de que temos uma distância segura, que está no passado, e o estudioso alemão da Reforma Gerald Strauss, preocupado em exaltar a cultura popular, "exalta o lugar-comum e letigima um contraculturalismo vazio", admite reservas com relação a conferir às atividades culturais populares do passado uma dignidade, um peso e uma importância que negaríamos a atividades equivalentes em nosso próprio tempo. Todas esses brincadeiras carnavalescas, disputas e

---

[35] R. Poole e J. K. Walton, "The Lancashire wakes in nineteenth century England", in R D. Storch (ed.) *Popular culture and custom in nineteenth century England*, New York, St Martin's Press, 1982, pp. 100-24.

[36] M. Bakhtin, *Rabelais and his world*, tradução para o inglês de Helene Iswolsky, Cambridge MA, MIT Press, 1968; C. Ginzburg, *The cheese and the worms: the cosmos of a sixteenth-century Miller*, tradução para o inglês de John and Anne Tedeschi, London, Routledge and Kegan Paul, 1980.

charivaris de aldeia, pergunta ele, "essas espécimens mais ou menos idênticos de arruaça adolescente, revolta urbana ... e teimosia campesina realmente valem a pena a hermenêutica pesada que se desperdiça neles?".[37] A resposta deve ser que qualquer abordagem, qualquer técnica que contribua para recuperar as vidas dos que se perderam na história, os desprovidos de poder, os submergidos, os marginalizados e os esquecidos, é sua própria justificação.

Leituras complementares

Os historiadores preferiram se envolver com a prática da cultura popular em vez de sua teoria, mas dois guias úteis às abordagens teóricas são J. Fiske, *Understanding popular culture*, London, Routledge, 1991; e J. Storey, *An introductory guide to cultural theory and popular culture*, London, Harvester Wheatsheaf, 1993. Uma revisão historiográfica boa que acompanha o emprego do conceito de cultura popular pelos historiadores desde a década de 1970, quando ele entrou no seu léxico, é E. Griffin, "Popular culture in industrialising England", *Historical Journal*, 2002, vol. 45, p. 619-35.

As explorações mais esclarecedoras da cultura popular na sociedade moderna c.1500-1800, continuam sendo a obra magistral de K. Thomas, *Religion and the decline of magic: studies in popular beliefs in sixteenth and seventeenth century England*, London, Weidenfeld and Nicolson, 1971 (agora reimpresso regularmente pela Penguin) e P. Burke, *Popular culture in early modern Europe*, London, Temple Smith, 1976. Podem-se encontrar mais reflexões de Burke sobre a historiografia desse tema em seu ensaio "Revolution in popular culture", em R. Porter e M. Teich (orgs.) *Revolution in history*, Cambridge, Cambridge University Press, 1986. Inevitavelmente influenciado por Thomas e Burke – o que não é crime – são os participantes de T. Harris (ed.) *Popular culture in England c.1500-1850*, London, Macmillan, 1995; e B. Reay, *Popular cultures in England 1550-1750*, London, Longman, 1998. Para um intenso dinamismo intelectual combinado com verve estilística, os ensaios de E. P. Thompson *Customs in common*, London, Penguin, 1993, são leitura indispensável.

Para o período industrial, a paisagem ficou tão cheia quanto uma pintura de Lowry. Uma leitura de amplo escopo é B. Waites, T. Bennett e G. Martin (eds) *Popular culture: past and present*, London, Croom Helm com a Open University, 1983; enquanto a noção de que a história de cultura popular é majoritariamente a história de tentativas de controlá-la subjaz a agora clássica obra de E. Yeo e S. Yeo (eds.) *Popular culture and class conflict 1590-1914*, Hassocks, Brighton, 1983; A. P. Donajgrodski (ed.) *Social control in nineteenth-century Britain*, London, Croom Helm, 1977; e R. Storch (ed.) *Popular culture and custom in nineteenth-century England*, London, Croom Helm, 1982. J. M. Golby e A. M. Purdue, *Popular culture in*

---

[37] G. Strauss, "The dilemma of popular history", *Past and Present*, 1991, vol. 132, p. 130-19, citação na p. 138.

England 1750-1900, London, Batsford, 1984, edição revisada de 1999, combatem de forma agradável a noção de industrialização e urbanização como um divisor de águas para a cultura popular e enfatizam a importância de continuidade da era pré-industrial. A racionalização da recreação da classe trabalhadora é o tema de P. Bailey, *Leisure and class in Victorian England*, Methuen, edição revisada de 1987, e o teatro de variedades é seu foco em *Politics and performance in the Victorian city*, Cambridge, Cambridge University Press, 1998.

Complicados, mas compensadores, são G. Stedman Jones, *Languages of class studies in English working class history*, Cambridge, Cambridge University Press, 1983; e P. Joyce, *Visions of the people*, Cambridge, Cambridge University Press, 1991, principalmente a Parte III, "Custom, history, language: popular culture and the social order". Uma série de tópicos, desde esporte e cinema ao litoral, é explorada em duas séries de ousadas monografias publicadas pela Manchester University Press, *Studies in popular culture* (ed. Jeffrey Richards) e *International studies in the history of sport* (ed. J. A. Mangan), enquanto essas e outras atividades culturais recebem uma inflexão pós-moderna sugestiva em J. Hill, *Sport, leisure and culture in twentieth century Britain*, Basingstoke, Palgrave, 2002. Os recém-chegados ao campo, tendo consultado R. Williams, *Keywords*, London, Collins, 1976, para definições contestadas de "popular" e "cultura", encontrarão uma leitura original do pensamento do mestre em D. Williams (ed.) *Who speaks for Wales? Nation, culture, identity: Raymond Williams*, Cardiff, University of Wales Press, 2003.

HISTÓRIA E HISTÓRIA "AMADORA"
William D. Rubinstein

19

Além do tipo de história praticada e produzida por acadêmicos universitários, há outro vasto mundo de historiadores amadores, antiquários, populares e públicos que são quase que invariavelmente ignorados pelos primeiros, e que também os ignoram. Em número, eles certamente fazem o contingente universitário parecer pequeno. No ano de 2000, por exemplo, havia cerca de 2.900 professores universitários de história no Reino Unido. Em comparação, a revista mensal britânica *History Today*, uma valiosa e bem ilustrada publicação de história popular, vende 30.000 exemplares por edição, cuja grande maioria deve ser comprada por membros comuns do público leitor, avidamente interessados em história, mas com pouca ou nenhuma conexão, tampouco conhecimento, sobre história e historiadores acadêmicos. O objetivo deste capítulo é fazer um levantamento de algumas das mais populares variedades de história não acadêmica, examinando o que elas têm em comum com a história acadêmica da forma como esta é praticada nas universidades, mas também em que diferem. Um desses campos, o dos estudos sobre museus e patrimônio (e o trabalho dos arquivistas profissionais) deixa deliberadamente de ser examinado aqui, por ser uma profissão estabelecida em si mesma, muito próxima do trabalho de historiadores acadêmicos e normalmente exigindo uma formação de pós-graduação em história ou em um tema relacionado.[1] A maioria, ou todas as áreas discutidas aqui, é dominada pelo historiador não profissional, muitas vezes, na verdade, por pessoas que não têm qualquer formação universitária em história.

Inquestionavelmente, a área mais importante da "história além da universidade" é a história de família ou a genealogia, um tema trabalhado por literalmente centenas de milhares de pessoas em todo o mundo, com uma complexa infraestrutura de instituições, bancos de dados, páginas na internet, além de publicações e sociedades dedicadas ao tema. Somente a história de família já deve ser muito maior do que todo o empreendimento da historiografia acadêmica. A história de família normalmente é uma tentativa de construir a própria árvore genealógica (ou a de um parente próximo), identificando o maior número possível de antepassados ou alguma coisa muito semelhante. Por exemplo, há muitas das

---

[1] Ver, também, p. 327.

chamadas Single Name Societies, dedicadas a pesquisar as histórias de todos que se chamam Brown, Esterhazy, Blair, Hague, ou qualquer outro nome. A razão de ser da historiografia familiar é o axioma inquestionavelmente verdadeiro de que todo o ser humano, sem exceção, tem dois pais, quatro avós, oito bisavós e assim, *ad infinitum*, uma verdade que se aplica tanto àqueles que ocupam os lugares mais elevados quanto os mais baixos.

Embora a pesquisa genealógica moderna tenha começado entre a aristocracia e as classes abastadas que, na Grã-Bretanha, muitas vezes tentavam demonstrar sua descendência de nobreza normanda, paradoxalmente, o fato de que todas as pessoas têm o mesmo número de antepassados fez com que a pesquisa genealógica se tornasse uma atividade popular de massas. Na Grã-Bretanha, os registros paroquiais que contêm a maior parte dos nascimentos, casamentos e mortes existem desde o tempo de Henrique VIII, enquanto o registro civil de todos esses eventos data de 1837. Listas com dezenas de milhares de nomes podem ser consultadas em Londres. Outros países têm registros semelhantes, muitos dos quais foram coletados pelos mórmons (A Igreja de Jesus Cristo dos Santos dos Últimos Dias) que batiza retroativamente os antepassados de seus membros (inclusive os que se converteram ao mormonismo a partir de outras religiões). Sendo assim, formou-se uma enorme indústria de pesquisas genealógicas e história familiar, expandindo-se exponencialmente durante a última geração. A Society of Genealogists, o principal orgão britânico de história familiar, com uma grande sede e biblioteca próximo à barbacã em Londres, tem atualmente 15.000 membros. Os autores e os editores não demoraram a reconhecer essa área como um ponto para crescimento. A Society of Genealogists produz um "catálogo" de trabalhos disponíveis para venda a seus membros que atualmente lista cerca de 1.500 itens, entre eles, não somente obras gerais sobre história da família, mas também trabalhos muito específicos e particulares, como uma série de 33 volumes de *London apprentices*, com os nomes de meninos aprendizes das *livery companies*, ou guildas, da cidade de Londres entre 1600 e 1800, ou os 25 volumes com listas de soldados das milícias rurais em 1781-1782. Cada vez mais, os computadores passaram a ser inevitavelmente usados para ajudar os genealogistas, havendo mais de 30 pacotes de programas sobre o tema à venda. Para a maioria dos genealogistas e historiadores da família, o objetivo de tudo isso é construir o quadro mais abrangente possível de sua própria ascendência. Embora poucos genealogistas sejam historiadores com formação acadêmica, eles estão realizando pesquisa histórica bem intencionada e vale a pena comparar o que fazem com o que os historiadores acadêmicos normalmente estão tentando fazer.

Em grande medida, o formato intelectual das questões tratadas pelos historiadores familiares é semelhante às tratadas pelos historiadores acadêmicos. O historiador familiar começa apresentando uma verdade factual como "eu tenho 16 tataravós" e depois pergunta "quem são eles". Grande parte do que os historiadores acadêmicos geralmente fazem quando estão envolvidos em pesquisa e escrita é muito semelhante. Por exemplo, pode-se partir da certeza factual de que Winston Churchill se tornou primeiro-ministro britânico em maio de 1940, substituindo Neville Chamberlain, para perguntar "por quê?". A pergunta, neste caso (e em praticamente todos os casos tratados pelo historiador acadêmico) é muito mais complexa, sutil e multifacetada do que a pergunta tratada pelo historiador familiar, mas elas são, em essência, muito semelhantes do ponto de vista lógico. Nesse caso, o historiador que examina a substituição de Chamberlain por Churchill certamente teria que examinar a opinião pública, a opinião da imprensa, os parlamentares do partido Conservador que estava no governo e as visões do partido trabalhista, de oposição, e assim por diante, bem como, é claro, a perspectiva de Chamberlain, Churchill, e outros membros do gabinete e líderes parlamentares, e a situação militar que se agravava.

O historiador também gostaria de explicar por que Churchill se tornou primeiro-ministro em vez de seu rival, Lorde Halifax, o que implicaria um exame, por exemplo, do papel do rei George VI, que foi quem realmente escolheu Churchill. Não obstante, apesar da aparente complexidade da tarefa, o que o historiador acadêmico tenta fazer aqui é semelhante ao que faz o historiador familiar, por ser finito em seus objetivos, definido em suas metas e requerer evidências e informações pertinentes e relevantes. Difere, porém, do que o historiador familiar está tentando fazer em alguns aspectos claros. O que mais chama a atenção é que não tem qualquer resposta certa ou errada como tal, e muitos historiadores bem qualificados e especializados apresentaram descrições muito diferentes desse evento, alguns enfatizando um fator (digamos, os debates celebrados na Câmara dos Comuns depois da conquista alemã da Noruega) e alguns, fatores muito diferentes (por exemplo, a má saúde de Chamberlain, ou mudanças de opinião no Partido Trabalhista). Em contraste, há 16 tataravós a serem identificados, e uma vez que isso seja feito, a tarefa está definitivamente completada e tudo o que há para saber se sabe, a não ser que haja a descoberta de evidências totalmente inesperadas, por exemplo, que um dos bisavós na verdade é filho ilegítimo de alguém fora de família. Embora a tarefa do historiador familiar possa ser completada, a do historiador acadêmico nunca se completa realmente, com novas obras escritas todo o tempo sobre eventos conhecidos, que os examinam com novos olhos e, com uma frequência surpreendente, novas evidências. No exemplo recém-mencionado, parece praticamente certo que nos 40 anos seguintes, talvez muitos novos trabalhos de historiadores acadêmicos examinando a subida de Churchill ao poder venham a ser escritos, todos afirmando ter algo novo a dizer.

De fato, há questões examinadas por historiadores acadêmicos que são muito mais complicadas do que as respostas buscadas pelos historiadores familiares, principalmente para eventos em épocas pré-modernas. (O latim era uma língua de uso cotidiano na Britânia romana ou pré-romana? Que línguas eram faladas ali em 2000 a.C?) Até mesmo na época moderna, algumas questões históricas muito importantes não podem ser respondidas satisfatoriamente, em função das evidências existentes. (Quando e por que Hitler decidiu matar os judeus? O presidente Franklin Roosevelt sabia de antemão do iminente ataque japonês a Pearl Harbor?) Algumas questões históricas são tão especulativas que os historiadores acadêmicos desviaram delas totalmente, deixando o campo para pesquisadores e investigadores "amadores". (Lee Harvey Oswald agiu sozinho? Quem era "o homem da máscara de ferro?") Alguns campos da história são *a priori* mais complicados do que os tratados por historiadores familiares, por exemplo, a histórica econômica de orientação econométrica, que requer um elevado conhecimento técnico de teoria econômica e técnicas matemáticas sofisticadas. Não obstante, mesmo nessas áreas há paralelos surpreendentes. Enquanto algumas questões na história familiar são provavelmente irrespondíveis na maioria dos casos (quem era a bisavó da minha avó?), podem ser propostas respostas aproximadas, provavelmente precisas dentro de uma certa margem de erro.

Por exemplo, uma pessoa pode ter uma razoável certeza de que a tataravó de sua avó era de Staffordshire e nasceu em torno de 1790, e se pode ter absoluta certeza de que ela não nasceu na China nem na Etiópia, nem no Palácio de Buckingham. O historiador familiar também precisa peneirar as evidências conflitantes quase da mesma maneira com que o historiador acadêmico deve avaliar as evidências e chegar à melhor interpretação de suas fontes, por exemplo, ao decidir qual homem (se houver algum) chamado "Clarkson", em uma lista de três homens com esse nome que aparecem em um registro paroquial do século XVIII, era seu antepassado. O historiador familiar também deve evitar se deixar levar pelo desejo ao lidar com as evidências, por exemplo, ao postular uma relação familiar entre seu antepassado e uma família da pequena nobreza do mesmo nome, que morava perto. Isso se fazia com muita frequência em árvores genealógicas preparadas para famílias de empresários e profissionais de final do século XVIII, ávidos por mostrar o elevado *status* que seus ancestrais tinham desde há muito tempo. Muitas famílias cujas genealogias aparecem na *Landed gentry*, de Burke, e em obras semelhantes, têm o que se conhece no meio como "a escorregada", em que uma pessoa bem-nascida ou nobre é enxertada na árvore genealógica com uma declaração do tipo "sabe-se que morava nas proximidades" ou "muito provavelmente era antepassado de". É sabido que historiadores acadêmicos ocultaram evidências para demonstrar a precisão de suas interpretações de forma semelhante, por exemplo, dando a uma declaração ou observação feita no passado mais peso do que ela merecia objetivamente. (Isso difere muito de inventar realmente evidências, o que marcaria o historiador como fraude ou charlatão.)

Há, portanto, muitas maneiras em que aquilo que fazem o historiador acadêmico e o familiar são extremamente semelhantes, até mesmo idênticas, principalmente no processo investigativo que ambos realizam. Onde eles tomam caminhos diferentes, contudo, é na sofisticação com que buscam seus objetivos. O historiador de família só está preocupado em construir uma descrição factual de sua árvore genealógica, levando-a o máximo possível ao passado e traçando quantos ramos conseguir. Algumas histórias familiares completas, principalmente as compiladas no passado recente, são muito mais sofisticadas, tentando ligar a evolução de uma família a condições socioeconômicas e ao pano de fundo político da época, empregando cartas, diários e histórias em geral para esse fim. Algumas, na verdade, não diferem em nenhum aspecto verdadeiro de uma biografia de família escrita por um historiador acadêmico, como, por exemplo, uma importante dinastia empresarial. Mesmo assim, quase sempre há diferenças perceptíveis. Os historiadores acadêmicos normalmente trabalham no sentido contrário, situando um tema específico no contexto mais amplo de uma história nacional ou dos eventos de um período histórico determinado: a história mais ampla sempre está lá como contexto fundamental. Os historiadores acadêmicos geralmente empregam uma variedade muito maior de evidências primárias e secundárias oriundas de muitas fontes de tipos diferentes. O contexto de fundo no qual um historiador de família escreve tende a ser mais bidimensional, apresentando só os grandes eventos da história, como guerras importantes. Até muito recentemente, os historiadores familiares costumavam evitar deliberadamente qualquer sinal de impropriedade sexual, financeira ou política da história de sua família, e muitas vezes se estendiam demais em qualquer conexão direta com os famosos ou poderosos.

Não obstante, tendo dito tudo isso, deve-se acrescentar que a história acadêmica e a história familiar são provavelmente muito mais semelhantes do que qualquer historiador acadêmico reconheceria, principalmente nas histórias narrativas e genealógicas mais sofisticadas que agora são bastante comuns. Os historiadores acadêmicos podem, na verdade, recorrer a elas onde existirem, como fontes inexploradas com alguma utilidade. Para a "pessoa da rua", a própria noção de história pode ser muito diferente do que provavelmente é o caso entre historiadores acadêmicos. Os professores universitários geralmente conceituam a história em termos de períodos amplos, cujos marcos e linhas divisórias consistem em grandes guerras, revoluções, pragas, conquistas, depressões e assim por diante, mas cuja substância são fatores políticos, econômicos, sociais e religiosos fundamentais, que causam transformações importantes. Dessa forma, para a maioria dos historiadores acadêmicos, a Revolução Francesa de 1789 foi realmente de muita importância, mas porque (para muitos desses historiadores) marcou a derrubada da aristocracia feudal pela burguesia na França e depois em outras partes da Europa continental. Os historiadores acadêmicos buscariam suas causas subjacentes em aspectos sociais e econômicos mais amplos, como o ressentimento contra a excessiva carga tributária francesa, da qual a aristocracia estava isenta, o impacto das ideias radicais dos *philosophes*, ou o exemplo da Revolução Americana uns anos antes. Não é um estereótipo condescendente comparar a visão dos acadêmicos sobre a Revolução de 1789 com a da "pessoa comum", para quem a Revolução Francesa foi o Reino do Terror sintetizado por Maria Antonieta sendo levada à guilhotina. Para a pessoa média interessada em história, os principais eventos do passado são os mais coloridos, os mais mortíferos e os mais misteriosos. Na verdade, existe um mundo de textos históricos de "historiadores amadores" que é observado de longe pelos historiadores acadêmicos, mas, fora isso, praticamente desconhecido deles. Temas como o destino dos principezinhos da torre (foram assassinados por Ricardo III, Henrique VII, ou por ninguém?), o verdadeiro autor das peças de Shakespeare, a verdadeira identidade de "Jack, o estripador", se um ou mais dos membros da família do Czar sobreviveu é matança pelos bolcheviques em 1918 e se Lee Harvey Oswald agiu sozinho quando o presidente Kennedy foi assassinado em 1963 são moeda corrente desse gênero de historiografia amadora. Provavelmente foram escritos mais livros sobre esses temas do que a maioria dos tópicos sérios reconhecíveis sobre eventos históricos. Por exemplo, só na década de 1990-1999, não menos do que 39 livros foram escritos sobre "Jack, o estripador" (o assassino incrivelmente brutal de cinco prostitutas da zona leste de Londres em 1888, cuja identidade permanece desconhecida), a maioria apresentando uma nova teoria em relação à sua verdadeira identidade. É muito possível que, fora as duas guerras mundiais, não haja outro tópico na história britânica sobre o qual foram escritos 39 livros nessa década. Provavelmente, centenas de livros e artigos foram escritos sobre o assassinato do presidente Kennedy, em 1963, a maioria questionando a visão aceita, à qual chegou a Comissão Warren, nomeada oficialmente em 1964, de que Lee Harvey Oswald, um instável ex-fuzileiro naval norte-americano que virou marxista, agiu sozinho.

Na verdade, nunca foi escrito um livro sobre o assassinato de Kennedy por um historiador acadêmico, e toda a enorme quantidade de livros sobre esse evento é obra de historiadores não acadêmicos (como jornalistas, advogados, médicos e engenheiros) que se interessaram profundamente pelo assunto. O livro mais importante que defende o veredicto da Comissão Warren, *Case closed* (1992), de Gerald Posner, também foi escrito por um advogado. Muitos desses tópicos geram um interesse extraordinário entre os "historiadores amadores" que trabalham neles com paixão, inspirando clubes e sociedades com dúzias e, em alguns casos, centenas de membros. Ocasionalmente, são formadas sociedades rivais que se enfrentam; por exemplo, as dedicadas às reivindicações de Sir Francis Bacon e do Conde de Oxford como o real autor das peças de Shakespeare. O Cloak and Dagger Club, dedicado exclusivamente a estudar "Jack, o estripador", tem cerca de 300 membros, muitos dos quais tiveram com certeza pouca educação formal, mas estudaram e exploraram devotadamente os assassinatos desse personagem com considerável erudição. O Cloak and Dagger Club publica uma revista bimensal dedicada ao caso, *The ripperologist*. Chama a atenção que quatro outras revistas dedicadas exclusivamente ao caso do estripador também sejam publicadas na Grã-Bretanha, nos Estados Unidos e na Austrália.

O processo intelectual realizado pelo historiador amador ao analisar uma questão histórica favorita como a verdadeira identidade de Shakespeare ou o real assassino de JFK é visivelmente semelhante, falando em termos gerais, ao do historiador acadêmico, embora geralmente haja diferenças observáveis. Teoricamente, o historiador acadêmico dá início a um projeto de pesquisa sem concepções prévias com relação ao que irá atingir. As conclusões são inferências a partir das evidências, e quanto mais amplo for o leque de evidências históricas, mais bem fundamentadas serão as inferências. Obviamente, a maioria dos resultados e eventos históricos é conhecida do historiador de antemão: o historiador que, digamos, estiver investigando por que Pearl Harbor foi bombardeada em dezembro de 1941 saberá *ipso facto* que ela foi bombardeada e sua tarefa em história é determinar o porquê. Obviamente, também, os historiadores invariavelmente trazem consigo uma enorme gama de preconcepções a qualquer pesquisa, bem como uma gama de temas relevantes com relação aos quais eles têm maior ou menor competência (por exemplo, no caso de Pearl Harbor, um historiador diplomático seria provavelmente menos sensível a desdobramentos tecnológicos relevantes em termos de armamentos do que um historiador militar, etc.). Embora alguns problemas clássicos de historiografia amadora sejam assim, outros não são. A maior parte da historiografia amadora sobre o assassinato do presidente Kennedy, por exemplo, começa com a pressuposição de que Lee Harvey Oswald não agiu só (ou nem cometeu o crime), isto é, uma pressuposição que diverge da conclusão oficial do Relatório Warren do governo dos Estados Unidos, de que ele matou Kennedy sozinho e não era parte de um plano ou uma conspiração. Da mesma forma, os historiadores amadores que escreveram sobre a verdadeira identidade de Shakespeare começam negando que o homem chamado William Shakespeare (1564-1616), e que nasceu e morreu em Stratford, realmente tenha escrito as peças que lhe são atribuídas. Se acreditassem que o homem de Stratford realmente escreveu as peças, não haveria o "problema de Shakespeare" para resolver! Alguns temas históricos amadores bem conhecidos são diferentes.

Ninguém sabe, por exemplo, quem realmente foi "Jack, o estripador", de forma que não existe posição oficial para contradizer. A maioria dos historiadores amadores que estudaram intensamente a questão do "estripador" acredita, contudo, ter provavelmente descoberto sua identidade real, ou, pelo menos, que sua solução é superior àquela sugerida por outros historiadores amadores. Além desses temas relativamente centrais da historiografia amadora, existem também séries de temas menos convencionais para o historiador amador, que não param de aumentar em quantidade, com frequência envolvendo "mistérios ancestrais", que podem ser encontrados às dúzias em qualquer grande livraria. Questões como a verdadeira natureza das Grandes Pirâmides, se Jesus sobreviveu à crucifixão, as origens dos Templários e dos Maçons, a identidade do rei Arthur e o sudário de Turim têm sido tema de inúmeros livros recentes, muitos deles inteligentes e intrigantes, muitos outros, o contrário disso. Muito além disso está o mundo do ocultismo, dos OVNIS, dos fenômenos inexplicados e coisas do tipo, que muitas vezes bate nos extremos dos mistérios históricos.

Essa consideração sugere algumas outras conclusões importantes sobre os esforços típicos de "historiadores amadores". Muitos, principalmente os que lidam com um dos quebra-cabeças clássicos, certamente estão envolvidos nisso porque acham que eles, e talvez somente eles, são inteligentes o suficiente para resolver o enigma persistente ou para penetrar na cortina de fumaça da dissimulação construída pelo governo ou pela "opinião aceita". Superficialmente, isso é diferente da motivação dos historiadores acadêmicos, cujas ideias baseadas em reflexão podem muito bem fazer eco à "opinião aceita" e que estão prontos para reconhecer o conhecimento destacado produzido por historiadores anteriores. Mesmo assim, também existem semelhanças: a maioria dos historiadores acadêmicos busca constantemente novas interpretações e, na verdade, novos paradigmas para nossa compreensão de eventos passados. Geralmente, a estima profissional (e a promoção na universidade) chegam para aqueles historiadores acadêmicos mais originais em suas interpretações, embora a originalidade deva ser sempre baseada em pesquisas sólidas e raramente fica sem ser contestada por outros historiadores.

Contudo, é muito comum que o "historiador amador" seja distinguível por sua falta de conhecimento geral convincente sobre o evento que está pesquisando, e por uma descontextualização desse evento em relação ao todo de seu mundo contemporâneo. Na verdade, uma descontextualização ingênua e uma falta de conhecimento geral costuma estar entre os sinais que evidenciam o "historiador amador". Já se apontou repetidamente, por exemplo, que os historiadores que acreditam que as peças de Shakespeare foram escritas por outras pessoas estão apontando uma conspiração ampla entre o governo e os principais intelectuais da Inglaterra elisabetana, à qual é muito difícil (embora não impossível) de dar crédito. Nunca se encontrou qualquer evidência convincente de alguma conspiração desse tipo para ocultar a identidade real do autor das peças de Shakespeare entre os milhares de documentos que sobrevivem do período. O historiador acadêmico da Inglaterra elisabetana, em contraste, procederia no sentido contrário, estudando os documentos e fazendo inferências sobre Shakespeare, que apontam, em sua arrasadora maioria, à ideia de que o homem de Stratford escreveu as peças, apesar de sua aparentemente escassa educação.

Essa ingenuidade e essa descontextualização provavelmente distinguem mais a historiografia "amadora" da acadêmica.

Em grau considerável, essa observação também se aplica (embora cada vez menos) à historiografia local, outro enorme campo da história que, até recentemente, esteve ausente do interesse do historiador acadêmico. Praticamente todas as comunidades no mundo Ocidental, e com certeza no mundo anglófono, têm historiadores locais. Na Inglaterra do século XIX, eles eram muitas vezes os vigários locais, homens com erudição e tempo, que coletavam o material da história antiquária – costumes locais, inscrições de antigos prédios e artefatos, anotações em documentos paroquiais, etc. – e os compilavam e publicavam em histórias de uma cidadezinha, um condado ou uma área geográfica. É claro que isso permanece valioso e seria usado pelo historiador acadêmico de hoje para escrever uma história mais sofisticada do lugar. Com frequência, todavia, alguns dos principais ingredientes que o historiador de hoje provavelmente quereria incluir em uma história sofisticada estão ausentes, principalmente o contexto social e econômico da comunidade e praticamente qualquer coisa relacionada aos pobres, às classes trabalhadoras, às mulheres e a outros grupos que não pertenciam ao *establishment* da época. Histórias locais antiquárias no velho estilo também tendem a minimizar os conflitos e as disputas locais baseadas em fatores étnicos ou socioeconômicos e a proteger reputações de famílias importantes e conhecidas. Mesmo assim, a historiografia local normalmente fornece uma base firme e valiosa para histórias mais sofisticadas que deveriam, talvez, ser mais conhecidas pelos estudantes de graduação e os pesquisadores de hoje, cuja iconoclastia e busca de conflito baseado em fatores socioeconômicos e outros pode ter exagerado em outra direção. Também se deve observar que existem sociedades históricas locais antigas na maioria das comunidades do mundo anglófono, assim como muitas outras instituições locais ou nacionais, por exemplo, orgãos religiosos ou militares. Elas costumam apresentar uma gama de oradores e artigos, e publicar revistas que, mais uma vez, nem sempre são suficientemente conhecidas dos historiadores acadêmicos. Chama a atenção quantos desses esforços são mantidos completamente por historiadores não acadêmicos com um interesse – embora muitas vezes pouco sofisticado e sem formação – ávido e permanente em história, pelo menos nas coisas conhecidas. Também é o caso de que, no decorrer dos últimos 40 anos, os historiadores acadêmicos avançaram cada vez mais sobre o campo da história local, com as publicações de história local ou institucional cada vez mais incluindo ensaios e pesquisa de historiadores acadêmicos. Na verdade, as publicações de sociedades históricas locais e institucionais estão entre os únicos lugares onde o trabalho de historiadores acadêmicos e não acadêmicos coexiste, de forma harmônica ou não. Muitas universidades britânicas oferecem disciplinas sobre história local, o que, obviamente, alimenta o mundo do arquivista e dos estudos de patrimônio e museus, cada vez mais procurado e visível.[2]

Bem mais próximas da esfera normal da história acadêmica estão as histórias encomendadas, geralmente de empresas, sociedades ou governos locais, em geral para comemorar o centenário de orgãos ou outro aniversário importante.

Os convites para que historiadores escrevam esse tipo de histórias encomendadas costumam ser divulgados em jornais importantes, e o candidato (candidatos, às vezes um grupo se oferece) é escolhido depois de um processo de entrevistas. Em alguns países, por causa da escassez de empregos fixos no campo de história, o trabalho dos historiadores feito por encomenda se tornou uma subdisciplina reconhecida da profissão e seus praticantes ficaram conhecidos como "historiadores públicos". O pagamento por esse tipo de trabalho costuma ser bom e representa uma forma cada vez mais reconhecida de realizar pesquisa e escrita satisfatórias, para historiadores que não consegue encontrar um emprego de professor ou que

---

[2] Ver, também, p. 328.

não desejam uma carreira acadêmica. As desvantagens do "historiador público" também são óbvias, principalmente uma remuneração por trabalho, sem garantia de um futuro emprego. Além disso, a relação do historiador com o orgão contratador é cheia de dificuldades potenciais. A maioria dessas instituições vai querer ver sua história apresentada como uma história hagiográfica de sucesso, com seus fracassos, e mais ainda, escândalos – se é que serão apresentados – discutidos apenas em termos de eventos no passado distante. A obrigação de qualquer historiador de sempre dizer a verdade fica, portanto, comprometida em seus aspectos mais básicos. A publicação, mesmo que se assine um contrato e que seja feito o pagamento, ainda é um ato voluntário do órgão que contratou. Algumas histórias contratadas de empresas, que foram pesquisadas e inclusive escritas, nunca chegaram a ser publicadas porque o autor foi franco demais com relação às deficiências empreendedoras de seus líderes recentes. Também existe um perigo oposto, o de que o historiador que realiza uma história tenda automaticamente a se alinhar, apresentando uma história do ponto de vista da instituição que o contratou em vez de uma descrição objetiva, com todos os defeitos. Muito poucos historiadores que têm acesso livre a registros confidenciais e que se reuniram regularmente com os funcionários importantes de uma instituição conseguem resistir a esse risco, o que se aplica, é claro, a muitos outros tipos de história, principalmente aos biógrafos, que, muitas vezes, quase que necessariamente passam a ser defensores de seu biografado, e com certeza simpatizam com ele, exceto quando se trata de um vilão infame.

Muitas histórias publicadas são o que se pode chamar de "histórias populares", das quais existem vários tipos. Recentemente, descrições de uma Duquesa de Devonshire do século XVIII e da Batalha de Stalingrado feitas por "historiadores populares" se tornaram improváveis *best-sellers* na Grã-Bretanha, enquanto autores de histórias populares, como Lady Antonia Fraser estão entre os mais famosos dos historiadores recentes. Para o público geral informado, de fato, os historiadores não acadêmicos, como Philip Ziegler, são muito mais conhecidos do que 99% dos acadêmicos. A própria imagem na mente popular informada do que faz e como escreve o historiador certamente é formada muito mais por autores desse tipo do que por historiadores acadêmicos que escrevem monografias acadêmicas, que permanecem praticamente desconhecidos da ampla maioria das pessoas.

Portanto, existe uma grande demanda do público por história, que não está sendo satisfeita pelo historiador acadêmico e sua atividade. Em grande medida, os historiadores não acadêmicos seguem os mesmos cânones de evidências e de metodologias procedimentais dos acadêmicos, embora se distingam em alguns aspectos importantes.

O historiador acadêmico bem que poderia conhecer melhor esse vasto mundo do qual, com muita frequência, sabe tão pouco.

Leituras complementares

Entre os principais guias sobre fontes e técnicas do pesquisador de árvore genealógica, ver D. Hay, *The oxford guide to family history*, Oxford and New York, Oxford University Press, 1993; S. Fowler, *The public record office introduction to the joys of family history*, Richmond, PRO, 2001. A enorme lacuna entre os historiadores acadêmicos e amadores é amplamente reconhecida, mas raramente analisada, nem sequer comentada em forma impressa. Sobre tentativas de fazê-lo, ver W. D. Rubinstein, "Oswald shoots JFK", *History Today*, 1999, vol. 49:10, p. 15-21; idem, "The hunt for Jack the Ripper", *History Today*, 2000, vol. 50:5, p. 10-19. As divergências dizem respeito a mais do que simplesmente técnicas de pesquisa e comunicação: ela tem relação com escolha de tema, motivação, preferências e propósitos. Sobre o problema como um todo, ver F. Fernandez-Armesto, "Epilogue: what is history now?", in D. Cannadine (ed.) *What is history now?*, Basingstoke, Palgrave Macmillan, 2002, p. 148-61; e P. Mandler, *History and national life*, London, Profile, 2002. Ambos fornecem comentários criteriosos sobre a explosão do interesse na "história familiar" (chamada mais adequadamente de pesquisa genealógica) e sua relativa negligência por parte dos historiadores acadêmicos. Na verdade, essa negligência nunca foi absoluta. Para um caso exemplar dos usos que os historiadores acadêmicos podem fazer da pesquisa em genealogia amadora, ver E. A. Wrigley e R S. Schofield, *The population history of England and Wales, 1541-1871: a reconstruction*, Cambridge, Cambridge University Press, 1981. A série em quatro volumes, *Studying family and community history: the nineteenth and twentieth centuries*, Oxford, Blackwell and New York, Cambridge University Press, 1994, explora as formas em que a pesquisa genealógica amadora, por um lado, e as ciências sociais, por outro, podem se complementar e inclui boas bibliografias. O mesmo faz David Hey (ed.) *The Oxford companion to local and family history*, Oxford and New York, Oxford University Press, 1996. Esses dois campos muitas vezes andam juntos, e para o historiador "familiar", bem como para o local, a intimidade faz parte da atração. Para uma discussão intensa, principalmente sobre como a teoria desenvolvida pelos praticantes da "nova história cultural" pode ajudar a resgatar a história local do impasse a que chegou o antiquarianismo, ver J. A. Amato, *Rethinking home: a case for writing local history*, Berkeley, Los Angeles and London, University of California Press, 2002. Na Grã-Bretanha, a revista *Amateur Historian*, publicada entre 1952 e 1967, dispôs-se a combinar duas preferências antes de se reinventar como *The Local Historian*.

Curiosamente, mesmo em sua primeira versão, a publicação não dava espaço para a historiografia amadora concebida em grande escala. Histórias nacionais e internacionais, histórias dos militares e das guerras, eram consideradas inadequadas, talvez até como questões que estão além da capacidade do amador. Mesmo assim, na Grã-Bretanha no decorrer do século XX, a historiografia amadora e profissional não divergiu em termos gerais em sua escolha de tema. Os historiadores amadores, como Arthur Bryant ou Winston Churchill, que escreveram sobre os "grandes" temas muitas vezes eram mais lidos do que os profissionais. O historiador com formação universitária que vendeu mais do que os outros, G. M. Trevelyan, deu as costas a seus professores e à sua visão de que a boa história era a "científica", revertendo, em vez disso, a sua própria "tradição familiar" (Lorde Macaulay era seu tio-avô) de escrever história no estilo *whig* e literário, e produzindo grande parte de sua obra *best-seller* durante um exílio autoimposto – que durou quase um quarto de século – do sistema universitário. Ver D. Cannadine, G. M. *Trevelyan: a life in history*, London, HarperCollins, 1992.

HISTÓRIA E PATRIMÔNIO
Susan Davies

20

O termo *heritage** nos remete a algo que é herdado, seja por indivíduos, seja coletivamente. É um termo amplo, muito aceito, tanto na Grã-Bretanha quanto internacionalmente, e resultou do latim *heres*, e de várias palavras associadas relacionadas a herança e a coisas que podem ser herdadas. Entre as definições do *Oxford English dictionary* está a seguinte: *"That which comes from the circumstances of birth; an inherited lot or portion; the condition or state transmitted from ancestors"*. [O que vem das circunstâncias de nascimento; um lote ou porção herdados; a condição ou estado transmitidos pelos ancestrais] Isso sugere uma amplitude de significados que alguns consideram insuficiente, vaga, preferindo, por exemplo, "bens culturais" como termo mais específico. Um relatório recente da *English Heritage*, *The power of place* (Dezembro de 2000), sugere "o ambiente histórico" como expressão preferida. Mesmo assim, nenhum desses é tão generoso em termos de sentido ou conceito quanto *heritage*.

Embora *"heritage"*, em termos de definição, seja discutível, há um acordo geral de que o termo está relacionado ao passado e deve, portanto, compartilhar uma relação íntima com a história. Mesmo assim, a discussão sobre patrimônio levanta questões fundamentais para os historiadores, que não são tão óbvias às outras disciplinas ou à população como um todo. Qual, por exemplo, é o papel das evidências factuais baseadas em fontes, que são interpretadas e apresentadas segundo princípios acadêmicos, e até onde os princípios do historiador devem/podem ser adaptados às pressões comerciais e populares da indústria do patrimônio? Além disso, lidar com o passado não é necessariamente uma questão simples para o historiador que opera dentro da tradição acadêmica, porque variam as opiniões sobre a natureza e a propriedade do passado e, é claro, sobre a precisão com que podemos interpretar as evidências.

Lowenthal ajuda a esclarecer a relação entre história e patrimônio, identificando três principais "modos de acesso" ao passado: a saber, memória, história e "relíquias".[1] Elas são definidas da seguinte forma. A memória é essencialmente

---

[1] D. Lowenthal, *The past is a foreign country*, Cambridge, Cambridge University Press, 1985, p. xxii-iii.

* N. de R.T.: Legado: em português o termo mais usado é "patrimônio".

pessoal, muito pouco verificável e naturalmente limitada em seu alcance. Ela nos dá uma apreciação do passado, familiaridade, participação e orgulho e também o desejo de pertencer e conhecer nossas raízes. A história oferece "dados e conclusões compartilhados para avaliação pública", é potencialmente imortal quando impressa, mas é inevitavelmente subjetiva e definida por uma visão retrospectiva. Ela contribui com o quadro do contexto por meio de coleta de dados, avaliação das evidências e interpretação estruturada.

As relíquias, definidas como resquícios físicos sobreviventes de todos os tipos (construções, artefatos e coisas do tipo), sempre geram uma resposta emocional, seja favorável ou desfavorável; elas nos proporcionam um foco para os mesmos sentimentos e necessidades que os inspirados pela memória, junto com sentido de tempo e atemporalidade. Esses "modos de acesso" ao passado são, na verdade, o que mais contribui à consciência do patrimônio em nossa sociedade moderna desenvolvida, e o vínculo com a história é indicado, da mesma forma, em um texto muito diferente, a *European convention on the protection of the archaeological heritage* (a "Convenção de Valetta", de 1992), da qual o principal objetivo é "proteger o patrimônio arqueológico como fonte de memória coletiva europeia e como instrumento de estudo histórico e científico". A conexão entre história e patrimônio é, portanto, fundamental e inextricável. Não apenas os conceitos atuais de patrimônio requerem uma estrutura contextual retrospectiva para uma apreciação que tenha sentido, como essa necessidade crescerá à medida que o tempo avança, para que se possa apresentar (e representar) as informações históricas de forma que seja relevante a públicos futuros. Isso já se reflete nas opiniões em nível de políticas e estratégias na indústria do patrimônio, que sugerem que o conhecimento histórico acadêmico sólido é essencial para todos os empreendimentos bem-sucedidos e que valem a pena, para estabelecer validade e autenticidade e para contribuir com o conhecimento público. Mesmo assim, a história não tem monopólio sobre o patrimônio.

Há muitas influências que contribuem para a evolução do conceito de patrimônio. Algumas delas são amplas e difundidas, como os movimentos de consciência e identidade nacional e os desdobramentos nas visões histórica e cultural, enquanto outras são mais específicas, representadas por eventos, instituições e gêneros que contribuíram para o desenvolvimento cumulativo. A Revolução Francesa, por exemplo, dirigiu o pensamento das pessoas para as transformações e para a consciência do que tinha se perdido na agitação. A guerra civil na Inglaterra da década de 1640 desencadeou buscas por precedentes históricos. Mais recentemente, o colapso das grandes propriedades rurais na Grã-Bretanha do século XX e a reconstrução da Europa após a Segunda Guerra Mundial tiveram efeitos semelhantes. Portanto, épocas de crise, transformação e conflito elevaram a consciência sobre o passado, os sentimentos de perda e um desejo de continuidade com o conhecido.

A "idade" dos países com certeza é um fator relevante na evolução desse sentimento de patrimônio, principalmente a duração da ocupação por determinados povos. Nos Estados Unidos, por exemplo, um tipo de patrimônio data da colonização pela Europa, mas outro, mais antigo, de uma população anterior, vai além disso. Muitos dos habitantes atuais do país têm raízes na Europa, de forma que as tradições foram transplantadas através do Atlântico. A consciência do patrimônio é forte nos Estados Unidos e se manifesta na qualidade dos museus, no cuidado com os prédios históricos e no entusiasmo por visitar os países de origem. Mesmo assim, tem sido difícil de chegar a uma representação adequada da população indígena mais velha e do lugar ocupado pela escravidão, elevando todo o leque de sensibilidades éticas e históricas que questionam a atividade do setor de patrimônio hoje – nenhuma delas mais difícil do que as questões relativas ao antissemitismo e ao holocausto na história mais recente.

O envolvimento direto do Estado na criação e preservação de um "patrimônio" surgiu inicialmente na Europa Ocidental e data do século XVIII, mas em padrões diferentes. Na Alemanha, a responsabilidade foi muito delegada, enquanto na França, está mais centrada em Paris. Na Grã-Bretanha, a estrutura se desenvolveu aos poucos, através de uma variedade de leis, agências e orgãos, alguns financiados pelo Estado e outros, com *status* beneficente ou independente, como o National Trust. Em anos relativamente recentes, organismos internacionais como a UNESCO acrescentaram uma dimensão global ao elevar a consciência do patrimônio e monitorar questões relevantes. Está em andamento um esquema para designar "Patrimônios da Humanidade", representado no País de Gales, por exemplo, pelos castelos de Eduardo I ao norte e, desde 1999, pela paisagem industrial histórica de Blaenavon, em Gwent. Não há benefícios financeiros, mas a atração aos visitantes é melhorada e é garantida a proteção contra mudanças ou construções que os prejudiquem. Outros orgãos internacionais, como o ICOM (Conselho Internacional de Museus), cumprem necessidades mais específicas, incluindo a recuperação posterior a desastres. Mesmo assim, nada conseguiu impedir a recente destruição, no Afeganistão, dos Budas de Bamiyan, estátuas gigantes demolidas pelo que representavam em termos religiosos para os que estavam no poder. Dessa forma, as prioridades locais variam, e enquanto dos países mais desenvolvidos se pode esperar que tratem seu "patrimônio" de maneira a beneficiar a sociedade "civilizada", as regiões subdesenvolvidas respondem a circunstâncias mais importantes e devem se concentrar na sobrevivência humana.

Tendo explicado o conceito de patrimônio e sua conexão com a história, trataremos dos fatores e influências que definem a indústria do patrimônio hoje em dia.

As manifestações físicas do patrimônio são encontradas em diversos contextos, algumas em museus e prédios históricos ou em paisagens protegidas, mas outras, fora do cuidado formal. A indústria atualmente inclui centros de patrimônio que não tem material original, baseando-se na moderna tecnologia e na experiência "virtual", com forte ênfase na interpretação. Essa diversidade resulta em configurações "desorganizadas" por responsabilidades de parte de governos centrais e locais. O patrimônio não se encaixa naturalmente na "caixa" administrativa e geralmente está relacionado a atividades de cultura ou lazer. Embora aspectos específicos, por exemplo, monumentos muito antigos, sejam classificados de forma não óbvia como "patrimônio", muitas vezes é difícil determinar onde deveria estar a responsabilidade. Os arquivos, por exemplo, muitas vezes descritos como patrimônio documental, são difíceis de situar no esquema administrativo porque cumprem um propósito duplo, compartilhando sua importância cultural e histórica com um poderoso papel de evidência no sentido jurídico. Qualquer base legislativa ou estatutária para o patrimônio, na maioria dos casos, cresceu de forma desestruturada, diferindo entre países. A Devolução de Autonomia de governo no País de Gales, na Escócia e na Irlanda do Norte acrescentou mais variedade e um ritmo diferente de desenvolvimento, já que as novas administrações raramente consideram o patrimônio prioridade.

Os padrões profissionais de cuidado, sejam nacionais ou internacionais, constituem os principais controles de qualidade para a indústria. Eles podem ser específicos, por exemplo, regras para catalogação que facilitem o intercâmbio de dados eletrônicos ou prescrevam condições para o cuidado de materiais, ou muito mais abrangentes, como o Sistema de Registro de Museus e Galerias na Grã-Bretanha.

Deve-se cumprir padrões para estar qualificado para um processo de "registro" ou "aprovação", e eles podem definir a capacidade para ajudas financeiras. Embora não seja totalmente satisfatório, esse padrão funciona razoavelmente bem na prática. Na verdade, é inconcebível que os diferentes interesses dentro do campo do patrimônio pudessem ser restringidos mais rigidamente pela regulamentação, e sempre haverá os que operam fora dos sistemas formais.

Várias medidas estatutárias e de outra natureza dão proteção a aspectos de patrimônio, para monumentos e sítios antigos, paisagens, prédios e artefatos. Eles são complexos demais para analisar aqui e tendem a ser específicos em relação ao tema e às circunstâncias, como os esquemas para incentivar que sejam informadas as descobertas arqueológicas, cada vez mais, feitas por pessoas com detectores de metal e correndo o risco de serem removidas de seu contexto arqueológico sem registro sistemático. Atualmente, eles operam sob um esquema de "antiguidades portáteis" na Grã-Bretanha, enquanto os controles internacionais usam a mesma descrição para dar proteção contra o comércio ilícito.

De particular importância no contexto presente é uma gama de influências que visam o controle e que têm conseguido efeitos notáveis no setor de patrimônio desde a década de 1980, classificadas em termos gerais como financeiros, comerciais, técnicos e sociopolíticos. Embora cada um deles seja importante individualmente, eles se combinam em um misto poderoso que afeta a forma como a indústria funciona.

As questões financeiras vão da escassez de dinheiro aos complexos requisitos de esquemas de financiamento competitivos que atualmente oferecem a melhor perspectiva de mais verbas, criando assim uma cultura da "licitação". Os interesses relacionados ao patrimônio sempre lutaram por sustentação financeira, qualquer que fosse seu *status* organizacional. Na Grã-Bretanha, por exemplo, há museus tradicionais que são muito dependentes de verbas do governo, de "organizações guarda-chuva" e orgãos independentes, junto com autoridades locais ou dirigidos por grupos privados, talvez com financiamento de organizações beneficentes, operações que vão desde o menor museu de tema específico a um enorme orgão como o National Trust. Nenhum é financiado integralmente em relação a suas necessidades, e muitos dependem para sobreviver de doações e/ou cobrança de ingresso, além de esforços e coleta de fundos voluntários. Durante os últimos 10 a 15 anos, surgiram novas oportunidades para outras formas de sustentação financeira, mas elas não são acessíveis a todos e vêm com condições. Por exemplo, as políticas governamentais têm favorecido o financiamento via "desafio" competitivo sobre determinados temas, com ênfase em elevar os padrões e suprir as necessidades percebidas. Iniciativas europeias semelhantes enfatizam as parcerias inter-regionais. Desde 1994, o Heritage Lottery Fund (HLF) tem contribuído muito com o setor, com o patrimônio sendo uma das boas causas da National Lottery. Financiamentos de valor elevado têm sustentado projetos importantes de construção e expansão, como a recente recuperação do pátio central no Museu Britânico para melhorar a experiência do visitante, e pequenos projetos têm sido beneficiados em níveis inéditos. O perfil público do patrimônio também tem subido, embora não esteja isento de polêmica com relação aos méritos de várias "causas merecedoras", o que se refletiu na imprensa.

Embora sejam bem-vindas, algumas oportunidades afetaram o balanço geral da indústria do patrimônio. Por exemplo, as verbas do HLF são basicamente restritas a gastos de capital e exigem fundos de contrapartida e evidências de que as construções planejadas são sustentáveis. Muitos casos merecedores são pobres demais para participar, mas outros avançam, ampliando as lacunas no desenvolvimento comparativo por meio da desigualdade de oportunidades. As funções principais, como o cuidado cotidiano e pesquisa dos acervos por parte de um curador de museu, ou as técnicas científicas de conservação cada vez mais sofisticadas de um profissional da preservação e restauração, geralmente não são elegíveis para ajuda financeira, de forma que o sistema não pode ajudar àqueles cuja necessidade mais urgente é de sustento operacional cotidiano. Ao mesmo tempo, o processo de licitação demanda habilidades em planejamento empresarial e gestão de projetos, e tempo para realizar procedimentos de solicitação de fundos, distraindo a atenção de funções especializadas e das questões mais amplas de planejamento estratégico que são mais difíceis de sustentar em um ambiente voltado a projetos. Além disso, obter um financiamento não garante o sucesso do projeto, e os exemplos da incapacidade de cumprir metas destacam as dificuldades – até mesmo a impossibilidade – de quantificar o elemento de "atração" dos projetos de patrimônio. As mudanças nas políticas públicas também podem causar dificuldades, quando, por exemplo, a cobrança de ingressos for incluída em projeções financeiras, mas as políticas dos governos promoverem ingresso gratuito. Essas preocupações podem parecer distanciadas do trabalho acadêmico em histórica, mas fazem parte da experiência cotidiana de quem trabalha no setor de patrimônio.

As pressões financeiras e comerciais estão intimamente relacionadas em termos de necessidade de gerar renda, equilibrar orçamentos, buscar oportunidades de financiamento e permanecer viável, mas a expectativa crescente de que devem ser aplicados princípios e sistemas empresariais a todas as organizações, principalmente àquelas que recebem financiamento público ou beneficentes, gerou mais problemas para o setor de patrimônio. Atualmente, sua produção deve ser mensurável em termos de estatísticas e "indicadores de desempenho", ser compensadora do ponto de vista financeiro e corresponder ao dinheiro gasto, o que demanda habilidades empresariais e espírito competitivo. As atrações relacionadas ao patrimônio devem, assim, competir entre si pela atenção dos visitantes como outras atividades e destinos populares, incluindo parques temáticos.

Talvez a influência mais difícil de quantificar seja o impacto da informática no setor de patrimônio, onde ela é usada não apenas para apresentação e interpretação, e para gestão, mas também para criar cópias que substituam materiais frágeis como parte de medidas de preservação e/ou iniciativas de acesso. A vantagem das imagens digitalizadas e da "realidade virtual" no início dos anos de 1990 levantou preocupações de que a experiência virtual tornaria a "real" obsoleta. A experiência provou o contrário: parece que as pessoas são estimuladas pelo virtual a visitar o real, mas só quando o primeiro é bom em termos de qualidade e informação interpretativa. A expectativa do público, portanto, está crescendo em termos de sofisticação, e as atrações do patrimônio devem estar preparadas para os visitantes que chegam bem informados sobre o que querem ver e com expectativas específicas de como esperam vê-lo. Esse público cada vez mais crítico teve um forte impacto sobre os padrões de apresentação e interpretação, no sentido de que os visitantes que usaram a informática para examinar artefatos apresentados de forma especializada por meios digitais, com excelentes textos explicativos, têm poucas probabilidades de ficarem impressionados por um objeto dentro de um recipiente de vidro antigo, com um rótulo gasto!

Sendo assim, agora se espera que as atrações tenham recursos técnicos de última geração, mas também há implicações para a atividade acadêmica. Como o sucesso da experiência virtual, particularmente, depende de níveis apropriados de interpretação para ter sentido, o conhecimento especializado/acadêmico se torna cada vez mais importante, mas agora deve funcionar junto com as habilidades na apresentação técnica com respeito mútuo para ter o melhor efeito.

Evidentemente, a internet transformou o acesso à informação dentro do mundo do patrimônio e muitas vezes é usada como ponto de partida, seja para informação básica, como a localização de organizações e informações explicativas ou por propósitos especializados, como identificar detalhes de referência e mesmo fazer reservas ou solicitar cópias pela internet, ou talvez baixar materiais didáticos bem preparados. Também há "portais" para áreas especiais de interesse, galerias de arte digital, visitas virtuais a sítios históricos e uma variedade infinita de introduções a fontes sobre temas específicos. A página da BBC é apenas um exemplo que oferece orientação particularmente boa sobre história e patrimônio e, neste caso, está ligada a programas transmitidos pela emissora, mas há casos semelhantes disponíveis no mundo. Mesmo assim, essas vantagens das novas tecnologias devem ser equilibradas com elementos de risco. Todo o material da internet tem em comum a fragilidade inerente da falta de controle em relação à qualidade da informação, além da reputação do fornecedor. O setor do patrimônio é vulnerável à imprecisão ou à informação tendenciosa, e o fato de o sucesso das páginas ser caracterizado pelo impacto visual e informações arrebatadoras pode exercer influências indevidas sobre a escolha de conteúdo.

A atual agenda política na Grã-Bretanha está tendo um impacto importante no setor de patrimônio por meio de medidas para combater a exclusão social e ampliar o acesso ao ensino. Isso pode ser visto em relatórios e documentos sobre políticas, como *Centres for social change: museums, libraries and archives for all* (DCMS, 2000) e *The learning power of museums* (DCMS and DfEE 2000), e várias publicações do *Resource: the council for museums, archives and libraries*, que foi criado em 2000 como um novo e fundamental orgãos estratégico.[2] Portanto, ficam claras as prioridades sociopolíticas, com o efeito de que as políticas e estratégias no setor de patrimônio estão sendo definidas por preceitos governamentais que as organizações devem cumprir em suas operações e prioridades. Embora o uso de conceitos de patrimônio no pensamento sociopolítico não seja novo, seu perfil como instrumento para aplicar políticas de governo visando mudanças sociais no começo do século XXI é excepcionalmente alto. Os debates atuais podem ser acompanhados nos relatórios e documentos de política produzidos pelos departamentos de governo e orgãos públicos, ou para eles, e disponíveis em páginas na internet.

A nova ênfase no potencial educativo do setor de patrimônio é menos surpreendente, dadas as aspirações de "educação para todos" dos fundadores vitorianos de alguns de nossos maiores e mais antigos museus, e uma longa tradição de difundir essas possibilidades o máximo possível.

Nos últimos anos, as necessidades do Currículo Nacional (CN) tiveram lugar de destaque, mas os esforços estão agora sendo adaptados para cumprir políticas de governo relacionadas ao aprendizado permanente (*lifelong learning*). A diversidade inerente possibilita que o setor atenda a uma gama muito ampla de

---

[2] Na primavera de 2004, Resource mudou de nome para MLA: The Museums, Libraries and Archives Council.

necessidades curriculares e outras relacionadas à aprendizagem, mas a história geralmente é o foco central.

Na prática, o setor de patrimônio hoje diz respeito, em grande parte, a apresentar e explicar o passado e a preservá-lo para informar o presente e o futuro. Portanto, funciona como uma vitrine para a história, que tem influência poderosa por meio do apelo popular. Ele também oferece oportunidades ilimitadas de apresentar a novos públicos o conhecimento acadêmico de história que os incentive a explorar mais. Em nenhum outro campo de trabalho o desafio às habilidades e à adaptabilidade do historiador é maior, nem sua contribuição ao conhecimento popular é mais crucial. Mesmo assim, como melhor se atinge a interação e a sinergia da história com o patrimônio?

Este capítulo afirmou que o conhecimento e as estruturas históricas têm uma posição central e inextricável nos conceitos e nos empreendimentos relacionados ao patrimônio. Segue-se que os historiadores deveriam contribuir, e têm de fazê-lo. Na verdade, a maioria deles aceitaria o princípio de que a atividade histórica acadêmica deveria estar na base do setor de patrimônio ao fornecer informações históricas e dar legitimidade ao conhecimento factual e à sua interpretação. Os caminhos práticos para a parceria produtiva são autossugestivos, a saber, trabalhar com o setor, ou dentro dele, e atender suas necessidades de formação histórica. Mas quais são os desafios e implicações específicos? Alguns são fundamentais, enquanto outros são mais circunstanciais.

O atual ambiente operacional do setor de patrimônio levanta questões fundamentais para a história como disciplina. Os historiadores em geral não gostam de restrições que direcionem o esforço histórico para o serviço de projetos, porque projetos com definição ou temáticas populares podem não dar a liberdade intelectual que o acadêmico defende. Especificamente, o mundo "gerencial" dos calendários e desafios competitivos característicos dos projetos pode interferir na preservação do distanciamento, da objetividade e de outros princípios da história acadêmica. Os historiadores preferem naturalmente estabelecer parâmetros de pesquisa segundo o julgamento acadêmico e as necessidades de pesquisa identificáveis, e lutar para resistir à distração ou distorção causada por influências externas. A amplitude do setor de patrimônio também é problemática, no sentido de que inclui algumas atividades e ocupações que não são tão baseadas em evidências históricas, ou têm natureza mais polêmica, como banquetes medievais populares e outras recriações. Embora não haja intenção de duvidar da precisão de pesquisa nem da atenção aos detalhes por parte daqueles que buscam recriar as habilidades e atividades de épocas passadas em função de interesses pessoais ou coletivos, os historiadores devem questionar até onde essas recriações, fora de contexto, estão conectadas com a realidade original. Essas são as questões que determinam o maior dilema do historiador com relação ao setor de patrimônio: até onde a integridade histórica pode e deve ser defendida diante de pressões comerciais e populares?

O patrimônio também oferece um caminho para o emprego de historiadores e para a disseminação de seu trabalho, mas, em ambos os aspectos, o historiador pode ser limitado por expectativas do setor. As oportunidades de envolvimento de historiadores com o setor de patrimônio ou dentro dele são muitas e variadas. Tornar disponíveis os frutos da pesquisa histórica acadêmica ou atuar como assessor são opções estabelecidas, enquanto realizar pesquisa específica, orientada por projetos, e auxiliar na interpretação dos resultados são atividades igualmente valiosas e mais diretas. O emprego no setor talvez seja a contribuição mais direta de todas. Na verdade, as habilidades históricas podem ser especificamente necessárias, como em trabalhos mais especializados no campo do patrimônio, por exemplo, cuidado e registro de prédios históricos.

Atender às necessidades de formação histórica do setor de patrimônio tem implicações para a base de habilidades dos professores e estudantes universitários. Responder aos requisitos de ensino e aprendizagem, por exemplo, da história local envolve muito mais do que simplesmente encontrar espaço no currículo. Por uma série de razões, a maioria dos que saem da escola hoje em dia se concentrou na história contemporânea, e muitos cursos universitários fazem o mesmo, enquanto a redução nas habilidades linguísticas dificulta acompanhar as demandas do inglês arcaico, do latim e de outras línguas europeias. Ao mesmo tempo, e por razões semelhantes de mudança social e educacional, o público de hoje em dia tem menos conhecimento de estruturas históricas e está menos equipado para lidar com as línguas e os conceitos arcaicos do que era o caso até, talvez, os anos de 1970. A indústria do patrimônio deve, portanto, oferecer mais explicação e interpretação em um formato que atraia a visão e a experiência contemporâneas, mas também atenda à profundidade e precisão de conceitos que é essencial para despertar o interesse.

As habilidades necessárias para o setor do patrimônio e prontamente apreciadas pelos historiadores requerem a aplicação de conhecimento teórico a uma série de circunstâncias práticas, como interpretar artefatos, prédios, paisagens, arquivos, imagens, etc., para benefício público e adaptando a informação para a educação e explicação em diferentes níveis. Evidentemente, essas habilidades não podem ser incluídas integralmente em um curso de graduação de três anos, e alguns elementos costumam ser oferecidos mais em nível de pós-graduação. Mesmo assim, estudantes e professores deveriam estar cientes dessas necessidades e de estratégias para adquirir habilidades. Por exemplo, quem deseja se tornar arquivista e precisa de latim para ler documentos anteriores ao século XVIII, frequentemente faz cursos de curta duração depois de se formar, para dar início ao processo de aprendizagem necessário antes de fazer formação técnica avançada.

Não há soluções imediatas disponíveis para a escassez de habilidades de história local, mas vale a pena dizer que não somente os que trabalham no setor de patrimônio precisam de formação desse tipo; outros também têm essa necessidade de trabalhar com o setor na prestação de serviços educativos, para não mencionar as necessidades de historiadores familiares dedicados, que enfrentam fontes de arquivo muito difíceis em suas pesquisas. O CN estipulou requisitos de história local a alunos de ensino fundamental e médio e, portanto, aos professores. No País de Gales, os últimos anos do ensino fundamental se concentram nos vitorianos e em um estudo local, também com o requisito de que os alunos vivenciem trabalho quantitativo. A falta de recursos didáticos adequados levou o serviço de arquivo de Powys a desenvolver uma História Digital (*Powys digital history*), que apresenta informações de arquivo (incluindo estatísticas), mapas e imagens relacionadas a comunidades em Powys na época vitoriana, todas cuidadosamente selecionadas e comentadas para oferecer dados brutos a serem usados no cumprimento dos requisitos do CN.[3]

Essa escolha cuidadosa de materiais com explicação essencial, mas mínima, sem ser tendenciosa e a apresentação visual com uma fonte que ajudará os leitores lentos, bem como os mais capazes, resultou em uma página mais atraente e popular, de amplo apelo em um contexto de patrimônio, muito além do público-alvo inicial. Material de boa qualidade, examinado, interpretado e apresentado cuidadosamente, é a chave para o sucesso, realmente, o principal fator de sucesso na interação entre história e patrimônio em termos práticos.

Este capítulo, portanto, conclui com uma afirmação confiante de que os historiadores podem compartilhar suas mais elevadas aspirações com o setor de patrimônio sem abrir mão do que consideram essencial, já que a alta qualidade do trabalho que é essencial para despertar o interesse histórico e estimular os estudos acadêmicos é igualmente importante para o sucesso popular das atividades de patrimônio. A formação e as habilidades em história, portanto, se ampliam a novos propósitos e em novos meios, em um ambiente orientado por demandas. Com certeza, isso deve ser sustentado pelas melhores iniciativas históricas e pela vontade de ter sucesso no esforço conjunto.

Leituras complementares

Esta é uma área temática complexa para se dar uma bibliografia introdutória, já que tantos trabalhos são relevantes de uma ou de outra forma: entre eles, muitos dirigidos basicamente a perspectivas históricas, outros que examinam mais de perto a razão de ser do moderno setor de patrimônio e uma terceira categoria que mapeia o desenvolvimento de instituições específicas que também têm cumprido um papel importante na relação entre história e patrimônio. Além disso, hoje em dia, encontra-se muita informação relevante por meio de leituras regulares de publicações profissionais, como *Museums Journal* (publicada pela Museums *Association* no Reino Unido), e também em documentos e relatórios sobre políticas publicados pelo governo no contexto amplo de cultura e patrimônio. A mesma

---

[3] Página na internet: http://history.powys.org.uk (na época em que este foi escrito).

importância tem a necessidade de se observar materiais na mídia impressa e em outros meios, que reflitam conceitos populares de patrimônio e distinções pouco claras entre patrimônio e história.

Muitos leitores podem começar lendo os livros de David Lowenthal, como observado abaixo, mas as obras classificadas a seguir oferecem todos pontos de partida. As primeiras seis, sem qualquer ordem particular, examinam as direções em que os conceitos e representações de patrimônio avançaram no final do século XX e a conexão com as visões da história: J. Arnold, K. Davies e S. Ditchfield, *History and heritage: consuming the past in contemporary culture*, Shaftesbury, Donhead, 1998; D. Lowenthal, *The heritage crusade and the spoils of history*, Cambridge, Cambridge University Press, 1998; R. Hewison, *The heritage industry: Britain in a climate of decline*, London, Methuen, 1987; P. Wright, *On liming in an old country: the national past in contemporary Britain*, London, Verso, 1985; K. Walsh, *The Representation of the past: museums and heritage in the post modern world*, London, Routledge, 1992; e T. Bennett, *The birth of the museum: history, theory, politics*, London, Routledge, 1995.

A seguir, três obras de alcance mais amplo e apelo mais sutil, no sentido de que exploram as percepções humanas do passado e a força de conceitos históricos e de patrimônio dentro da experiência humana: D. Lowenthal, *The past is a foreign country*, Cambridge, Cambridge University Press, 1985; R. Samuel, *Theatres of memory I.- past and present in contemporary culture*, London, Verso, 1995; e S. Schama, *Landscape and memory*, London, Fontana, 1996.

Por fim, há várias obras sobre o impacto intelectual e cultural dos museus, que são relevantes no contexto atual, principalmente as de Eilean Hooper-Greenhill (por exemplo, *Museums and the shaping of knowledge*, London, Routledge, 1992; e *Museums and the interpretation of visual culture*, London, Routledge, 2000), enquanto dois trabalhos muito diferentes servirão para representar o papel das instituições e organizações na manutenção de vínculos ativos entre história e patrimônio durante longos períodos: E. Miller, *That noble cabinet: a history of the British museum*, London, Cox and Wyman, 1973; e J. Jenkins e P. James, *From acorn to oak tree: the growth of the national trust 1895-1994*, London, Macmillan, 1994.

CONCLUSÃO
HISTÓRIA E PODER
Peter Lambert e Phillipp Schofield

Antes e depois da virada do milênio, era e ainda é comum lançar dúvidas sobre o lugar da história na sociedade contemporânea. Eric Hobsbawm lamentou o fato de que (na sua opinião) "quase todos os jovens de hoje crescem em uma espécie de presente contínuo, sem qualquer relação organizada com o passado público da época em que vivem".[1] Mesmo assim, seja qual for o vácuo que a falta de relação orgânica com o passado público tenha deixado, ele foi preenchido até transbordar. A "consciência da história", observa Richard Evans, "tem uma capilaridade total no início do século XX".[2] As contribuições à Parte V deste livro discutiram algumas das áreas em que a fascinação pública em relação ao passado aumentou exponencialmente. O aumento das pesquisas privadas sobre árvores genealógicas, por exemplo, nada deve aos historiadores profissionais e tudo à "preferência e demanda populares". Nos registros das repartições públicas, os historiadores profissionais se acotovelam todo o tempo com genealogistas amadores, mas o contato intelectual entre eles é raro.[3] Os historiadores profissionais estão mais envolvidos e respondendo mais à história televisiva e à indústria do patrimônio, mas suas contribuições quase não foram decisivas. O desenvolvimento dessas esferas públicas da história não consolou àqueles acadêmicos que as consideram apenas como refúgio industrial do problema. Hobsbawm destacou, e podem-se ouvir queixas de que isso "às vezes, beirou a histeria coletiva, mais adequada a grupos de adolescentes em shows de rock do que a ignorantes urbanos com boas maneiras e semi-intelectuais contidos".[4]

Os historiadores acadêmicos conseguiram forjar uma identidade coletiva como membros de uma profissão, mas não é uma profissão comparável à de, digamos, médicos ou dentistas, que detêm quase um monopólio de sua prática. Qualquer um pode se estabelecer como "historiador" e cada vez mais pessoas o

---

[1] E. Hobsbawm, *Age of extremes: the short twentieth century* 1914-1991, London, Michael Joseph, 1994, p. 3.
[2] R. J. Evans, "Prologue: what is history? – now", in D. Cannadine (ed.) *What is history now?*, Basingstoke, Palgrave Macmillan, 2002, p. 1-18; p. 10.
[3] Cf. F. Fernandez-Armesto, "Epilogue: what is history now?", in ibid., p. 148-61; p. 158.
[4] M. Confino, "Some random thoughts on history's recent past", *History and Memory*, 2000, vol. 12, p. 29-51; p. 50-1.

fazem, sem que sejam necessárias qualificações. Muitos historiadores acadêmicos se sentem uma "espécie ameaçada". O "rebaixamento do *status* e do prestígio do historiador é sincrônico" às muitas formas e ao apelo de massas da "cultura histórica de hoje, movida pela mídia". Impotentes para defender seus domínios contra esse surto de intrusos extra-acadêmicos, os historiadores nem conseguem se refugiar nos portos seguros das universidades. Na Parte IV, tratamos de uma série de exemplos de contato entre a história e outras disciplinas. Um fio condutor comum entre elas é a disposição de muitos historiadores, uma vez que a história se livre de inseguranças juvenis em relação à sua própria identidade e se estabeleça firmemente, para trocar ideias com estudiosos de outros campos.

Agora, entretanto, as inseguranças vem à tona mais uma vez, e antigos parceiros de negócios na interdisciplinaridade são acusados de pirataria. "Na academia, a história está aí para quem quiser, e mais uma vez se tornou um campo aberto para a pilhagem e um alvo de colonialismo para estudiosos de literatura, sociólogos, cientistas políticos e psicanalistas."[5]

É claro que os historiadores acadêmicos não se resignaram simplesmente com a derrota e se retiraram de campo. Mas como responderam, ou deveriam responder? Redobrando esforços, afirmaram alguns estadistas mais antigos entre eles, e garantindo que as histórias que fazem tratam do público em geral. "Esta é a grande época da mitologia histórica", afirma Hobsbawm, e é esse fato que torna a "defesa da história por parte de seus profissionais ... mais urgente na política do que nunca. Somos necessários".[6]

Uma estratégia alternativa da qual muitos historiadores lançaram mão é nadar junto com a corrente da indústria do patrimônio. Eles afirmam que, como os historiadores acadêmicos, no final das contas, fazem parte das sociedades em que trabalham, eles também fazem parte das "culturas históricas" dessas sociedades.[7] O historiador francês Pierre Nora juntou uma equipe impressionante de colegas que se dispunham a identificar os "lugares" da memória nacional francesa.[8] Em alguns aspectos, reconheceu Nora, eles estavam voltando a uma agenda do século XIX. Na verdade, embora tenham proposto "definir a França como uma realidade que é completamente simbólica", eles a trataram como um espaço fechado. Assim, de maneira muito semelhante à da historiografia nacionalista do século XIX, acabaram reificando a França e "suas raízes nacionais". A impressão geral que criaram não foi de uma tentativa crítica de expor as qualidades inventadas ou imaginadas da identidade nacional francesa, e sim uma celebração nostálgica e uma homenagem a essas próprias qualidades. Sendo assim, a memória nacional se

---

[5] Confino, "Random thoughts", p. 29.
[6] Hobsbawm, *Interesting times: a twentieth-century life*, London, Allen Lane, 2002, p. 296.
[7] Ver K. Füßmann, H. T. Grüter and J. Rüsen (eds) *Historische Faszination. Geschichtskultur heute*, Cologne, Bohlau, 1994.
[8] P. Nora (ed.) *Les lieux de mémoire*, 7 vols, Paris, Gallimard, 1984-92.

tornou não apenas o tema de seu trabalho, mas também o objeto de seus desejos culturais. "Menos interessados no que 'realmente aconteceu' do que em seu uso e reuso perpétuos", eles tendiam a corroer ou, pelo menos, reduzir a importância da diferença entre fato e ficção. O que lhes interessava era a questão de documentar e incentivar o "retorno a nosso patrimônio coletivo".[9]

Nora, "observando o interior ameaçado, as tradições perdidas e o estilo de vida destruído da França", estava respondendo ao que Hobsbawm havia chamado de perda da "relação orgânica com o passado público". Para Nora, a ampla e "profunda consciência" da perda faz com que escrever a história da memória nacional seja o único meio possível para historiadores assimilarem a perda em si, porque somente uma história assim, a um só tempo acadêmica e acessível ao público como um todo, é capaz de responder às necessidades do momento, de conciliar, na França e talvez também em outros lugares, os requisitos da ciência com as demandas da consciência.[10]

Internacionalmente, muitos emuladores, publicando volumes igualmente monumentais, aceitaram a sugestão de Nora, de forma que agora existem obras holandesas, italianas, austríacas, alemãs e norte-americanas empregando as sensibilidades ao autor e seus amplos esquemas e reproduzindo (em graus diferentes) seu patriotismo nostálgico.[11] O patrimônio, em muitos aspectos uma resposta aos receios gerados pela "globalização", atingiu proporções globais, e uma historiografia voltada a esse patrimônio corre agora para alcançá-lo.

A justaposição de fato e ficção se tornou mais frequente no período posterior à "virada linguística". Em algumas de suas manifestações extremas, parece que nada restou a ser desenterrado debaixo das camadas de memória ou além dos textos, imagens e outros "lugares" sobre os quais, e em torno dos quais, as memórias se acumulam.[12] Os pós-modernistas, é claro, insistem que, de qualquer forma, não existe passado recuperável. Os novo-historiadores culturais perguntam "não apenas 'como realmente aconteceu,' e sim 'como foi para ele, ela ou eles?'".[13] Mas os historiadores da memória nacional podem tender a abrir mão de descobrir "o que realmente aconteceu" por razões mais específicas. Eles podem se encontrar tão presos à formulação de identidade que as realidades que não sejam meramente simbólicas lhes podem passar despercebidas. Acima de tudo, eles estão presos na lógica autorreferente de seu próprio empreendimento, pois, como disse Linda Colley, "Não se pode dizer a verdade sobre uma peça de mitologia patriótica porque

---

[9] P. Nora, "From lieux de mémoire to realms of memory", Preface to idem (ed.) *Realms of memory vol. 1: conflicts and divisions*, New York, Columbia University Press, 1996, p. xxiii-xxiv.

[10] Nora, "From lieux de mémoire", p. xxiv.

[11] Para uma discussão útil e mais referências, ver R. Koshar, artigo revisado: "Where does german memory lie?", *Central European History*, 2003, vol. 36, p. 435-45; E. François e H. Schulze, "Einleitung", in idem (eds) *Deutsche Erinnerungsorte*, Munich, C. H. Beck, 2001, p. 9-24 e 674 n. 23.

[12] Cf. S. Schama, *Dead certainties (unwarranted speculations)*, London, Granta, 1991.

[13] M. Rubin, "What is cultural history now?", in D. Cannadine, *What is history now?*, p. 80-94; p. 81.

não teria sentido". Portanto, o "cinismo" ou "desespero diante do passado" que histórias-memória podem provocar entre seus leitores, também nos relembra Colley, não são nem um pouco necessários: não faltam áreas nas quais os historiadores pudessem dizer a verdade e fazer declarações verificáveis sobre o passado.[14]

Para a maioria dos historiadores acadêmicos, o esforço para fazer isso permanece sendo o definitivo. Nisso, como também no uso crítico de fontes como meio de se estabelecer verificabilidade e na insistência em uma distinção em princípio entre história e antiquarianismo, persiste muito uma concepção sobre "o que é história". Pelo menos nesse aspecto, os historiadores profissionais no século XXI ainda conseguem reconhecer sua forte semelhança de família com os do século XIX. São linhas de continuidade na historiografia que sobreviveram a questionamentos sucessivos e intensos feitos a praticamente todas as outras premissas que estão na base da disciplina como ela existia em torno de 1900. Elas ainda dão aos historiadores uma espécie de código de conduta profissional, estabelecendo comportamento normativo, mas medimos essa persistência, registramos sua sobrevivência e explicamos seus limites, nos desafios que ela enfrenta, na relação da disciplina com o poder de que seus praticantes desfrutam e no poder que outros têm sobre ela.

Os historiadores são influenciados pela distribuição de poder no passado e no presente. A criação, a sobrevivência e a acessibilidade das fontes a partir das quais eles trabalham são resultados e expressões de relações de poder. Inevitavelmente, as fontes disponíveis ao pesquisador proporcionarão um número finito de janelas para o passado. Os historiadores das elites instruídas geralmente terão mais facilidade de encontrar fontes do que os historiadores dos analfabetos, dos pobres, dos oprimidos. Quais janelas os historiadores deveriam escolher para olhar, de que ângulo, com que foco? O que deveriam escolher descrever, e como? Tratar dessas questões, fundamentais ao trabalho de qualquer historiador, envolve escolhas condicionadas pela operação do poder no presente.

A disseminação da patronagem e a imposição de censura, as polícias dos regimes, a formação educacional e social dos próprios historiadores, os recursos técnicos e materiais à sua disposição, preferências e modas intelectuais, tudo conspira para influenciar as formas como se fazem as histórias. Todas essas variáveis são indicativas das formas com que os historiadores e seu trabalho estão sujeitos aos próprios processos sobre os quais pesquisam e escrevem. Sendo assim, o poder, bem como por quem, por que e com que eficácia ele é exercido e contestado, são preocupações vitais aos historiadores. Eles estão implicados nas questões de poder de três maneiras. Primeira, ele dá aos historiadores seu tema; segunda, os historiadores estão sujeitos ao exercício do poder por parte de outros; terceira, em níveis variados, eles próprios exercem poder mediante as histórias que produzem. Qual

---

[14] L. Colley, "Fabricating the past", *Times Literary Supplement*, no. 4602 (14 June 1991) p. 5.

é a margem de manobra dos historiadores quando eles se movem nas corredeiras do poder?

Parafraseando Karl Marx: os historiadores fazem histórias, mas não sob condições de sua própria escolha. Aquilo que fazem está condicionado pelos poderes aos quais estão sujeitos. Para os historiadores acadêmicos, um conceito paradigmático sobre o que constitui a *boa* história serve para orientar e limitar a prática. A boa história, segundo essa visão, surge da interação entre as perguntas política e moralmente motivadas do historiador e as hipóteses e as evidências que ele encontra. Portanto, os historiadores devem estar sempre preparados para abrir mão de visões pré-concebidas se as evidências tendem a contradizê-las. Devem modificar ou abrir mão de visões que se mostrem incompatíveis com as evidências. E, pelo menos para os propósitos do trabalho em questão, devem estar preparados para fazer isso mesmo se essas forem justamente as visões que os atraíram a um determinado tema. Obviamente, eles são livres para simplesmente desistir totalmente de um projeto. Se, contudo, mantiverem seus preconceitos que vão contra as evidências disponíveis, e fizerem isso de forma persistente, em público e no papel, arriscam ser desmascarados como maus historiadores ou como, isso sim, ideólogos e propagandistas.

A distinção não é meramente ideal. As fontes históricas podem ser passíveis de várias interpretações, mas há limites claros para uma variedade de interpretações que são possíveis fazer sobre elas com legitimidade. Quando enfrentarem os limites da interpretabilidade, os historiadores podem sucumbir às tentações. Podem desconsiderar fontes que não se encaixam em seus argumentos ou fazer citações seletivas a partir delas. No pior dos casos, podem alterar o sentido de documentos ao cortar palavras ou expressões fundamentais, podem intencionalmente interpretá-las mal e substituir uma palavra por outra com um sentido bastante diferente, ou simplesmente adicionar palavras que os originais não contêm. A ênfase eclética em evidências que se enquadram no argumento do historiador é muito comum. Nada há de intrinsecamente inadequado nisso. Sua capacidade de persuasão como estratégia depende de os historiadores afirmarem a importância superior das fontes que enfatizam usando as técnicas de crítica às fontes testadas e aprovadas. Em outras palavras, uma série de fontes será comparada para classificá-las em uma hierarquia de importância e confiabilidade.

A prática de simplesmente deixar de fora evidências inconvenientes também é comum, mas menos, talvez apenas por ser, obviamente, vulnerável à correção.

Os pecados de omissão, contudo, podem ser mais comuns em alguns casos de história do que em outros – e menos fáceis de corrigir. Philip L. Cantelon reclama que há um descuido sistemático em relação aos trabalhos encomendados por empresas ou orgão governamentais e realizados por historiadores cujas qualificações estão disponíveis para contratação em um mercado aberto, o que "prejudica a profissão como um todo". Cantelon afirma que os historiadores acadêmicos fazem vista grossa porque pressupõem que os que foram contratados venderam a alma no decorrer do processo. Isso, diz Cantelon, supõe uma comunidade de interesse entre o empregador que quer e um empregado que está disposto a lhe entregar não história, mas propaganda. Em vez de desconsiderá-lo imediatamente, os historiadores acadêmicos deveriam julgar o conhecimento histórico "público" com exatamente a mesma postura crítica que aplicariam a qualquer trabalho de base universitária.[15]

Há considerações éticas neste caso. Os historiadores que dependem totalmente de renda gerada por contratos com empresas privadas ou governos necessariamente se encontrarão em posição de maior suscetibilidade à influência do que aqueles cuja liberdade acadêmica é defendida e cuja sobrevivência depende em muito da estima de seus pares.[16] Alguns tipos de história "pública" têm mais probabilidades de permitir a intrusão de interesses específicos do que outros. A posição de alguém como Richard J. Evans, cujo papel de testemunha especializada no julgamento Irving, um evento ao qual voltaremos abaixo, dava-se diante do tribunal e não da defesa que o contratou, é diferente da do historiador que trabalha para uma empresa, na história desta. As empresas nem sempre contratam historiadores por razões políticas, mas às vezes o fazem com muita ênfase. A proliferação de ações na justiça pedindo indenização e restituição contra empresas que cresceram em condições de ditadura e, por exemplo, usaram trabalho escravo no processo, resultou em várias histórias encomendadas. Teriam que ser enfrentadas ameaças de processos na justiça ou avaliado seu provável custo, se as empresas envolvidas quisessem continuar conseguindo atrair investimentos. Os historiadores não "públicos", e sim universitários, estavam muito envolvidos nesse caso. A Volkswagen, por exemplo, recorreu a Hans Mommsen, um historiador com reputação internacional, para escrever a história da empresa no Terceiro Reich. Mommsen, um historiador de esquerda, também foi contratado porque parecia improvável que se suspeitasse de qualquer tendência da parte dele em favorecer a empresa, e seria muito improvável que ele tivesse sentido qualquer desejo de produzir apologias às políticas nazistas. Não obstante, quando ele publicou suas conclusões,[17] elas tiveram uma recepção mista. Alguns especialistas e outros observadores consideraram que Mommsen, no mínimo, subestimou a dependência dos interesses da Volkswagen em relação ao trabalho forçado e à brutal exploração que ela fez dele.[18] Mas como se poderia dissipar a suspeita de que o trabalho era suspeitosamente conveniente à Volkswagen? O problema surge sempre que os historiadores

---

[15] Philip L. Cantelon, "As a business: hired, not bought", in J. B. Gardner and P. S. LaPaglia (eds) *Public history: essays from the field*, Malabar FL, Krieger, 1999, p. 385-95.

[16] Essas questões são tratadas de forma útil em J. Revel e G. Levi (eds) *Political uses of the past: the recent Mediterranean experience*, London and Portland OR, Frank Cass, 2002.

[17] Hans Mommsen with Manfred Grieger, *Das Volkswagenwerk und seine Arbeiter im Dritten Reich*, Dusseldorf, ECON, 1997.

[18] Para uma discussão breve, ver R J. Evans, *Telling lies about Hitler. The Holocaust, history and the David Irving trial*, London, Verso, 2002, p. 240.

têm acesso privilegiado a fontes, o que dá uma perspectiva diferente sobre a alegação de Cantelon, de que o trabalho acadêmico do historiador contratado é igual a qualquer outro trabalho profissional de história acadêmica.

Quando as referências dos historiadores a documentos nos arquivos privados não puderem (pelo menos no futuro próximo) ser conferidas por seus colegas, eles devem estar preparados para que seu trabalho seja recebido com um ceticismo acima do normal. O histórico dos historiadores "oficiais" com acesso privilegiado a documentos do Estado sugere que o ceticismo é saudável. Entre as duas guerras mundiais, os "livros de cor" (*coloured books*) com coletâneas de documentos selecionados que os governos publicaram para divulgar suas políticas externas, e que estavam cheios de erros e invenções, deram lugar a edições acadêmicas de documentos de ministérios do exterior sobre as origens da Segunda Guerra Mundial. Embora tenha sido um avanço material, bem como técnico, nas práticas dos compiladores dos "livros de cor", o trabalho dos historiadores profissionais muitas vezes estava infectado por motivações apologéticas. Na Alemanha, o principal organizador proclamou enganosamente seu *status* independente quando, na verdade, estava intimamente ligado à burocracia do Ministério do Exterior. Ele extirpava dos documentos passagens politicamente desconfortáveis e aspectos marginais, antecipava o regime de censura que supervisionava seu trabalho e às vezes superava o zelo dos censores. Na Grã-Bretanha, os organizadores se deixavam enganar por funcionários públicos que lhes ocultavam material politicamente delicado. Em um certo sentido, como pareciam se adequar a padrões acadêmicos e como dependiam, para sua capacidade de persuasão, das reputações dos organizadores, essas edições monumentais de fontes foram, assim, ainda mais perniciosas do que os "livros de cor". As demandas do patriotismo e a objetividade acadêmica entraram em conflito em um grau mais elevado do que nunca, antes de 1914, e as primeiras superaram a segunda.[19]

Os próprios historiadores, é claro, exercitam alguma medida de poder, às vezes no emprego do paradigma metodológico histórico; outras, em confronto com ele. Sob essas condições, podem ajudar a prejudicar democracias, podem legitimar ditaduras e ajudar na realização de intenções criminosas, mas também podem contribuir para o desenvolvimento de um sentido de responsabilidade cívica e de cidadania ativa. Como vimos, a Alemanha da década de 1920 à de 1970 oferece evidências que indicam que a profissão de historiador cumpriu ambos pa-

---

[19] K. Wilson (ed.) *Forging the collective memory. Government and international historians through two world wars*, Oxford, Berghahn, 1996; S. Zala, *Geschichte unter der Schere politischer Zensur. Amtliche Aktensammlungen im internationalen Vergleich*, Munich, Oldenbourg, 2001; P. Lambert, "Friedrich Thimme, G. P. Gooch and the publication of documents on the origins of the first world war: patriotism, academic liberty and a search for Anglo-German understanding, 1920-1938", in S. Berger, P. Lambert and P. Schumann (eds) *Historikerdialoge. Geschichte, Mythos and Gedachtnis im deutschbritischen kulturellen Austausch 1750-2000*, Göttingen, Vandenhoeck & Ruprecht, 2003, p. 275-308.

péis sucessivamente.[20] O trabalho dos historiadores pode informar decisões sobre políticas e pode inspirar indivíduos ou movimentos. Às vezes, o trabalho acadêmico dos historiadores individuais pode levá-los diretamente a carreiras políticas; outras – até na mesma sociedade, mas em outra data – um envolvimento sério com a história pode ser incompatível com o envolvimento na política formal.

A maioria dos historiadores profissionais, admitindo ou não, tem algum tipo de interesse político ou, pelo menos, um ponto de vista moral que influencia seu trabalho e tem relação com a política. É claro que a opção política definida pode nublar julgamentos. Da mesma forma, fortes motivações e simpatias podem estimular a pesquisa em uma sociedade pluralista ou em uma cultura acadêmica, o que explica o enorme leque de espécies genéricas dos interesses e perspectivas da pesquisa histórica. Também levanta claramente as opções sobre as formas com que o historiador faz seu trabalho.

Mutilar documentos, deixando palavras de fora ou os interpretando mal, é algo que qualquer historiador teria dificuldade de dizer que nunca fez, mas a maioria desses erros é causada por imperfeições humanas que vão desde o descuido ocasional, passando pelo estresse e pelo cansaço, e até imaginar que as palavras que o historiador tinha esperança ou expectativa de encontrar estavam realmente na página diante dele.

O fenômeno de "historiadores" alterando deliberadamente sentidos é muito menos frequente. A invenção de evidências ocorre ainda com menos frequência. Ambos estão fundamentalmente em contraste com regras básicas que os historiadores estabeleceram inicialmente para sua disciplina no século XIX e segundo as quais a comunidade de historiadores profissionais tem se policiado desde então. Os historiadores nacionalistas na era da profissionalização da história podem ter tido um hábito de preencher as lacunas em suas histórias do desenvolvimento dos Estados-Nação com tênues argumentos ou saltos de imaginação disfarçados de prosa sóbria e fluente. Mas eles não o fizeram recaindo em mito ou fabricando fontes falsas. Pelo contrário, os historiadores profissionais em toda a Europa cumpriram um papel importante na exposição dessas falsificações. Confiantes em seu nacionalismo e em sua integridade como acadêmicos, raciocinaram que falsidades explícitas não ofereceriam qualquer base segura para ambos.

A escolha de como empregar o paradigma também está com os historiadores. De tempos em tempos, ela é empregada como arma de assalto. Só ocasionalmente se descobre que um historiador profissional que trabalha com documentos que *estão* acessíveis de modo geral usou as fontes de maneira indevida. Concluiu-se que o estudo de David Abraham sobre as relações de grandes empresas com o nazismo na República de Weimar continha passagens nas quais se manipulavam evidências tanto para exagerar a escala das doações das empresas aos nazistas quanto para sugerir que elas teriam ocorrido muito mais cedo do que realmente ocorreram.

---

[20] Ver Capítulo 6.

Nem sua sofisticação teórica amplamente reconhecida, nem o fato de que seus erros ocorreram no contexto de um argumento mais geral que questionava percepções cruas sobre os nazistas como não mais do que os capangas contratados do capitalismo, nem mesmo sua disposição de admitir e retificar uma série de erros factuais individuais o salvaram, e sua carreira como historiador acadêmico foi encerrada de forma abrupta. Independentemente de a punição ter sido proporcional ao crime, a questão é que os erros e distorções de Abraham foram trazidos à tona de forma rápida e abrangente.[21] Em contraste, passariam várias décadas antes que as práticas duvidosas do trabalho editorial de vários historiadores "oficiais" sobre as origens da Primeira Guerra Mundial fossem expostas. Os erros de Abraham não deixaram traços na historiografia subsequente, mas as iniciativas dos historiadores oficiais do entre guerras causaram danos duradouros, ajudando a gerar um amplo corpo de literatura secundária que, inevitavelmente, refletia o catálogo de deficiências nas coletâneas de documentos publicados.

E não foram só os historiadores acadêmicos que brandiram com força a arma do paradigma compartilhado. Em um caso judicial recente na Grã-Bretanha, o juiz decidiu que David Irving, autor de uma série de livros sobre a Segunda Guerra Mundial, formulou argumentos que tendiam a "exonerar os nazistas das terríveis atrocidades que eles haviam infligido sobre os judeus" com base em "afirmações infundadas" e uma propensão, "onde considerou necessário manipular o registro histórico para que se ajustasse a suas visões políticas".

Como Richard J. Evans, professor de história contemporânea da Universidade de Cambridge, e outras testemunhas especializadas haviam demonstrado no transcurso do julgamento, Irving menosprezou, de forma persistente e verossímil, evidências que colocariam seus argumentos em questão, enquanto se baseava em outras que ele sabia serem inventadas. Irving tinha se jactado de ser um "historiador independente" que considerava ter uma "reputação" justamente porque não tinha formação nem emprego universitário. Portanto, não precisava se preocupar com as opiniões do que ele afirmava ser um *establishment* corrupto. A maioria dos historiadores, por sua vez, ignorou seu trabalho. Um exame minucioso desse trabalho e a exposição resultante de suas invenções e distorções foram subprodutos de um caso raro de contato mútuo. A historiadora norte-americana Deborah Lipstadt alegou que Irving negava o Holocausto; Irving ameaçou ela e seu editor com um processo por difamação; Lipstadt e o editor mantiveram o que ela tinha escrito. Há três consequências importantes. A primeira é que agora conhecemos mais detalhadamente onde Irving havia rompido as regras de evidências às quais os historiadores profissionais devem aderir. Em segundo lugar, essas regras se mostraram essencialmente compatíveis com as que se aplicam em um tribunal. Terceira, e como resultado direto, continua sendo possível aos historiadores acadêmicos chamar os autores

---

[21] Ver R J. Evans, *In defence of history*, London, Granta, 1997, p. 116-24.

que estão bem informados sobre o Holocausto, mas ainda assim negam que ele aconteceu, pelo nome: mentirosos.[22]

Tal é a força de uma tradição histórica do século XIX que, embora sujeita a pressões intensas e diversas no século seguinte, parece ter ganho mais poder do que perdeu. É urgente saber até onde suas normas e padrões se estendem além da academia e ainda há mais em jogo aqui do que se garantir contra insultos póstumos às vítimas do genocídio e de afrontas grotescas à memória de seus sobreviventes. Por poder inspirar as pessoas à ação, as histórias sobre o passado podem ser perigosas. Linda Colley, em 1991, alertou-nos com relação à tangibilidade e à escala do perigo, bem como às obrigações dos historiadores acadêmicos compatíveis com essa escala. No século XX,

> milhões de homens e mulheres morreram porque eles e outros acreditaram em invenções sobre o passado que lhes foram incutidas por políticos, jornalistas, fanáticos – assim como por maus historiadores. Se os historiadores têm qualquer função pública, e deveriam ter, é a de apontar que o passado não pode ser completamente falseado: que algumas verdades podem ser afirmadas entre os mitos, as memórias e as dúvidas. Se não conseguirem fazer isso, merecem nada melhor do que ... ser expulsos do abrigo da academia e sepultados em covas anônimas.[23]

---

[22] R. J. Evans, *Telling lies about Hitler*.
[23] L. Colley, "Fabricating the past".

ÍNDICE

abordagem literária à historiografia 45-6, 317-8; estilo em historiografia 45-6, 55, 152, 187, 268-9, 337-8
Abraham, D. 337-8
Abrams, P. 176-7
Abse, L. 158-9
Achebe, C. 198-9
Acton, J. E. E. D. 48-52, 65-6
Adams, C. K. 41-2
Adams, G. B. 53-4
Adams, H. B. 40-1, 51-2, 69-70
Adler, A. 158-9
afirmações "ocidentais" de supremacia cultural 262-3, 263-4, 264-5, 268-9, 273-5
agência, problema da xii, 65-66, 72-3, 118-9, 123-5, 129-130, 139-141, 207-8, 245-6; *ver também*, causação; "história a partir de baixo"
Aldgate, A. 283-4
Alltagsgeschichte 112-4, 201-2
alteridade 180-1, 201-2
American Film Institute 290-1
análise textual 193-4, 227-9, 197-8
Anderson, B. 245-6
Anderson, P. 176-7
Andrews, C. 40-1
antimodernismo e história 32-3, 121-3
antiquarianismo 43-4, 142-3, 296-7, 299-300, 314-5, 316, 332-3; *ver também*, historiadores amadores e historiografia amadora
antropologia 294-5, 296-7; e história 108-11, 137-8, 140-1, 149-151, 174, 180-191, 264-5, 265-7, 301-3; e sociologia 170-1; cultural 182-3, 269-271; virada "histórica" 188-9; física 181-2; *ver também*, etnografia
antropologia histórica 188-9, 189-190
Arnold, M. 295-6
arquivos 25, 30-1, 34-5, 45-6, 46-8, 49-50, 56, 61-2, 103-4, 189-190, 272-3, 291-2, 308-9, 321-2, 327-9, 330-1, 334-5, 337-8

Asch, R G. 356-7
Ashley, W. J. 67-8, 88, 93-4
associações históricas 44-6 (na Alemanha), 47-9, 65-8 (na Grã-Bretanha); 143-4 (nos EUA); American Historical Association (AHA) 40-2, 53-4, 73-4, 136-7, 143-4, 156-7, 226-7, 288-9; British Society of Sports History 297-8; Economic History Society 98-9, 101-3, 227-9; (British) Historical Association 65-8, 284-5, 285-6; International Committee of Historical Sciences 107-8; Organisation of American Historians 288-9; Reich Institute for the History of the New Germany 120-1; Royal Historical Society 47-9, 67-8, 156-7; Social Science History Association 176-7
Aubin, H. 143-5

Bailey, P. 294-6
Bailyn, B. 1433-4
Bakhtin, M. 304-5
Baring-Gould, S. 299-301
Barraclough, G. 157-9, 171-2, 177-8, 264-5
Barta, T. 286-7
Barthes, R. 112-4, 187-8, 263-4, 268-9
Barton, J. 139-140
Baudrillard, J. 262-3, 273-5
Beard, C. 69-74
Beard, M. 226-7
Becker, C. 69-70, 72-3
Beesly, E. S. 36-7
Behar, R. 188-9
Bell, D. 262-3
Below, G. von 29-30, 45-6, 59-61
Belsey, C. 194-5
Bender, T. 141-4
Benjamin, W. 193-4
Bennett, J. 225-6
Berghofer, R. Jr 268-9
Bergson, H. 103-5
Bert, H. 103-4

Beveridge, W. 97-8
Biernacki, R 269-271
Blackbourn, D. 130-1
Bloch, M. 101-8, 113 n. 48, 121-3, 182-3
Boas, F. 181-3, 187-8
Bodnar, J. 139-140, 241-2
Boorstin, D. 135-6
Bourdieu, P. 187, 187-8
Bourke, J. 232-3
Boyer, P. 174, 187
Brandt, W. 125-6
Braudel, F. 70-2, 107-115, 182-3, 222, 264-5
Brenner, R 215-6
British Broadcasting Corporation (BBC) 324-5
British Film Institute 284-5
Broadwood, L. 299-300
Bruce, H. 40-50
Brunner, O. 118-120
Brunschwig, H. 107-8
bruxaria, interpretações históricas de 157-8, 174, 184-7, 225-6
Bryant, A. 317-8
Bryce, J. 49-50
Bullitt, W. C. 157-8
Burke, P. 294-5, 295-6
Burrows, M. 36-7, 48-9
Bury, J. B. 43-4, 290-1
Butterfield, H. 164-5
Bynum, C.W 232-3

Cameron, A. 227-9
Cannadine, D. 256-8, 261
Canny, N. 256-7
Cantleon, P. L. 334-5
"caráter"/identidade nacional e nacionalismo 30-1, 126-7, 153, 156-7, 237, 238-9, 239-240, 249, 250-1, 255-6, 258-9, 264-5, 299-300, 301-4, 331-2, 332-3
Carlyle, T. 30-1, 39-40
Caseley-Hayford, J. E. 244-5
causação 92-3, 167, 170-2, 189-190, 212-3, 214-6
celebrações, 111-4
Certeau, M. de 201-2
Chanan, M. 283-4
Channing, E. 69-70
Chartier, R 112-4
Chomsky, N. 263-4
Churchill, W. S. 317-8

ciência, história da xii-xiv, 268-9
ciências físicas xii-xiv, 263-4
ciências naturais 70-2, 168-9, 180-1, 181-2, 182-3; e história 43-4, 44-5, 51-2, 53-4, 79, 209-210, 231-2; ver, também, ciências físicas
ciências sociais e história 126-7, 127-9, 135-8, 139-140, 162-3, 169-170, 171-2, 174, 176-7, 177-8, 183-4
cinema e história 105-7, 277-9, 280-1, 282-293; como entretenimento 284-5, 285-6; como forma de apresentar o passado 283-4, 284-5, 285-6, 286-7; como objeto de estudo histórico 282, 283-4; como recurso pedagógico 284-6; influência sobre os historiadores profissionais 289-290; problema da precisão em 283-4, 285-6, 288-9, 289-290; papel dos historiadores profissionais na realização 285-6, 286-7, 290-2
circunstancialismo ver construtivismo
Cisneros, S. 199-200
Clare, J. 32-3
Clark, A. 227-9, 229-230
Clark, S. 295-6
Cobb, R. 265-6
Cobbett, W. 32-3
Cohen, L. 140-1
Cohn, B. S. 180-1, 188-9
Colley, L. 249, 255-6, 256-8, 332-3, 338-9
colonialismo e história 209-211, 243-7; ver também, imperialismo e história; pós-colonialismo
Comaroff, Jean 188-9
Comaroff, John 188-9
Comissão Warren 312-3
Commines, P. de, 29-30
comparativismo 176-7, 177-8, 182-3
comunidade e história 301-3, 314-5
Comunismo 216-8; ver também, movimentos e/ou partidos políticos: Partido Comunista
concepção estatista da história 23, 43-4, 56, 63-4, 76-8, 88, 90-1, 118-9, 120-1, 124-5, 169-170, 183-4, 212, 238-9, 240-1, 255-6, 256-7; ver também, historismo
concorrência governamental com os historiadores profissionais 266-8; influência nas práticas históricas xiii-xiv, 123-4, 336-7; financiamento do patrimônio 322-3; financiamento do trabalho histórico 27-8, 29-30, 34-5, 56, 61-2, 64-5, 107-8, 171-2, 334-5
conferências históricas: Anglo-American Conference 90-1; Berkshire Conference 226-7, 231-2, 232-3; Center for Gender Studies

conference 233-4; German Historikertage 44-5; Women's Liberation conference 224-5
conhecimento científico 262-3
Connolly, S. J. 256-7
Conselho Internacional de Museus, 321-2
conservação 216-8
construtivismo 243-4; e definições de identidade étnica 239-240
contextualização 44-5, 174, 299-300, 300-3, 310-2, 313-5
Conze, W. 118-9, 123-4
Corbin, A. 112-5, 266-7
Coulanges, F. de 46-7, 167
Crawford, P. 234-5
Creighton, M. 49-50, 51-2, 64-6
Croce, B. 266-8, 268-9
cultura popular e história 30-3, 140-2, 277-8, 279-280, 280-1, 294-305
Cunningham, H. 303-4
Cunningham, W. 88, 89-90, 92-3

Dahlmann, F. C. 56-8
Dangerfield, G. 155-6
Darnton, R. 187-8, 265-6
Darwin, C. e darwinismo 53-5, 58-9, 168-9
Davies, R. R. ix, 252-3, 253-4
Davis, N. Z. 187-8, 232-3, 233-4, 265-6, 266-8, 272-3, 273-5, 288-9, 290-1, 291-2
Debray, R. 111-2
Delbrück, H. 58-9
Demangeon, A. 105-7
Demos, J. 157-8
Dening, G. 273-5
Dennett, D. 263-4
Derrida, J. 187-8, 268-9, 272-3
desconstrução 263-5, 269-271, 275-6, 299-300; ver também, pós-estruturalismo
Dickenson, M. 283-4
"descrição densa" 187-8, 265-6, 266-8
Dictionary of National Biography (gb) 49-50
difusionismo geográfico 181-2
direito, disciplina acadêmica do 36-7, 147-9, 181-2
direito, história e afirmações de verdade 268-9, 273-5, 337-9
discurso 164, 167; da história 268-9
dispositivos ficcionalizantes na historiografia 269-273, 273-5; em filmes históricos 288-9, 289-290
Dobb, M. 213-6, 216-8

Doctorow, E. L. 195-6
Dollimore, J. 194-5
Dosse, F. 112-4
Droysen, J. G. 56, 57-8
Dublin, T. 139-140
Duby, G. 111-4
Dunning, W. A. 51-4, 69-70
Durkheim, E. 103-4, 168-9, 169-170, 170-2, 182-3

Eco, U. 269-271
economia política 147-9
editores da *Scrutiny* 303-4
Eisenstadt, S. N. 176-7
Eley, G. 130-1
Eliot, T. S. 299-300
Elkin, J. 94-5
Ellis, S. G. 254-5, 257-8, 261
Elton, G. 174
emoções, história das 112-5, 154-5, 156-7, 158-9, 232-4
empiricismo 171-2, 172-3, 189-190, 194-5, 205-7, 210-1
Engels, F. 212-3
English Heritage 319-320
ensino de história nas escolas 36-7, 49-50, 65-8
Erickson, A. 232-3
Erikson, E. 156-7, 158-9, 162-3, 157 n. 7, 238-9
Escola de Bielefeld 83-6, 117-9, 127-132, 207-8
Escola de Frankfurt 157-8
Escola dos *Annales* 83-6, 101-15, 118-9, 121-3, 151, 153-6, 171-2, 182-3, 187,187-8, 195-6, 207-8, 253-4; ver também, publicações acadêmicas
Escola prussiana de historiadores 57-9
estruturas estruturalismo 65-6, 83-4, 108-111, 123-5, 127-132, 142-3, 176-8, 182-3, 187, 188-9, 189-190, 246-7, 263-4, 264-5, 265-6; ver também, pós-estruturalismo
estudantes de doutorado e pós-graduação em história 26-7, 29-30, 40-41, 46-8, 108-9, 136-7, 226-8
estudantes xi, 25, 29-30, 39-41, 34 n. 16, 46-8, 58-9, 94-5, 99-100, 136-9, 213-4, 216-8, 224-5, 279-280, 327-8
etnicidade 138-9, 140-3, 175-6, 184-6, 209-210, 237-247; como conceito 238-9; uso popular do termo 238-240; significação 246-7; ver também, multiculturalismo; etnia
etnografia 181-2, 184-6, 187, 187-8, 188-9, 189-190, 273-6

etnologia 181-2
European Convention on the Protection of the Archaeological Heritage (Valetta Convention) 320-1
Evans, R J. 275-6, 330-1, 334-5, 338-9
Evans-Pritchard, E. E. 180-1, 184-6
eventos, história dos 109-112, 123-5, 127-9, 269-271
"Evolucionistas Clássicos" 181-2

Fanon, F. 137-8
fatos *ver* virada linguística; objetividade; pós-modernismos; fontes Fagniez, G. 101-3
Febvre, L. 101-111, 112-4, 110 n. 30, 153, 182-5
feminismo 193-4, 199-200, 209-210, 219-220, 224-5, 286-7
Ferguson, A. 168-9
Ferro, M. 111-112
Fester, R 61-2
Feyerabend, P. 268-9
filosofia da ciência xii, 170-1, 268-9
filosofia da história 126-7, 169-170, 195-8; *ver também*, Hegel; Marx
financiamento privado do trabalho histórico 334-5; do patrimônio 322-3
Fineman, J. 194-5
Fischer, F. 125-6, 133
Fiske, J. 300-1
folclorismo 120-1, 299-301
Foner, E. 218-9
fontes xii-xiv, 44-5, 49-50; acesso a 269-211, 315-6, 336-7; análise computadorizada de 139-140, 308-9; uso crítico de xi, 27-8, 34-5, 43-4, 46-7, 47-8, 51-2, 53-4, 65-7, 68-9, 70-3, 87-8, 101-3, 105-7, 129-130, 140-2, 151, 158-9, 169-170, 172-3, 279-280, 280-1, 310-1, 313-5, 315-6, 319-321, 332-3, 333-5, 337-8; distorções de 310-1, 336-9; edições de 44-5, 47-8, 61-2, 90-1, 123-4, 308-9, 336-7, 337-8; filmes como 282, 283-4; microfilmagem de 108-9; tradições orais como 183-4; interpretações psico-históricas de 154-5; variedades de 88, 89-90, 283-4, 291-2, 308-9; imagens visuais e reproduções de 272-3; páginas na internet para 327-9; *ver também*, hermenêuticas; Ranke, L. von; historiografia rankeana
Foucault, M. 112-4, 187-8, 193-4, 194-5, 195-6, 201-2, 237, 264-5, 268-9, 269-271
Fox-Genovese, E. 142-3
Frame, R 252-3
Frank, W. 120-3

Fraser, A. 315-6
Freud, S. 72-3, 147-150, 153-165 passim
Friedan, B. 224-5, 225-6
Fromm, E. 157-8
Froude, J. 30-1
Frye, N. 268-9
Fukuyama, F. 269-271
funcionalismo estrutural 170-1, 182-3, 184-6, 243-4
Fundação Rockefeller 107-8, 108 n. 23
Furet, F. 112-4

Gallagher, C. 194-5
Gasquet, F. 88
Gatterer, J. C. 27-8
Gay, P. 153-6, 158-160
Geertz, C. 140-1, 151, 180-1, 187-8, 188-9, 189-190, 195-6, 239-240, 265-6, 266-8
Gellner, E. 188-9
genealogia 47-8, 307, 316
gênero, como categoria 222-3; impacto sobre a historiografia 29-30, 232-4; conhecimento limitado da historiografia marxista 214-6
Genovese, E. 138-9, 140-1, 142-3
George I (da Inglaterra)
gerações e mudanças geracionais 176-7; em antropologia 157; em historiografia xiii-xiv, xiv-xv, 25, 43-5, 45-6, 51-2, 54-5, 56, 57-8, 59-60, 67-70, 83-6, 93-4, 103-4, 119-120, 120-1, 121-3, 124-5, 138-9, 156-7, 171-3, 213-4, 214-6, 216-8, 219-220, 225-6, 236, 240-1, 296-7, 299-300
Gibbon, E. 30-1
Giddens, A. 167, 177-8
Ginzburg, C. 187-8, 265-6, 266-8, 304-5
Gjerde, J. 243-4
Gladstone, W. 51-2, 64-5
Glass, D. V. 174
Glazer, N. 247-8
Gluckman, M. 187, 296-7
Godelier, M. 187
Gomez, M.A. 243-4
Gooch, G. P. 67-8
Goody, J. 188-9
Gottschalk, L. 288-9
Goubert, P. 109-111
Gowing, L. 233-4
Gramsci, A. 137-8, 300-1
grand Synthesis 177-8

grandes narrativas 73-4, 58 n. 4, 85-6, 142-3, 155-6, 183-4, 237, 239-240, 263-4
Gras, N. 98-9
Green, J. R 40-50
Greenblatt, S. 194-5, 195-6, 266-8
Grote, G. 48-9
Grupo dos historiadores do Partido Comunista 216-8, 218-9, 219-220, 220-1
Guerra Fria, impacto sobre a historiografia 107-8, 93 n. 23, 121-3, 125-6, 135-6, 182-3
"guilda" dos historiadores alemães 26-7, 27-8, 44-5, 45-6, 60-1, 61-2, 63-4, 75-6
Gutman, H. 140-1

Hall, S. 294-5
Haller, J. 58-9, 61-2
Halperin, D. 232-3
Hammen, O. 132-3
Handlin, O. 240-2
Hareven, T. 139-140
Harris, J. 227-9
Harris, T. 303-4
Hart, A. B. 53-5
Hartz, L. 135-6
Harvey, B.F. 227-9
Haskins, O. 40-1
Hastings, A. 239-240, 246-7
Hauser, H. 105-7
Hawthorne, N. 39-40
Hayes, R 40-1
Hearnshaw, F. J. C. 285-6
Hechter, M. 252-3
Hegel, G. W. F. 56, 195-6
Heiberg, M. 188-9
Hempel, C. 170-1
Herder, J. G. 153
Heritage Lottery Fund (Grã-Bretanha) 322-3, 323-4
hermenêutica 129-130, 192, 201-2; *ver também*, fontes: uso crítico de
Herrup, C. 233-5
Hershberg, T. 139-140
Hexter, J. H. 174, 177-8, 266-9
Hill, C. 213-4, 216-8, 265-6, 272-3, 296-7
Hill, J. 299-300
Hilton, R. H. 213-4, 216-9, 220-2
Himmelfarb, G. 134, 142-3, 264-5
Hindus, M. 139-141
Hintze, H. 29-30

histoire totale ver história "total"
história "científica" 23, 34-5, 43-4, 44-5, 51-5, 56, 65-6, 68-74, 101-3, 105-7, 138-9, 159-160, 169-170, 174, 250-1
história "total" (ou "integral") 101, 104-5, 114-5, 118-9, 121-3, 182-3
história como atividade profissional 47-8, 83-4, 124-5, 174; *ver também*, "guilda" de historiadores alemães
história comparativa 104-5, 113 n. 48, 130-1, 174, 182-3, 188-9, 264-5
história constitucional 32-3, 65-8, 70-2, 123-4; *ver também*, interpretação *whig* da história
história criativa, *ver* subjetividade na historiografia
história cultural 114-5, 140-2, 143-4, 149-1, 182-3, 187, 187-8, 214-6, 268-9; *ver também*, virada linguística; cultura popular
história das mulheres 112-4, 139-141, 158-9, 209-210, 224-235, 235-6
história de gênero 138-9, 209-210, 214-6, 232-5, 236
história dos esportes 279-280, 296-300, 300-1, 301-3, 303-4
história econômica 58-61, 67-8, 69-72, 81-4, 87-99, 174; e história amadora 309-3 10; ver, também, história social
história feminista 65-6, 68-70, 209-210, 214-6 224-235 passim
história local 68-9, 95-7, 140-3 passim, 279-280, 314-5, 316-8, 327-9
história mundial 233-4, 264-5
História nacional 56, 57-8, 65-6, 130-1, 310-1; descentramento de 264-5; emancipação da história das mulheres da 233-4, 236
história oral 140-1, 174
história regional 95-7, 108-9
história social xi, 81-3, 156-8, 180-1, 187-8, 214-6, 264-6, 268-9; na Grã-Bretanha 257-8, 296-7, 297-8, 299-300; na França 104-5, 108-9, 111-4; na Alemanha 58-1, 61-2, 117-132; Nos EUA 67-72, 134-144, 240-1; *ver também*, Escolas dos *Annales*; sociologia e história
historiadoras 29-30, 39-42, 65-8, 76-7, 83-4, 89-91, 97-9, 224-235
historiadores "oficiais" 61-2, 123-4, 315-6, 336-7, 337-8
historiadores amadores e historiografia amadora xiii-xiv, 32-6, 39-40, 41-2, 43-4, 47-8, 48-50, 63-4, 95-7, 101-3, 138-9, 158-9, 277-9, 280 n. 3, 279-281, 307-9, 330-1, 338-9;sociedades históricas amadoras 47-9,

312-3, 314-5; *ver também*, profissionalização da história; interesse público em história
historiadores contratados ver historiadores "oficiais"; historiadores públicos
historiadores do consenso (USA) 134-6, 144-5
historiadores marxistas britânicos 93 n. 23, 130-1, 187, 207-8, 213-4, 214-6
historiadores públicos 307, 315-6, 334-5; *ver também*, patrimônio
"história a partir de baixo" 139-140, 172-3, 207-8, 209-210, 213-4, 214-6, 216-8, 218-220, 161; *ver também*, *Alltagsgeschichte*; pessoas comuns, histórias das
"história contínua" 194-5
"história da família" *ver* genealogia
histórias da classe trabalhadora e dos movimentos trabalhistas 81-3, 94-7, 97-8, 124-5, 139-140, 140-1, 141-2, 207-8, 219-220, 220-1, 229-230, 264-6, 269-271, 296-7, 300-1, 301-3
histórica política 23-4, 28-9, 57-76 *passim*, 92-3, 98-9, 101-3, 105-7, 111-4, 121-3, 134-7, 138-9, 142-3, 177-8, 255-7, 264-5; *ver, também*, concepção de história estatista; historismo
historicismo 193-4, 199-200
historiografia alemã como modelo 23-4, 34-5, 40-1, 46-7, 49-50, 51-2, 53-4, 64-5, 65-6, 78-9, 93-4, 104-7
Historiografia do Iluminismo 26-7, 28-9, 76
historiografia liberal 30-1, 63-4
historiografia nacionalista xi, 28-9, 30-1, 43-5, 56-8, 68-9, 119-120, 125-6, 127-9, 210-1, 237, 250-1, 254-5, 331-2, 332-3, 336-7, 337-8; alternativas à 105-7, 249-261 *passim*
historiografia rankeana 64-5, 69-70, 76, 129-130; *ver também*, historismo; história "científica"
historismo 28-9, 63-4, 75-6, 83-5, 117-9, 120-1, 124-5, 125-6, 154-5, 212-3
History Today 288-9, 307
Hoar, G. 41-2
Hobsbawm, E. J. 187, 205-7, 207-8, 209-210, 213-4, 216-8, 219-220, 222, 229-230, 296-7, 330-1, 331-2
Hofstadter, R. 134-6
Holt, R. 330-1
Hufton, O. 234-5
Hughes, S. 177-8
Huizinga, J. 153, 182-3
humanismo socialista 212, 214-6; e marxismo "ortodoxo" 214-6
Humboldt, A. von 27-8, 30-1

Hume, D. 275-6
Hunt, L. 187-8
Huppert, G. 111-2
Hutcheon, L. 195-8, 268-9
Hutchinson, S. 184-6

identidade 237-247; como conceito 238-9; imaginada 245-7, 331-2; *ver também*, "caráter"/identidade nacional e nacionalismo
Iluminismo 29-30, 195-6, 239-240; raízes das disciplinas de história (e sociologia) em 168-9, (e antropologia) em 180-1
imigração, historiografia do (EUA) 239-244
impacto da guerra na historiografia xiv-xv, 23, 27-8, 29-30, 57-8, 60-2, 68-70, 72-3, 75-6, 76-8, 101-3, 104-5, 107-8, 119-120, 125-6, 137-8, 155-7, 218-9, 241-2, 336-7
imperialismo e história 210-1
influências das religiões na historiografia 27-9, 30-1, 35-36, 41-2, 45-6, 47-8, 64-5, 216-8, 237
informática e história 273-5; *ver também*, fontes
institutos de pesquisa e projetos de pesquisa em equipe 120-1; na República Democrática Alemã 220-1; Institute for Economic and Social History (Universidade de Heidelberg) 123-4; Institute of Historical Research (Londres) 67-8; International Centre for History and Culture (Universidade de Montfort) 297-8; Grupo de Trabalho sobre História Social Contemporânea (Heidelberg) 123-4; Philadelphia History Project 140-1
instrumentalismo ver construtivismo
história "integral" ou integrada 101, 104-5
intercâmbios e influências historiográficos internacionais 48-9, 51-2, 75-6, 76-9, 92-4, 111-2, 112-4, 112 n. 41, 139-140, 182-3, 184-6, 210-1, 214-6, 222, 233-4, 332-3; *ver também*, historiografia alemã como modelo
interdisciplinaridade xi, xiii-xiv, 25, 49-50, 57-9, 81-3, 92-3, 98-9, 101-3, 105-7, 112-4, 136-7, 147-204 passim, 222-3, 226-7, 263-4, 266-8, 330-2; arqueologia e história 47-8, 320-321; demografia e história 107-9, 120-1, 123-4, 139-140, 174, 257-8; economia e história 92-3, 93-4, 108-9, 272-3; geografia e história 49-50, 101, 104-7, 109-111, 110 n. 30, 120-1, 129-130; direito e história 36-9; linguística e história 108-111; filosofia e história 168-9, 169-170; ciência política e história 233; psicologia e história 149-150, 153-5; *ver também*, antropologia e história; literatura e história; psicanálise e história; ciências sociais e história; sociologia e história

interesse público em história 29-33, 48-9, 63-4, 93-7, 107-8, 109-114, 249, 266-8, 279-280, 282, 307-9, 311-2, 314-5, 315-6, 326, 328-9, 330-1
interpretação *whig* da história 65-6, 68-9, 88, 130-1, 225-6, 250-1, 254-5, 317-8
Irigaray, L. 233-4
Irving, D. 334-5, 337-9
Isaac, R. 187-8

Jameson, F. 192
Jameson, J. F. 39-40, 40-1, 21-2, 53-4, 55, 67-87
Jenkins, K. 275-6
Jessop, A. 95-7
Johnson, R 167-9
Johnston, D. 184-6
Johnstone, H. 67-8
Jones, G. S. 167, 175-7
Joyce, J. 268-9
Jullian, C. 46-7
Jung, C. 160-1

Kallen, H. 238-9
Kammen, M. 273-5
Katz, M. B. 139-140
Kearney, H. 250-1, 253-4, 256-7, 260-1
Kehr, E. 63-5
Kelly, J. 224-6
Kershaw, 1. 131-2
Kessner, T. 139-140
Kingsley, C. 37-9
Kingston, M. H. 198-200
Klein, M.160-1
Knowles, L. 97-8
Kocka, J. 117, 125-6
Kosminsky, E.A. 212-4
Kristeva, J. 112-4
Kuhn, T. S. xii-xiv, xv-xvi, 76, 127-9, 143-4, 263-4; conceito de "ciência normal'" xii-xiv, xv-xvi, 23-4, 90-1, 101-3, 124-5, 127-9, 130-1, 169-170, 227-9, 237, 266-9, 268-9; conceito de "revoluções científicas" xiii-xiv, 76, 83-4, 131-2; fragmentação de paradigmas 2, 55; paradigmas xii, xiii-xiv, xiv-xv, 23, se-4, 26-7, 53-4, 73-4, 76, 81-3, 83-4, 85-6, 101, 117, 118-9, 120-1, 127-9, 131-2, 134, 142-3, 143-4, 175-6, 227-9, 232-3, 237, 240-1, 251-2, 252-3, 256-7, 283-4, 333-4, 336-7, 337-8

Lamartine, J. 169-170

Lamprecht, K. 59-60, 123-4
Lane, R 139-140
Langer, Walter 156-7, 162-3
Langer, William 156-7
Langlois, C. V. 103-4
Lasch, C. 138-9
Lavisse, E. 101-3
le Bon, G. 153
Le Goff, J. 200-1
Le Roi Ladurie, E. 109-111, 151, 175-6, 187, 265-6
Leavis, F. R 193-4, 303-4
Lecky, W. 48-50
lectures sobre história 26-7, 35-6, 89-91
Lee, S. 49-50
Lefebvre, G. 153-5
leis históricas 28-9, 53-4
Lemisch, J. 138-9
Lenin, V. 1. 212-3
leninismo 97-8
Lenz, M. 27-9, 57-8
Lerner, G. 224-5, 226-7
Levett, A. 98-9
Levine, L. 140-1
Lévi-Strauss, C. 187, 268-9
Levy-Bruhl, L. 182-3
liberdade acadêmica xii-xiv, 27-9, 30-1, 58-60, 63-5, 65-6, 68-9, 107-8, 135-6, 334-5
Liddington, J. 233-4
Lipson, E. 89-91, 97-8
Lipstadt, D. 338-9
literatura e história 28-30, 30-1, 36-7, 103-4, 141-2, 151, 187, 187-8, 188-9, 192-204 passim 263-4, 266-8, 268-9, 299-300; ver, também, "Novo Historicismo"
Lodge, H. 41-2
Loewenberg, P. 156-8, 157 n. 7, 164 n. 27
longue duré (história de longo prazo) 108-111, 114-5
Lowenthal, D. 319-320
Ludwig, E. 63-4
Lynd, S. 138-9
Lyotard, J.-F. 262-3, 264-5

Macaulay, T. B. 30-5, 39-40, 34 n. 14,
Macfarlane, A. 187, 188-9
Maine, J. H. 181-2
Maitland, F. W. 48-50, 88
Malcolmson, R 301-3, 303-4

Malinowski, B. 181-2, 182-3
Man, P. de 264-5, 269-271
Mandrou, R. 112-4
Mangan, J. A. 297-8
Mann, J. de Lacy 89-91
Marcks, E. 57-8
Marcuse, H. 137-8
Marwick, A. 275-6
Marx, K. 167, 168-9, 169-170, 176-7, 212-3, 227-230, 333-4
Marxismo 58-9, 97-8, 125-6, 126-7, 137-9, 157-8, 172-3, 176-7, 187, 224-5, 193-4, 194-5, 195-6, 212, 262-3, 296-7; anglo-marxismo 257-8; interpretações marxistas da história 59-60, 60-1, 98-9, 112-4, 125-6, 138-9, 204, 205-8, 212-222, 265-6, 272-3, 286-7; sociologia marxista 175-6; *ver também*, British Marxist Historians; humanismo socialista
Maschke, E. 123-4
masculinidade, estudo social de 233-4
Mason, T. 266-8, 299-300
Mauss, M. 182-3, 263-4
Mazlish, B. 156-8
McNeil, W. 264-5
Medick, H. 187-8
Mehring, F. 59-60
Meinecke, F. 26-7, 58-9, 61-2, 120-3
Memória e história 199-202, 273-6, 319-320, 320-1, 331-3, 338-9
Mendleson, S. 234-5
Mentalités (história das mentalidades) 109-111, 112-4, 154-6, 175-6, 269-271
método experimental 170-1, 263-4
método histórico crítico, *ver* história científica; fontes: uso crítico da historiografia "crítica" 81-3, 85-6, 124-5, 131-2; *ver também*, história social
métodos e fontes quantitativos 87-8, 88, 109-111, 139-141, 170-1, 171-2, 172-3, 174, 175-6, 187, 257-8, 266-8
Michelet, J. 268-9, 272-3
microestudos 141-2, 151, 187-8
Mill, J. S. 92-3
Millar, J. 168-9
Mills, C. W. 171-2, 262-3
Minz, S. 188-9
Mitchell, J. 225-7, 227-230
mitos nacionais 112-4, 332-3, 337-8
modernidade, conceito de 130-1
modernismo 262-3, 268-9

Molho, A. 141-2
Momadday, M. S. 199-200
Mommsen, H. 334-5
Mommsen, T. 35-6, 46-7, 65-6
Monkkonen, E. 141-3
Monod, G. 101-3
Montesquieu, C. de 168-9
Montrose, L. 15, 194-5, 197-8
Moore, B. 167, 176-7
Morazé, C. 107-8
Morgan, L. H. 181-2
Morrill, J. 254-5, 223
Morris, W. 32-3
Morrison, T. 199-200
movimento History Workshop 207-210, 224-5, 227-9; *ver também*, publicações acadêmicas: *History Workshop Journal*
movimento pela paz, 219-220
movimentos e/ou partidos políticos e história 219-221; *Black Power* 241-2; Movimento dos Direitos Civis 241-2; Partido Comunista 135-6, 207-8, 216-8, 218-9, 219-220, 220-1; Partido Trabalhista 207-8; Movimento pela Paz 219-220; política das frentes populares 216-8; Unidade Socialista (Alemanha); Movimento de liberação das mulheres 229-230; *ver*, também, Grupo dos Historiadores do Partido Comunista,
Moynihan, D. P. 247-8
mudanças históricas e econômicas, impacto na historiografia 28-9, 67-8, 81-3, 92-5, 101-3, 136-7, 172-3, 182-3
multiculturalismo 232-3, 237-9, 240-4, 249
Murdock, G. P. 243-4
Museu Britânico 322-3
Museums and Galleries Registration Scheme (Grã-Bretanha) 322-3
Museums Association (Reino Unido) 328-9
museus 297-8, 321-2, 322-3, 323-4

Nagel, E. 170-1
Namier, L. 65-6, 158-9, 189-190, 222
Narogin, M. 199-200
narrativa e história narrativa 87-8, 88, 89-90, 112-4, 127-9, 129-130, 175-6, 198-9, 199-200, 268-9, 269-271
Narrativas-mestre (e meta) *ver* grandes narrativas
National Curriculum (Currículo Nacional da Grã-Bretanha) 326, 327-8, 328-9
National Trust (Grã-Bretanha) 321-2, 322-3

Nazismo 63-4, 75-6, 85-6, 105-8, 118-131, 156-7
New Left 137-9, 194-5, 229-230
New York Times 265-6
Newman, J. H. 35-6
Nietzsche, F. 193-4
Nissenbaum, S. 174, 187
Nora, P. 331-2, 332-3
"nova história britânica" 210-1, 249-261
"nova história cultural" 187-9, 332-3
Novak, M. 241-2
"Novo Historicismo" 151, 194-5, 195-6, 197-8, 198-9, 199-200, 266-8, 269-271
Novos Historiadores e a "nova história" (EUA) 137-8, 171-2, 174

Objetividade 43-4, 44-5, 53-4, 54-5, 57-8, 69-70, 72-3, 73-4, 135-6, 138-9, 167, 195-6, 199-201, 234-5, 291-2, 326, 336-7; *ver também*, "história científica"
Oncken, H. 120-3
Orientalismo 264-5; *ver também*, afirmações "Ocidentais" de supremacia
Ostforschung 119-120, 121-3

Page, F. M. 98-9
papel público do historiador 37-9, 36 n. 14, 49-50, 68-9, 70-2, 83-4, 101-3, 104-5, 107-8, 112-4, 137-9, 226-7, 279-280, 290-1, 319-320, 326, 327-8, 331-2, 334-5, 336-7, 338-9
Park, R. 238-9
Parson, T. 183-4
patrimônio 277-9, 279-280, 331-2, 332-3; e história 297-8, 319-329 passim; indústria do patrimônio 280-1, 320-1, 321-2, 323-4, 326, 327-8, 330-1; acesso público ao patrimônio 322-3, 323-4, 324-5; *ver também*, English Heritage
Peel, J. D. Y. 246-7
periodização 253-4, 258-9, 261; implicações da história das mulheres para 225-6
pesquisa em arquivos 45-6, 46-8, 53-4, 76, 192, 226-7, 269-273; e trabalho de campo 187-8, 188-9, 334-7
Pessen, E. 139-140
pessoas comuns, histórias das 73-4, 139-140, 172-3, 174, 265-6, 300-1, 303-4
Peukert, D. J. K. 130-1
Pfister, O. 155-6
Pinchbeck, I. 229-230
Plekhanov, G. V. 320-1
Plumb, J. H. 301-3

Pocock, J. G. A. 250-1, 251-3, 254-6, 260-1, 268-9
Pokrovsky, M. N. 219-220
política, influência sobre os historiadores 36-7, 92-5, 97-8, 105-8, 108 n. 23, 130-1, 134-6, 142-3, 172-3, 182-3, 194-5, 216-8, 218-9, 250-1, 251-2, 258-9, 264-5, 286-7, 332-4, 337-9; *ver também*, marxismo; nazismo; impacto da guerra na historiografia
Pollard, A. F. 67-8
Popper, K. 157-8
Porter, R. 273-5
pós-colonialismo 180-1, 198-200, 237-9
pós-estruturalismo 141-2, 175-6, 187-8, 192, 194-5, 233-4, 263-4, 264-5, 266-8
positivismo 170-1, 174, 183-4, 187-8
pós-modernismo
pós-modernismo 85-6, 86 n. 4, 163-5, 183-4, 188-9, 211, 262-276, 286-7, 299-300, 332-3
Posner, G. 312-3
Postan, M. 90-1, 98-9
Poster, M. 194-5
Power, E. 90-1, 97-9, 233-4
Powys Digital History 328-9
preservação 323-4, 326
primazia da política externa, doutrina da 57-9, 63-4
primordialismo 243-4; e definições de identidade étnica, 239-240
professorado de história 34-5; e a constitucionalização das cátedras de história 26-7, 35-7, 39-40, 67-8, 88, 101-3; composição em termos de gênero 226-9; composição social de 29-31, 41-2, 47-8, 69-70; uso de patronagem por 187-8
profissionalização da história xii-xiv, 23-79 *passim*, 101-3, 136-7, 169-170, 177-8, 180-1, 307, 330-1, 332-3; de estudos africanos 183-4; da antropologia 181-2; da psico-história 156-7; da sociologia 169-170, 172-3; da história das mulheres 226-7, 227-9, 233-4, 236
Progressive Historians (USA) 23-4, 69-73, 240-1
Pronay, N. 283-4
Prothero, G. W. 48-9
psicanálise e história 151-2, 153-165; e estudos literários 192; *ver também*, psico-história
psico-história 147-150, 156-7
publicações históricas 48-9, 51-2, 54-5, 59-61, 89-90, 101-3, 139-140, 142-3, 188-9, 250-1, 314-5; Allgemeine Historische Bibliothek 27-8, American Historical Review 39-40, 51-2, 54-5, 156-7, 227-9, 288-9; Annales d'histoire

economique et sociale 105-8; Annales: economies-societes-civilisations 107-115, 231-2; Comparative Studies in Society and History 188-9; Economic History Review 67-8, 90-1, 93-4, 97-8, 101-103, 105-107, 213-4, 227-9; English Historical Review 49-50, 64-6, 213-4; Family History 136-7; Gender and History 231-2; Historische Zeitschrift 44-5, 120-1; History 67-8, 284-5; History and Theory 157-8; History Workshop Journal 157-8; Jomsburg 120-1; Journal of American History 288-9; Journal of Interdisciplinary History 136-7; Journal of Social History 136-7, 138-9; Journal of Urban History 136-7; Journal of Women's History 231-2; Labor History 136-7; Melanges d'histoire sociale 107-8; Museums journal 328-9; Past and Present 108 n. 23, 175-6, 213-4, 220-1; Revue historique 101-3, 104-5; Revue de synthse historique 103-5; Vergangenheit und Gegenwart 120-1; Vierteljahrschreibung Sozial- und Wirtschaftsgeschichte 89-90; Women's History Review 231-2; de história do cinema 286-7; de história local 316-8; de psico-história 156-8; de sociologia 176-7; de história do esporte 297-8

Pynchon, T. 195-6

Quidde, L. 59-60

raça 136-8, 140-1, 238-240, 240-1, 249
racismo e interpretações racistas da história 58-9, 137-8, 181-2, 264-5
Radcliffe-Brown, A. R 170-1, 182-3, 184-6, 189-190
Rambaud, A. 101-3
Ranger, T. O. 244-6
Ranke, L. von 27-8, 28-30, 30-1, 44-7, 54-5, 56, 57-9, 83-4, 290-1
Raum 119-120, 121-3, 129-130
regimes totalitários 121-3
Reich 57-8, 61-2, 104-5, 119-120
relativismo 69-74; *ver também*, objetividade; religiões, estudo de 104-5, 170-2, 184-6, 187, 225-6, 232-3, 304-5
"Renascimento rankeano" 57-8
retórica na historiografia 333-4
"retorno à história" nos estudos literários 192, 193-4, 194-5
Ricardo, D. 92-3
Richards, I. A. 193-4
Richards, J. 283-4, 297-8
Ricouer, P. 195-6
Riley, D. 226-7, 233-4

Ritter, G. 123-6
Robbins, K. 252-3, 255-6, 256-8, 257-9
Roberts, J. 264-5
Robinson, J. H. 69-72, 171-2
Rogers, C. 48-9
Rogers, J. E. T. 87-93
Romilly, J. 47-8
Roosevelt, T. 40-1
Roper, L. 225-6, 232-3
Rosaldo, R 187
Rosenstone, R 283-4, 288-9, 289-290, 291-2
Rowbotham, S. 224-5, 226-7, 229-230, 231-2, 233-4
Royal Academy (Grã-Bretanha) 32-3
Rubin, M. 232-3
Rushdie, S. 195-6, 199-200
Ruskin, J. 32-3

Sahlins, M. 188-9
Said, E. 237, 264-5
salons 26-7
Samuel, R. 201-2, 214-6, 251-2, 255-6, 294-6
Sarbah, M. 244-5
Saussure, F. de 263-4
Sauvy, A. 107-8
Schäfer, D. 29-30, 58-9, 60-1
Schama, S. 269-273, 291-2
Schieder, T. 25, 118-9, 123-5
Schmoller, G 93-4
Scott, J.W. 227-9, 229-30
Scott, W. 28-31
Seebohm, F. 88, 93-4
Seeley, J. R. 37-9, 48-50, 64-5
Seignobos, C. 103-4
Seminários xi, 29-30, 39-40, 40-1, 41-2, 46-7, 48-9, 65-6, 101-3, 156-7, 233-4
séries de publicações: *American Nation* 39-40; *Cambridge Modern History* 51-2; *Dictionary of National Biography* 49-50; *Narrative and Critical History of America* 39-40; *Transactions of the Royal Historical Society* 48-50; *Victoria Country History* 51-2
séries monográficas 51-2, 188-9, 297-8
Sewell, W. 187-8
Sharp, C. 300-1
Shils, E. 239-240
Short, K. R. M. 283-4
Shorter, E. 174
Sinfield, A. 194-5

"*Single Name Societies*" 307
Skocpol, T. 176-7
Smith, Adam 92-3
Smith, Anthony 239-240
Smith, B. 233-4
Smith, G. 49-50
Smith, S. 34-5
Smith, T. C. 73-4
sociedades rurais, história das 95-7, 104-5, 105-7, 108-112, 120-1, 121-3, 139-140, 212-3, 218-9, 225-6, 240-1
Society of Genealogists 308-9
Sociologia e história 58-9, 92-3, 103-4, 120-1, 123-4, 124-5, 137-8, 149-150, 157-8, 167-178, 262-3, 265-6, 296-7, 297-8; *ver também*, sociologia histórica
sociologia histórica 169-170, 176-7, 177-8
Sollors, W. 243-4
Sonderweg 63-4, 125-6
Sorlin, P. 283-4
Southey, R. 32-3
Spencer, H. 168-9
Spengler, O. 264-5
Spufford, M. 227-9
Srbik, H. Ritter von 119-120
Stalin, J., e stalinismo 219-221
Starkey, D. 291-2
Stearns, P. 134, 138-9
Stedman-Jones, G. 269-271, 295-6
Steedman, C. 233-4, 272-3
Stein, H. F. K. vom 44-5
Stephen, J. 36-7
Stephen, L. 49-50
Stone, L. 140-1, 157-8, 163 n. 23, 174, 175-6, 178-9, 265-8, 269-273
Strauss, G. 304-5
Street, S. 283-4
Stubbs, W. 36-7, 39-40, 48-9, 64-5
subjetividade na historiografia 272-3
Suggett, R. 295-6
Sybel, H. von 46-7, 57-8

Tawney, R. 88, 90-3, 95-8
Taylor, A. J. P. 157-8, 291-2
Taylor, B. 229-230
teatralidade como estratégia em historiografia 273-5
televisão, história na 111-2, 277-9, 279-280, 291-2, 297-8, 330-1

tempo e temporalidade 104-5, 107-8, 109-111, 114-5, 266-8, 272-3; concepções de 269-271; experiências de 103-4; em história e antropologia 180-1, 181-4, 189-190, 190-1; em história e sociologia 167, 176-7; ver, também, periodização
teoria cultural e história 109-111, 266-8, 294-5, 296-7
teoria da modernização 124-5, 126-7, 130-1, 176-7, 237
teoria e história xii-xiv, xiv-xv, 54-5, 58-9, 72-4, 94-5, 108-111, 126-7, 127-9, 129-130, 149-150, 167-9, 205-289 passim, principalmente 212, 220-2, 237-9; *ver também*, leis históricas; virada linguística; marxismo, estruturas e estruturalismo
teorias conspiratórias 313-4
textos 140-1, 141-2, 198-9, 199-200, 200-2, 263-4, 269-271, 273-5; como objetos 195-6; problema da linguagem em 268-9
textualismo e textualidade 151, 192, 194-5, 197-8
The Times (Londres) 249, 285-6
Thernstrom, S. 139-140, 174
Theweleit, K. 157-8
Thiongo, N. wa 198-9
Thirsk, J. 227-9, 233-4
Thomas, K. 137-8, 172-4, 178-9, 184-6, 213-4, 264-5, 297-8
Thomas, N. 189-190
Thompson, Denys 303-4
Thompson, Dorothy 229-230
Thompson, E. P. 139-140, 174, 187, 207-8, 213-4, 214-6, 216-8, 237, 264-6, 295-6, 296-7, 303-4
Thompson, M. 295-7
Thoreau, H. 137-8
Tilly, C. 174, 177-8
Tilly, L. 174, 229-230
Tocqueville, A. de 169-170
Toplin, R. B. 288-9, 290-1, 291-2
Tort, D. 216-8
Tout, T. F. 65-8
Toynbee, A. J. 89-90, 264-5
tradições 299-304, 331-2; *ver também*, memória e história
tradições orais 183-4
Tratado de Versalhes 61-2, 119-120
tribo e tribalismo 239-240, 243-7
Trotsky, L. 212-3
Turner, F. J. 40-1, 67-8, 69-72, 240-1
Turner, V. 140-1

Tylor, E. B. 181-2, 294-5

UNESCO 321-2
universidades (e outras instituições de ensino superior)xiv-xv, 25-8, 34-6, 39-42, 34 n. 16, 46-7, 65-6, 88, 117, 229-230, 277-9, 297-8, 307, 314-5; Aberystwyth 39-40; Berlin 27-8, 46-7, 220-1; Bielefeld 117; Cambridge 35-9, 40-50, 67-8, 88-90, 97-8, 213-4, 2218-9; Chicago 187-8, 288-9; Columbia 40-1, 51-2, 181-2; Collège de France 112-4; De Montfort 297-8; Durham 37-9; École Normale Superieure (Paris) 101-4; École Pratique des Hautes Etudes (Paris) 101-3, 107-8, 111-2; European Humanities 233-4; Gödttingen 27-8; Harvard 40-1, 88, 156-7, 183-4; Heidelberg 123-4; Johns Hopkins 40-1; Königsberg 120-1; Lampeter 39-40; London 36-9, 48-9, 67-8, 87-8, 183-4, 213-4, 285-6; London School of Economics 89-90, 92-3, 97-8, 227-9; Manchester 37-9, 49-50, 67-8, 89-90, 187, 296-7; Massachusetts Institute of Technology 156-7; Oxford 34-7, 49-50, 67-8, 87-90, 94-5, 213-4, 216-8, 218-9, 224-5, 229-230; Princeton 187-8, 265-6; São Paulo 108-9; Sorbonne 101-3, 105-7; Strasbourg 104-8, 120-1; State University of New York 111-2; Tianjin Normal 233-4; Warwick 213-4; provas em 88-90; marcados de trabalho 28-9, 30-1, 41-2, 120-1, 171-3; organizações de historiadores dentro de 36-7, 226-9; currículo de graduação de 34-6, 36-7, 37-40, 40-1, 46-7, 47-8, 67-8, 88, 89-90, 224-6; *ver também*, palestras sobre história; seminários

Vail, L. 245-6
Valence, D. 229-230
Valentin, V. 59-60
Vansina, J. 183-4
Varga, L. 233-4
Vecoli, R. 241-2
Veeser, H. A. 89-90
Venturi, R. 262-3
Verdade e afirmações de verdade dos historiadores, *ver* objetividade; pós-modernismo; fontes: uso crítico de
Vico, G. 153
vida cotidiana, história da, *ver Alltagsgeschichte*
Vidal, P. de la Blache 104-5
Vilar, P. 107-8
Vinovskis, M. 139-140

virada linguística 112-4, 141-2, 175-6, 184-6, 263-276 passim, 292; *ver também*, pós-estruturalismo; fontes: uso crítico de; análise textual; textualidade e textualismo; textos
"virada" na história 175-6, 180-1, 289-290; *ver também*, "nova história cultural"
Volksgeschichte 64-5, 118-124, 129-130, 132-3

Wallerstein, xi. 167, 176-7, 264-5
Ward, A. W. 37-40, 49-50
Warner, T. 94-5
Warner, W. L. 238-9
Webb, B. 94-5, 97-8
Webb, S. 94-5, 97-8
Weber, E. 296-7
Weber, M. 92-3, 124-5, 125-6, 126-7, 130-1, 153, 167, 168-170, 187-8
Wehler, H.-U. 117, 125
Wells, R. 139-140
Welter, B. 226-7
Westforschung 119-120, 121-3
White, H. 197-8, 199-200, 266-8, 273-5, 275-6
Williams, R. 187, 193-4, 294-5
Wissenschaft 44-5; *ver também*, história científica
Wittgenstein, L. 263-4
Wolf, E. 188-9, 264-5, 268-9
Women's History Network 227-9
Wood, G. 141-2
Workers' Educational Association (WEA) 90-1, 93-8
Wrigley, E. A. 174

Yeo, E. 295-6
Yeo, S. 295-6
Young, C. 244-5

Zeldin, T. 268-9
Ziegler, P. 315-6
Zunz, O. 139-140